कथा सारंग

कथा सारंग

संकलन
अंजुम शर्मा

राधाकृष्ण प्रकाशन

ISBN : 978-81-8361-997-4

कथा सारंग

पहला संस्करण : 2021
चौथा संस्करण : 2024

मूल्य : ₹225

प्रकाशक
राधाकृष्ण प्रकाशन प्राइवेट लिमिटेड
जी-17, जगतपुरी, दिल्ली-110 051

शाखाएँ : अशोक राजपथ, साइंस कॉलेज के सामने, पटना-800 006
पहली मंज़िल, दरबारी बिल्डिंग, महात्मा गांधी मार्ग, प्रयागराज-211 001

वेबसाइट : www.radhakrishnaprakashan.com
ई-मेल : info@radhakrishnaprakashan.com

मुद्रक
बी.के. ऑफ़सेट
नवीन शाहदरा, दिल्ली-110 032

KATHA SARANG
Compilation by Anjum Sharma

क्रम

भूमिका

साहित्य की तमाम लोकप्रिय विधाओं में कहानी एक ऐसी विधा है जो दुनिया के हर समाज में न किसी रूप में मौजूद है। मनुष्य के जीवन की छोटी-छोटी घटनाएँ कभी-कभी पूरे जीवन को परिभाषित कर देती हैं। कहानी भी ऐसी ही विधा है। मनुष्य के अनुभवों में कल्पना जैसे तत्त्वों ने प्रवेश लेकर नहीं प्रसंग रचे और कहानियाँ जीवन के विश्वासों को सरलता के साथ व्यक्त करती चली गईं। हमारे समाज में कहानियों की परम्परा प्राचीन काल से ही दिखाई पड़ती है जिनमें जातक कथाएँ, पंचतंत्र, हितोपदेश, कथासरित्सागर शामिल हैं। लेकिन वर्तमान में हम जिस कहानी विधा की बात करते हैं वह प्राचीन कथाओं से अलग है। आधुनिक काल में जब बहुत से सामाजिक परिवर्तन हो रहे थे तो गद्य की प्रमुख विधा कहानी भी परिवर्तन से गुजरी और हिन्दी में आधुनिक कहानियों की शुरुआत हुई।

हिन्दी की पहली कहानी कौन सी है, यह प्रश्न काफी विवाद का प्रश्न है क्योंकि कहानी के आरम्भिक दौर में बहुत सी रचनाएँ लिखी जा रही थीं जिनमें कहानी के तत्त्व दिखाई तो पड़ते हैं लेकिन वे केवल इतने भर ही थे कि कहानी का बाहरी आवरण निर्मित कर सकें। इसीलिए कुछ विद्वान 1901 में 'छत्तीसगढ़ मित्र' में प्रकाशित माधव राव सप्रे की कहानी 'एक टोकरी भर मिट्टी' को हिन्दी की पहली कहानी मानते हैं तो कई अध्येताओं ने इंशा अल्लाह खान की रचना 'रानी केतकी की कहानी' से हिन्दी कहानी की यात्रा का प्रारम्भ माना है। वैसे, अधिकांश विद्वानों का मानना है कि सरस्वती पत्रिका में प्रकाशित पंडित किशोरीलाल गोस्वामी की कहानी 'इंदुमती' (1900) में आधुनिक हिन्दी कहानी के सभी तत्त्व विद्यमान हैं। यह अलग बात है कि 'इंदुमती' पर शेक्सपियर के नाटक टेंपेस्ट के छायानुवाद की बात कही जाती है।

आचार्य रामचन्द्र शुक्ल ने 1900 से 1907 तक प्रकाशित छह कहानियों—इंदुमती (किशोरीलाल गोस्वामी), गुलबहार (किशोरीलाल गोस्वामी), प्लेग की चुड़ैल (भगवानदास), ग्यारह वर्ष का समय (आचार्य रामचन्द्र शुक्ल), पंडित और पंडितानी (गिरिजादत्त वाजपेयी) तथा दुलाईवाली (राजेंद्रबाल घोष) को हिन्दी की प्रारम्भिक कहानियाँ माना है। लेकिन हिन्दी कहानी अपना नया प्रस्थान जयशंकर प्रसाद,

चंद्रधर शर्मा 'गुलेरी' और मुंशी प्रेमचंद के साथ प्राप्त करती है। 1912 में जयशंकर प्रसाद की कहानियों का संग्रह 'छाया', 1915 में प्रेमचंद की कहानी 'सौत' और इसी साल चंद्रधर शर्मा 'गुलेरी' की कहानी 'उसने कहा था' प्रकाशित हुई। गुलेरी जी ने मात्र तीन कहानियाँ लिखकर सशक्त कहानीकार की प्रतिष्ठा प्राप्त की तो प्रेमचंद और प्रसाद ने हिन्दी कहानी में दो भिन्न प्रवृत्तियों का प्रतिनिधित्व किया। जहाँ प्रेमचंद जीवन की यथार्थवादी घटनाओं को लेकर आदर्श को स्थापित कर रहे थे तो प्रसाद मानव के भीतर के भाव और द्वंद्व को कागज पर उतार रहे थे। यह प्रेमचंद-प्रसाद युग(1915-1936) था जो भारतीय स्वतंत्रता आन्दोलन के गांधी युग के समानान्तर चल रहा था।

प्रेमचंद निःसन्देह हिन्दी कहानी के शिखर पुरुष हैं और उनकी इस यात्रा को दो भागों में बाँटकर देखा जा सकता है। पहला चरण आदर्शोन्मुख यथार्थवाद का है जो 1907 से 1925 तक दिखाई देता है जबकि दूसरा चरण 1925 से 1936 के बीच की कहानियों का है जहाँ केवल यथार्थवादी कहानी अपने उरूज पर दिखाई देती हैं। इसी तरह प्रसाद की कहानियाँ हैं जिन्हें ऐतिहासिक, यथार्थवादी, मनोवैज्ञानिक, स्वच्छंदतावादी, भावात्मक और प्रतीकात्मक कहानियों में विभाजित करके देखा जा सकता है।

प्रेमचंद के बाद प्रगतिवादी कहानी का एक दौर आता है जिसमें यशपाल, रांगेय राघव, नागार्जुन और राहुल सांकृत्यायन जैसे कहानीकार अपनी उल्लेखनीय रचनाशीलता से कहानी को समृद्ध करते हैं। इसी बीच प्रेमचंदोत्तर युग में एक-दूसरी धारा फ्रायड के मनोविश्लेषणवाद से प्रभावित होती है और तीन मुख्य कहानीकार जैनेंद्र, इलाचंद्र जोशी और अज्ञेय व्यक्ति के आन्तरिक जीवन से सम्बन्धित अनुभवों का अनुभव करवाते हैं।

भारत जब आज़ाद हुआ तो 1950 के दशक में 'नयी कहानी' नाम से हिन्दी कहानी में एक आन्दोलन चला। डॉ. नामवर सिंह ने निर्मल वर्मा की कहानी 'परिन्दे' को पहली नई कहानी माना। नई कहानी ने पहले की कहानी परम्परा को कई अर्थों में बदल दिया। अब शहरी मध्यवर्ग का भोगा हुआ यथार्थ अपनी निराशा, मोहभंग के साथ कथानक के केन्द्र में आ गया। इन कहानीकारों में मोहन राकेश, राजेन्द्र यादव, कमलेश्वर, निर्मल वर्मा, उषा प्रियंवदा, कृष्णा सोबती, अमरकांत, मन्नू भंडारी जैसे प्रसिद्ध कहानीकारों के नाम आते हैं। 1960 के आसपास नई कहानी में एक नया आयाम उभरा और 'अ-कहानी' आन्दोलन का सूत्रपात हुआ। यह आन्दोलन पश्चिम के 'एंटी स्टोरी मूवमेंट' का रूपान्तर है। इसमें जीवन के प्रति अस्वीकार्यता की भावना ठीक वैसी है जैसी अ-कविता में दिखाई पड़ती है। गंगा प्रसाद विमल की कहानी 'प्रश्न चिह्न', दूधनाथ सिंह की 'रीछ', ज्ञानरंजन की 'रक्तपात', रवींद्र कालिया की 'नौ साल छोटी पत्नी' इस आन्दोलन की कुछ कहानियाँ हैं। इसी

दशक में महीप सिंह द्वारा 'सचेतन कहानी' नाम से एक आन्दोलन चलाया गया। नई कहानी और अ-कहानी के दौर में जहाँ जीवन जीने की इच्छा खत्म होती दिखलाई देती है वहीं सचेतन कहानी आन्दोलन में जीवन जिया भी जाता है और जीवन जीने की जागरूकता का समर्थन भी किया जाता है। यह आन्दोलन बहुत दिनों तक नहीं चल सका और इसके बाद आए 'सहज कहानी' और 'सक्रिय कहानी' आन्दोलनों का दायरा भी काफी सिमटा हुआ रहा।

इसी बीच कमलेश्वर द्वारा साल 1972 में 'समान्तर कहानी आन्दोलन' का सूत्रपात किया गया। यह बेहद योजनाबद्ध था क्योंकि कमलेश्वर ने सारिका पत्रिका के कुछ विशेषांक समान्तर कहानी पर प्रकाशित किए। हालाँकि 80 के दशक के बाद से कहानीकार आन्दोलन मुक्त होकर खुली नज़र से कहानियों में अलग-अलग विषय उठा रहे हैं। इसका यह कतई अर्थ नहीं है कि इससे पहले के कहानीकारों की नज़र तंग थी। दरअसल 80 के दशक के बाद से इक्कीसवीं सदी तक भूमंडलीकरण, बाजारवाद, पूँजीवाद विरोधी आवाज़ों के अलावा कहानियाँ विमर्श प्रधान बनती गईं। स्त्री विमर्श, दलित विमर्श, आदिवासी विमर्श ने हिन्दी कहानी में केन्द्रीयता प्राप्त की। इस बीच बहुत से नए युवा कहानीकार बदले जीवन अनुभवों और यथार्थ को अपनी कहानियों में नए सिरे से लिख रहे हैं।

'कथा सारंग' संकलन उत्तर प्रदेश उच्चतर शिक्षा सेवा आयोग द्वारा असिस्टेंट प्रोफ़ेसर पद के लिए जारी नए पाठ्यक्रम के अनुसार तैयार किया गया है। इसमें हिन्दी के तमाम बड़े कहानीकारों की कहानियाँ शामिल हैं। प्रत्येक कहानी के मूल पाठ से पूर्व लेखक परिचय दिया गया है और संकलन के अंत में वस्तुनिष्ठ परीक्षा के लिए कुछ उपयोगी तथ्य दिए गए हैं। यह तथ्य निश्चित तौर पर विद्यार्थियों/अभ्यर्थियों के लिए लाभदायक होंगे। संकलन तैयार करते समय पूरी कोशिश रही कि किसी प्रकार की त्रुटि न रहे फिर भी यह कहने में संकोच नहीं होना चाहिए कि सुधार की गुंजाइश हमेशा बनी रहती है।

—अंजुम शर्मा

कथा सारंग

प्रेमचन्द

हिन्दी कहानी के शिखरपुरुष प्रेमचन्द का जन्म 31 जुलाई, 1880 को वाराणसी के निकट लमही गाँव में हुआ था। उनकी शिक्षा का आरम्भ उर्दू, फारसी से हुआ। 13 साल की उम्र में ही उन्होंने 'तिलिस्म-ए-होशरुबा' पढ़ लिया था। 1898 में मैट्रिक की परीक्षा उत्तीर्ण करने के बाद वे एक स्थानीय विद्यालय में शिक्षक नियुक्त हुए। नौकरी के साथ उन्होंने पढ़ाई जारी रखी और 1919 में बी.ए. पास करने के बाद शिक्षा विभाग के इंस्पेक्टर पद पर नियुक्त हुए।

1910 में उन्हें अपनी रचना 'सोज़े-वतन' (राष्ट्र का विलाप) के लिए हमीरपुर के जिला कलेक्टर ने तलब किया और उन पर जनता को भड़काने का आरोप लगाया। 'सोज़े-वतन' की सभी प्रतियाँ जब्त कर नष्ट कर दी गईं। कलेक्टर ने उन्हें हिदायत दी कि अब वे कुछ भी नहीं लिखेंगे, यदि लिखा तो जेल भेज दिया जाएगा। इस समय तक प्रेमचन्द धनपत राय नाम से लिखते थे। उर्दू में प्रकाशित होने वाली 'ज़माना' पत्रिका के सम्पादक और उनके अजीज दोस्त मुंशी दयानारायण निगम ने उन्हें प्रेमचन्द नाम से लिखने की सलाह दी। इसके बाद वे प्रेमचन्द के नाम से लिखने लगे।

साहित्यकार के तौर पर देखें तो प्रेमचन्द ने अपनी लेखनी से कहानी और उपन्यास की न केवल ज़मीन बदली बल्कि उसे उस उरूज तक ले गए जहाँ कहानी और प्रेमचन्द एक-दूसरे के पर्याय बन गए। 1907 में उनकी पहली कहानी 'संसार का अनमोल रत्न' उर्दू पत्रिका 'ज़माना' में छपी।

उनकी कहानी-यात्रा आम तौर पर दो चरणों में बाँटी जाती है—वर्ष 1907 से 1925 और वर्ष 1925 से 1936 तक। पहले चरण की कहानियों में 'आदर्शोन्मुखी यथार्थवाद' अधिक दिखाई देता है, जैसे 'बूढ़ी काकी', 'पंच परमेश्वर' आदि। जबकि दूसरे चरण की कहानियों में आदर्शवाद धुँधला पड़ जाता है और कोरा यथार्थ कहानियों को ढकने का प्रयास करता है, जैसे 'कफ़न', 'पूस की रात' आदि। प्रेमचन्द द्वारा लगभग 300 कहानियाँ लिखी गईं जिन्हें मानसरोवर के 8 खंडों में संकलित किया गया है।

बहुमुखी प्रतिभा सम्पन्न प्रेमचन्द ने उपन्यास, कहानी, नाटक, समीक्षा, लेख, संस्मरण आदि अनेक विधाओं में साहित्य की सृष्टि की। उन्होंने कुल 15 उपन्यास, 300 से कुछ अधिक कहानियाँ, 3 नाटक, 10 अनुवाद, 7 बाल-पुस्तकें तथा लेख, सम्पादकीय, पत्र आदि की रचना की।

निधन : 8 अक्तूबर, 1936

दुनिया का सबसे अनमोल रतन

दिलफ़िगार एक कँटीले पेड़ के नीचे दामन चाक लिये बैठा हुआ ख़ून के आँसू बहा रहा था। वह सौन्दर्य की देवी यानी मलका दिलफ़रेब का सच्चा और जान देनेवाला प्रेमी था। उन प्रेमियों में नहीं, जो इत्र-फुलेल में बसकर और शानदार कपड़ों से सजकर आशिक़ के वेश में माशूक़ियत का दम भरते हैं, बल्कि उन सीधे-सादे, भोले-भाले फ़िदाइयों में जो जंगल और पहाड़ों से सर टकराते हैं और फ़रियाद मचाते फिरते हैं। दिलफ़रेब ने उससे कहा था कि अगर तू मेरा सच्चा प्रेमी है, तो जा और दुनिया की सबसे अनमोल चीज़ लेकर मेरे दरबार में आ। तब मैं तुझे अपनी गुलामी में क़बूल करूँगी। अगर तुझे वह चीज़ न मिले तो ख़बरदार इधर रुख़ न करना, वरना सूली पर खिंचवा दूँगी। दिलफ़िगार को अपनी भावनाओं के प्रदर्शन का, शिकवे-शिकायत का, प्रेमिका के सौन्दर्य-दर्शन का तनिक भी अवसर न दिया गया। दिलफ़रेब ने ज्यों ही यह फ़ैसला सुनाया उसके चोबदारों ने ग़रीब दिलफ़िगार को धक्के देकर बाहर निकाल दिया और आज तीन दिन से यह आफ़त का मारा आदमी उसी कँटीले पेड़ के नीचे उसी भयानक मैदान में बैठा हुआ सोच रहा है कि क्या करूँ। दुनिया की सबसे अनमोल चीज़ मुझको मिलेगी? नामुमकिन! और वह क्या? क़ारूँ का ख़ज़ाना? आबेहयात? ख़ुसरो का ताज? जामे-जम? तख़्ते ताऊस? परवेज़ की दौलत? नहीं, यह चीज़ें हरगिज़ नहीं। दुनिया में ज़रूर इनसे भी महँगी, इनसे भी अनमोल चीज़ें मौजूद हैं मगर वह क्या है? कैसे मिलेंगी? या ख़ुदा, मेरी मुश्किल क्योंकर आसान होगी?

दिलफ़िगार इन्हीं ख़यालों में चक्कर खा रहा था और अक्ल कुछ काम नहीं करती थी। मुनीर शामी को हातिम-सा मददगार मिल गया। ऐ काश कोई मेरा भी मददगार हो जाता, ऐ काश मुझे भी उस चीज़ का, जो दुनिया की सबसे बेशक़ीमती चीज़ है, नाम बतला दिया जाता! बला से वह चीज़ हाथ न आती मगर मुझे इतना तो मालूम हो जाता कि वह किस क़िस्म की चीज़ है। मैं घड़े बराबर मोती की खोज में जा सकता हूँ। मैं समुंदर का गीत, पत्थर का दिल, मौत की आवाज़ और इनसे भी ज़्यादा बेनिशान चीज़ों की तलाश में कमर कस सकता हूँ। मगर दुनिया की सबसे अनमोल चीज़! यह मेरी कल्पना की उड़ान से बहुत ऊपर है।

आसमान पर तारे निकल आए थे। दिलफ़िगार यकायक ख़ुदा का नाम लेकर उठा और एक तरफ़ को चल खड़ा हुआ। भूखा-प्यासा, नंगे बदन, थकन से चूर, वह बरसों वीरानों और आबादियों की ख़ाक छानता फिरा, तलवे काँटों से छलनी हो गए, शरीर में हड्डियाँ-ही-हड्डियाँ दिखाई देने लगीं मगर वह चीज़, जो दुनिया की सबसे बेशक़ीमती चीज़ थी, न मिली और न उसका कुछ निशान मिला।

एक रोज़ वह भूलता-भटकता एक मैदान में जा निकला, जहाँ हज़ारों आदमी गोल बाँधे खड़े थे। बीच में कई अमामे और चोग़ेवाले दढ़ियल क़ाज़ी अफ़सरी शान से बैठे हुए आपस में कुछ सलाह-मशविरा कर रहे थे और इस जमात से ज़रा दूर पर एक सूली खड़ी थी। दिलफ़िगार कुछ तो कमज़ोरी की वजह से और कुछ यहाँ की कैफ़ियत देखने के इरादे से ठिठक गया। क्या देखता है कि कई लोग नंगी तलवारें लिये, एक क़ैदी को, जिसके हाथ-पैर में ज़ंजीरें थीं, पकड़े चले आ रहे हैं। सूली के पास पहुँचकर सब सिपाही रुक गए और क़ैदी की हथकड़ियाँ-बेड़ियाँ सब उतार ली गईं। इस अभागे आदमी का दामन सैकड़ों बेगुनाहों के ख़ून के छींटों से रंगीन था और उसका दिल नेकी के ख़याल और रहम की आवाज़ से ज़रा भी परिचित न था। उसे काला चोर कहते थे। सिपाहियों ने उसे सूली के तख़्ते पर खड़ा कर दिया, मौत की फाँसी उसकी गरदन में डाल दी और जल्लादों ने तख़्ता खींचने का इरादा किया कि वह अभागा मुजरिम चीख़कर बोला—ख़ुदा के वास्ते मुझे एक पल के लिए फाँसी से उतार दो, ताकि अपने दिल की आख़िरी आरज़ू निकाल लूँ। यह सुनते ही चारों तरफ़ सन्नाटा छा गया। लोग अचम्भे में आकर ताकने लगे। क़ाज़ियों ने एक मरनेवाले आदमी की अन्तिम याचना को रद्द करना उचित न समझा और बदनसीब पापी काला चोर ज़रा देर के लिए फाँसी से उतार लिया गया।

इसी भीड़ में एक ख़ूबसूरत भोला-भाला लड़का एक छड़ी पर सवार होकर अपने पैरों पर उछल-उछल फ़र्ज़ी घोड़ा दौड़ा रहा था और अपनी सादगी की दुनिया में ऐसा मगन था कि जैसे वह इस वक़्त सचमुच अरबी घोड़े का शहसवार है। उसका चेहरा उस सच्ची ख़ुशी से कमल की तरह खिला हुआ था जो चन्द दिनों के लिए बचपन ही में हासिल होती है और जिसकी याद हमको मरते दम तक नहीं भूलती। उसका दिल अभी तक पाप की गर्द और धूल से अछूता था और मासूमियत उसे अपनी गोद में खिला रही थी।

बदनसीब काला चोर फाँसी से उतरा। हज़ारों आँखें उस पर गड़ी हुई थीं। वह उस लड़के के पास आया और उसे गोद में उठाकर प्यार करने लगा। उसे इस वक़्त वह ज़माना याद आया जब वह ख़ुद ऐसा ही भोला-भाला, ऐसा ही ख़श-ब-खुर्रम और दुनिया की गन्दगियों से ऐसा ही पाक-साफ़ था। माँ गोदियों में खिलाती थी, बाप बलाएँ लेता था और सारा कुनबा जान न्योछावर करता था। आह, काले चोर के दिल पर इस वक़्त बीते हुए दिनों की याद का इतना असर हुआ कि उसकी

आँखों से, जिन्होंने दम तोड़ती हुई लाशों को तड़पते देखा और न झपकीं, आँसू का एक क़तरा टपक पड़ा। दिलफ़िगार ने लपककर उस अनमोल मोती को हाथ में ले लिया और उसके दिल ने कहा—बेशक यह दुनिया की सबसे अनमोल चीज़ है जिस पर तख़्ते ताऊस और जामे जम और आबेहयात और ज़रे परवेज़ सब न्योछावर हैं।

इस ख़याल से ख़ुश होता, कामयाबी की उम्मीद में सरमस्त, दिलफ़िगार अपनी माशूक़ा दिलफ़रेब के शहर मीनोसवाद को चला। मगर ज्यों-ज्यों मंज़िलें तय होती जाती थीं, उसका दिल बैठा जाता था कि कहीं उस चीज़ की, जिसे मैं दुनिया की सबसे बेशक़ीमती चीज़ समझता हूँ, दिलफ़रेब की आँखों में क़द्र न हुई तो मैं फाँसी पर चढ़ा दिया जाऊँगा और इस दुनिया से नामुराद जाऊँगा। लेकिन जो हो सो हो, अब तो क़िस्मत-आज़माई है। आख़िरकार पहाड़ और दरिया तय करते शहर मीनोसवाद में आ पहुँचा और दिलफ़रेब की ड्योढ़ी पर जाकर विनती की कि थकान से टूटा हुआ दिलफ़िगार ख़ुदा के फ़ज़ल से हुक्म की तामील करके आया है और आपके क़दम चूमना चाहता है। दिलफ़रेब ने फ़ौरन अपने सामने बुला भेजा और एक सुनहरे परदे की ओट से फ़रमाइश की कि वह अनमोल चीज़ पेश करो। दिलफ़िगर ने आशा और भय की एक विचित्र मन:स्थिति में वह बूँद पेश की और उसकी सारी कैफ़ियत बहुत पुरअसर लफ़्ज़ों में बयान की। दिलफ़रेब ने पूरी कहानी बहुत ग़ौर से सुनी और वह भेंट हाथ में लेकर ज़रा देर तक ग़ौर करने के बाद बोली—दिलफ़िगार, बेशक तूने दुनिया की एक बेशक़ीमती चीज़ ढूँढ़ निकाली, तेरी हिम्मत और तेरी सूझ-बूझ की दाद देती हूँ! मगर यह दुनिया की सबसे बेशक़ीमती चीज़ नहीं, इसीलिए तू यहाँ से जा और फिर कोशिश कर, शायद अबकी तेरे हाथ वह मोती लगे और तेरी क़िस्मत में मेरी ग़ुलामी लिखी हो। जैसा कि मैंने पहले ही बतला दिया था, मैं तुझे फाँसी पर चढ़वा सकती हूँ, मगर मैं तेरी जाँबख़्शी करती हूँ इसलिए कि तुझमें वे गुण मौजूद हैं, जो मैं अपने प्रेमी में देखना चाहती हूँ और यक़ीन है कि तू ज़रूर कभी-न-कभी कामयाब होगा।

नाकाम और नामुराद दिलफ़िगार इस माशूक़ाना इनायत से ज़रा दिलेर होकर बोला—ऐ दिल की रानी, बड़ी मुद्दत के बाद तेरी ड्योढ़ी पर सजदा करना नसीब होता है। फिर ख़ुदा जाने ऐसे दिन कब आएँगे, क्या तू अपने जान देनेवाले आशिक़ के बुरे हाल पर तरस न खाएगी और क्या अपने रूप की एक झलक दिखाकर इस जलते हुए दिलफ़िगार को आनेवाली सख़्तियों के झेलने की ताक़त न देगी? तेरी एक मस्त निगाह के नशे से चूर होकर मैं वह कर सकता हूँ जो आज तक किसी से न बन पड़ा हो।

दिलफ़रेब आशिक़ की यह चाव-भरी बातें सुनकर ग़ुस्सा हो गई और हुक्म दिया कि इस दीवाने को खड़े-खड़े दरबार से निकाल दो। चोबदार ने फ़ौरन ग़रीब दिलफ़िगार को धक्का देकर यार के कूचे से बाहर निकाल दिया।

कुछ देर तक तो दिलफ़िगार अपनी निष्ठुर प्रेमिका की इस कठोरता पर आँसू बहाता रहा और फिर सोचने लगा कि अब कहाँ जाऊँ। मुद्दतों रास्ते नापने और जंगलों में भटकने के बाद आँसू की यह बूँद मिली थी, अब ऐसी कौन-सी चीज़ है जिसकी क़ीमत इस आबदार मोती से ज़्यादा हो। हज़रते ख़िज्र! तुमने सिकंदर को आबेहयात के कुएँ का रास्ता दिखाया था, क्या मेरी बाँह न पकड़ोगे? सिकंदर सारी दुनिया का मालिक था। मैं तो बेघरबार मुसाफ़िर हूँ। तुमने कितनी ही डूबती किश्तियाँ किनारे लगाई हैं, मुझ ग़रीब का बेड़ा भी पार करो। ऐ आली मुक़ाम जिबरील! कुछ तुम्हीं इस नीमजान दुखी आशिक़ पर तरस खाओ। तुम ख़ुदा के एक ख़ास दरबारी हो, क्या मेरी मुश्किल आसान न करोगे? ग़रज़ यह कि दिलफ़िगार ने बहुत फ़रियाद मचाई, मगर उसका हाथ पकड़ने के लिए कोई सामने न आया। आख़िर निराश होकर वह पागलों की तरह दुबारा एक तरफ़ को चल खड़ा हुआ।

दिलफ़िगार ने पूरब से पश्चिम तक और उत्तर से दक्खिन तक कितने ही जंगलों और वीरानों की ख़ाक छानी, कभी बर्फ़िस्तानी चोटियों पर सोया, कभी डरावनी घाटियों में भटकता फिरा, मगर जिस चीज़ की धुन थी वह न मिली। यहाँ तक कि उसका शरीर हड्डियों का एक ढाँचा रह गया।

एक रोज़ वह शाम के वक़्त किसी नदी के किनारे ख़स्ताहाल पड़ा हुआ था। बेख़ुदी के नशे से चौंका तो क्या देखता है कि चन्दन की एक चिता बनी हुई है और उस पर एक युवती सुहाग के जोड़े पहने सोलहो सिंगार किए बैठी है, उसकी जाँघ पर प्यारे पति का सर है। हज़ारों आदमी ग़ोल बाँधे खड़े हैं और फूलों की बरखा कर रहे हैं। यकायक चिता में से ख़ुद-ब-ख़ुद एक लपक उठी। सती का चेहरा उस वक़्त एक पवित्र भाव से आलोकित हो रहा था, चिता की पवित्र लपटें उसके गले से लिपट गईं और दम-के-दम में वह फूला-सा शरीर राख का ढेर हो गया। प्रेमिका ने अपने को प्रेम पर न्योछावर कर दिया और दो प्रेमियों के सच्चे, पवित्र, अमर प्रेम की अन्तिम लीला आँख से ओझल हो गई। जब सब लोग अपने घरों को लौटे, तो दिलफ़िगार चुपके से उठा और अपने चाक-दामन कुरते में यह राख का ढेर समेट लिया और इस मुट्ठी भर राख को दुनिया की सबसे अनमोल चीज़ समझता हुआ, सफलता के नशे में चूर, यार के कूचे की तरफ़ चला। अबकी ज्यों-ज्यों वह अपनी मंज़िल के क़रीब आता था, उसकी हिम्मत बढ़ती जाती थी। कोई उसके दिल में बैठा हुआ कह रहा था—अब तेरी जीत है और इस ख़याल ने उसके दिल को जो-जो सपने दिखाए उनकी चर्चा व्यर्थ है। आख़िरकार वह शहर मोनोसवाद में दाख़िल हुआ और दिलफ़रेब की ऊँची ड्योढ़ी पर जाकर ख़बर दी कि दिलफ़िगार सुर्ख़-रू होकर लौटा है, और हुज़ूर के सामने आना चाहता है। दिलफ़रेब ने जाँबाज़ आशिक़ को फ़ौरन दरबार में बुलाया और उस चीज़ के लिए, जो दुनिया की सबसे बेशक़ीमती चीज़ थी, हाथ फैला दिया। दिलफ़िगार ने हिम्मत

करके उसकी चाँदी जैसी कलाई को चूम लिया और मुट्ठी-भर राख को उसकी हथेली में रखकर सारी कैफ़ियात दिल को पिघला देनेवाले लफ़्ज़ों में कह सुनाई और अपनी सुन्दर प्रेमिका के होंठों से अपनी क़िस्मत का मुबारक फ़ैसला सुनने के लिए इन्तज़ार करने लगा। दिलफ़रेब ने उस मुट्ठी-भर राख को आँखों से लगा लिया और कुछ देर तक विचारों के सागर में डूबे रहने के बाद बोली, ऐ जान निछावर करनेवाले आशिक़ दिलफ़िगार! बेशक यह राख जो तू लाया है, जिसमें लोहे को सोना कर देने की सिफ़त है, दुनिया की बहुत बेशक़ीमती चीज़ है और मैं सच्चे दिल से तेरी एहसानमंद हूँ कि तूने ऐसी अनमोल भेंट दी। मगर दुनिया में इससे भी ज़्यादा अनमोल कोई चीज़ है, जा उसे तलाश कर और तब मेरे पास आ। मैं तहेदिल से दुआ करती हूँ कि ख़ुदा तुझे कामयाब करे। यह कहकर वह सुनहरे परदे से बाहर आई और माशूक़ाना अदा से अपने रूप का जलवा दिखाकर फिर नज़रों से ओझल हो गई। एक बिजली थी कि कौंधी और फिर बादलों के परदे में छिप गई। अभी दिलफ़िगार के होश-हवास ठिकाने पर न आने पाए थे कि चोबदार ने मुलायमियत से उसका हाथ पकड़कर यार के कूचे से उसको निकाल दिया और तीसरी बार वह प्रेम का पुजारी निराशा के अथाह समुद्र में गोता खाने लगा।

दिलफ़िगार का हियाव छूट गया। उसे यक़ीन हो गया कि मैं दुनिया में इसी तरह नाशाद और नामुराद मर जाने के लिए पैदा हुआ था और अब इसके सिवा और कोई चारा नहीं कि किसी पहाड़ पर चढ़कर नीचे कूद पड़ूँ, ताकि माशूक़ के ज़ुल्मों की फ़रियाद करने के लिए एक हड्डी भी बाक़ी न रहे। वह दीवाने की तरह उठा और गिरता-पड़ता एक गगनचुंबी पहाड़ की चोटी पर जा पहुँचा। किसी और समय वह ऐसे ऊँचे पहाड़ पर चढ़ने का साहस न कर सकता था, मगर इस वक़्त जान देने के जोश में उसे वह पहाड़ एक मामूली टेकरी से ज़्यादा ऊँचा न नज़र आया। क़रीब था कि वह नीचे कूद पड़े कि हरे-हरे कपड़े पहने हुए और हीर अमामा बाँधे एक बुज़ुर्ग एक हाथ में तसबीह और दूसरे हाथ में लाठी लिये उपस्थित हुए और हिम्मत बढ़ानेवाले स्वर में बोले, दिलफ़िगार, नादान दिलफ़िगार, यह क्या बुज़दिलों जैसी हरकत है! तू मुहब्बत का दावा करता है और तुझे इतनी भी ख़बर नहीं कि मज़बूत इरादा मुहब्बत के रास्ते की पहली मंज़िल है? मर्द बन और यों हिम्मत न हार। पूरब की तरफ़ एक देश है, जिसका नाम हिन्दोस्तान है, वहाँ जा और तेरी आरज़ू पूरी होगी।

यह कहकर हज़रते ख़िज्र ग़ायब हो गए। दिलफ़िगार ने शुक्रिए की नमाज़ अदा की और ताज़ा हौसले, ताज़ा और अलौकिक सहायता का सहारा पाकर ख़ुश-ख़ुश पहाड़ से उतरा और हिन्दोस्तान की तरफ़ चल पड़ा।

मुद्दतों तक काँटे से भरे हुए जंगलों, आग बरसानेवाले रेगिस्तानों, कठिन घाटियों और अलंघ्य पर्वतों को तय करने के बाद दिलफ़िगार हिन्द की पाक सरज़मीन में

दाख़िल हुआ और एक ठंडे पानी के सोते में सफ़र की तकलीफ़ें धोकर थकान के मारे नदी के किनारे लेट गया। शाम होते-होते वह एक चटियल मैदान में पहुँचा, जहाँ बेशुमार अधमरी और बेज़ा लाशें बिना कफ़न के पड़ी हुई थीं। चील-कौए और वहशी दरिंदे मरे पड़े थे और सारा मैदान ख़ून से लाल हो रहा था। यह डरावना दृश्य देखते ही दिलफ़िगार का जी दहल गया। या ख़ुदा, किस मुसीबत में जान फँसी, मरनेवालों का कराहना, सिसकना और एड़ियाँ रगड़कर जान देना, दरिंदों का हड्डियों को नोचना और गोश्त के लोथड़ों को लेकर भागना, ऐसा हौलनाक सीन दिलफ़िगार ने कभी न देखा था। यकायक उसे ख़याल आया, यह लड़ाई का मैदान है और यह लाशें सूरमा सिपाहियों की हैं। इतने में क़रीब से कराहने की आवाज़ आई। दिलफ़िगार उस तरफ़ फिरा तो देखा कि एक लम्बा-तगड़ा आदमी, जिसका मर्दाना चेहरा जान निकलने की कमज़ोरी से पीला हो गया है, ज़मीन पर सर झुकाए पड़ा हुआ है। सीने से ख़ून का फ़व्वारा जारी है, मगर आबदार तलवार की मूठ पंजे से अलग नहीं हुई। दिलफ़िगार ने एक चीथड़ा लेकर घाव के मुँह पर रख दिया, ताकि ख़ून रुक जाए और बोला, ऐ जवाँमर्द, तू कौन है? जवाँमर्द ने यह सुनकर आँखें खोलीं और वीरों की तरह बोला, क्या तू नहीं जानता मैं कौन हूँ, क्या तूने आज इस तलवार की काट नहीं देखी? मैं अपनी माँ का बेटा और भारत का सपूत हूँ। यह कहते-कहते उसकी त्योरियों पर बल पड़ गए। पीला चेहरा ग़ुस्से से लाल हो गया और आबदार शमशीर फिर अपना जौहर दिखाने के लिए चमक उठी। दिलफ़िगार समझ गया कि यह इस वक़्त मुझे दुश्मन समझ रहा है, नरमी से बोला, ऐ जवाँमर्द, मैं तो दुश्मन नहीं हूँ। अपने वतन से निकला हुआ एक ग़रीब मुसाफ़िर हूँ। इधर भूलता-भटकता आ निकला। बराय मेहरबानी मुझसे यहाँ की कुल कैफ़ियत बयान कर।

यह सुनते ही घायल सिपाही बहुत मीठे स्वर में बोला, अगर तू मुसाफ़िर है तो आ और मेरे ख़ून से तर पहलू में बैठ जा, क्योंकि यही दो अंगुल ज़मीन है जो मेरे पास बाक़ी रह गई है और जो सिवाय मौत के कोई नहीं छीन सकता। अफ़सोस है कि तू यहाँ ऐसे वक़्त में आया जब हम तेरा आतिथ्य-सत्कार करने के योग्य नहीं। हमारे बाप-दादा का देश आज हमारे हाथ से निकल गया और इस वक़्त हम बेवतन हैं। मगर (पहलू बदलकर) हमने हमलावर दुश्मन को बता दिया कि राजपूत अपने देश के लिए कैसी बहादुरी से जान देता है। यह आसपास जो लाशें तू देख रहा है, यह उन लोगों की हैं, जो इस तलवार के घाट उतरे हैं। (मुस्कुराकर) और गो कि मैं बेवतन हूँ, मगर ग़नीमत है कि दुश्मन की ज़मीन पर मर रहा हूँ। (सीने के घाव से चीथड़ा निकालकर) क्या तूने यह मरहम रख दिया? ख़ून निकलने दे, इसे रोकने से क्या फ़ायदा? क्या मैं अपने ही देश में ग़ुलामी करने के लिए ज़िन्दा रहूँ? नहीं, ऐसी ज़िन्दगी से मर जाना अच्छा। इससे अच्छी मौत मुमकिन नहीं।

जवाँमर्द की आवाज़ मद्धिम हो गई, अंग ढीले पड़ गए, ख़ून इतना ज़्यादा बहा कि ख़ुद-ब-ख़ुद बन्द हो गया, रह-रहकर एकाध बूँद टपक पड़ती थी। आख़िरकार सारा शरीर बेदम हो गया, दिल की हरकत बन्द हो गई और आँखें मुँद गईं। दिलफ़िगार ने समझा अब काम तमाम हो गया कि मरनेवाले ने धीमे से कहा, भारत माता की जय। और उसके सीने से ख़ून का आख़िरी क़तरा निकल पड़ा। एक सच्चे देशप्रेमी और देशभक्त ने देशभक्ति का हक़ अदा कर दिया। दिलफ़िगार पर इस दृश्य का बहुत गहरा असर पड़ा और उसके दिल ने कहा, बेशक दुनिया में ख़ून के इस क़तरे से ज़्यादा अनमोल चीज़ कोई नहीं हो सकती। उसने फ़ौरन उस ख़ून की बूँद को, जिसके आगे यमन का लाल भी हेच है, हाथ में ले लिया और इस दिलेर राजपूत की बहादुरी पर हैरत करता हुआ अपने वतन की तरफ़ रवाना हुआ और सख़्तियाँ झेलता आख़िरकार बहुत दिनों के बाद रूप की रानी मलका दिलफ़रेब की ड्योढ़ी पर जा पहुँचा और पैग़ाम दिया कि दिलफ़िगार सुर्ख़-रू और कामयाब होकर लौटा है और दरबार में हाज़िर होना चाहता है। दिलफ़रेब ने उसे फ़ौरन हाज़िर होने का हुक्म दिया। ख़ुद हस्बे-मामूल सुनहरे पर्द की ओट में बैठी और बोली, दिलफ़िगार, अबकी तू बहुत दिनों के बाद वापस आया है। ला, दुनिया की सबसे बेशक़ीमती चीज़ कहाँ है?

दिलफ़िगार ने मेहँदी-रची हथेलियों को चूमते हुए ख़ून का वह कतरा उस पर रख दिया और उसकी पूरी कैफ़ियत पुरजोश लहजे में कह सुनाई। वह ख़ामोश भी न होने पाया था कि यकायक वह सुनहरा परदा हट गया और दिलफ़िगार के सामने हुस्न का एक दरबार सजा हुआ नज़र आया, जिसकी एक-एक नाज़नीन जुलेख़ा से बढ़कर थी। दिलफ़िगार हुस्न का यह तिलिस्म देखकर अचम्भे में पड़ गया और चित्रलिखित-सा खड़ा रहा कि दिलफ़रेब मसनद से उठी और कई क़दम आगे बढ़कर उससे लिपट गई। गानेवालियों ने ख़ुशी के गाने शुरू किए, दरबारियों ने दिलफ़िगार को नज़रें भेंट कीं और चाँद-सूरज को बड़ी इज़्ज़त के साथ मसनद पर बैठा दिया। जब वह लुभावना गीत बन्द हुआ तो दिलफ़रेब खड़ी हो गई और हाथ जोड़कर दिलफ़िगार से बोली, ऐ जाँनिसार आशिक़ दिलफ़िगार! मेरी दुआएँ बर आईं और ख़ुदा ने मेरी सुन ली, और तुझे कामयाब व सुर्ख़-रू किया। आज से तू मेरा मालिक है और मैं तेरी लौंडी!

यह कहकर उसने एक रत्नजटित मंजूषा मँगाई और उसमें से एक तख़्ती निकाली जिस पर सुनहरे अक्षरों में लिखा हुआ था—

'ख़ून का वह आख़िरी क़तरा जो वतन की हिफ़ाज़त में गिरे दुनिया की सबसे अनमोल चीज़ है।'

कफ़न

झोंपड़े के द्वार पर बाप और बेटा दोनों एक बुझे हुए अलाव के सामने चुपचाप बैठे हुए हैं और अन्दर बेटे की जवान बीबी बुधिया प्रसव-वेदना में पछाड़ खा रही थी। रह-रहकर उसके मुँह से ऐसी दिल हिला देने वाली आवाज़ निकलती थी कि दोनों कलेजा थाम लेते थे। जाड़ों की रात थी, प्रकृति सन्नाटे में डूबी हुई, सारा गाँव अन्धकार में लय हो गया था।

घीसू ने कहा, "मालूम होता है, बचेगी नहीं। सारा दिन दौड़ते हो गया, जा देख तो आ।"

माधव चिढ़कर बोला—"मरना ही तो है जल्दी मर क्यों नहीं जाती? देखकर क्या करूँ?"

"तू बड़ा बेदर्द है बे! साल-भर जिसके साथ सुख-चैन से रहा, उसी के साथ इतनी बेवफाई!"

"तो मुझसे तो उसका तड़पना और हाथ-पाँव पटकना नहीं देखा जाता।"

चमारों का कुनबा था और सारे गाँव में बदनाम। घीसू एक दिन काम करता तो तीन दिन आराम करता। माधव इतना काम-चोर था कि आध घंटे काम करता तो घंटे भर चिलम पीता। इसलिए उन्हें कहीं मज़दूरी नहीं मिलती थी। घर में मुट्ठी-भर भी अनाज मौजूद हो, तो उनके लिए काम करने की क़सम थी। जब दो-चार फाके हो जाते तो घीसू पेड़ पर चढ़कर लकड़ियाँ तोड़ लाता और माधव बाज़ार में बेच आता और जब तक वह पैसे रहते, दोनों इधर-उधर मारे-मारे फिरते। गाँव में काम की कमी न थी। किसानों का गाँव था, मेहनती आदमी के लिए पचास काम थे। मगर इन दोनों को उसी वक़्त बुलाते, जब दो आदमियों से एक का काम पाकर भी सन्तोष कर लेने के सिवा और कोई चारा न होता। अगर दोनों साधु होते, तो उन्हें सन्तोष और धैर्य के लिए, संयम और नियम की बिलकुल ज़रूरत न होती। यह तो इनकी प्रकृति थी। विचित्र जीवन था इनका! घर में मिट्टी के दो-चार बर्तन के सिवा कोई सम्पत्ति नहीं। फटे चीथड़ों से अपनी नग्नता को ढाँके हुए जिए जाते थे। संसार की चिन्ताओं से मुक्त क़र्ज़ से लदे हुए। गालियाँ भी खाते, मार भी खाते, मगर कोई ग़म नहीं। दीन इतने कि वसूली की बिलकुल आशा न रहने पर

भी लोग इन्हें कुछ-न-कुछ क़र्ज़ दे देते थे। मटर, आलू की फ़सल में दूसरों के खेतों से मटर या आलू उखाड़ लाते और भून-भानकर खा लेते या दस-पाँच ऊख उखाड़ लाते और रात को चूसते। घीसू ने इसी आकाश-वृत्ति से साठ साल की उम्र काट दी और माधव भी सपूत बेटे की तरह बाप ही के पद-चिह्नों पर चल रहा था, बल्कि उसका नाम और भी उजागर कर रहा था। इस वक़्त भी दोनों अलाव के सामने बैठकर आलू भून रहे थे, जो कि किसी खेत से खोद लाए थे। घीसू की स्त्री का तो बहुत दिन हुए, देहान्त हो गया था। माधव का ब्याह पिछले साल हुआ था। जब से यह औरत आई थी, उसने इस ख़ानदान में व्यवस्था की नींव डाली थी और इन दोनों बे-ग़ैरतों का दोज़ख भरती रहती थी। जब से वह आई, ये दोनों और भी आरामतलब हो गए थे। बल्कि कुछ अकड़ने भी लगे थे। कोई कार्य करने को बुलाता, तो निर्ब्याज भाव से दुगुनी मज़दूरी माँगते। वही औरत आज प्रसव-वेदना से मर रही थी और ये दोनों इसी इन्तज़ार में थे कि वह मर जाए, तो आराम से सोएँ।

घीसू ने आलू निकालकर छीलते हुए कहा, "जाकर देख तो, क्या दशा है उसकी? चुड़ैल का फिसाद होगा, और क्या? यहाँ तो ओझा भी एक रुपया माँगता है!"

माधव को भय था कि वह कोठरी में गया, तो घीसू आलुओं का बड़ा भाग साफ़ कर देगा। बोला, "मुझे वहाँ जाते डर लगता है।"

"डर किस बात का है, मैं तो यहाँ हूँ ही।"

"तो तुम्हीं जाकर देखो न?"

"मेरी औरत जब मरी थी, तो मैं तीन दिन तक उसके पास से हिला तक नहीं; और फिर मुझसे लजाएगी कि नहीं? जिसका कभी मुँह नहीं देखा, आज उसका उघड़ा हुआ बदन देखूँ! उसे तन की सुध भी तो न होगी? मुझे देख लेगी तो खुलकर हाथ-पाँव भी न पटक सकेगी!"

"मैं सोचता हूँ कोई बाल-बच्चा हुआ, तो क्या होगा? सोंठ, गुड़, तेल, कुछ भी तो नहीं है घर में!"

"सब कुछ आ जाएगा। भगवान् दें तो! जो लोग अभी एक पैसा नहीं दे रहे हैं, वे ही कल बुलाकर रुपए देंगे। मेरे नौ लड़के हुए, घर में कभी कुछ न था; मगर भगवान् ने किसी-न-किसी तरह बेड़ा पार ही लगाया।"

जिस समाज में रात-दिन मेहनत करने वालों की हालत उनकी हालत से कुछ बहुत अच्छी न थी, और किसानों के मुक़ाबले में वे लोग, जो किसानों की दुर्बलताओं से लाभ उठाना जानते थे, कहीं ज़्यादा सम्पन्न थे, वहाँ इस तरह की मनोवृत्ति का पैदा हो जाना कोई अचरज की बात न थी। हम तो कहेंगे, घीसू किसानों से कहीं ज़्यादा विचारवान् था और किसानों के विचार-शून्य सभूह में शामिल होने के बदले बैठकबाज़ों की कुत्सित मंडली में जा मिला था। हाँ, उसमें यह शक्ति न थी, कि बैठकबाज़ों के नियम और नीति का पालन करता। इसलिए जहाँ उसकी

मंडली के और लोग गाँव के सरगना और मुखिया बने हुए थे, उस पर सारा गाँव उँगली उठाता था। फिर भी उसे यह तसकीन तो थी ही कि अगर वह फटेहाल है तो कम-से-कम उसे किसानों की-सी जी-तोड़ मेहनत तो नहीं करनी पड़ती, और उसकी सरलता और निरीहता से दूसरे लोग बेजा फ़ायदा तो नहीं उठाते! दोनों आलू निकाल-निकालकर जलते-जलते खाने लगे। कल से कुछ नहीं खाया था। इतना सब्र न था कि ठंडा हो जाने दें। कई बार दोनों की ज़बानें जल गईं। छिल जाने पर आलू का बाहरी हिस्सा जबान, हलक और तालू को जला देता था और उस अंगारे को मुँह में रखने से ज़्यादा खैरियत इसी में थी कि वह अन्दर पहुँच जाए। वहाँ उसे ठंडा करने के लिए काफ़ी सामान थे। इसलिए दोनों जल्द-जल्द निगल जाते। हालाँकि इस कोशिश में उनकी आँखों से आँसू निकल आते।

घीसू को उस वक़्त ठाकुर की बरात याद आई, जिसमें बीस साल पहले वह गया था। उस दावत में उसे जो तृप्ति मिली थी, वह उसके जीवन में एक याद रखने लायक़ बात थी, और आज भी उसकी याद ताज़ा थी, बोला, "वह भोज नहीं भूलता। तब से फिर उस तरह का खाना और भरपेट नहीं मिला। लड़की वालों ने सबको भर-पेट पूड़ियाँ खिलाई थीं, सबको! छोटे-बड़े सबने पूड़ियाँ खाईं और असली घी की! चटनी, रायता, तीन तरह के सूखे साग, एक रसेदार तरकारी, दही, चटनी, मिठाई, अब क्या बताऊँ कि उस भोज में क्या स्वाद मिला, कोई रोक-टोक नहीं थी, जो चीज़ चाहो, माँगो, जितना चाहो, खाओ। लोगों ने ऐसा खाया, ऐसा खाया, कि किसी से पानी न पिया गया। मगर परोसने वाले हैं कि पत्तल में गर्म-गर्म, गोल-गोल सुवासित कचौड़ियाँ डाल देते हैं। मना करते हैं कि नहीं चाहिए, पत्तल पर हाथ रोके हुए हैं, मगर वह हैं कि दिए जाते हैं। और जब सबने मुँह धो लिया, तो पान-इलायची भी मिली। मगर मुझे पान लेने की कहाँ सुध थी? खड़ा हुआ न जाता था। चटपट जाकर अपने कम्बल पर लेट गया। ऐसा दिल-दरियाव था वह ठाकुर!"

माधव ने इन पदार्थों का मन-ही-मन मज़ा लेते हुए कहा, "अब हमें कोई ऐसा भोज नहीं खिलाता।"

"अब कोई क्या खिलाएगा? वह ज़माना दूसरा था। अब तो सबको किफ़ायत सूझती है। सादी-ब्याह में मत ख़र्च करो, क्रिया-कर्म में मत ख़र्च करो। पूछो, ग़रीबों का माल बटोर-बटोरकर कहाँ रखोगे? बटोरने में तो कमी नहीं है। हाँ, ख़र्च में किफ़ायत सूझती है!"

"तुमने बीस पूरियाँ खाई होंगी?"

"बीस से ज़्यादा खाई थीं!"

"मैं पचास खा जाता!"

"पचास से कम मैंने न खाई होंगी। अच्छा पका था। तू तो मेरा आधा भी नहीं है।"

आलू खाकर दोनों ने पानी पिया और वहीं अलाव के सामने अपनी धोतियाँ ओढ़कर पाँव पेट में डाले सो रहे। जैसे दो बड़े-बड़े अजगर गेंडुलिया मारे पड़े हों।

और बुधिया अभी तक कराह रही थी।

2

सबेरे माधव ने कोठरी में जाकर देखा, तो उसकी स्त्री ठंडी हो गई थी। उसके मुँह पर मक्खियाँ भिनक रही थीं। पथराई हुई आँखें ऊपर टँगी हुई थीं। सारी देह धूल से लथपथ हो रही थी। उसके पेट में बच्चा मर गया था।

माधव भागा हुआ घीसू के पास आया। फिर दोनों ज़ोर-ज़ोर से हाय-हाय करने और छाती पीटने लगे। पड़ोस वालों ने यह रोना-धोना सुना, तो दौड़े हुए आए और पुरानी मर्यादा के अनुसार इन अभागों को समझाने लगे।

मगर ज़्यादा रोने-पीटने का अवसर न था। कफ़न की और लकड़ी की फ़िक्र करनी थी। घर में तो पैसा इस तरह ग़ायब था, जैसे चील के घोंसले में मांस?

बाप-बेटे रोते हुए गाँव के ज़मींदार के पास गए। वह इन दोनों की सूरत से नफ़रत करते थे। कई बार इन्हें अपने हाथों से पीट चुके थे। चोरी करने के लिए, वादे पर काम पर न आने के लिए। पूछा, "क्या है बे घिसुआ, रोता क्यों है? अब तो तू कहीं दिखलाई भी नहीं देता! मालूम होता है, इस गाँव में रहना नहीं चाहता।"

घीसू ने ज़मीन पर सिर रखकर आँखों में आँसू भरे हुए कहा, "सरकार! बड़ी विपत्ति में हूँ। माधव की घरवाली रात को गुज़र गई। रात-भर तड़पती रही सरकार! हम दोनों उसके सिरहाने बैठे रहे। दवा-दारू जो कुछ हो सका, सब कुछ किया, मुदा वह हमें दगा दे गई। अब कोई एक रोटी देने वाला भी न रहा मालिक! तबाह हो गए। घर उजड़ गया। आपका ग़ुलाम हूँ, अब आपके सिवा कौन उसकी मिट्टी पार लगाएगा। हमारे हाथ में तो जो कुछ था, वह सब तो दवा-दारू में उठ गया। सरकार ही की दया होगी, तो उसकी मिट्टी उठेगी। आपके सिवा किसके द्वार पर जाऊँ।"

ज़मींदार साहब दयालु थे। मगर घीसू पर दया करना काले कम्बल पर रंग चढ़ाना था। जी में तो आया, कह दें, चल, दूर हो यहाँ से। यों तो बुलाने से भी नहीं आता, आज जब ग़रज़ पड़ी तो आकर ख़ुशामद कर रहा है। हरामख़ोर कहीं का, बदमाश! लेकिन यह क्रोध या दंड देने का अवसर न था। जी में कुढ़ते हुए दो रुपए निकालकर फेंक दिए। मगर सांत्वना का एक शब्द भी मुँह से न निकला। उसकी तरफ़ ताका तक नहीं। जैसे सिर का बोझ उतारा हो।

जब ज़मींदार साहब ने दो रुपए दिए, तो गाँव के बनिए-महाजनों को इनकार का साहस कैसे होता? घीसू ज़मींदार के नाम का ढिंढोरा भी पीटना जानता था। किसी ने दो आने दिए, किसी ने चार आने। एक घंटे में घीसू के पास पाँच रुपए की

अच्छी रकम जमा हो गई। कहीं से अनाज मिल गया, कहीं से लकड़ी। और दोपहर को घीसू और माधव बाज़ार से कफ़न लाने चले। इधर लोग बाँस-वाँस काटने लगे।

गाँव की नर्मदिल स्त्रियाँ आ-आकर लाश देखती थीं और उसकी बेकसी पर दो बूँद आँसू गिराकर चली जाती थीं।

3

बाज़ार में पहुँचकर घीसू बोला, "लकड़ी तो उसे जलाने-भर को मिल गई है, क्यों माधव!"

माधव बोला, "हाँ, लकड़ी तो बहुत है, अब कफ़न चाहिए।"

"तो चलो, कोई हल्का-सा कफ़न ले लें।"

"हाँ, और क्या! लाश उठते-उठते रात हो जाएगी। रात को कफ़न कौन देखता है?"

"कैसा बुरा रिवाज है कि जिसे जीते जी तन ढाँकने को चीथड़ा भी न मिले, उसे मरने पर नया कफ़न चाहिए।"

"कफ़न लाश के साथ जल ही तो जाता है।"

"और क्या रखा रहता है? यही पाँच रुपए पहले मिलते, तो कुछ दवा-दारू कर लेते।"

दोनों एक-दूसरे के मन की बात ताड़ रहे थे। बाज़ार में इधर-उधर घूमते रहे। कभी इस बजाज की दुकान पर गए, कभी उसकी दुकान पर! तरह-तरह के कपड़े, रेशमी और सूती देखे, मगर कुछ जँचा नहीं। यहाँ तक कि शाम हो गई। तब दोनों न जाने किस दैवी प्रेरणा से एक मधुशाला के सामने जा पहुँचे। और जैसे किसी पूर्व निश्चित व्यवस्था से अन्दर चले गए। वहाँ ज़रा देर तक दोनों असमंजस में खड़े रहे। फिर घीसू ने गद्दी के सामने जाकर कहा, "साहूजी, एक बोतल हमें भी देना।"

उसके बाद कुछ चखना आया, तली हुई मछली आई और दोनों बरामदे में बैठकर शान्तिपूर्वक पीने लगे।

कई कुज्जियाँ ताबड़तोड़ पीने के बाद दोनों सरूर में आ गए।

घीसू बोला, "कफ़न लगाने से क्या मिलता? आख़िर जल ही तो जाता। कुछ बहू के साथ तो न जाता।"

माधव आसमान की तरफ़ देखकर बोला, मानो देवताओं को अपनी निष्पापता का साक्षी बना रहा हो, "दुनिया का दस्तूर है, नहीं लोग बाँभनों को हज़ारों रुपए क्यों दे देते हैं? कौन देखता है, परलोक में मिलता है या नहीं!"

"बड़े आदमियों के पास धन है, फूँकें। हमारे पास फूँकने को क्या है?"

"लेकिन लोगों को जवाब क्या दोगे? लोग पूछेंगे नहीं, कफ़न कहाँ है?"

घीसू हँसा, "अबे, कह देंगे कि रुपए कमर से खिसक गए। बहुत ढूँढ़ा, मिले नहीं। लोगों को विश्वास न आएगा, लेकिन फिर वही रुपए देंगे।"

माधव भी हँसा, इस अनपेक्षित सौभाग्य पर। बोला, "बड़ी अच्छी थी बेचारी! मरी तो ख़ूब खिला-पिलाकर!"

आधी बोतल से ज़्यादा उड़ गई। घीसू ने दो सेर पूड़ियाँ मँगाईं। चटनी, अचार, कलेजियाँ। शराबख़ाने के सामने ही दुकान थी। माधव लपककर दो पत्तलों में सारे सामान ले आया। पूरा डेढ़ रुपया ख़र्च हो गया। सिर्फ़ थोड़े से पैसे बच रहे।

दोनों इस वक़्त इस शान में बैठे पूड़ियाँ खा रहे थे जैसे जंगल में कोई शेर अपना शिकार उड़ा रहा हो। न जवाबदेही का ख़ौफ़ था, न बदनामी की फ़िक्र। इन सब भावनाओं को उन्होंने बहुत पहले ही जीत लिया था।

घीसू दार्शनिक भाव से बोला, "हमारी आत्मा प्रसन्न हो रही है तो क्या उसे पुन्न न होगा?"

माधव ने श्रद्धा से सिर झुकाकर तसदीक़ की—जरूर-से-जरूर होगा। भगवान्, तुम अन्तर्यामी हो। उसे बैकुंठ ले जाना। हम दोनों हृदय से आशीर्वाद दे रहे हैं। आज जो भोजन मिला वह कभी उम्र-भर न मिला था।

एक क्षण के बाद माधव के मन में एक शंका जागी। बोला, "क्यों दादा, हम लोग भी एक-न-एक दिन वहाँ जाएँगे ही?"

घीसू ने इस भोले-भाले सवाल का कुछ उत्तर न दिया। वह परलोक की बातें सोचकर इस आनन्द में बाधा न डालना चाहता था।

"जो वहाँ हम लोगों से पूछे कि तुमने हमें कफ़न क्यों नहीं दिया तो क्या कहोगे?"

"कहेंगे तुम्हारा सिर!"

"पूछेगी तो जरूर!"

"तू कैसे जानता है कि उसे कफ़न न मिलेगा? तू मुझे ऐसा गधा समझता है? साठ साल क्या दुनिया में घास खोदता रहा हूँ? उसको कफ़न मिलेगा और बहुत अच्छा मिलेगा!"

माधव को विश्वास न आया। बोला, "कौन देगा? रुपए तो तुमने चट कर दिए। वह तो मुझसे पूछेगी। उसकी माँग में तो सेंदुर मैंने डाला था।"

"कौन देगा, बताते क्यों नहीं?"

"वही लोग देंगे, जिन्होंने अबकी दिया। हाँ, अबकी रुपए हमारे हाथ न आएँगे।"

"ज्यों-ज्यों अँधेरा बढ़ता था और सितारों की चमक तेज़ होती थी, मधुशाला की रौनक भी बढ़ती जाती थी। कोई गाता था, कोई डींग मारता था, कोई अपने संगी के गले लिपटा जाता था। कोई अपने दोस्त के मुँह में कुल्हड़ लगाए देता था।"

वहाँ के वातावरण में सरूर था, हवा में नशा। कितने तो यहाँ आकर एक चुल्लू में मस्त हो जाते थे। शराब से ज़्यादा यहाँ की हवा उन पर नशा करती थी।

जीवन की बाधाएँ यहाँ खींच लाती थीं और कुछ देर के लिए यह भूल जाते थे कि वे जीते हैं या मरते हैं। या न जीते हैं, न मरते हैं।

और यह दोनों बाप-बेटे अब भी मजे ले-लेकर चुसकियाँ ले रहे थे। सबकी निगाहें इनकी ओर जमी हुई थीं। दोनों कितने भाग्य के बली हैं! पूरी बोतल बीच में है।

भरपेट खाकर माधव ने बची हुई पूड़ियों का पत्तल उठाकर एक भिखारी को दे दिया, जो खड़ा इनकी ओर भूखी आँखों से देख रहा था। और देने के गौरव, आनन्द और उल्लास का अपने जीवन में पहली बार अनुभव किया।

घीसू ने कहा, "ले जा, ख़ूब खा और आशीर्वाद दे! जिसकी कमाई है, वह तो मर गई। मगर तेरा आशीर्वाद उसे ज़रूर पहुँचेगा। रोएँ-रोएँ से आशीर्वाद दो, बड़ी गाढ़ी कमाई के पैसे हैं!"

माधव ने फिर आसमान की तरफ़ देखकर कहा, "वह बैकुंठ में जाएगी दादा, बैकुंठ की रानी बनेगी।"

घीसू खड़ा हो गया और जैसे उल्लास की लहरों में तैरता हुआ बोला, "हाँ, बेटा बैकुंठ में जाएगी। किसी को सताया नहीं, किसी को दबाया नहीं। मरते-मरते हमारी ज़िन्दगी की सबसे बड़ी लालसा पूरी कर गई। वह न बैकुंठ जाएगी तो क्या ये मोटे-मोटे लोग जाएँगे, जो गरीबों को दोनों हाथों से लूटते हैं, और अपने पाप को धोने के लिए गंगा में नहाते हैं और मन्दिरों में जल चढ़ाते हैं?"

श्रद्धालुता का यह रंग तुरन्त ही बदल गया। अस्थिरता नशे की ख़ासियत है। दु:ख और निराशा का दौरा हुआ।

माधव बोला, "मगर दादा, बेचारी ने ज़िन्दगी में बड़ा दु:ख भोगा। कितना दु:ख झेलकर मरी!"

वह आँखों पर हाथ रखकर रोने लगा। चीख़ें मार-मारकर।

घीसू ने समझाया, "क्यों रोता है बेटा, ख़ुश हो कि वह मायाजाल से मुक्त हो गई, जंजाल से छूट गई। बड़ी भाग्यवान थी, जो इतनी जल्द माया-मोह के बन्धन तोड़ दिए।"

और दोनों खड़े होकर गाने लगे—

"ठगिनी क्यों नैना झमकावे! ठगिनी।"

पियक्कड़ों की आँखें इनकी ओर लगी हुई थीं और ये दोनों अपने दिल में मस्त गाए जाते थे। फिर दोनों नाचने लगे। उछले भी, कूदे भी। गिरे भी, मटके भी। भाव भी बताए, अभिनय भी किए। और आख़िर नशे में मदमस्त होकर वहीं गिर पड़े।

राजा राधिकारमण प्रसाद सिंह

राजा राधिकारमण प्रसाद सिंह का जन्म 10 सितम्बर, 1890 को शाहाबाद (बिहार) के सूर्यपुरा नामक स्थान पर जमींदार परिवार में हुआ था। राधिकारमण प्रसाद सिंह जब 12 वर्ष के थे, तभी आपके पिताजी श्री राजेश्वरी सिंह 'प्यारे' की मृत्यु हो गई।

शिक्षा : आरम्भिक शिक्षा घर पर ही हुई। 1907 में आरा जिला स्कूल से इन्ट्रेन्स, 1909-10 में सेंट जेवियर्स कॉलेज, कलकत्ता से एफ.ए., 1912 में प्रयाग विश्वविद्यालय से बी.ए. और 1914 में कलकत्ता विश्वविद्यालय से एम.ए. (इतिहास)।

सन् 1917 में जब आप बालिग हुए, तब रियासत 'कोर्ट ऑव वार्ड्स' के बन्धन से मुक्त हुए और वे उसके स्वामी बन गए। सन् 1920 के आसपास अंग्रेज सरकार ने राधिकारमण प्रसाद सिंह को 'राजा' की उपाधि से विभूषित किया। आगे चलकर उनको सी.आई.ई. की उपाधि भी मिली।

प्रकाशित कृतियाँ : कुसुमांजलि, अपना पराया, गांधी टोपी, धर्मधुरी; गद्यकाव्य : नवजीवन, प्रेम लहरी (कहानी-संग्रह); राम-रहीम (1936), पुरुष और नारी (1939), सूरदास (1942), संस्कार (1944), पूरब और पश्चिम (1951), चुम्बन और चाँटा (1957) (उपन्यास); नवजीवन (1912), तरंग (1920), माया मिली न राम (1936), मॉडर्न कौन, सुन्दर कौन (1964) और अपनी-अपनी नजर, अपनी-अपनी डगर (1966) (लघु उपन्यास); गांधी टोपी (1938), सावनी समाँ (1938), नारी क्या एक पहेली? (1951), हवेली और झोंपड़ी (1951), देव और दानव (1951), वे और हम (1956), धर्म और मर्म (1959), तब और अब (1958), अबला क्या ऐसी सबला? (1962), बिखरे मोती (भाग-1) (1965) (कहानियाँ); सावनी सभा, टूटातारा, सूरदास (नाटक); नये रिफारमर या नवीन सुधारक (1911), धर्म की धुरी (1952), अपना पराया (1953) और नजर बदली बदल गए नजारे (1961) (संस्मरण)।

सम्मान व पुरस्कार : बिहार की प्रसिद्ध मासिक हिन्दी पत्रिका 'नई-धारा' राधिकारमण प्रसाद सिंह जी के ही संरक्षण में प्रकाशित होती रही। 23 जनवरी,

1969 को मगध विश्वविद्यालय ने उनको सम्मानजनक डॉक्टरेट की उपाधि दी थी। सन् 1962 में भारत सरकार ने 'पद्मभूषण' की उपाधि से तथा प्रयाग हिन्दी साहित्य सम्मेलन ने सन् 1970 में 'साहित्यवाचस्पति' की उपाधि से अलंकृत किया।

निधन : 24 मार्च, 1971 को।

कानों में कँगना

1

"किरन! तुम्हारे कानों में क्या है?"

उसके कानों से चंचल लट को हटाकर कहा—"कँगना।"

"अरे! कानों में कँगना?" सचमुच दो कंगन कानों को घेरकर बैठे थे।

"हाँ, तब कहाँ पहनूँ?"

किरन अभी भोरी थी। दुनिया में जिसे भोरी कहते हैं, वैसी भोरी नहीं। उसे वन के फूलों का भोलापन समझो। नवीन चमन के फूलों की भंगी नहीं; विविध खाद या रस से जिनकी जीविका है, निरन्तर काट-छाँट से जितना सौन्दर्य है, जो दो घड़ी चंचल चिकने बाल की भूषा है—दो घड़ी तुम्हारे फूलदान की शोभा। वन के फूल के ऐसे नहीं। प्रकृति के हाथों से लगे हैं। मेघों की धारा से बढ़े हैं। चटुल दृष्टि इन्हें पाती नहीं। जगद् वायु इन्हें छूती नहीं। यह सरल, सुन्दर, सौरभमय जीवन है। जब जीवित रहे, तब चारों तरफ अपने प्राणधन से हरे-भरे रहे, जब समय आया, तब अपनी माँ की गोद में झड़ पड़े।

आकाश स्वच्छ था—नील, उदार, सुन्दर। पत्ते शान्त थे। सन्ध्या हो चली थी। सुनहरी किरनें सुदूर पर्वत की चूड़ा से देख रही थीं। वह पतली किरन अपनी मृत्यु-शैया से इस शून्य निविड़ कानन में क्या ढूँढ़ रही थी, कौन कहे! किसे एकटक देखती थी, कौन जाने! अपनी लीला-भूमि को स्नेह करना चाहती थी या हमारे बाद वहाँ क्या हो रहा है, इसे जोहती थी—मैं क्या बता सकूँ? जो हो, उसकी उस भंगी में आकांक्षा अवश्य थी। मैं तो खड़ा-खड़ा उन बड़ी आँखों की किरन लूटता था। आकाश में तारों को देखा या उन जगमग आँखों को देखा, बात एक ही थी। हम दूर से तारों के सुन्दर शून्य झिकमिक को बार-बार देखते हैं, लेकिन वह स्पन्द निश्चेष्ट ज्योति सचमुच भावहीन है या आप-ही-आप अपनी अन्तर-लहरी से मस्त है, इसे जानना आसान नहीं। हमारी ऐसी आँखें कहाँ कि उनके सहारे उस निगूढ़ अन्तर में डूबकर थाह लें।

मैं रसाल की डोली थामकर पास ही खड़ा था। वह बालों को हटाकर कंगन दिखाने की भंगी प्राणों में रह-रह कर उठती थी। जब माखन चुराने वाले ने गोपियों के सर के मटके को तोड़कर उनके भीतर किले को तोड़ डाला या नूरजहाँ ने अंचल से कबूतर को उड़ाकर शहंशाह के कठोर हृदय की धज्जियाँ उड़ा दीं, फिर नदी के किनारे बसन्त-बल्लभ रसाल पल्लवों की छाया में बैठी किसी अपरूप बालिका की यह सरल स्निग्ध भंगिमा एक मानव-अन्तर पर क्यों न दौड़े।

किरन इन आँखों के सामने प्रतिदिन आती ही जाती थी। कभी आम के टिकोरे से आँचल भर लाती, कभी मौलसिरी के फूलों की माला बना लाती, लेकिन कभी भी ऐसी बाल-सुलभ लीला आँखों से होकर हृदय तक नहीं उतरी। आज क्या था, कौन शुभ या अशुभ क्षण था कि अचानक वह बनैली लता मदार माला से भी कहीं मनोरम दीख पड़ी। कौन जानता था कि चाल से कुचाल जाने में—हाथों से कंगन भूलकर कानों में पहिनने में—इतनी माधुरी है। दो टके के कँगने में इतनी शक्ति है। गोपियों को कभी स्वप्न में भी नहीं झलका था कि बाँस की बाँसुरी में घूँघट खोलकर नचा देने वाली शक्ति भरी है।

मैंने चटपट उसके कानों से कंगन उतार लिया। फिर धीरे-धीरे उसकी उँगलियों पर चढ़ाने लगा। न जाने उस घड़ी कैसी खलबली थी। मुँह से अचानक निकल आया—

"किरन! आज की यह घटना मुझे मरते दम तक न भूलेगी। यह भीतर तक पैठ गई।"

उसकी बड़ी-बड़ी आँखें और भी बड़ी हो गईं। मुझे चोट-सी लगी। मैं तत्क्षण योगीश्वर की कुटी की तरफ चल दिया। प्राण भी उसी समय नहीं चल दिये, यही विस्मय था।

2

एक दिन था कि इसी दुनिया में दुनिया से दूर रहकर लोग दूसरी दुनिया का सुख उठाते थे। हरिचन्दन के पल्लवों की छाया भूलोक पर कहाँ मिले; लेकिन किसी समय हमारे यहाँ भी ऐसे वन थे, जिनके वृक्षों के साये में घड़ी निवारने के लिए स्वर्ग से देवता भी उतर आते थे। जिस पंचवटी का अनन्त यौवन देखकर राम की आँखें भी खिल उठी थीं वहाँ के निवासियों ने कभी अमरतरु के फूलों की माला नहीं चाही, मन्दाकिनी के छींटों की शीतलता नहीं ढूँढ़ी। नन्दनोपवन का सानी कहीं वन भी था! कल्पवृक्ष की छाया में शान्ति अवश्य है; लेकिन कदम की छहियाँ कहाँ मिल सकती। हमारी-तुम्हारी आँखों ने कभी नन्दनोत्सव की लीला नहीं देखी; लेकिन इसी भूतल पर एक दिन ऐसा उत्सव हो चुका है, जिसको देख-देखकर प्रकृति तथा

रजनी छह महीने तक ठगी रहीं, शत-शत देवांगनाओं ने पारिजात के फूलों की वर्षा से नन्दन कानन को उजाड़ डाला।

समय ने सब कुछ पलट दिया। अब ऐसे वन नहीं, जहाँ कृष्ण गोलोक से उतरकर दो घड़ी वंशी की टेर दें। ऐसे कुटीर नहीं जिनके दर्शन से रामचन्द्र का भी अन्तर प्रसन्न हो, या ऐसे मुनीश नहीं जो धर्मधुरन्धर धर्मराज को भी धर्म में शिक्षा दें। यदि एक-दो भूले-भटके हों भी, तब अभी तक उन पर दुनिया का परदा नहीं उठा—जगन्माया की माया नहीं लगी। लेकिन वे कब तक बचे रहेंगे? लोक अपने यहाँ अलौकिक बातें कब तक होने देगा! भवसागर की जल-तरंगों पर थिर होना कब सम्भव है?

हृषीकेश के पास एक सुन्दर वन है; सुन्दर नहीं अपरूप सुन्दर है। वह प्रमोदवन के विलास-निकुंजों जैसा सुन्दर नहीं, वरंच चित्रकूट या पंचवटी की महिमा से मंडित है। वहाँ चिकनी चाँदनी में बैठकर कनक घुँघरू की इच्छा नहीं होती, वरंच प्राणों में एक ऐसी आवेश-धारा उठती है, जो कभी अनन्त साधना के कूल पर पहुँचाती है—कभी जीवजगत के एक-एक तत्त्व से दौड़ मिलती है। गंगा की अनन्त गरिमा—वन की निविड़ योग निद्रा वहीं देख पड़ेगी। कौन कहे, वहाँ जाकर यह चंचल चित्त क्या चाहता है—गम्भीर अलौकिक आनन्द या शान्त सुन्दर मरण।

इसी वन में एक कुटी बनाकर योगीश्वर रहते थे। योगीश्वर, योगीश्वर ही थे। यद्यपि वह भूतल ही पर रहते थे, तथापि उन्हें इस लोक का जीव कहना यथार्थ नहीं था। उनकी चित्तवृत्ति सरस्वती के श्रीचरणों में थी या ब्रह्मलोक की अनन्त शान्ति में लिपटी थी। और वह बालिका—स्वर्ग से एक रश्मि उतरकर उस घने जंगल में उजाला करती फिरती थी। वह लौकिक मायाबद्ध जीवन नहीं था। इसे बन्धन-रहित बाधाहीन नाचती किरनों की लेखा कहिए—मानो निर्मुक्त चंचल मलय वायु फूल-फूल पर, डाली-डाली पर डोलती फिरती हो या कोई मूर्तिमान अमर संगीत बेरोकटोक हवा पर या जल की तरंग-भंग पर नाच रहा हो। मैं ही वहाँ इन लोक का प्रतिनिधि था। मैं ही उन्हें उनकी अलौकिक स्थिति से इस जटिल मर्त्य-राज्य में खींच लाता था।

कुछ साल से मैं योगीश्वर के यहाँ आता-जाता था। पिता की आज्ञा थी कि उनके यहाँ जाकर अपने धर्म के सब ग्रन्थ पढ़ डालो। योगीश्वर और बाबा लड़कपन के साथी थे। इसीलिए उनकी मुझ पर इतनी दया थी। किरन उनकी लड़की थी। उस कुटीर में एक वही दीपक थी। जिस दिन की घटना मैं लिख आया हूँ, उसी दिन सबेरे मेरे अध्ययन की पूर्णाहुति थी और बाबा के कहने पर एक जोड़ा पीताम्बर, पाँच स्वर्णमुद्राएँ तथा किरन के लिए दो कनक-कंगन आचार्य के निकट ले गया था। योगीश्वर ने सब लौटा दिये, केवल कंगन को किरन उठा ले गई।

वह क्या समझकर चुप रह गए। समय का अद्‌भुत चक्र है। जिस दिन मैंने धर्मग्रन्थ से मुँह मोड़ा, उसी दिन कामदेव ने वहाँ जाकर उनकी किताब का पहला सफा उलटा।

दूसरे दिन मैं योगीश्वर से मिलने गया। वह किरन को पास बिठाकर न जाने क्या पढ़ा रहे थे। उनकी आँखें गम्भीर थीं। मुझको देखते ही वह उठ पड़े और मेरे कन्धों पर हाथ रखकर गद्‌गद स्वर में बोले—"नरेन्द्र! अब मैं चला, किरन तुम्हारे हवाले है।" यह कहकर किसी की सुकोमल उँगलियाँ मेरे हाथों में रख दीं। लोचनों के कोने पर दो बूँदें निकलकर झाँक पड़ीं। मैं सहम उठा। क्या उन पर सब बातें विदित थीं? क्या उनकी तीव्र दृष्टि मेरी अन्तर-लहरी तक डूब चुकी थी? वह ठहरे नहीं, चल दिये। मैं काँपता रह गया, किरन देखती रह गई।

सन्नाटा छा गया। वन-वायु भी चुप हो चली। हम दोनों भी चुप चल पड़े, किरन मेरे कन्धे पर थी। हठात् अन्तर से कोई अकड़कर कह उठा—"हाय नरेन्द्र! यह क्या! तुम इस वनफूल को किस चमन में ले चले? इस बन्धन-विहीन स्वर्गीय जीवन को किस लोकजाल में बाँधने चले?"

3

कंकड़ी जल में जाकर कोई स्थायी विवर नहीं फोड़ सकती। क्षण भर जल का समतल भले ही उलट-पुलट हो, लेकिन इधर-उधर से जलतरंग दौड़कर उस छिद्र का नाम-निशान भी नहीं रहने देती। जगत की भी यही चाल है। यदि स्वर्ग से देवेन्द्र भी आकर इस लोक चलाचल में खड़े हों, फिर संसार देखते ही देखते उन्हें अपना बना लेगा। इस काली कोठरी में आकर इसकी कालिमा से बचे रहें, ऐसी शक्ति अब आकाश-कुसुम ही समझो। दो दिन राम 'हाय जानकी, हाय जानकी' कहकर वन-वन डोलते फिरे। दो क्षण में यही विश्वामित्र को भी स्वर्ग से घसीट लाया।

किरन की भी यही अवस्था हुई। कहाँ प्रकृति की निर्मुक्त गोद, कहाँ जगत का जटिल बन्धन-पाश। कहाँ से कहाँ आ पड़ी! वह अलौकिक भोलापन, वह निसर्ग उच्छ्‌वास—हाथों-हाथ लुट गए। उस वनफूल की विमल कान्ति लौकिक चमन की मायावी मनोहारिता में परिणत हुई। अब आँखें उठाकर आकाश से नीरव बातचीत करने का अवसर कहाँ से मिले? मलयवायु से मिलकर मलयाचल के फूलों की पूछताछ क्योंकर हो?

जब किशोरी नये साँचे में ढलकर उतरी, उसे पहचानना भी कठिन था। वह अब लाल चोली, हरी साड़ी पहनकर, सर पर सिन्दूर-रेखा सजाती और हाथों के कंगन, कानों की बाली, गले की कंठी तथा कमर की करधनी दिन-दिन उसके चित्त को नचाये मारती थी। जब कभी वह सज-धजकर चाँदनी में कोठे पर उठती

और बसन्त वायु उसके आँचल से मोतिया की लपट लाकर मेरे बरामदे में भर देता, फिर किसी मतवाली माधुरी या तीव्र मदिरा के नशे में मेरा मस्तिष्क घूम जाता और मैं चटपट अपना प्रेम चीत्कार फूलदार रंगीन चिट्ठी में भरकर जुही के हाथ ऊपर भेजवाता या बाजार से दौड़कर कटकी गहने वा विलायती चूड़ी खरीद लाता। लेकिन जो हो—अब भी कभी-कभी उसके प्रफुल्ल वदन पर उस अलोक-आलोक की छटा पूर्वजन्म की सुखस्मृतिवत चली आती थी, और आँखें उसी जीवन्त सुन्दर झिकमिक का नाज दिखाती थीं। जब अन्तर प्रसन्न था, फिर बाहरी चेष्टा पर प्रतिबिम्ब क्यों न पड़े।

यों ही साल-दो-साल मुरादाबाद में कट गए। एक दिन मोहन के यहाँ नाच देखने गया। वहीं किन्नरी से आँखें मिलीं, मिलीं क्या, लीन हो गईं। नवीन यौवन, कोकिल-कंठा, चतुर चंचल चेष्टा तथा मायावी चमक—अब चित्त को चलाने के लिए और क्या चाहिए। किन्नरी सचमुच किन्नरी ही थी नाचने वाली नहीं, नचाने वाली थी। पहली बार देखकर उसे इस लोक की सुन्दरी समझना दुस्तर था। एक लपट जो लगती—किसी नशा-सी चढ़ जाती। यारों ने मुझे और भी चढ़ा दिया। आँखें मिलती-मिलती मिल गईं, हृदय को भी साथ-साथ घसीट ले गईं।

फिर क्या था—इतने दिनों को धर्मशिक्षा, शतवत्सर की पूज्य लक्ष्मी, बाप-दादों की कुल-प्रतिष्ठा, पत्नी से पवित्र-प्रेम एक-एक करके उस प्रतीप्त वासना-कुंड में भस्म होने लगे। अग्नि और भी बढ़ती गई। किन्नरी की चिकनी दृष्टि, चिकनी बातें घी बरसाती रहीं। घर-बार सब जल उठा। मैं भी निरन्तर जलने लगा, लेकिन ज्यों-ज्यों जलता गया, जलने की इच्छा जलाती रही।

पाँच महीने कट गए—नशा उतरा नहीं। बनारसी साड़ी, पारसी जैकेट, मोती का हार, कटकी कर्णफूल सब कुछ लाकर उस मायाकारी के अलक्त-रंजित चरणों पर रखे। किरन हेमन्त की मालती बनी थी, जिस पर एक फूल नहीं—एक पल्लव नहीं। घर की वधू क्या करती? जो अनन्त सूत्र से बँधा था, जो अनन्त जीवन का संगी था, वही हाथों-हाथ पराये के हाथ बिक गया—फिर ये तो दो दिन के चकमकी खिलौने थे, इन्हें शरीर बदलते क्या देर लगे। दिन भर बहानों की माला गूँथ-गूँथ किरन के गले में और शाम को मोती की माला उस नाचनेवाली के गले में सशंक निर्लज्ज डाल देना—यही मेरा जीवन निर्वाह था। एक दिन सारी बातें खुल गईं, किरन पछाड़ खाकर भूमि पर जा पड़ी। उसकी आँखों में आँसू न थे, मेरी आँखों में दया न थी।

बरसात की रात थी। रिमझिम बूँदों की झड़ी थी। चाँदनी मेघों से आँख-मुँदौवल खेल रही थी। बिजली काले कपाट से बार-बार झाँकती थी। किसे चंचला देखती थी तथा बादल किस मरोड़ से रह-रहकर चिल्लाते थे—इन्हें सोचने का मुझे अवसर नहीं था। मैं तो किन्नरी के दरवाजे से हताश लौटा था; आँखों के ऊपर न चाँदनी थी, न बदली थी। त्रिशुंक ने स्वर्ग को जाते-जाते बीच में ही टँगकर किस दुख को

उठाया—और मैं तो अपने स्वर्ग के दरवाजे पर सर रखकर निराश लौटा था—मेरी वेदना क्यों न बड़ी हो।

हाय! मेरी अँगुलियों में एक अँगूठी भी रहती तो उसे नजर कर उसके चरणों पर लोटता।

घर पर आते ही जुही को पुकार उठा—"जुही, किरन के पास कुछ भी बचा हो तब फौरन जाकर माँग लाओ।"

ऊपर से कोई आवाज नहीं आई, केवल सर के ऊपर से एक काला बादल कालान्त चीत्कार के चिल्ला उठा। मेरा मस्तिष्क घूम गया। मैं तत्क्षण कोठें पर दौड़ा।

सब सन्दूक झाँके, जो कुछ मिला, सब तोड़ डाला; लेकिन मिला कुछ भी नहीं। आलमारी में केवल मकड़े का जाल था। श्रृंगार बॉक्स में एक छिपकली बैठी थी। उसी दम किरन पर झपटा।

पास जाते ही सहम गया। वह एक तकिए के सहारे नि:सहाय निस्पन्द लेटी थी—केवल चाँद ने खिड़की से होकर उसे गोद में ले रखा था और वायु उस शरीर पर जल से भिगोया पंखा झल रही थी। मुख पर एक अपरूप छटा थी; कौन कहे, कहीं जीवन की शेष रश्मि क्षण-भर वहीं अटकी हो। आँखों में एक जीवन ज्योति थी। शायद प्राण शरीर से निकलकर किसी आसरे से वहाँ पैठ रहा था। मैं फिर पुकार उठा—"किरन, किरन। तुम्हारे पास कोई गहना भी रहा है?"

"हाँ,"—क्षीण कंठ की काकली थी।

"कहाँ है, अभी देखने दो।"

उसने धीरे से घूँघट सरकाकर कहा—"वही कानों का कँगना।"

सर तकिए से ढल पड़ा—आँखें भी झिप गईं। वह जीवन्त रेखा कहाँ चली गई—क्या इतने ही के लिए अब तक ठहरी थी?

आँखें मुख पर जा पड़ीं—वही कंगन थे। वैसे ही कानों को घेरकर बैठे थे। मेरी स्मृति तड़ित वेग से नाच उठी। दुष्यन्त ने अँगूठी पहचान ली। भूली शकुन्तला उस पल याद आ गई, लेकिन दुष्यन्त सौभाग्यशाली थे, चक्रवर्ती राजा थे—अपनी प्राणप्रिया को आकाश-पाताल छानकर ढूँढ़ निकाला। मेरी किरन तो इस भूतल पर न थी कि किसी तरह प्राण देकर भी पता पाता। परलोक से ढूँढ़ निकालूँ—ऐसी शक्ति इस दीन-हीन मानव में कहाँ?

चढ़ा नशा उतर पड़ा। सारी बातें सूझ गईं—आँखों पर की पट्टी खुल पड़ी; लेकिन हाय! खुली भी तो उसी समय जब जीवन में केवल अन्धकार ही रह गया।

(1913 ई.)

विश्वंभरनाथ शर्मा 'कौशिक'

बहुमुखी प्रतिभा सम्पन्न श्री विश्वंभरनाथ शर्मा 'कौशिक' का जन्म 10 मई, 1891, अंबाला (हरियाणा) में हुआ था। इन्हें हिन्दी, उर्दू, पंजाबी, अंग्रेज़ी भाषाओं का अच्छा ज्ञान था, इन्होंने भारतीय संस्कृति, धर्म, साधना का गहनता से अध्ययन किया था। इन्होंने कानपुर से मैट्रिक की शिक्षा प्राप्त की थी संगीत तथा फोटोग्राफी में भी इनकी अत्यधिक रुचि थी।

इनकी अधिकांश कहानियाँ चरित्र प्रधान हैं। इन कहानियों के पात्रों में चरित्र निर्माण में लेखक ने मनोविज्ञान का सहारा लिया है और सुधारवादी मनोवृत्तियों से परिचालित होने के कारण उन्हें अन्त में दानव से देवता बना दिया है। कौशिक की कहानियों में पारिवारिक जीवन की समस्याओं और उनके समाधान का सफल प्रयास हुआ है। उनकी कहानियों में पात्र हमारी यथार्थ जीवन के जीते जागते लोग हैं जो सामाजिक चेतना से अनुप्राणित तथा प्रेरणादायी हैं। इनका प्रथम कहानी-संग्रह 'रक्षाबन्धन' सन् 1913 में प्रकाशित हुआ था। इनकी कहानियाँ अपनी मूल संवेदना को पूर्ण मार्मिकता के साथ प्रकट करती हैं। इनका निधन सन् 1945 में हुआ।

रचना-संसार : कल्लोल, बंध्या, पेरिस की नर्तकी, मणिमाला, चित्रशाला, साध की होली, रक्षाबंधन, अप्रैल फूल (कहानी-संग्रह); माँ, भिखारिणी, संघर्ष (उपन्यास); दुबेजी की चिट्ठियाँ, 'दुबेजी की डायरी' (व्यंग्य-संग्रह); उपन्यासों में 'माँ' और 'भिखारिणी' तथा व्यंग्य-संग्रह 'दुबेजी की चिट्ठियाँ' तथा 'दुबेजी की डायरी' बहुत लोकप्रिय हुए। उन्होंने साहित्यिक पत्रिका 'हिन्दी मनोरंजन' का सम्पादन करते हुए हिन्दी लेखकों की नई पीढ़ी तैयार की। इस रूप में वे अविस्मरणीय हिन्दीसेवी भी रहे।

निधन : 10 दिसम्बर, 1945, कानपुर (उ.प्र.)।

ताई

"ताऊजी, हमें लेलगाड़ी (रेलगाड़ी) ला दोगे?" कहता हुआ एक पंचवर्षीय बालक बाबू रामजीदास की ओर दौड़ा।

बाबू साहब ने दोनों बाँहें फैलाकर कहा—"हाँ बेटा,ला देंगे।" उनके इतना कहते-कहते बालक उनके निकट आ गया। उन्होंने बालक को गोद में उठा लिया और उसका मुख चूमकर बोले—"क्या करेगा रेलगाड़ी?"

बालक बोला—"उसमें बैठकर बली दूल जाएँगे। हम बी जाएँगे, चुन्नी को बी ले जाएँगे। बाबूजी को नहीं ले जाएँगे। हमें लेलगाड़ी नहीं ला देते। ताऊजी तुम ला दोगे, तो तुम्हें ले जाएँगे।"

बाबू—"और किसे ले जाएगा?"

बालक दम भर सोचकर बोला—"बछ औल किछी को नहीं ले जाएँगे।"

पास ही बाबू रामजीदास की अर्द्धांगिनी बैठी थीं। बाबू साहब ने उनकी ओर इशारा करके कहा—"और अपनी ताई को नहीं ले जाएगा?"

बालक कुछ देर तक अपनी ताई की ओर देखता रहा। ताईजी उस समय कुछ चिढ़ी हुई सी बैठी थीं। बालक को उनके मुख का वह भाव अच्छा न लगा। अतएव वह बोला—"ताई को नहीं ले जाएँगे।"

ताईजी सुपारी काटती हुई बोलीं—"अपने ताऊजी को ही ले जा मेरे ऊपर दया रख।" ताई ने यह बात बड़ी रूखाई के साथ कही। बालक ताई के शुष्क व्यवहार को तुरन्त ताड़ गया। बाबू साहब ने फिर पूछा—"ताई को क्यों नहीं ले जाएगा?"

बालक—"ताई हमें प्याल(प्यार), नहीं कलतीं।"

बाबू—"जो प्यार करें तो ले जाएगा?"

बालक को इसमें कुछ सन्देह था। ताई के भाव देखकर उसे यह आशा नहीं थी कि वह प्यार करेंगी। इससे बालक मौन रहा।

बाबू साहब ने फिर पूछा—"क्यों रे बोलता नहीं? ताई प्यार करें तो रेल पर बिठाकर ले जाएगा?"

बालक ने ताऊजी को प्रसन्न करने के लिए केवल सिर हिलाकर स्वीकार कर लिया, परन्तु मुख से कुछ नहीं कहा।

बाबू साहब उसे अपनी अर्द्धांगिनी के पास ले जाकर उनसे बोले—"लो, इसे प्यार कर लो तो तुम्हें ले जाएगा।" परन्तु बच्चे की ताई श्रीमती रामेश्वरी को पति की यह चुहलबाजी अच्छी न लगी। वह तुनककर बोली—"तुम्हीं रेल पर बैठकर जाओ, मुझे नहीं जाना है।"

बाबू साहब ने रामेश्वरी की बात पर ध्यान नहीं दिया। बच्चे को उनकी गोद में बैठाने की चेष्टा करते हुए बोले—"प्यार नहीं करोगी, तो फिर रेल में नहीं बिठावेगा। क्यों रे मनोहर?"

मनोहर ने ताऊ की बात का उत्तर नहीं दिया। उधर ताई ने मनोहर को अपनी गोद से ढकेल दिया। मनोहर नीचे गिर पड़ा। शरीर में तो चोट नहीं लगी, पर हृदय में चोट लगी। बालक रो पड़ा।

बाबू साहब ने बालक को गोद में उठा लिया। चुमकार-पुचकारकर चुप किया और तत्पश्चात् उसे कुछ पैसा तथा रेलगाड़ी ला देने का वचन देकर छोड़ दिया। बालक मनोहर भयपूर्ण दृष्टि से अपनी ताई की ओर ताकता हुआ उस स्थान से चला गया।

मनोहर के चले जाने पर बाबू रामजीदास रामेश्वरी से बोले—"तुम्हरा यह कैसा व्यवहार है? बच्चे को ढकेल दिया। जो उसे चोट लग जाती तो?"

रामेश्वरी मुँह मटकाकर बोली—"लग जाती तो अच्छा होता। क्यों मेरी खोपड़ी पर लादे देते थे? आप ही मेरे ऊपर डालते थे और आप ही अब ऐसी बातें करते हैं।"

बाबू साहब कुढ़कर बोले—"इसी को खोपड़ी पर लादना कहते हैं?"

रामेश्वरी—"और नहीं किसे कहते हैं, तुम्हें तो अपने आगे और किसी का दु:ख-सुख सूझता ही नहीं। न जाने कब किसका जी कैसा होता है। तुम्हें उन बातों की कोई परवाह ही नहीं, अपनी चुहल से काम है।"

बाबू—"बच्चों की प्यारी-प्यारी बातें सुनकर तो चाहे जैसा जी हो,प्रसन्न हो जाता है। मगर तुम्हारा हृदय न जाने किस धातु का बना हुआ है?"

रामेश्वरी—"तुम्हारा हो जाता होगा। और होने को होता है, मगर वैसा बच्चा भी तो हो। पराये धन से भी कहीं घर भरता है?"

बाबू साहब कुछ देर चुप रहकर बोले—"यदि अपना सगा भतीजा भी पराया धन कहा जा सकता है, तो फिर मैं नहीं समझता कि अपना धन किसे कहेंगे?"

रामेश्वरी कुछ उत्तेजित होकर बोली—"बातें बनाना बहुत आसान है। तुम्हारा भतीजा है, तुम चाहे जो समझो, पर मुझे यह बातें अच्छी नहीं लगतीं। हमारे भाग ही फूटे हैं, नहीं तो यह दिन काहे को देखने पड़ते। तुम्हारा चलन तो दुनिया से निराला है। आदमी संतान के लिए न जाने क्या-क्या करते हैं—पूजा-पाठ करते हैं, व्रत रखते हैं,पर तुम्हें इन बातों से क्या काम? रात-दिन भाई-भतीजों में मगन रहते हो।"

बाबू साहब के मुख पर घृणा का भाव झलक आया। उन्होंने कहा—"पूजा-पाठ, व्रत सब ढकोसला है। जो वस्तु भाग्य में नहीं, वह पूजा-पाठ से कभी प्राप्त नहीं हो सकती। मेरा तो यह अटल विश्वास है।"

श्रीमती जी कुछ-कुछ रुआँसे स्वर में बोलीं—"इसी विश्वास ने सब चौपट कर रखा है। ऐसे ही विश्वास पर सब बैठ जाएँ तो काम कैसे चले? सब विश्वास पर ही न बैठे रहें, आदमी काहे को किसी बात के लिए चेष्टा करे।"

बाबू साहब ने सोचा कि मूर्ख स्त्री के मुँह लगना ठीक नहीं। अतएव वह स्त्री की बात का कुछ उत्तर न देकर वहाँ से टल गए।

2

बाबू रामजीदास धनी आदमी हैं। कपड़े की आढ़त का काम करते हैं। लेन-देन भी है। इनके एक छोटा भाई है उसका नाम है कृष्णदास। दोनों भाइयों का परिवार एक में ही है। बाबू रामदास जी की आयु 35 के लगभग है और छोटे भाई कृष्णदास की आयु 21 के लगभग। रामदास जी निस्संतान हैं। कृष्णदास के दो संतानें हैं। एक पुत्र—वही पुत्र, जिससे पाठक परिचित हो चुके हैं—और एक कन्या है। कन्या की वय दो वर्ष के लगभग है।

रामदास जी अपने छोटे भाई और उनकी संतान पर बड़ा स्नेह रखते हैं—ऐसा स्नेह कि उसके प्रभाव से उन्हें अपनी संतानहीनता कभी खटकती ही नहीं। छोटे भाई की संतान को अपनी संतान समझते हैं। दोनों बच्चे भी रामदास से इतने हिले हैं कि उन्हें अपने पिता से भी अधिक समझते हैं।

परन्तु रामदास की पत्नी रामेश्वरी को अपनी संतानहीनता का बड़ा दु:ख है। वह दिन-रात संतान ही के सोच में घुली रहती है। छोटे भाई की संतान पर पति का प्रेम उनकी आँखों में काँटे की तरह खटकता है।

रात के भोजन इत्यादि से निवृत्त होकर रामजीदास शैया पर लेटे शीतल और मंद वायु का आनन्द ले रहे हैं। पास ही दूसरी शैया पर रामेश्वरी, हथेली पर सिर रखे, किसी चिन्ता में डूबी हुई थी। दोनों बच्चे अभी बाबू साहब के पास से उठकर अपनी माँ के पास गए थे। बाबू साहब ने अपनी स्त्री की ओर करवट लेकर कहा—"आज तुमने मनोहर को बुरी तरह ढकेला था कि मुझे अब तक उसका दु:ख है। कभी-कभी तो तुम्हारा व्यवहार अमानुषिक हो उठता है।"

रामेश्वरी बोली—"तुम्हीं ने मुझे ऐसा बना रखा है। उस दिन उस पंडित ने कहा कि हम दोनों के जन्म-पत्र में संतान का जोग है और उपाय करने से संतान हो सकती है। उसने उपाय भी बताए थे, पर तुमने उनमें से एक भी उपाय करके न देखा। बस, तुम तो इन्हीं दोनों में मगन हो। तुम्हारी इस बात से रात-दिन मेरा

कलेजा सुलगता रहता है। आदमी उपाय तो करके देखता है। फिर होना न होना भगवान के अधीन है।"

बाबू साहब हँसकर बोले—"तुम्हारी जैसी सीधी स्त्री भी क्या कहूँ? तुम इन ज्योतिषियों की बातों पर विश्वास करती हो, जो दुनिया भर के झूठे और धूर्त हैं। झूठ बोलने ही की रोटियाँ खाते हैं।"

रामेश्वरी तुनककर बोली—"तुम्हें तो सारा संसार झूठा ही दिखाई पड़ता है। ये पोथी-पुराण भी सब झूठे हैं? पंडित कुछ अपनी तरफ से बनाकर तो कहते नहीं हैं। शास्त्र में जो लिखा है, वही वे भी कहते हैं, वह झूठा है तो वे भी झूठे हैं। अंग्रेजी क्या पढ़ी, अपने आगे किसी को गिनते ही नहीं। जो बातें बाप-दादे के जमाने से चली आई हैं, उन्हें भी झूठा बताते हैं।"

बाबू साहब—"तुम बात तो समझती नहीं, अपनी ही ओटे जाती हो। मैं यह नहीं कह सकता कि ज्योतिष शास्त्र झूठा है। सम्भव है,वह सच्चा हो, परन्तु ज्योतिषियों में अधिकांश झूठे होते हैं। उन्हें ज्योतिष का पूर्ण ज्ञान तो होता नहीं, दो-एक छोटी-मोटी पुस्तकें पढ़कर ज्योतिषी बन बैठते हैं और लोगों को ठगते फिरते हैं। ऐसी दशा में उनकी बातों पर कैसे विश्वास किया जा सकता है?"

रामेश्वरी—"हूँ, सब झूठे ही हैं, तुम्हीं एक बड़े सच्चे हो। अच्छा, एक बात पूछती हूँ। भला तुम्हारे जी में संतान का मुख देखने की इच्छा क्या कभी नहीं होती?"

इस बार रामेश्वरी ने बाबू साहब के हृदय का कोमल स्थान पकड़ा। वह कुछ देर चुप रहे। तत्पश्चात् एक लम्बी साँस लेकर बोले—"भला ऐसा कौन मनुष्य होगा, जिसके हृदय में संतान का मुख देखने की इच्छा न हो? परन्तु क्या किया जाए? जब नहीं है, और न होने की कोई आशा ही है, तब उसके लिए व्यर्थ चिन्ता करने से क्या लाभ? इसके सिवा जो बात अपनी संतान से होती, वही भाई की संतान से हो भी रही है। जितना स्नेह अपनी पर होता, उतना ही इन पर भी है जो आनन्द उसकी बाल क्रीड़ा से आता, वही इनकी क्रीड़ा से भी आ रहा है। फिर नहीं समझता कि चिन्ता क्यों की जाए।"

रामेश्वरी कुढ़कर बोली—"तुम्हारी समझ को मैं क्या कहूँ? इसी से तो रात-दिन जला करती हूँ, भला तो यह बताओ कि तुम्हारे पीछे क्या इन्हीं से तुम्हारा नाम चलेगा?"

बाबू साहब हँसकर बोले—"अरे, तुम भी कहाँ की क्षुद्र बातें लाई। नाम संतान से नहीं चलता। नाम अपनी सुकृति से चलता है। तुलसीदास को देश का बच्चा-बच्चा जानता है। सूरदास को मरे कितने दिन हो चुके। इसी प्रकार जितने महात्मा हो गए हैं, उन सबका नाम क्या उनकी संतान की बदौलत चल रहा है? सच पूछो, तो संतान से जितनी नाम चलने की आशा रहती है, उतनी ही नाम डूब जाने की सम्भावना रहती है। परन्तु सुकृति एक ऐसी वस्तु है, जिसमें नाम बढ़ने के सिवा

घटने की आशंका रहती ही नहीं। हमारे शहर में राय गिरधारीलाल कितने नामी थे। उनके संतान कहाँ है। पर उनकी धर्मशाला और अनाथालय से उनका नाम अब तक चला आ रहा है, अभी न जाने कितने दिनों तक चला जाएगा।

रामेश्वरी—"शास्त्र में लिखा है जिसके पुत्र नहीं होता, उनकी मुक्ति नहीं होती?"

बाबू—"मुक्ति पर मुझे विश्वास नहीं। मुक्ति है किस चिड़िया का नाम? यदि मुक्ति होना भी मान लिया जाए, वो यह कैसे माना जा सकता है कि सब पुत्रवालों की मुक्ति हो ही जाती है! मुक्ति का भी क्या सहज उपाय है? ये कितने पुत्रवाले हैं, सभी को तो मुक्ति हो जाती होगी?"

रामेश्वरी निरुत्तर होकर बोली—"अब तुमसे कौन बकवास करे! तुम तो अपने सामने किसी को मानते ही नहीं।"

3

मनुष्य का हृदय बड़ा ममत्व-प्रेमी है। कैसी ही उपयोगी और कितनी ही सुन्दर वस्तु क्यों न हो, जब तक मनुष्य उसको पराई समझता है, तब तक उससे प्रेम नहीं करता। किन्तु भद्दी से भद्दी और बिलकुल काम में न आनेवाली वस्तु को यदि मनुष्य अपनी समझता है, तो उससे प्रेम करता है। पराई वस्तु कितनी ही मूल्यवान क्यों न हो, कितनी ही उपयोगी क्यों न हो, कितनी ही सुन्दर क्यों न हो, उसके नष्ट होने पर मनुष्य कुछ भी दुःख का अनुभव नहीं करता, इसलिए कि वह वस्तु, उसकी नहीं, पराई है। अपनी वस्तु कितनी ही भद्दी हो, काम में न आनेवाली हो, नष्ट होने पर मनुष्य को दुःख होता है, इसलिए कि वह अपनी चीज है। कभी-कभी ऐसा भी होता है कि मनुष्य पराई चीज से प्रेम करने लगता है। ऐसी दशा में भी जब तक मनुष्य उस वस्तु को अपना बनाकर नहीं छोड़ता, अथवा हृदय में यह विचार नहीं कर लेता कि वह वस्तु मेरी है, तब तक उसे संतोष नहीं होता। ममत्व से प्रेम उत्पन्न होता है, और प्रेम से ममत्व। इन दोनों का साथ चोली-दामन का-सा है। ये कभी पृथक् नहीं किए जा सकते।

यद्यपि रामेश्वरी को माता बनने का सौभाग्य प्राप्त नहीं हुआ था, तथापि उनका हृदय एक माता का हृदय बनने की पूरी योग्यता रखता था। उनके हृदय में वे गुण विद्यमान तथा अन्तर्निहित थे, जो एक माता के हृदय में होते हैं, परन्तु उसका विकास नहीं हुआ था। उसका हृदय उस भूमि की तरह था, जिसमें बीज तो पड़ा हुआ है, पर उसको सींचकर और इस प्रकार बीज को प्रस्फुटित करके भूमि के ऊपर लानेवाला कोई नहीं। इसीलिए उसका हृदय उन बच्चों की ओर खिंचता तो था, परन्तु जब उसे ध्यान आता था कि ये बच्चे मेरे नहीं, दूसरे के हैं, तब उसके हृदय में उनके प्रति द्वेष उत्पन्न होता था, घृणा पैदा होती थी। विशेषकर उस समय उनके द्वेष की

मात्रा और भी बढ़ जाती थी, जब वह यह देखती थी कि उनके पतिदेव उन बच्चों पर प्राण देते हैं, जो उनके (रामेश्वरी के) नहीं हैं।

शाम का समय था। रामेश्वरी खुली छत पर बैठी हवा खा रही थी। पास उनकी देवरानी भी बैठी थी। दोनों बच्चे छत पर दौड़-दौड़कर खेल रहे थे। रामेश्वरी उनके खेल को देख रही थी। इस समय रामेश्वरी को उन बच्चों का खेलना-कूदना बड़ा भला मालूम हो रहा था। हवा में उड़ते हुए उनके बाल, कमल की तरह खिले उनके नन्हे-नन्हे मुख, उनकी प्यारी-प्यारी तोतली बातें, उनका चिल्लाना, भागना, लौट जाना इत्यादि क्रीड़ाएँ उसके हृदय को शीतल कर रही थीं। सहसा मनोहर अपनी बहन को मारने दौड़ा। वह खिलखिलाती हुई दौड़कर रामेश्वरी की गोद में जा गिरी। उसके पीछे-पीछे मनोहर भी दौड़ता हुआ आया और वह भी उन्हीं की गोद में जा गिरा। रामेश्वरी उस समय सारा द्वेष भूल गई। उन्होंने दोनों बच्चों को उसी प्रकार हृदय से लगा लिया, जिस प्रकार वह मनुष्य लगाता है, जो कि बच्चों के लिए तरस रहा हो। उन्होंने बड़ी सतृष्णता से दोनों को प्यार किया। उस समय यदि कोई अपरिचित मनुष्य उन्हें देखता, तो उसे यह विश्वास होता कि रामेश्वरी उन बच्चों की माता है।

दोनों बच्चे बड़ी देर तक उसकी गोद में खेलते रहे। सहसा उसी समय किसी के आने की आहट पाकर बच्चों की माता वहाँ से उठकर चली गई।

"मनोहर, ले रेलगाड़ी।" कहते हुए बाबू रामजीदास छत पर आए। उनका स्वर सुनते ही दोनों बच्चे रामेश्वरी की गोद से तड़पकर निकल भागे। रामजीदास ने पहले दोनों को खूब प्यार किया, फिर बैठकर रेलगाड़ी दिखाने लगे।

इधर रामेश्वरी की नींद टूटी। पति को बच्चों में मगन होते देखकर उसकी भौंहें तन गईं। बच्चों के प्रति हृदय में फिर वही घृणा और द्वेष भाव जाग उठा।

बच्चों को रेलगाड़ी देकर बाबू साहब रामेश्वरी के पास आए और मुस्कराकर बोले—"आज तो तुम बच्चों को बड़ा प्यार कर रही थीं। इससे मालूम होता है कि तुम्हारे हृदय में भी उनके प्रति कुछ प्रेम अवश्य है।"

रामेश्वरी को पति की यह बात बहुत बुरी लगी। उसे अपनी कमजोरी पर बड़ा दुःख हुआ। केवल दुःख ही नहीं, अपने ऊपर क्रोध भी आया। वह दुःख और क्रोध पति के उक्त वाक्य से और भी बढ़ गया। उसकी कमजोरी पति पर प्रगट हो गई, यह बात उसके लिए असह्य हो उठी।

रामजीदास बोले—"इसीलिए मैं कहता हूँ कि अपनी संतान के लिए सोच करना वृथा है। यदि तुम इनसे प्रेम करने लगो, तो तुम्हें ये ही अपनी संतान प्रतीत होने लगेंगे। मुझे इस बात से प्रसन्नता है कि तुम इनसे स्नेह करना सीख रही हो।"

यह बात बाबू साहब ने नितान्त हृदय से कही थी, परन्तु रामेश्वरी को इसमें व्यंग्य की तीक्ष्ण गंध मालूम हुई। उन्होंने कुढ़कर मन में कहा—"इन्हें मौत भी

नहीं आती। मर जाएँ, पाप कटे! आठों पहर आँखों के सामने रहने से प्यार को जी ललचा ही उठता है। इनके मारे कलेजा और भी जला करता है।"

बाबू साहब ने पत्नी को मौन देखकर कहा—"अब झेंपने से क्या लाभ। अपने प्रेम को छिपाने की चेष्टा करना व्यर्थ है। छिपाने की आवश्यकता भी नहीं।"

रामेश्वरी जल-भुनकर बोली—"मुझे क्या पड़ी है, जो मैं प्रेम करूँगी? तुम्हीं को मुबारक रहे। निगोड़े आप ही आ-आ के घुसते हैं। एक घर में रहने में कभी-कभी हँसना-बोलना पड़ता ही है। अभी परसों जरा यों ही ढकेल दिया, उस पर तुमने सैकड़ों बातें सुनाईं। संकट में प्राण हैं, न यों चैन, न वों चैन।"

बाबू साहब को पत्नी के वाक्य सुनकर बड़ा क्रोध आया। उन्होंने कर्कश स्वर में कहा—"न जाने कैसे हृदय की स्त्री है! अभी अच्छी-खासी बैठी बच्चों से प्यार कर रही थी। मेरे आते ही गिरगिट की तरह रंग बदलने लगी। अपनी इच्छा से चाहे जो करे, पर मेरे कहने से बल्लियों उछलती है। न जाने मेरी बातों में कौन-सा विष घुला रहता है। यदि मेरा कहना ही बुरा मालूम होता है, तो न कहा करूँगा। पर इतना याद रखो कि अब कभी इनके विषय में निगोड़े-सिगोड़े इत्यादि अपशब्द निकाले, तो अच्छा न होगा। तुमसे मुझे ये बच्चे कहीं अधिक प्यारे हैं।"

रामेश्वरी ने इसका कोई उत्तर न दिया। अपने क्षोभ तथा क्रोध को वे आँखों द्वारा निकालने लगीं।

जैसे-ही-जैसे बाबू रामजीदास का स्नेह दोनों बच्चों पर बढ़ता जाता था, वैसे-ही-वैसे रामेश्वरी के द्वेष और घृणा की मात्रा भी बढ़ती जाती थी। प्राय: बच्चों के पीछे पति-पत्नी में कहा-सुनी हो जाती थी, और रामेश्वरी को पति के कटु वचन सुनने पड़ते थे। जब रामेश्वरी ने यह देखा कि बच्चों के कारण ही वह पति की नज़र से गिरती जा रही है, तब उनके हृदय में बड़ा तूफ़ान उठा। उन्होंने यह सोचा—पराये बच्चों के पीछे यह मुझसे प्रेम कम करते जाते हैं, हर समय बुरा-भला कहा करते हैं, इनके लिए ये बच्चे ही सब कुछ हैं, मैं कुछ भी नहीं। दुनिया मरती जाती है, पर दोनों को मौत नहीं। ये पैदा होते ही क्यों न मर गए। न ये होते, न मुझे ये दिन देखने पड़ते। जिस दिन ये मरेंगे, उस दिन घी के दीये जलाऊँगी। इन्होंने ही मेरे घर का सत्यानाश कर रखा है। बच्चे और मुस्कराकर बोले—"आज।"

4

इसी प्रकार कुछ दिन व्यतीत हुए। एक दिन नियमानुसार रामेश्वरी छत पर अकेली बैठी हुई थी उनके हृदय में अनेक प्रकार के विचार आ रहे थे। विचार और कुछ नहीं, अपनी निज की संतान का अभाव, पति का भाई की संतान के प्रति अनुराग

इत्यादि। कुछ देर बाद जब उनके विचार स्वयं उन्हीं को कष्टदायक प्रतीत होने लगे, तब वह अपना ध्यान दूसरी ओर लगाने के लिए टहलने लगी।

वह टहल ही रही थी कि मनोहर दौड़ता हुआ आया। मनोहर को देखकर उनकी भृकुटी चढ़ गई। और वह छत की चहारदीवारी पर हाथ रखकर खड़ी हो गई।

संध्या का समय था। आकाश में रंग-बिरंगी पतंगें उड़ रही थीं। मनोहर कुछ देर तक खड़ा पतंगों को देखता और सोचता रहा कि कोई पतंग कटकर उसकी छत पर गिरे, क्या आनन्द आवे! देर तक गिरने की आशा करने के बाद दौड़कर रामेश्वरी के पास आया, और उनकी टाँगों में लिपटकर बोला—"ताई, हमें पतंग मँगा दो।" रामेश्वरी ने झिड़ककर कहा—"चल हट, अपने ताऊ से माँग जाकर।"

मनोहर कुछ अप्रतिभ-सा होकर फिर आकाश की ओर ताकने लगा। थोड़ी देर बाद उससे फिर रहा न गया। इस बार उसने बड़े लाड़ में आकर अत्यंत करुण स्वर में कहा—"ताई मँगा दो, हम भी उड़ाएँगे।"

इस बार उसकी भोली प्रार्थना से रामेश्वरी का कलेजा कुछ पसीज गया। वह कुछ देर तक उसकी ओर स्थिर दृष्टि से देखती रही। फिर उन्होंने एक लम्बी साँस लेकर मन ही मन कहा—यह मेरा पुत्र होता तो आज मुझसे बढ़कर भाग्यवान स्त्री संसार में दूसरी न होती। निगोड़ा-मरा कितना सुन्दर है, और कैसी प्यारी-प्यारी बातें करता है। यही जी चाहता है कि उठाकर छाती से लगा लें।

यह सोचकर वह उसके सिर पर हाथ फेरनेवाली थी कि इतने में उन्हें मौन देखकर बोला—"तुम हमें पतंग नहीं मँगवा दोगी, तो ताऊजी से कहकर तुम्हें पिटवाएँगे।"

यद्यपि बच्चे की इस भोली बात में भी मधुरता थी, तथापि रामेश्वरी का मुँह क्रोध के मारे लाल हो गया। वह उसे झिड़ककर बोली—"जा कह दे अपने ताऊजी से देखें, वह मेरा क्या कर लेंगे।"

मनोहर भयभीत होकर उनके पास से हट आया, और फिर सतृष्ण नेत्रों से आकाश में उड़ती हुई पतंगों को देखने लगा।

इधर रामेश्वरी ने सोचा—यह सब ताऊजी के दुलार का फल है कि बालिश्त भर का लड़का मुझे धमकाता है। ईश्वर करे, इस दुलार पर बिजली टूटे।

उसी समय आकाश से एक पतंग कटकर उसी छत की ओर आई और रामेश्वरी के ऊपर से होती हुई छज्जे की ओर गई। छत के चारों ओर चहारदीवारी थी। जहाँ रामेश्वरी खड़ी हुई थी, केवल वहाँ पर एक द्वार था, जिससे छज्जे पर आ-जा सकते थे। रामेश्वरी उस द्वार से सटी हुई खड़ी थी। मनोहर ने पतंग को छज्जे पर जाते देखा। पतंग पकड़ने के लिए वह दौड़कर छज्जे की ओर चला। रामेश्वरी खड़ी देखती रही। मनोहर उसके पास से होकर छज्जे पर चला गया, और उससे दो फिट की दूरी पर खड़ा होकर पतंग को देखने लगा। पतंग छज्जे पर से होती हुई नीचे घर के आँगन में जा गिरी। एक पैर छज्जे की मुँडेर पर रखकर मनोहर

ने नीचे आँगन में झाँका और पतंग को आँगन में गिरते देख, वह प्रसन्नता के मारे फूला न समाया। वह नीचे जाने के लिए शीघ्रता से घूमा, परन्तु घूमते समय मुँडेर पर से उसका पैर फिसल गया। वह नीचे की ओर चला। नीचे जाते-जाते उसके दोनों हाथों में मुँडेर आ गई। वह उसे पकड़कर लटक गया और रामेश्वरी की ओर देखकर चिल्लाया, "ताई!"

रामेश्वरी ने धड़कते हुए हृदय से इस घटना को देखा। उसके मन में आया कि अच्छा है, मरने दो, सदा का पाप कट जाएगा। यही सोचकर वह एक क्षण रुकी। इधर मनोहर के हाथ मुँडेर पर से फिसलने लगे। वह अत्यंत भय तथा करुण नेत्रों से रामेश्वरी की ओर देखकर चिल्लाया—"अरी ताई!" रामेश्वरी की आँखें मनोहर की आँखों से जा मिलीं। मनोहर की वह करुण दृष्टि देखकर रामेश्वरी का कलेजा मुँह में आ गया। उन्होंने व्याकुल होकर मनोहर को पकड़ने के लिए अपना हाथ बढ़ाया। उनका हाथ मनोहर के हाथ तक पहुँचा ही कि मनोहर के हाथ से मुँड़ेर छूट गई। वह नीचे जा गिरा। रामेश्वरी चीख मारकर छज्जे पर गिर पड़ी।

रामेश्वरी एक सप्ताह तक बुखार से बेहोश पड़ी रही। कभी-कभी जोर से चिल्ला उठती, और कहती—"देखो-देखो, वह गिरा जा रहा है—उसे बचाओ, दौड़ो—मेरे मनोहर को बचा लो।" कभी वह कहती—"बेटा मनोहर, मैंने तुझे नहीं बचाया। हाँ, हाँ, मैं चाहती तो बचा सकती थी—देर कर दी।" इसी प्रकार के प्रलाप वह किया करती।

मनोहर की टाँग उखड़ गई थी, टाँग बिठा दी गई। वह क्रमश: फिर अपनी असली हालत पर आने लगा।

एक सप्ताह बाद रामेश्वरी का ज्वर कम हुआ। अच्छी तरह होश आने पर उन्होंने पूछा—"मनोहर कैसा है?"

रामजीदास ने उत्तर दिया—"अच्छा है।"

रामेश्वरी—"उसे पास लाओ।"

मनोहर रामेश्वरी के पास लाया गया। रामेश्वरी ने उसे बड़े प्यार से हृदय से लगाया। आँखों से आँसुओं की झड़ी लग गई, हिचकियों से गला रुँध गया। रामेश्वरी कुछ दिनों बाद पूर्ण स्वस्थ हो गई। अब वह मनोहर और उसकी बहन चुन्नी से द्वेष नहीं करती। और मनोहर तो अब उसका प्राणाधार हो गया। उसके बिना उन्हें एक क्षण भी कल नहीं पड़ती।

चन्द्रधर शर्मा 'गुलेरी'

चन्द्रधर शर्मा 'गुलेरी' का जन्म सन् 1883 ई. में जयपुर (राजस्थान) के एक विद्या-सम्पन्न परिवार में हुआ था। इनके पूर्वज काँगड़ा के 'गुलेर' नामक स्थान के रहने वाले थे, अत: 'गुलेरी' कहलाते थे। इनकी बुद्धि बहुत ही कुशाग्र थी और पढ़ने-लिखने में गहरी रुचि थी। अपनी परीक्षाओं में ये सदा स्पृहणीय सफलताएँ प्राप्त करते रहे। सन् 1899 ई. में इलाहाबाद विश्वविद्यालय की एंट्रेंस परीक्षा में सर्वप्रथम आए तथा वहीं से 1903 ई. में बी.ए. की परीक्षा में भी प्रथम श्रेणी में उत्तीर्ण हुए। गुलेरी जी के अध्ययन का क्षेत्र बहुत व्यापक था। पुरातत्त्व, इतिहास, दर्शन, भाषा-विज्ञान, साहित्य आदि विषयों में इनकी गहरी पैठ थी। हिन्दी, संस्कृत, पाली, प्राकृत, अपभ्रंश, बांग्ला, मराठी आदि भारतीय भाषाओं के तो ये पंडित थे ही, साथ ही अंग्रेजी, फ्रेंच, जर्मन और लैटिन भाषाओं के भी अच्छे जानकार थे।

बी.ए. पास करने के बाद गुलेरी जी अजमेर मेयो कॉलेज में संस्कृत के प्रधानाध्यापक हो गए। 1920 ई. में ये हिन्दू विश्वविद्यालय, वाराणसी के ओरियंटल कॉलेज के प्रिंसिपल हो गए। सन् 1922 ई. में इनकी मृत्यु हो गई।

अपनी थोड़ी-सी आयु में ही गुलेरी जी की प्रतिभा ने बहुत काम किया है। एक ओर पुरातत्त्व एवं भाषा-विज्ञान पर गम्भीर गवेषणात्मक निबन्ध लिखे और दूसरी ओर बड़ी ही ओजस्वी कविताएँ भी रचीं। बीस-इक्कीस वर्ष की आयु में ही इन्होंने जयपुर से 'समालोचना' नामक पत्र भी सम्पादित किया था और उसके माध्यम से हिन्दी आलोचना को आगे बढ़ाया। व्यंग्यपूर्ण शैली में इन्होंने कलात्मक निबन्ध भी लिखे थे। गम्भीर-से-गम्भीर विषयों के भीतर भी वे हास्य-व्यंग्य के लिए स्थान ढूँढ़ लेते थे। कहानियों के क्षेत्र में यद्यपि गुलेरी जी ने 'सुखमय जीवन', 'बुद्धू का काँटा' और 'उसने कहा था'—केवल तीन कहानियाँ लिखीं, पर अपनी अन्तिम कहानी के लिए वे कहानी-साहित्य में सदा अमर रहेंगे। अपनी भावात्मकता, वातावरण की सजीवता, नाटकीयता तथा शैली-शिल्प की प्रौढ़ता के लिए यह कहानी अमर रहेगी। यह देखकर आश्चर्य होता है कि हिन्दी कहानी के प्रारम्भिक युग में ऐसी प्रौढ़ कहानी लिखी गई।

गुलेरी जी की कहानियों में इनके निबन्धों वाली व्यंग्य-विनोद की विशेषता तो है ही, भाषा भी वैसी ही प्रवाहपूर्ण एवं शक्तिशालिनी है। इनकी भाषा में वातावरण निर्वाह की बड़ी क्षमता मिलती है। उर्दू और पंजाबी शब्दों का उन्होंने इसीलिए खूब प्रयोग किया है। संस्कृत के प्रकांड पंडित होते हुए भी उनकी शैली में सरलता, सहजता एवं मुहावरेदारी का गुण मिलता है।

गुलेरी जी की कुछ रचनाएँ 'गुलेरी ग्रन्थावली' के नाम से नागरीप्रचारिणी सभा, काशी द्वारा प्रकाशित की गई हैं।

गुलेरी जी को कई भाषाओं का ज्ञान था। उन भाषाओं में संस्कृत, पाली, प्राकृत, हिन्दी, बांग्ला, मराठी तो भारतीय भाषाएँ हैं, उन्हें लैटिन, फ्रेंच और जर्मन जैसी दूसरी भाषाओं की भी पूर्ण जानकारी थी। पुरातत्त्व, दर्शन और इतिहास गुलेरी जी के प्रिय विषय थे। कुछ निबन्धों में उनके इस ज्ञान का प्रतिफलन देखने को मिलता है। 'पुरानी हिन्दी' नामक गुलेरी जी का निबन्ध ऐतिहासिक दृष्टि से स्मरणीय माना जाता है।

उसने कहा था

1

बड़े-बड़े शहरों के इक्के-गाड़ी वालों की जबान के कोड़ों से जिनकी पीठ छिल गई है और कान पक गए हैं, उनसे हमारी प्रार्थना है कि अमृतसर के बम्बूकार्टवालों की बोली का मरहम लगावें। जब बड़े-बड़े शहरों की चौड़ी सड़कों पर घोड़े की पीठ को चाबुक से धुनते हुए, इक्के वाले कभी घोड़े की नानी से अपना निकट सम्बन्ध स्थिर करते हैं, कभी राह चलते पैदलों की आँखों के न होने पर तरस खाते हैं, कभी उनके पैरों की उँगलियों के पोरों को चीथकर अपने ही को सताया हुआ बताते हैं और संसार-भर की ग्लानि, निराशा और क्षोभ के अवतार बने, नाक की सीध चले जाते हैं, तब अमृतसर में उनकी बिरादरी वाले, तंग चक्करदार गलियों में, हर एक लड्ढी वाले के लिए ठहरकर सब्र का समुद्र उमड़ाकर, 'बचो खालसा जी', 'हटो माईजी!', 'ठहरना भाई!', 'आने दो लालाजी!', 'हटो बाछा!'[1] कहते हुए सफेद फेंटों, खच्चरों और बतखों, गन्ने और खोमचे और भारेवालों के जंगल में से राह खेते हैं। क्या मजाल है कि 'जी' और 'साहब' बिना सुने किसी को हटना पड़े! यह बात नहीं कि उनकी जीभ चलती ही नहीं, चलती है, पर मीठी छुरी की तरह महीन मार करती हुई। यदि कोई बुढ़िया बार-बार चितौनी देने पर भी लीक से नहीं हटती, तो उनकी वचनावली के ये नमूने हैं—

'हट जा, जीणे जोगिए; हट जा करमावालिए; हट जा पुताँ प्यारिए; बच जा, लम्बी उमराँवालिए!' समष्टि में इनके अर्थ हैं कि तू जीने योग्य है, तू भाग्यों वाली है, पुत्रों को प्यारी है, लम्बी उमर तेरे सामने है, तू क्यों मेरे पहिए के नीचे आना चाहती है?...बच जा।

ऐसे बम्बूकार्टवालों के बीच में होकर एक लड़का और एक लड़की चौक की एक दुकान पर आ मिले। उसके बालों और इसके ढीले सुथने से जान पड़ता था कि दोनों सिक्ख हैं। वह अपने मामा के केश धोने के लिए दही लेने आया था,

---

1. बादशाह

और यह रसोई के लिए बड़ियाँ। दुकानदार एक परदेसी से गुँथ रहा था, जो सेर-भर गीले पापड़ों की गड्डी को गिने बिना हटता न था।

"तेरे घर कहाँ हैं?"

"मगरे में;—और तेरे?"

"माँझे में;—यहाँ कहाँ रहती है?"

"अतरसिंह की बैठक में; वे मेरे मामा होते हैं।"

"मैं भी मामा के यहाँ आया हूँ, उनका घर गुरु बाजार में है।"

इतने में दुकानदार निबटा और इनको सौदा देने लगा। सौदा लेकर दोनों साथ-साथ चले। कुछ दूर जाकर लड़के ने मुस्कुराकर पूछा, "तेरी कुड़माई[1] हो गई?"

इस पर लड़की कुछ आँखें चढ़ाकर 'धत्' कहकर दौड़ गई और लड़का मुँह देखता रह गया।

दूसरे-तीसरे दिन सब्जीवाले के यहाँ, दूधवाले के यहाँ, अकस्मात् दोनों मिल जाते। महीना-भर यही हाल रहा। दो-तीन बार लड़के ने फिर पूछा, "तेरी कुड़माई हो गई?" और उत्तर में वही 'धत्' मिला। एक दिन जब लड़के ने वैसे ही हँसी में चिढ़ाने के लिए पूछा तो लड़की, लड़के की सम्भावना के विरुद्ध बोली, "हाँ, हो गई।"

"कब?"

"कल; देखते नहीं यह रेशम से कढ़ा हुआ सालू[2]!"

लड़की भाग गई। लड़के ने घर की राह ली। रास्ते में एक लड़के को मोरी में धकेल दिया, एक छाबड़ी वाले की दिन भर की कमाई खोई, एक कुत्ते पर पत्थर मारा और एक गोभी वाले के ठेले में दूध उँडेल दिया। सामने नहाकर आती हुई किसी वैष्णवी से टकराकर अन्धे की उपाधि पाई। तब कहीं घर पहुँचा।

2

"राम-राम, यह भी कोई लड़ाई है! दिन-रात खंदकों में बैठे-बैठे हड्डियाँ अकड़ गईं। लुधियाना से दस गुना जाड़ा और मेह तथा बरफ ऊपर से। पिंडलियों तक कीचड़ में धँसे हुए हैं। गनीमत कहीं दीखता नहीं—घंटे-दो-घंटे में कान के पर्दे फाड़ने वाले धमाके के साथ सारी खंदक हिल जाती है और सौ-सौ गज धरती उछल पड़ती है। इस गैबी गोले से बचे तो कोई लड़े। नगरकोट का जलजला सुना था, यहाँ दिन में पचीस जलजले होते हैं। जो कहीं खंदक से बाहर साफा या कुहनी निकल गई तो चटाक से गोली लगती है। न मालूम बेईमान मिट्टी में लेटे हुए हैं या घास की पत्तियों में छिपे रहते हैं।"

---

1. मँगनी, 2. ओढ़नी

"लहनासिंह, और तीन दिन हैं। चार तो खंदक में बिता ही दिये। परसों 'रिलीफ' आ जाएगी और फिर सात दिन की छुट्टी। अपने हाथों झटका[1] करेंगे और पेट भर खाकर सो रहेंगे। उसी फिरंगी[2] मेम के बाग में मखमल की-सी हरी घास है। फल और दूध की वर्षा कर देती है। लाख कहते हैं, दाम नहीं लेती। कहती है, तुम राजा हो, मेरे मुल्क को बचाने आए हो।"

"चार दिन तक पलक नहीं झपी। बिना फेरे घोड़ा बिगड़ता है और बिना लड़े सिपाही। मुझे तो संगीन चढ़ाकर मार्च का हुक्म मिल जाए। फिर सात जर्मनों को अकेला मारकर न लौटूँ तो मुझे दरबार साहब की देहली पर मत्था टेकना नसीब न हो। पाजी कहीं के, कलों के घोड़े, संगीन देखते ही मुँह फाड़ देते हैं, और पैर पकड़ने लगते हैं। यों अँधेरे में तीस-तीस मन के गोले फेंकते हैं। उस दिन धावा किया था—चार मील तक एक जर्मन नहीं छोड़ा था। पीछे जनरल साहब ने हट आने का कमान दिया, नहीं तो...।"

"नहीं तो सीधे बर्लिन पहुँच जाते, क्यों?" सूबेदार हजारासिंह ने मुस्कुराकर कहा, "लड़ाई के मामले जमादार या नायक के चलाए नहीं चलते। बड़े अफसर दूर की सोचते हैं। तीन सौ मील का सामना है। एक तरफ बढ़ गए तो क्या होगा?"

"सूबेदार जी, सच है," लहनासिंह बोला, "पर करें क्या? हड्डियों-हड्डियों में तो जाड़ा धँस गया है। सूर्य निकलता नहीं और खाई में दोनों तरफ से चम्बे की बावलियों के-से सोते झर रहे हैं। एक धावा हो जाए, तो गर्मी आ जाए।"

"उदमी, उठ, सिगड़ी में कोयले डाल। वजीरा, तुम चार जने बाल्टियाँ लेकर खाई का पानी बाहर फेंको। लहनासिंह, शाम हो गई है, खाई के दरवाजे का पहरा बदलवा दे।" यह कहते हुए सूबेदार सारी खंदक के चक्कर लगाने लगे।

वजीरासिंह पलटन का विदूषक था। बाल्टी में गँदला पानी भरकर खाई के बाहर फेंकता हुआ बोला, "मैं पांधा बन गया हूँ। करो जर्मनी के बादशाह का तर्पण!" इस पर सब खिलखिला पड़े और उदासी के बादल फट गए।

लहनासिंह ने दूसरी बाल्टी भरकर उसके हाथ में देकर कहा, "अपनी बाड़ी के खरबूजों में पानी दो। ऐसा खाद का पानी पंजाब भर में नहीं मिलेगा।"

"हाँ, देश क्या है, स्वर्ग है। मैं तो लड़ाई के बाद सरकार से दस घुमाव[3] जमीन यहीं माँग लूँगा और फलों के बूटे[4] लगाऊँगा।"

"लाड़ी होराँ को भी यहाँ बुला लेंगे? या वही दूध पिलाने वाली फिरंगी मेम..."

"चुप कर। यहाँ वालों को शरम नहीं।"

"देश-देश की चाल है। आज तक मैं उसे समझा नहीं सका कि सिक्ख तम्बाकू नहीं पीते। वह सिगरेट देने में हठ करती है, होंठों में लगाना चाहती है।

---

1. बकरा मारना, 2. फ्रेंच, 3. आठ बीघा, 4. पेड़

और मैं पीछे हटता हूँ तो समझती है कि राजा बुरा मान गया, अब मेरे मुल्क के लिए लड़ेगा नहीं।"

"अच्छा, अब बोधासिंह कैसा है?"

"अच्छा है।"

"जैसे मैं जानता ही न होऊँ! रात-भर तुम अपने दोनों कम्बल उसे उढ़ाते हो और आप सिगड़ी के सहारे गुजर करते हो। उसके पहरे पर आप पहरा दे आते हो। अपने सूखे लकड़ी के तख्तों पर उसे सुलाते हो, आप कीचड़ में पड़े रहते हो। कहीं तुम न माँदे पड़ जाना। जाड़ा क्या है—मौत है, और निमोनिया से मरने वालों को मुरब्बे[1] नहीं मिला करते।"

"मेरा डर मत करो। मैं तो बुलेल की खड्ड के किनारे मरूँगा। भाई कीरतसिंह की गोद में मेरा सिर होगा और मेरे हाथ के लगाए हुए आँगन के आम के पेड़ की छाया होगी।"

वजीरासिंह ने त्योरी चढ़ाकर कहा, "क्या मरने-मराने की बात लगाई है? मरें जर्मन और तुरक! हाँ भाइयो, कुछ गाओ!"

सारी खंदक गीत से गूँज उठी और सिपाही फिर ताजे हो गए, मानो चार दिन से सोते और मौज ही करते रहे हों।

3

दो पहर रात हो गई। अँधेरा है। सन्नाटा छाया हुआ है। बोधासिंह खाली बिस्कुटों के तीन टीनों पर अपने कम्बल बिछाकर और लहनासिंह के दो कम्बल और एक बरानकोट[2] ओढ़कर सो रहा है। लहनासिंह पहरे पर खड़ा हुआ है। एक आँख खाई के मुख पर है और एक बोधासिंह के दुबले शरीर पर। बोधासिंह कराहा।

"क्यों बोधा भाई, क्या है?"

"पानी पिला दो।"

लहनासिंह ने कटोरा उसके मुँह से लगाकर पूछा, "कहो, कैसे हो?"

पानी पीकर बोधा बोला, "कँपनी[3] छूट रही है। रोम-रोम में तार दौड़ रहे हैं। दाँत बज रहे हैं।"

"अच्छा, मेरी जरसी पहन लो।"

"और तुम?"

"मेरे पास सिगड़ी है और मुझे गर्मी लगती है, पसीना आ रहा है।"

"ना, मैं नहीं पहनता, चार दिन से तुम मेरे लिए..."

"हाँ, याद आई। मेरे पास दूसरी गरम जरसी है। आज सबेरे ही आई है। विलायत

---

1. पचीस घुमाव का एक मुरब्बा होता है, 2. ओवरकोट, 3. कँपकँपी

से मेमें बुन-बुनकर भेज रही हैं। गुरु उनका भला करें।" यों कहकर लहना अपना कोट उतारकर जरसी उतारने लगा।

"सच कहते हो?"

"और नहीं झूठ!" यों कहकर नाहीं करते बोधा को उसने जबरदस्ती जरसी पहना दी और आप खाकी कोट और जीन का कुरता-भर पहनकर पहरे पर जा खड़ा हुआ। मेम की जरसी की कथा केवल कथा थी।

आधा घंटा बीता। इतने में खाई के मुँह से आवाज आई, "सूबेदार हजारासिंह!"

"कौन, लपटन साहब? हुकुम हुजूर!" कहकर सूबेदार तनकर फौजी सलाम करके सामने हुआ।

"देखो, इसी समय धावा करना होगा। मील-भर की दूरी पर पूरब के कोने में एक जर्मन खाई है। उसमें पचास से जियादह जर्मन नहीं हैं। इन पेड़ों के नीचे दो खेत काटकर रास्ता है। तीन-चार घुमाव हैं। जहाँ मोड़ है, वहाँ पन्द्रह जवान खड़े कर आया हूँ। तुम यहाँ दस आदमी छोड़कर सबको साथ ले उनसे जा मिलो। खंदक छीनकर वहीं, जब तक दूसरा हुक्म न मिले, डटे रहो। हम यहाँ रहेगा।"

"जो हुकुम।"

चुपचाप सब तैयार हो गए। बोधा भी कम्बल उतारकर चलने लगा, तब लहनासिंह ने उसे रोका। लहनासिंह आगे हुआ तो बोधा के बाप सूबेदार ने उँगली से बोधा की ओर इशारा किया। लहनासिंह समझकर चुप हो गया। पीछे दस आदमी कौन रहें, इस पर बड़ी हुज्जत हुई। कोई रहना नहीं चाहता था। समझा-बुझाकर सूबेदार ने मार्च किया। लपटन साहब लहना की सिगड़ी के पास मुँह फेरकर खड़े हो गए और जेब से सिगरेट निकालकर सुलगाने लगे। दस मिनट बाद उन्होंने लहना की ओर हाथ बढ़ाकर कहा, "लो, तुम भी पियो।"

आँख मारते-मारते लहनासिंह सब समझ गया। मुँह का भाव छिपाकर बोला, "लाओ, साहब।" हाथ आगे करते ही उसने सिगड़ी के उजाले में साहब का मुँह देखा। बाल देखे। तब उसका माथा ठनका। लपटन साहब के पट्टियों वाले बाल एक दिन में कहाँ उड़ गए और उनकी जगह कैदियों-से कटे हुए बाल कहाँ से आ गए?

शायद शराब पिए हुए हैं और उन्हें बाल कटवाने का मौका मिल गया है। लहनासिंह ने जाँचना चाहा। लपटन साहब पाँच वर्ष से उसकी रेजिमेंट में थे।

"क्यों साहब, हम लोग हिन्दुस्तान कब जाएँगे?"

"लड़ाई खत्म होने पर। क्यों, क्या यह देश पसन्द नहीं?"

"नहीं साहब, शिकार के वे मजे यहाँ कहाँ? याद है, पार साल नकली लड़ाई के पीछे हम-आप जगाधरी के जिले में शिकार करने गए थे?" "हाँ-हाँ," "वहीं जब आप खोते[1] पर सवार थे और आपका खानसामा अब्दुल्ला रास्ते के एक मन्दिर में

1. गधा

जल चढ़ाने को रह गया था।" "बेशक, पाजी कहीं का," "सामने से वह नीलगाय निकली कि ऐसी बड़ी मैंने कभी न देखी थी, और आपकी एक गोली कन्धे में लगी और पुट्ठे में निकली। ऐसे अफसर के साथ शिकार खेलने में मजा आता है। क्यों साहब! शिमले से तैयार होकर उस नीलगाय का सिर आ गया था न? आपने कहा था कि रेजिमेंट की मैस में लगाएँगे।" "हाँ, पर मैंने वह विलायत भेज दिया!" "ऐसे बड़े-बड़े सींग! दो-दो फुट के तो होंगे?"

"हाँ, लहनासिंह, दो फुट चार इंच के थे। तुमने सिगरेट नहीं पीया?"

"पीता हूँ साहब, दियासलाई ले आता हूँ।" कहकर लहनासिंह खंदक में घुसा। अब उसे सन्देह नहीं रहा था। उसने झटपट निश्चय कर लिया था कि क्या करना चाहिए।

अँधेरे में किसी सोने वाले से वह टकराया।

"कौन? वजीरासिंह?"

"हाँ, क्यों लहना? क्या कयामत आ गई? जरा तो आँख लगने दी होती!"

4

"होश में आओ। कयामत आई है और लपटन साहब की वर्दी पहनकर आई है।"

"क्या?"

"लपटन साहब या तो मारे गए हैं या कैद हो गए हैं। उनकी वर्दी पहनकर यह कोई जर्मन आया है। सूबेदार ने इसका मुँह नहीं देखा। मैंने देखा और बातें की हैं। सौहरा साफ उर्दू बोलता है, पर किताबी उर्दू। और मुझे पीने को सिगरेट दिया है।"

"तो अब?"

"अब मारे गए, धोखा। सूबेदार कीचड़ में चक्कर काटते फिरेंगे और यहाँ खाई पर धावा होगा। उधर उन पर खुले में धावा होगा। उठो, एक काम करो। पलटन के पैरों के निशान देखते-देखते दौड़ जाओ। अभी बहुत दूर न गए होंगे। सूबेदार से कहो कि एकदम लौट आएँ। खंदक की बात झूठ है। चले जाओ। खंदक के पीछे से निकल जाओ। पत्ता तक न खड़के। देर मत करो।"

"हुकुम तो यह है कि यहीं..."

"ऐसी-तैसी हुकुम की! मेरा हुकुम—जमादार लहनासिंह जो इस वक्त यहाँ सबसे बड़ा अफसर है, उसका हुकुम है। मैं लपटन साहब की खबर लेता हूँ।"

"पर यहाँ तो तुम आठ ही हो।"

"आठ नहीं, दस लाख। एक-एक अकालिया सिक्ख सवा लाख के बराबर होता है। चले जाओ।"

लौटकर खाई के मुहाने पर लहनासिंह दीवार से चिपक गया। उसने देखा कि लपटन साहब ने जेब से बेल के बराबर तीन गोले निकाले। तीनों को जगह-जगह खंदक की दीवारों में घुसेड़ दिया और तीनों में एक तार-सा बाँध दिया। तार के आगे सूत की एक गुत्थी थी, जिसे सिगड़ी के पास रखा। बाहर की तरफ जाकर एक दियासलाई जलाकर गुत्थी पर रखने ही वाले थे कि...

बिजली की तरह दोनों हाथों से उलटी बन्दूक को उठाकर लहनासिंह ने साहब की कोहनी पर तानकर दे मारा। धमाके के साथ साहब के हाथ से दियासलाई गिर पड़ी। लहनासिंह ने एक कुंदा साहब की गर्दन पर मारा और साहब 'आख! मीन गौट्ट[1]।' कहते हुए चित हो गए। लहनासिंह ने तीनों गोले बीनकर खंदक के बाहर फेंके और साहब को घसीटकर सिगड़ी के पास लिटाया। जेबों की तलाशी ली। तीन-चार लिफाफे और एक डायरी निकालकर उन्हें अपनी जेब के हवाले किया।

साहब की मूर्च्छा हटी। लहनासिंह हँसकर बोला, "क्यों, लपटन साहब! मिजाज कैसा है? आज मैंने बहुत बातें सीखीं। यह सीखा कि सिक्ख सिगरेट पीते हैं। यह सीखा कि जगाधरी के जिले में नीलगायें होती हैं और उनके दो फुट चार इंच के सींग होते हैं। यह सीखा कि मुसलमान खानसामा मूर्तियों पर जल चढ़ाते हैं और लपटन साहब खोते पर चढ़ते हैं। पर यह तो कहो, ऐसी साफ उर्दू कहाँ से सीख आए? हमारे लपटन साहब बिना 'डैम' के पाँच लफ्ज भी नहीं बोल सकते थे।"

लहना ने पतलून की जेबों की तलाशी नहीं ली थी। साहब ने मानो जाड़े से बचने के लिए दोनों हाथ जेबों में डाले।

लहनासिंह कहता गया, "चालाक तो बड़े हो, पर माझे का लहना इतने बरस लपटन साहब के साथ रहा है। उसे चकमा देने के लिए चार आँखें चाहिए। तीन महीने हुए, एक तुरकी मौलवी मेरे गाँव में आया था। औरतों के बच्चे होने के तावीज बाँटता था और बच्चों को दवाई देता था। चौधरी के बड़ के नीचे मंजा[2] बिछाकर हुक्का पीता रहता था और कहता था कि जर्मनी वाले बड़े पंडित हैं। वेद पढ़-पढ़कर उसमें से विमान चलाने की विद्या जान गए हैं। गौ को नहीं मारते। हिन्दुस्तान में आ जाएँगे तो गौहत्या बन्द कर देंगे। मंडी के बनियों को बहकाता था कि डाकखाने से रुपए निकाल लो, सरकार का राज जाने वाला है। डाक बाबू पोल्हूराम भी डर गया था। मैंने मुल्ला जी की दाढ़ी मूँड़ दी थी और गाँव से बाहर निकालकर कहा था कि जो मेरे गाँव में अब पैर रखा तो..."

साहब की जेब से पिस्तौल चली और लहना की जाँघ में गोली लगी। इधर लहना की हैनरी मार्टिनी के दो फायरों ने साहब की कपाल-क्रिया कर दी। धड़ाका सुनकर सब दौड़ आए।

---

1. ओ माई गॉड! (जर्मन), 2. चारपाई

बोधा चिल्लाया, "क्या है?"

लहनासिंह ने उसे यह कहकर सुला दिया कि 'एक हड़का हुआ कुत्ता आया था, मार दिया', और, औरों से सब हाल कह दिया। सब बन्दूकें लेकर तैयार हो गए। लहना ने साफा फाड़कर घाव के दोनों ओर पट्टियाँ कसकर बाँधीं। घाव मांस में ही था। पट्टियों के कसने से लहू निकलना बन्द हो गया।

इतने में सत्तर जर्मन चिल्लाकर खाई में घुस पड़े। सिक्खों की बन्दूकों की बाढ़ ने पहले धावे को रोका, दूसरे को रोका, पर यहाँ थे आठ (लहनासिंह तक-तककर मार रहा था—वह खड़ा था, और सब लेटे हुए थे) और वे सत्तर। अपने मुर्दा भाइयों के शरीर पर चढ़कर जर्मन आगे घुस आते थे। थोड़े-से मिनटों में वे...

अचानक आवाज आई, 'वाह गुरुजी दी फतह! वाह गुरुजी दा खालसा!!' और धड़ाधड़ बन्दूकों के फायर जर्मनों की पीठ पर पड़ने लगे। ऐन मौके पर जर्मन चक्की के दो पाटों के बीच में आ गए। पीछे से सूबेदार हजारासिंह के जवान आग बरसाते थे और सामने लहनासिंह के साथियों के संगीन चल रहे थे। पास आने पर पीछे वालों ने भी संगीन पिराना शुरू कर दिया।

एक किलकारी और—'अकाली सिक्खाँ दी फौज आई! वाह गुरुजी दी फतह! वाह गुरुजी दा खालसा!! सत श्री अकाल पुरुष!!!' और लड़ाई खत्म हो गई। तिरसठ जर्मन या तो खेत रहे थे या कराह रहे थे। सिक्खों में पन्द्रह के प्राण गए। सूबेदार के दाहिने कन्धे में से गोली आर-पार निकल गई। लहनासिंह की पसली में एक गोली लगी। उसने घाव को खंदक की गीली मिट्टी से पूर लिया और बाकी का साफा कसकर कमरबन्द की तरह लपेट लिया। किसी को खबर न हुई कि लहना को दूसरा घाव—भारी घाव—लगा है।

लड़ाई के समय चाँद निकल आया था—ऐसा चाँद जिसके प्रकाश से संस्कृत कवियों का दिया हुआ 'क्षयी' नाम सार्थक होता है और हवा ऐसी चल रही थी जैसी कि बाणभट्ट की भाषा में 'दंतवीणोपदेशाचार्य' कहलाती है। वजीरासिंह कह रहा था कि कैसे मन-मन-भर फ्रांस की मिट्टी मेरे बूटों से चिपक रही थी, जब मैं दौड़ा-दौड़ा सूबेदार के पीछे गया था। सूबेदार लहनासिंह से सारा हाल सुन और कागजात पाकर उसकी तुरन्त बुद्धि को सराह रहे थे और कह रहे थे कि तू न होता तो आज सब मर जाते।

इस लड़ाई की आवाज तीन मील दाहिनी ओर की खाई वालों ने सुन ली थी। उन्होंने टेलीफोन कर दिया था। वहाँ से झटपट दो डॉक्टर और बीमार ढोने की गाड़ियाँ चलीं, जो कोई डेढ़ घंटे के अन्दर-अन्दर आ पहुँचीं। फील्ड अस्पताल नजदीक था। सुबह होते-होते वहाँ पहुँच जाएँगे, इसलिए मामूली पट्टी बाँधकर एक गाड़ी में घायल लिटाए गए और दूसरी में लाशें रखी गईं। सूबेदार ने लहनासिंह की जाँघ में पट्टी बँधवानी चाही, पर उसने यह कहकर टाल दिया कि थोड़ा घाव है, सवेरे

देखा जाएगा। बोधासिंह ज्वर में बर्रा रहा था। वह गाड़ी में लिटाया गया। लहना को छोड़कर सूबेदार जाते नहीं थे। यह देख लहना ने कहा, "तुम्हें बोधा की कसम है, और सूबेदारनी जी की सौगंध है जो इस गाड़ी में न चले जाओ।"

"और तुम?"

"मेरे लिए वहाँ पहुँचकर गाड़ी भेज देना, और जर्मन मुर्दों के लिए भी तो गाड़ियाँ आती होंगी। मेरा हाल बुरा नहीं है। देखते नहीं, मैं खड़ा हूँ? वजीरासिंह मेरे पास ही है।"

"अच्छा, पर..."

"बोधा गाड़ी पर लेट गया। भला! आप भी चढ़ जाओ। सुनिए तो, सूबेदारनी होराँ को चिट्ठी लिखो तो मेरा मत्था टेकना लिख देना और जब घर जाओ तो कह देना कि मुझसे जो उसने कहा था, वह मैंने कर दिया।"

गाड़ियाँ चल पड़ी थीं। सूबेदार ने चढ़ते-चढ़ते लहना का हाथ पकड़कर कहा, "तूने मेरे और बोधा के प्राण बचाए हैं। लिखना कैसा? साथ ही घर चलेंगे। अपनी सूबेदारनी को तू ही कह देना, उसने क्या कहा था?"

"अब आप गाड़ी पर चढ़ जाओ। मैंने जो कहा, वह लिख देना, और कह भी देना।"

गाड़ी के जाते ही लहना लेट गया, "वजीरा, पानी पिला दे और मेरा कमरबन्द खोल दे। तर हो रहा है।"

5

मृत्यु के कुछ समय पहले स्मृति बहुत साफ हो जाती है। जन्म-भर की घटनाएँ एक-एक करके सामने आती हैं। सारे दृश्यों के रंग साफ होते हैं, समय की धुंध बिलकुल उन पर से हट जाती है।

लहनासिंह बारह वर्ष का है। अमृतसर में मामा के यहाँ आया हुआ है। दहीवाले के यहाँ, सब्जीवाले के यहाँ, हर कहीं, उसे एक आठ वर्ष की लड़की मिल जाती है। जब वह पूछता है, 'तेरी कुड़माई हो गई?' तब 'धत्' कहकर वह भाग जाती है। एक दिन उसने वैसा ही पूछा तो उसने कहा, 'हाँ, कल हो गई। देखते नहीं, यह रेशम के बूटों वाला सालू?' सुनते ही लहनासिंह को दुख हुआ। क्रोध हुआ। क्यों हुआ?

"वजीरासिंह, पानी पिला दे।"

पचीस वर्ष बीत गए। अब लहनासिंह नं. 77 राइफल्स में जमादार हो गया है। उस आठ वर्ष की कन्या का ध्यान ही न रहा। न मालूम वह कभी मिली थी या नहीं? सात दिन की छुट्टी लेकर जमीन के मुकदमे की पैरवी करने वह अपने घर गया। वहाँ रेजिमेंट के अफसर की चिट्ठी मिली कि फौज लाम पर जाती है, फौरन चले

आओ। साथ ही सूबेदार हजारासिंह की चिट्‌ठी मिली कि मैं और बोधासिंह भी लाम पर जाते हैं। लौटते हुए हमारे घर होते जाना। साथ ही चलेंगे। सूबेदार का गाँव रास्ते में पड़ता था और सूबेदार उसे बहुत चाहता था। लहनासिंह सूबेदार के यहाँ पहुँचा।

जब चलने लगे तब सूबेदार बेड़े[1] में से निकलकर आया। बोला, 'लहना! सूबेदारनी तुमको जानती है, बुलाती है। जा, मिल आ।'

लहनासिंह भीतर पहुँचा। सूबेदारनी मुझे जानती है? कब से? रेजिमेंट के क्वार्टरों में कभी सूबेदार के घर के लोग रहे नहीं। दरवाजे पर जाकर 'मत्था टेकना' कहा।

'असीस सुनी।'

लहनासिंह चुप।

'मुझे पहचाना?'

'नहीं।'

'तेरी कुड़माई हो गई?—धत्—कल हो गई—देखते नहीं, रेशमी बूटों वाला सालू—अमृतसर में—'

भावों की टकराहट से मूर्च्छा खुली। करवट बदली, पसली का घाव बह निकला।

"वजीरा, पानी पिला," उसने कहा था।

स्वप्न चल रहा है। सूबेदारनी कह रही है, 'मैंने तेरे को आते ही पहचान लिया। एक काम कहती हूँ। मेरे तो भाग फूट गए। सरकार ने बहादुरी का खिताब दिया है, लायलपुर में जमीन दी है, आज नमकहलाली का मौका आया है। पर सरकार ने हम तीमियों[2] की एक घघरिया पलटन क्यों न बना दी, जो मैं भी सूबेदार जी के साथ चली जाती? एक बेटा है। फौज में भर्ती हुए उसे एक ही बरस हुआ। उसके पीछे चार और हुए, पर एक भी नहीं जिया।' सूबेदारनी रोने लगी।

'अब दोनों जाते हैं। मेरे भाग! तुम्हें याद है, एक दिन ताँगे वाले का घोड़ा दहीवाले की दुकान के पास बिगड़ गया था। तुमने उस दिन मेरे प्राण बचाए थे। आप घोड़े की लातों में चले गए थे और मुझे उठाकर दुकान के तख्ते पर खड़ा कर दिया था। ऐसे ही इन दोनों को बचाना, यह मेरी भिक्षा है। तुम्हारे आगे मैं आँचल पसारती हूँ।'

रोती-रोती सूबेदारनी ओबरी[3] में चली गई। लहना भी आँसू पोंछता हुआ बाहर आया।

"वजीरासिंह, पानी पिला," उसने कहा था।

लहना का सिर गोद में रखे वजीरासिंह बैठा है। जब माँगता है, तब पानी पिला देता है। आध घंटा तक लहना चुप रहा, फिर बोला, "कौन! कीरतसिंह?"

1. आँगन, 2. स्त्रियों, 3. अन्दर का घर

वजीरासिंह ने कुछ समझकर कहा, "हाँ।"

"भइया, मुझे और ऊँचा कर ले। अपने पट्ट[1] पर मेरा सिर रख ले।"

वजीरा ने वैसा ही किया।

"हाँ, अब ठीक है। पानी पिला दे। बस, अबके हाड़[2] में यह आम खूब फलेगा। चाचा-भतीजा दोनों यहीं बैठकर आम खाना। जितना बड़ा तेरा भतीजा है उतना ही यह आम है। जिस महीने उसका जन्म हुआ था, उसी महीने नें मैंने इसे लगाया था।"

वजीरासिंह के आँसू टप-टप टपक रहे थे।

कुछ दिन पीछे लोगों ने अखबारों में पढ़ा : फ्रांस और बेल्जियम, 68वीं सूची—मैदान में घावों से मरा—नं. 77 सिक्ख राइफल्स, जमादार लहनासिंह।

---

1. जाँघ, 2. आषाढ़

जयशंकर प्रसाद

जयशंकर प्रसाद का जन्म काशी के प्रसिद्ध 'सुँघनी साहू' घराने में 30 जनवरी, 1889 ई. में हुआ। इन्होंने आठवीं कक्षा तक स्कूली शिक्षा पाई और उसके बाद घर पर ही संस्कृत, अंग्रेजी, हिन्दी, उर्दू तथा फारसी भाषाओं का अध्ययन किया। काशी के प्रसिद्ध विद्वान दीनबन्धु ब्रह्मचारी से इन्होंने संस्कृत के प्राचीन साहित्य का गम्भीर ज्ञान प्राप्त किया।

प्रसाद मूलत: छायावादी कवि हैं किन्तु नाटक और उपन्यास के साथ कहानी-परम्परा के विकास में भी उनका महत्त्वपूर्ण योगदान है। वे स्वच्छंदतावादी दृष्टिकोण के रचनाकार हैं। उनकी पहली कहानी 1911 ई. में लिखित 'ग्राम' मानी जाती है। उनकी चेतना राष्ट्रवाद और सांस्कृतिक आदर्शवाद जैसे तत्त्वों से निर्मित है जिस कारण देशप्रेम जैसे विषय उनकी कहानियों के केन्द्र में है।

जयशंकर प्रसाद की प्रारम्भिक काव्य-रचनाएँ ब्रजभाषा में हैं। 'कानन कुसुम' और 'प्रेम पथिक' इनकी प्रारम्भिक रचनाएँ हैं। 'झरना', 'आँसू' तथा 'लहर' इनकी प्रमुख काव्य-रचनाएँ हैं और 'कामायनी' इनकी अन्तिम एवं प्रौढ़तम काव्य-कृति है। 'कामायनी' में मानव-सभ्यता के विकास की मनोवैज्ञानिक कथा है।

नाटक के क्षेत्र में प्रसाद का स्थान सर्वोच्च है। प्रसाद की भाषा संस्कृतनिष्ठ खड़ी बोली है। उनकी कहानियों की भाषा अत्यंत काव्यात्मक व भावमयी है, जिसमें बिम्ब, प्रतीक व लय जैसे तत्त्व उपस्थित हैं। शैली की दृष्टि से सर्वाधिक प्रयोग प्रसाद द्वारा वर्णनात्मक शैली का किया गया है। 'आकाशदीप' में संलाप शैली का उदाहरण है। 48 वर्ष की अल्पायु में क्षय रोग से सन् 1936 ई. में इनका देहावसान हो गया।

प्रकाशित कृतियाँ : 'कानन कुसुम', 'महाराणा का महत्त्व', 'चित्रधार', 'प्रेम पथिक', 'झरना', 'आँसू', 'लहर', 'कामायनी' (काव्य); 'राज्यश्री', 'विशाख', 'अजातशत्रु', 'जनमेजय का नागयज्ञ', 'कामना', 'स्कन्दगुप्त', 'एक घूँट', 'चन्द्रगुप्त', 'ध्रुवस्वामिनी' (नाटक); 'कंकाल', 'तितली', 'इरावती' (अपूर्ण) (उपन्यास); 'छाया', 'प्रतिध्वनि', 'आकाशदीप', 'आँधी', 'इन्द्रजाल' (कहानी-संग्रह); 'काव्य और कला' तथा अन्य निबन्ध (निबन्ध)।

आकाशदीप

"बन्दी!"

"क्या है? सोने दो।"

"मुक्त होना चाहते हो?"

"अभी नहीं, निद्रा खुलने पर, चुप रहो।"

"फिर अवसर न मिलेगा।"

"बड़ा शीत है, कहीं से एक कंबल डालकर कोई शीत से मुक्त करता।"

"आँधी की सम्भावना है। यही एक अवसर है। आज मेरे बन्धन शिथिल हैं।"

"तो क्या तुम भी बन्दी हो?"

"हाँ, धीरे बोलो, इस नाव पर केवल दस नाविक और प्रहरी हैं।"

"शस्त्र मिलेगा?"

"मिल जाएगा। पोत से संबद्ध रज्जु काट सकोगे?"

"हाँ।"

समुद्र में हिलोरें उठने लगीं। दोनों बन्दी आपस में टकराने लगे। पहले बन्दी ने अपने को स्वतंत्र कर लिया। दूसरे का बन्धन खोलने का प्रयत्न करने लगा। लहरों के धक्के एक-दूसरे को स्पर्श से पुलकित कर रहे थे। मुक्ति की आशा—स्नेह का असम्भावित आलिंगन। दोनों ही अन्धकार में मुक्त हो गए। दूसरे बन्दी ने हर्षातिरेक से उसको गले से लगा लिया। सहसा उस बन्दी ने कहा—"यह क्या? तुम स्त्री हो?"

"क्या स्त्री होना कोई पाप है?" अपने को अलग करते हुए स्त्री ने कहा।

"शस्त्र कहाँ है—तुम्हारा नाम?"

"चम्पा।"

तारक-खचित नील अम्बर और समुद्र के अवकाश में पवन ऊधम मचा रहा था। अन्धकार से मिलकर पवन दुष्ट हो रहा था। समुद्र में आन्दोलन था। नौका लहरों में विकल थी। स्त्री सतर्कता से लुढ़कने लगी। एक मतवाले नाविक के शरीर से टकराती हुई सावधानी से उसका कृपाण निकालकर, फिर लुढ़कते हुए, बन्दी के समीप पहुँच गई। सहसा पोत से पथ-प्रदर्शक ने चिल्लाकर कहा—"आँधी!"

आपत्ति-सूचक तूर्य बजने लगा। सब सावधान होने लगे। बन्दी युवक उसी तरह पड़ा रहा। किसी ने रस्सी पकड़ी, कोई पाल खोल रहा था। पर युवक बन्दी ढुलककर उस रज्जु के पास पहुँचा, जो पोत से संलग्न थी। तारे ढक गए। तरंगें उद्वेलित हुईं, समुद्र गरजने लगा। भीषण आँधी, पिशाचिनी के समान नाव को अपने हाथों में लेकर कंदुक-क्रीड़ा और अट्टहास करने लगी। एक झटके के साथ ही नाव स्वतंत्र थी। उस संकट में भी दोनों बन्दी खिलखिलाकर हँस पड़े। आँधी के हाहाकार में उसे कोई न सुन सका।

2

अनन्त जलनिधि में उषा का मधुर आलोक फूट उठा। सुनहली किरणों और लहरों की कोमल सृष्टि मुस्कुराने लगी। सागर शान्त था। नाविकों ने देखा, पोत का पता नहीं। बन्दी मुक्त हैं।

नायक ने कहा—"बुधगुप्त! तुमको मुक्त किसने किया?"

कृपाण दिखाकर बुधगुप्त ने कहा—"इसने।"

नायक ने कहा—"तो तुम्हें फिर बन्दी बनाऊँगा।"

"किसके लिए? पोताध्यक्ष मणिभद्र अतल जल में होगा—नायक! अब इस नौका का स्वामी मैं हूँ।"

"तुम? जलदस्यु बुधगुप्त? कदापि नहीं।" चौंककर नायक ने कहा और वह अपना कृपाण टटोलने लगा! चम्पा ने इसके पहले उस पर अधिकार कर लिया था। वह क्रोध से उछल पड़ा।

"तो तुम द्वंद्वयुद्ध के लिए प्रस्तुत हो जाओ; जो विजयी होगा, वह स्वामी होगा।" इतना कहकर बुधगुप्त ने कृपाण देने का संकेत किया। चम्पा ने कृपाण नायक के हाथ में दे दिया।

भीषण घात-प्रतिघात आरम्भ हुआ। दोनों कुशल, दोनों त्वरित गतिवाले थे। बड़ी निपुणता से बुधगुप्त ने अपना कृपाण दाँतों से पकड़कर अपने दोनों हाथ स्वतंत्र कर लिए। चम्पा भय और विस्मय से देखने लगी। नाविक प्रसन्न हो गए। परन्तु बुधगुप्त ने लाघव से नायक का कृपाणवाला हाथ पकड़ लिया और विकट हुंकार से दूसरा हाथ कटि में डाल, उसे गिरा दिया। दूसरे ही क्षण प्रभात की किरणों में बुधगुप्त का विजयी कृपाण उसके हाथों में चमक उठा। नायक की कातर आँखें प्राण-भिक्षा माँगने लगीं।

बुधगुप्त ने कहा—"बोलो, अब स्वीकार है कि नहीं?"

"मैं अनुचर हूँ, वरुणदेव की शपथ। मैं विश्वासघात नहीं करूँगा।" बुधगुप्त ने उसे छोड़ दिया।

चम्पा ने युवक जलदस्यु के समीप आकर उसके क्षतों को अपनी स्निग्ध दृष्टि और कोमल करों से वेदना-विहीन कर दिया। बुधगुप्त के सुगठित शरीर पर रक्त-बिन्दु विजय-तिलक कर रहे थे।

विश्राम लेकर बुधगुप्त ने पूछा, "हम लोग कहाँ होंगे?"

"बाली द्वीप से बहुत दूर, सम्भवत: एक नवीन द्वीप के पास, जिसमें अभी हम लोगों का बहुत कम आना-जाना होता है। सिंहल के वणिकों का वहाँ प्राधान्य है।"

"कितने दिनों में हम लोग वहाँ पहुँचेंगे?"

"अनुकूल पवन मिलने पर दो दिन में। तब तक के लिए खाद्य का अभाव न होगा।"

सहसा नायक ने नाविकों को डाँड़ लगाने की आज्ञा दी, और स्वयं पतवार पकड़कर बैठ गया। बुधगुप्त के पूछने पर उसने कहा—"यहाँ एक जलमग्न शैलखंड है। सावधान न रहने से नाव टकराने का भय है।"

3

"तुम्हें इन लोगों ने बन्दी क्यों बनाया?"

"वणिक् मणिभद्र की पाप-वासना ने।"

"तुम्हारा घर कहाँ है?"

"जाह्नवी के तट पर। चम्पा-नगरी की एक क्षत्रिय बालिका हूँ। पिता इसी मणिभद्र के यहाँ प्रहरी का काम करते थे। माता का देहावसान हो जाने पर मैं भी पिता के साथ नाव पर ही रहने लगी। आठ बरस से समुद्र ही मेरा घर है। तुम्हारे आक्रमण के समय मेरे पिता ने ही सात दस्युओं को मारकर जल-समाधि ली। एक मास हुआ, मैं इस नील नभ के नीचे, नील जलनिधि के ऊपर, एक भयानक अनन्तता में निस्सहाय हूँ—अनाथ हूँ। मणिभद्र ने मुझसे एक दिन घृणित प्रस्ताव किया। मैंने उसे गालियाँ सुनाईं। उसी दिन से बन्दी बना दी गई।" चम्पा रोष से जल रही थी।

"मैं भी ताम्रलिप्ति का एक क्षत्रिय हूँ, चम्पा! परन्तु दुर्भाग्य से जलदस्यु बनकर जीवन बिताता हूँ। अब तुम क्या करोगी?"

"मैं अपने अदृष्ट को अनिर्दिष्ट ही रहने दूँगी। वह जहाँ ले जाए।" चम्पा की आँखें निस्सीम प्रदेश में निरुद्देश्य थीं। किसी आकांक्षा के लाल डोरे न थे। धवल अपांगों में बालकों के सदृश विश्वास था। हत्या-व्यवसायी दस्यु भी उसे देखकर काँप गया। उसके मन में संभ्रमपूर्ण श्रद्धा यौवन की पहली लहरों को जगाने लगी। समुद्र-वक्ष पर विलम्बमयी राग-रंजित सन्ध्या थिरकने लगी। चम्पा के असंयत कुंतल उसकी पीठ पर बिखरे थे। दुर्दांत दस्यु ने देखा, अपनी महिमा में अलौकिक एक

तरुण बालिका! वह विस्मय से अपने हृदय को टटोलने लगा। उसे एक नई वस्तु का पता चला। वह थी—कोमलता!

उसी समय नायक ने कहा—"हम लोग द्वीप के पास पहुँच गए।"

वेला से नाव टकराई। चम्पा निर्भीकता से कूद पड़ी। माँझी भी उतरे। बुधगुप्त ने कहा—"जब इसका कोई नाम नहीं है, तो हम लोग इसे चम्पा द्वीप कहेंगे।"

चम्पा हँस पड़ी।

4

पाँच बरस बाद—

शरद के धवल नक्षत्र नील गगन में झलमला रहे थे। चन्द्र की उज्ज्वल विजय पर अन्तरिक्ष में शरदलक्ष्मी ने आशीर्वाद के फूलों और खीलों को बिखेर दिया। चम्पा के एक उच्चसौध पर बैठी हुई तरुणी चम्पा दीपक जला रही थी। बड़े यत्न से अभ्रक की मंजूषा में दीप धरकर उसने अपनी सुकुमार उँगलियों से डोरी खींची। वह दीपाधार ऊपर चढ़ने लगा। भोली-भाली आँखें उसे ऊपर चढ़ते बड़े हर्ष से देख रही थीं। डोरी धीरे-धीरे खींची गई। चम्पा की कामना थी कि उसका आकाशदीप नक्षत्रों से हिलमिल जाए; किन्तु वैसा होना असम्भव था। उसने आशाभरी आँखें फिरा लीं।

सामने जल-राशि का रजत श्रृंगार था। वरुण बालिकाओं के लिए लहरों से हीरे और नीलम की क्रीड़ा शैल-मालाएँ बन रही थीं—और वे मायाविनी छलनाएँ—अपनी हँसी का कलनाद छोड़कर छिप जाती थीं। दूर-दूर से धीवरों का वंशी-झनकार उनके संगीत-सा मुखरित होता था। चम्पा ने देखा कि तरल संकुल जल-राशि में उसके कंदील का प्रतिबिम्ब अस्त-व्यस्त था! यह अपनी पूर्णता के लिए सैकड़ों चक्कर काटता था। वह अनमनी होकर उठ खड़ी हुई। किसी को पास न देखकर पुकारा—"जया!"

एक श्यामा युवती सामने आकर खड़ी हुई। वह जंगली थी। नील नभोमंडल-से मुख में शुद्ध नक्षत्रों की पंक्ति के समान उसके दाँत हँसते ही रहते। वह चम्पा को रानी कहती; बुधगुप्त की आज्ञा थी।

"महानाविक कब तक आएँगे, बाहर पूछो तो।" चम्पा ने कहा। जया चली गई।

दूरागत पवन चम्पा के अंचल में विश्राम लेना चाहता था। उसके हृदय में गुदगुदी हो रही थी। आज न जाने क्यों वह बेसुध थी। एक दीर्घकाय दृढ़ पुरुष ने उसकी पीठ पर हाथ रखकर चमत्कृत कर दिया। उसने फिर कर कहा—"बुधगुप्त!"

"बावली हो क्या? यहाँ बैठी हुई अभी तक दीप जला रही हो, तुम्हें यह काम करना है?"

"क्षीरनिधिशायी अनन्त की प्रसन्नता के लिए क्या दासियों से आकाशदीप जलवाऊँ?"

"हँसी आती है। तुम किसको दीप जलाकर पथ दिखलाना चाहती हो? उसको, जिसको तुमने भगवान मान लिया है?"

"हाँ, वह भी कभी भटकते हैं, भूलते हैं; नहीं तो, बुधगुप्त को इतना ऐश्वर्य क्यों देते?"

"तो बुरा क्या हुआ, इस द्वीप की अधीश्वरी चम्पा रानी!"

"मुझे इस बन्दीगृह से मुक्त करो। अब तो बाली, जावा और सुमात्रा का वाणिज्य केवल तुम्हारे ही अधिकार में है महानाविक! परन्तु मुझे उन दिनों की स्मृति सुहावनी लगती है, जब तुम्हारे पास एक ही नाव थी और चम्पा के उपकूल में पण्य लादकर हम लोग सुखी जीवन बिताते थे—इस जल में अगणित बार हम लोगों की तरी आलोकमय प्रभात में तारिकाओं की मधुर ज्योति में—थिरकती थी। बुधगुप्त! उस विजन अनन्त में जब माँझी सो जाते थे, दीपक बुझ जाते थे, हम-तुम परिश्रम से थककर पालों में शरीर लपेटकर एक-दूसरे का मुँह क्यों देखते थे? वह नक्षत्रों की मधुर छाया..."

"तो चम्पा! अब उससे भी अच्छे ढंग से हम लोग विचर सकते हैं। तुम मेरी प्राणदात्री हो, मेरी सर्वस्व हो।"

"नहीं-नहीं, तुमने दस्युवृत्ति छोड़ दी परन्तु हृदय वैसा ही अकरुण, सतृष्ण और ज्वलनशील है। तुम भगवान् के नाम पर हँसी उड़ाते हो। मेरे आकाशदीप पर व्यंग्य कर रहे हो। नाविक! उस प्रचंड आँधी में प्रकाश की एक-एक किरण के लिए हम लोग कितने व्याकुल थे। मुझे स्मरण है, जब मैं छोटी थी, मेरे पिता नौकरी पर समुद्र में जाते थे—मेरी माता, मिट्टी का दीपक बाँस की पिटारी में भागीरथी के तट पर बाँस के साथ ऊँचे टाँग देती थी। उस समय वह प्रार्थना करती—'भगवान! मेरे पथ-भ्रष्ट नाविक को अन्धकार में ठीक पथ पर ले चलना।' और जब मेरे पिता बरसों बाद लौटते तो कहते—'साध्वी! तेरी प्रार्थना से भगवान् ने संकटों में मेरी रक्षा की है।' वह गद्गद हो जाती। मेरी माँ? आह नाविक! यह उसी की पुण्य-स्मृति है। मेरे पिता, वीर पिता की मृत्यु के निष्ठुर कारण, जलदस्यु! हट जाओ।" सहसा चम्पा का मुख क्रोध से भीषण होकर रंग बदलने लगा। महानाविक ने कभी यह रूप न देखा था। वह ठठाकर हँस पड़ा।

"यह क्या, चम्पा? तुम अस्वस्थ हो जाओगी, सो रहो।" कहता हुआ चला गया। चम्पा मुट्ठी बाँधे उन्मादिनी-सी घूमती रही।

5

निर्जन समुद्र के उपकूल में वेला से टकराकर लहरें बिखर जाती थीं। पश्चिम का पथिक थक गया था। उसका मुख पीला पड़ गया। अपनी शान्त गम्भीर

हलचल में जलनिधि विचार में निमग्न था। वह जैसे प्रकाश की उन्मलिन किरणों से विरक्त था।

चम्पा और जया धीरे-धीरे उस तट पर आकर खड़ी हो गईं। तरंग से उठते हुए पवन ने उनके वसन को अस्त-व्यस्त कर दिया। जया के संकेत से एक छोटी-सी नौका आई। दोनों के उस पर बैठते ही नाविक उतर गया। जया नाव खेने लगी। चम्पा मुग्ध-सी समुद्र के उदास वातावरण में अपने को मिश्रित कर देना चाहती थी।

"इतना जल! इतनी शीतलता! हृदय की प्यास न बुझी। पी सकूँगी? नहीं! तो जैसे वेला में चोट खाकर सिन्धु चिल्ला उठता है, उसी के समान रोदन करूँ? या जलते हुए स्वर्ण-गोलक सदृश अनन्त जल में डूबकर बुझ जाऊँ?" चम्पा के देखते-देखते पीड़ा और ज्वलन से आरक्त बिम्ब धीरे-धीरे सिन्धु में चौथाई—आधा, फिर सम्पूर्ण विलीन हो गया। एक दीर्घ निःश्वास लेकर चम्पा ने मुँह फेर लिया। देखा, तो महानाविक का बजरा उसके पास है। बुधगुप्त ने झुककर हाथ बढ़ाया। चम्पा उसके सहारे बजरे पर चढ़ गई। दोनों पास-पास बैठ गए।

"इतनी छोटी नाव पर इधर घूमना ठीक नहीं। पास ही वह जलमग्न शैलखंड है। कहीं नाव टकरा जाती या ऊपर चढ़ जाती, चम्पा तो?"

"अच्छा होता, बुधगुप्त! जल में बन्दी होना कठोर प्राचीरों से तो अच्छा है।"

"आह चम्पा, तुम कितनी निर्दय हो! बुधगुप्त को आज्ञा देकर देखो तो, वह क्या नहीं कर सकता। जो तुम्हारे नए द्वीप की सृष्टि कर सकता है, नई प्रजा खोज सकता है, नए राज्य बना सकता है, उसकी परीक्षा लेकर देखो तो...। कहो, चम्पा! वह कृपाण से अपना हृदय-पिंड निकाल अपने हाथों अतल जल में विसर्जन कर दे।" महानाविक जिसके नाम से बाली, जावा और चम्पा का आकाश गूँजता था, पवन थर्राता था—घुटनों के बल चम्पा के सामने छलछलाई आँखों से बैठा था।

सामने शैलमाला की चोटी पर हरियाली में विस्तृत जल-देश में, नील-पिंगल सन्ध्या, प्रकृति की सहृदय कल्पना, विश्राम की शीतल छाया, स्वप्नलोक का सृजन करने लगी। उस मोहिनी के रहस्यपूर्ण नीलजाल का कुहक स्फुट हो उठा। जैसे मदिरा से सारा अन्तरिक्ष सिक्त हो गया। सृष्टि नील कमलों में भर उठी। उस सौरभ से पागल चम्पा ने बुधगुप्त के दोनों हाथ पकड़ लिए। वहाँ एक आलिंगन हुआ, जैसे क्षितिज में आकाश और सिन्धु का। किन्तु परिरम्भ में सहसा चैतन्य होकर चम्पा ने अपनी कंचुकी से एक कृपाण निकाल लिया।

"बुधगुप्त! आज मैं अपने प्रतिशोध का कृपाण अतल जल में डुबो देती हूँ। हृदय ने छल किया, बार-बार धोखा दिया!" चमककर वह कृपाण समुद्र का हृदय बेधता हुआ विलीन हो गया।

"तो आज से मैं विश्वास करूँ, क्षमा कर दिया गया?" आश्चर्य-कम्पित कंठ से महानाविक ने पूछा।

"विश्वास? कदापि नहीं, बुधगुप्त! जब मैं अपने हृदय पर विश्वास नहीं कर सकी, उसी ने धोखा दिया, तब मैं कैसे कहूँ? मैं तुम्हें घृणा करती हूँ, फिर भी तुम्हारे लिए मर सकती हूँ। अंधेर है जलदस्यु। तुम्हें प्यार करती हूँ।" चम्पा रो पड़ी।

वह स्वप्नों की रंगीन सन्ध्या, तम से अपनी आँखें बन्द करने लगी थी। दीर्घ निःश्वास लेकर महानाविक ने कहा—"इस जीवन की पुण्यतम घड़ी की स्मृति में एक प्रकाश-गृह बनाऊँगा, चम्पा! यहीं उस पहाड़ी पर। सम्भव है कि मेरे जीवन की धुँधली सन्ध्या उससे आलोकपूर्ण हो जाए!"

6

चम्पा के दूसरे भाग में एक मनोरम शैलमाला थी। वह बहुत दूर तक सिन्धुजल में निमग्न थी। सागर का चंचल जल उस पर उछलता हुआ उसे छिपाए था। आज उसी शैलमाला पर चम्पा के आदि-निवासियों का समारोह था। उन सबों ने चम्पा को वनदेवी-सा सजाए था। ताम्रलिप्ति के बहुत से सैनिक नाविकों की श्रेणी में वन-कुसुम-विभूषिता चम्पा शिविकारूढ़ होकर जा रही थी।

शैल के एक ऊँचे शिखर पर चम्पा के नाविकों को सावधान करने के लिए सुदृढ़ द्वीप-स्तम्भ बनवाया गया था। आज उसी का महोत्सव है। बुधगुप्त स्तम्भ के द्वार पर खड़ा था। शिविका से सहायता देकर चम्पा को उसने उतारा। दोनों ने भीतर पदार्पण किया था कि बाँसुरी और ढोल बजने लगे। पंक्तियों में कुसुम-भूषण से सजी वन-बालाएँ फूल उछालती हुई नाचने लगीं।

दीप-स्तम्भ की ऊपरी खिड़की से यह देखती हुई चम्पा ने जया से पूछा—"यह क्या है जया? इतनी बालाएँ कहाँ से बटोर लाईं?"

"आज राजकुमारी का ब्याह है न?" कहकर जया ने हँस दिया।

बुधगुप्त विस्तृत जलनिधि की ओर देख रहा था। उसे झकझोरकर चम्पा ने पूछा—"क्या यह सच है?"

"यदि तुम्हारी इच्छा हो, तो यह सच भी हो सकता है, चम्पा! कितने वर्षों से मैं ज्वालामुखी को अपनी छाती में दबाए हूँ।"

"चुप रहो, महानाविक! क्या मुझे निस्सहाय और कंगाल जानकर तुमने आज सब प्रतिशोध लेना चाहा?"

"मैं तुम्हारे पिता का घातक नहीं हूँ, चम्पा! वह एक दूसरे दस्यु के शस्त्र से मरे!"

"यदि मैं इसका विश्वास कर सकती। बुधगुप्त, वह दिन कितना सुन्दर होता, वह क्षण कितना स्पृहणीय! आह! तुम इस निष्ठुरता में भी कितने महान् होते!"

जया नीचे चली गई थी। स्तम्भ के संकीर्ण प्रकोष्ठ में बुधगुप्त और चम्पा एकान्त में एक-दूसरे के सामने बैठे थे।

बुधगुप्त ने चम्पा के पैर पकड़ लिए। उच्छ्वसित शब्दों में वह कहने लगा—"चम्पा, हम लोग जन्मभूमि—भारतवर्ष से कितनी दूर इन निरीह प्राणियों में इन्द्र और शची के समान पूजित हैं। स्मरण होता है वह दार्शनिकों का देश! वह महिमा की प्रतिमा! मुझे वह स्मृति नित्य आकर्षित करती है; परन्तु मैं क्यों नहीं जाता? जानती हो, इतना महत्त्व प्राप्त करने पर भी मैं कंगाल हूँ! मेरा पत्थर-सा हृदय एक दिन सहसा तुम्हारे स्पर्श से चन्द्रकान्तमणि की तरह द्रवित हुआ।

"..."

"चम्पा! मैं ईश्वर को नहीं मानता, मैं पाप को नहीं मानता, मैं दया को नहीं समझ सकता, मैं उस लोक में विश्वास नहीं करता। पर मुझे अपने हृदय के एक दुर्बल अंश पर श्रद्धा हो चली है। तुम न जाने कैसे एक बहकी हुई तारिका के समान मेरे शून्य में उदित हो गई हो। आलोक की एक कोमल रेखा इस निविड़तम में मुस्कुराने लगी। पशु-बल और धन के उपासक के मन में किसी शान्त और एकान्त कामना की हँसी खिलखिलाने लगी; पर मैं न हँस सका।"

"..."

"चलोगी चम्पा? पोतवाहिनी पर असंख्य धनराशि लादकर राजरानी-सी जन्मभूमि के अंक में? आज हमारा परिणय हो, कल ही हम लोग भारत के लिए प्रस्थान करें। महानाविक बुधगुप्त की आज्ञा सिन्धु की लहरें मानती हैं। वे स्वयं उस पोत-पुंज को दक्षिण पवन के समान भारत में पहुँचा देंगी। आह चम्पा! चलो।"

चम्पा ने उसके हाथ पकड़ लिए। किसी आकस्मिक झटके ने एक पलभर के लिए दोनों के अधरों को मिला दिया। सहसा चैतन्य होकर चम्पा ने कहा—"बुधगुप्त! मेरे लिए सब मिट्टी है; सब जल तरल है; सब पवन शीतल है। कोई विशेष आकांक्षा हृदय में अग्नि के समान प्रज्वलित नहीं। सब मिलाकर मेरे लिए एक शून्य है। प्रिय नाविक! तुम स्वदेश लौट जाओ, विभवों का सुख भोगने के लिए, और मुझे छोड़ दो इन निरीह भोले-भाले प्राणियों के दु:ख की सहानुभूति और सेवा के लिए।"

"तब मैं अवश्य चला जाऊँगा, चम्पा! यहाँ रहकर मैं अपने हृदय पर अधिकार रख सकूँ—इसमें सन्देह है। आह! उन लहरों में मेरा विनाश हो जाए।" महानाविक के उच्छ्वास में विकलता थी। फिर उसने पूछा—"तुम अकेली यहाँ क्या करोगी?"

"पहले विचार था कि कभी इस दीप-स्तम्भ पर से आलोक जलाकर अपने पिता की समाधि का इस जल से अन्वेषण करूँगी। किन्तु देखती हूँ, मुझे भी इसी में जलना होगा, जैसे आकाशदीप।"

7

एक दिन स्वर्ण-रहस्य के प्रभात में चम्पा ने अपने दीप-स्तम्भ पर से देखा—सामुद्रिक नावों की एक श्रेणी चम्पा का उपकूल छोड़कर पश्चिम-उत्तर की ओर महाजल-व्याल के समान सन्तरण कर रही है। उसकी आँखों से आँसू बहने लगे।

यह कितनी ही शताब्दियों पहले की कथा है। चम्पा आजीवन उस दीप-स्तम्भ में आलोक जलाती रही। किन्तु उसके बाद भी बहुत दिन, द्वीपनिवासी, उस माया-ममता और स्नेह-सेवा की देवी की समाधि-सदृश पूजा करते थे।

एक दिन काल के कठोर हाथों ने उसे भी अपनी चंचलता से गिरा दिया।

जैनेन्द्र कुमार

जैनेन्द्र कुमार का जन्म अलीगढ़, उत्तर प्रदेश के कौड़ियागंज में 2 जनवरी, 1905 ई.में हुआ था। इनका आरम्भिक नाम आनन्दीलाल था। इनकी प्रारम्भिक शिक्षा गुरुकुल में हुई थी, 1912 तक वे गुरुकुल में रहे, फिर बिजनौर आ गए। इन्होंने मैट्रिक की परीक्षा 1919 में पंजाब से दी और उच्च शिक्षा के लिए काशी हिन्दू विश्वविद्यालय चले आए। 1921 में शिक्षा अधूरी छोड़कर वे असहयोग आन्दोलन में भाग लेने के लिए दिल्ली आ गए। 1921-23 में व्यापार में संलग्न रहे, फिर 1923 में ही नागपुर आकर राजनीतिक पत्रों में संवाददाता का कार्य किया। राजनीतिक गतिविधियों के कारण गिरफ्तार भी हुए। इसके पश्चात् जीविकोपार्जन के लिए कलकत्ता गए लेकिन सफल नहीं हुए, तब लेखन कार्य आरम्भ किया।

प्रेमचन्द के परवर्ती उपन्यासकारों में जैनेन्द्र का विशिष्ट स्थान है। उनकी प्रथम औपन्यासिक कृति 'परख' 1929 में प्रकाशित हुई। उनके उपन्यासों में मनोविश्लेषण का विशिष्ट आधार है, अत: वे मनोविश्लेषणात्मक परम्परा के प्रवर्तक माने जाते हैं। ये कम-से-कम पात्रों से कथा सृष्टि करते हैं, और उनके वैयक्तिक गुण उभारते हैं। उनके कथानक में क्रान्ति और आतंक के तत्त्व होते हैं। उनके पात्रों में अन्दर ही अन्दर विध्वसंक प्रवृत्ति विद्यमान होती है लेकिन नारी के सम्पर्क में आकर उनका कोमल स्वभाव अभिव्यक्त होता है। उन्होंने स्त्री के विविध रूपों, प्रतिक्रियाओं एवं क्षमताओं का चित्रण किया है, जैसे—'सुखदा', 'सुनीता' और 'त्यागपत्र' में। नारी के मानसिक संघर्ष का चित्रण करने में वे सिद्धहस्त रहे।

हिन्दी जगत में जैनेन्द्र की प्रसिद्धि कहानीकार के रूप में भी है। इनकी पहली कहानी 'खेल' 1928 में 'विशाल भारत' में छपी थी। इनकी कहानियाँ 'जैनेन्द्र की कहानियाँ' नाम से सात भागों में प्रकाशित हैं—1. शहीद और क्रान्तिकारी कहानियाँ, 2. बाल मनोविज्ञान और वात्सल्य की कहानियाँ, 3. दार्शनिक और प्रतीकात्मक कहानियाँ, 4. प्रेम और विवाह सम्बन्धी कहानियाँ, 5. प्रेम के विविध रूपों की कहानियाँ, 6. सामाजिक कहानियाँ, 7. अन्य कहानियाँ।

जैनेन्द्र की कहानियों में एक प्रकार की दार्शनिकता है। फ्रायड के मनोविश्लेषणवाद का स्पष्ट प्रभाव उन पर दिखाई पड़ता है। यद्यपि दर्शन के कारण कहानियों में

कहीं-कहीं बोझिलता आ गई है। जैनेन्द्र की कहानियों में धर्म, शिक्षा, नीति और आदर्श की बातें हैं, जिसके लिए संस्कृत के आख्यान और आख्यायिका, पौराणिक कहानियों तथा कल्पना का सहारा लिया गया है। जैनेन्द्र की कहानियों में प्रतीक का आश्रय लेकर घटनाएँ चित्रित हैं, जैसे—'नीलम देश की राजकन्या' में राजकन्या आत्मा है और राजकुमार ब्रह्म का प्रतीक है।

जैनेन्द्र व्यक्ति के महत्त्व को, उसकी सारी विवशताओं और विसंगतियों के साथ स्वीकार करने वाले अनूठे कहानीकार हैं। इन्होंने मनोविश्लेषण का सहारा लिया है। यही कारण है कि इनकी कहानियों में प्रतीकात्मकता और सांकेतिकता है। वे व्यक्तिवादी अधिक हैं समाजवादी कम, अध्यात्मवादी अधिक हैं, भौतिकवादी कम। कहानियों में उठाई गई समस्याएँ स्थूल की अपेक्षा सूक्ष्म अधिक हैं। कहा जा सकता है कि जैनेन्द्र ने सामान्य मानव का नहीं असामान्य मानव का; सामान्य परिस्थिति का नहीं, असामान्य परिस्थिति का चित्रण किया है। इन्होंने मनुष्य के हृदय और मस्तिष्क की अतल गहराइयों और अपरिचित गलियों के चक्कर लगाए तथा विचारों और भावों में डूबे व्यक्ति को चित्रित किया। अतः इनके पात्र अन्तर्मुखी, विशिष्ट और अन्तर्द्वन्द्व के कारण उलझे हुए प्रतीत होते हैं। इसमें सन्देह नहीं कि जैनेन्द्र ने कहानी के नए शिल्प का सूत्रपात किया। फलस्वरूप इनके कथानक सूक्ष्म होते हैं, कहानियाँ चरित्र प्रधान होती हैं, भाषा में लक्षणा-व्यंजना की प्रधानता है तथा शैली में विविधता के दर्शन होते हैं।

निधन : 24 दिसम्बर, 1988 ई.।

पत्नी

शहर के एक ओर तिरस्कृत मकान। दूसरा तल्ला। वहाँ चौके में एक स्त्री अँगीठी सामने लिये बैठी है। अँगीठी की आग राख हुई जा रही है। वह जाने क्या सोच रही है। उसकी अवस्था बीस-बाईस के लगभग होगी। देह से कुछ दुबली है और सम्भ्रान्त कुल की मालूम होती है।

एकाएक अँगीठी में राख होती हुई आग की ओर स्त्री का ध्यान गया। घुटनों पर हाथ देकर वह उठी। उठकर कुछ कोयले लाई। कोयले अँगीठी में डालकर फिर किनारे ऐसे बैठ गई मानो याद करना चाहती है कि अब क्या करूँ? घर में और कोई नहीं है और समय बारह से ऊपर हो गया है।

दो प्राणी इस घर में रहते हैं पति और पत्नी। पति सवेरे से गए हैं कि लौटे नहीं और पत्नी चौके में बैठी है।

वह सुनन्दा सोचती है–नहीं, सोचती कहाँ है, अलस-भाव से वह तो वहाँ बैठी ही है। सोचने को है तो यही कि कोयले न बुझ जाएँ। वह जाने कब आ जाएँगे। एक बज गया है। कुछ हो, आदमी को अपनी देह की फिक्र तो करनी चाहिए।... और सुनन्दा बैठी है। वह कुछ कर रही है। जब वह आएँगे तब रोटी बना देगी। वह जाने कहाँ-कहाँ देर लगा देते हैं और कब तक बैठूँ। मुझसे नहीं बैठा जाता। कोयले भी लहक आए हैं और उसने झल्लाकर तवा अँगीठी पर रख दिया। नहीं, अब वह रोटी बना ही देगी। उसने जोर से खीजकर आटे की थाली सामने खींच ली और रोटी बेलने लगी। थोड़ी देर बाद उसने जीने पर पैरों की आहट सुनी। उसके मुख पर कुछ तल्लीनता आई क्षण-भर वह आभा उसके चेहरे पर रहकर चली गई और वह फिर उसी भाँति काम में लग गई।

कालिन्दीचरण पति आए। उनके पीछे-पीछे तीन और उनके मित्र भी आए। ये आपस में बातें करते चले आ रहे थे और खूब गर्म थे। कालिन्दीचरण अपने मित्रों के साथ सीधे अपने कमरे में चले गए। उनमें बहस छिड़ी थी। कमरे में पहुँचकर रुकी हुई बहस फिर छिड़ गई। ये चारों व्यक्ति देशोद्धार के सम्बन्ध में कटिबद्ध हैं। चर्चा उसी सिलसिले में चल रही है। भारत माता को स्वतंत्र करना होगा–और नीति-अनीति, हिंसा-अहिंसा को देखने का यह समय नहीं है। मीठी बातों का परिणाम

बहुत देखा। मीठी बातों से बाघ के मुँह से अपना सिर नहीं निकाला जा सकता। उस वक्त बाघ का मारना ही एक इलाज है। आतंक! हाँ, आतंक! हमें क्या आतंकवाद से डरना होगा? लोग हैं जो कहते हैं आतंकवादी मूर्ख हैं, वे बच्चे हैं, हाँ, वे हैं बच्चे और मूर्ख, उन्हें बुजुर्गी और बुद्धिमानी नहीं चाहिए। हमें नहीं अभिलाषा अपने जीने की। हमें नहीं मोह अपने बाल-बच्चों का। हमें नहीं गर्ज धन-दौलत की। तब हम मरने के लिए आजाद क्यों नहीं हैं? जुल्म को मिटाने के लिए कुछ जुल्म होगा ही। उससे वे डरें जो डरते हैं। डर हम जवानों के लिए नहीं है।

फिर वे चारों आदमी निश्चय करने में लगे कि उन्हें खुद क्या करना चाहिए।

इतने में कालिन्दीचरण को ध्यान आया कि न उसने खाना खाया है, न मित्रों को खाने के लिए पूछा है। उसने अपने मित्रों से माफी माँगकर छुट्टी ली और सुनन्दा की ओर चला।

सुनन्दा जहाँ थी, वहाँ है। वह रोटी बना चुकी है। अँगीठी के कोयले उलटे तवे से दबे हैं। माथे को अँगुलियों पर टिकाकर वह बैठी है। बैठी-बैठी सूनी-सी देख रही है। सुन रही है कि उसके पति कालिन्दीचरण अपने मित्रों के साथ क्यों और क्या बातें कर रहे हैं। उसे जोश का कारण नहीं समझ में आता। उत्साह उसके लिए अपरिचित है। वह उसके लिए कुछ दूर की वस्तु है, स्पृहणीय और मनोरम और हरियाली। यह भारत माता की स्वतंत्रता को समझना चाहती है, पर उसको न भारत माता समझ में आती है, न स्वतंत्रता समझ में आती है। उसे इन लोगों की इस जोरों की बातचीत का मतलब ही समझ में नहीं आता। फिर भी, उत्साह की उसमें बड़ी भूख है। जीवन की हौंस उसमें बुझती-सी जा रही है, पर वह जीना चाहती है। उसने बहुत चाहा है कि पति उससे भी कुछ देश की बात करे। उसमें बुद्धि तो जरा कम है, फिर धीरे-धीरे क्या वह भी समझने नहीं लगेगी? सोचती है, कम पढ़ी हूँ, तो इसमें मेरा ऐसा कसूर क्या है? अब तो पढ़ने को मैं तैयार हूँ, लेकिन पत्नी के साथ पति का धीरज खो जाता है। खैर, उसने सोचा है उसका काम तो सेवा है। बस, यह मानकर जैसे कुछ समझने की चाह ही छोड़ दी है। वह अनायास भाव से पति के साथ रहती है और कभी उनकी राह के बीच में आने की नहीं सोचती! वह एक बात जानती है कि उसके पति ने अगर आराम छोड़ दिया है, घर का मकान छोड़ दिया है, जानबूझकर उखड़े-उखड़े और मारे-मारे जो फिरते हैं, इसमें वे कुछ भला ही सोचते होंगे। इसी बात को पकड़कर वह आपत्तिशून्यभाव से पति के साथ विपदा-पर-विपदा उठाती रही है। पति ने कहा भी है कि तुम मेरे साथ क्यों दुख उठाती हो। पर सुनकर वह चुप रह गई है, सोचती रह गई है कि देखो, यह कैसी बात करते हैं। वह जानती है कि जिसे सरकार कहते हैं, वह सरकार उनके इस तरह के कामों से बहुत नाराज है। सरकार सरकार है। उनके मन में कोई स्पष्ट भावना नहीं है कि सरकार क्या होती है, पर यह जितने हाकिम लोग हैं, वह बड़े जबर्दस्त

होते हैं और उनके पास बड़ी-बड़ी ताकतें हैं। इतनी फौज, पुलिस के सिपाही और मजिस्ट्रेट और मुंशी और चपरासी और थानेदार और वायसराय ये सब सरकार ही हैं। इन सबसे कैसे लड़ा जा सकता है? हाकिम से लड़ना ठीक बात नहीं है, पर यह उसी से लड़ने में तन-मन बिसार बैठे हैं। खैर, लेकिन ये सब-के-सब इतने जोर से क्यों बोलते हैं? उसको यही बहुत बुरा लगता है। सीधे-सादे कपड़े में एक खुफिया पुलिस का आदमी हरदम उनके घर के बाहर रहता है। ये लोग इस बात को क्यों भूल जाते हैं? इतने जोर से क्यों बोलते हैं?

बैठे-बैठे इसी तरह की बातें सोच रही है। देखो, अब दो बजेंगे। उन्हें न खाने की फिक्र है न मेरी फिक्र। मेरी तो खैर कुछ नहीं, पर अपने तन का ध्यान तो रखना चाहिए। ऐसी ही बेपरवाही से तो वह बच्चा चला गया। उसका मन कितना भी इधर-उधर डोले, पर अकेली जब होती है, तब भटक-भटक कर वह मन अन्त में उसी बच्चे के अभाव पर आ पहुँचता है। तब उसे बच्चे की वही-वही बातें याद आती हैं–वे बड़ी प्यारी आँखें, छोटी-छोटी अँगुलियाँ और नन्हे-नन्हे होंठ याद आते हैं। अठखेलियाँ याद आती हैं। सबसे ज्यादा उसका मरना याद आता है। ओह! यह मरना क्या है? इस मरने की तरफ उससे देखा नहीं जाता। यद्यपि वह जानती है कि मरना सबको है–उसको मरना है, उसके पति को मरना है; पर उस तरफ भूल से छन-भर देखती है तो भय से भर जाती है। यह उससे सहा नहीं जाता। बच्चे की याद उसे मथ उठती है। तब वह विह्वल होकर आँख पोंछती है और हठात् इधर-उधर की किसी काम की बात में अपने को उलझा लेना चाहती है। पर अकेले में, वह कुछ कर, रह-रहकर वही वह याद–वही वह मरने की बात उसके सामने हो रही है और उसका चित्त बेबस हो जाता है।

वह उठी। अब उठकर बर्तनों को माँज डालेगी, चौका भी साफ करना है। ओह! खाली बैठी मैं क्या सोचती रहा करती हूँ।

इतने में कालिन्दीचरण चौके में घुसे।

सुनन्दा कठोरतापूर्वक शून्य को ही देखती रही। उसने पति की ओर नहीं देखा।

कालिन्दी ने कहा, "सुनन्दा, खाने वाले हम चार हैं। खाना हो गया?"

सुनन्दा चून की थाली और चकला-बेलन और बटलोई वगैरह खाली बर्तन उठाकर चल दी, कुछ भी बोली नहीं।

कालिन्दी ने कहा, "सुनती हो, तीन आदमी मेरे साथ और हैं। खाना बन सके तो कहो, नहीं तो इनते में ही काम चला लेंगे।"

सुनन्दा कुछ भी नहीं बोली। उसके मन में बेहद गुस्सा उठने लगा। यह उससे क्षमा-प्रार्थी से क्यों बात कर रहे हैं, हँसकर क्यों नहीं कर देते कि कुछ और खाना बना दो। जैसे मैं गैर हूँ। अच्छी बात है, तो मैं भी गुलाम नहीं हूँ कि इनके ही काम में लगी रहूँ, मैं कुछ नहीं ज़ानती खाना-वाना और वह चुप रही।

कालिन्दीचरण ने जरा जोर से कहा, "सुनन्दा।"

सुनन्दा के जी में ऐसा हुआ कि हाथ की बटलोई को खूब जोर से फेंक दे। किसी का गुस्सा सहने के लिए वह नहीं है। उसे तनिक भी सुध न रही कि अभी बैठे-बैठे इन्हीं अपने पति के बारे में कैसी प्रीति की और भलाई की बातें सोच रही थी। इस वक्त भीतर-ही-भीतर गुस्से से घुटकर रह गई।

"क्यों? बोल भी नहीं सकतीं?"

सुनन्दा नहीं ही बोली।

"तो अच्छी बात है। खाना कोई भी नहीं खाएगा।"

यह कहकर कालिन्दी तैश में पैर पटकते हुए लौटकर चले गए।

कालिन्दीचरण अपने दल में उग्र नहीं समझे जाते, किसी कदर उदार समझे जाते हैं। सदस्य अधिकतर अविवाहित हैं, कालिन्दीचरण विवाहित ही नहीं हैं, वह एक बच्चा खो चुके हैं। उनकी बात का दल में आदर है। कुछ लोग उनके धीमेपन पर रुष्ट भी हैं। वह दल में विवेक के प्रतिनिधि हैं और उत्ताप पर अंकुश का काम करते हैं।

बहस इतनी बात पर थी कि कालिन्दी का मत था कि हमें आतंक को छोड़ने की ओर बढ़ना चाहिए। आतंक से विवेक कुंठित होता है और या तो मनुष्य उससे उत्तेजित ही रहता है या उसके भय से दबा रहता है। दोनों ही स्थितियाँ श्रेष्ठ नहीं हैं। हमारा लक्ष्य बुद्धि को चारों ओर से जगाना है, उसे आतंकित करना नहीं। सरकार व्यक्ति और राष्ट्र के विकास के ऊपर बैठकर उसे दबाना चाहती है। हम इसी विकास के अवरोध को हटाना चाहते हैं, इसी को मुक्त करना चाहते हैं। आतंक से वह काम नहीं होगा। जो शक्ति के मद में उन्मत्त हैं, असली काम तो उनका मद उतारने और उनमें कर्तव्य-भावना का प्रकाश जगाने का है। हम स्वीकार करें कि मद उसका टक्कर खाकर, चोट पाकर ही उतरेगा। यह चोट देने के लिए हमें अवश्य तैयार रहना चाहिए, पर यह नोचा-नाची उपयुक्त नहीं। इससे सत्ता का कुछ बिगड़ता तो नहीं, उलटे उसे अपने औचित्य पर सन्तोष हो आता है।

पर जब सुनन्दा के पास से लौटकर आया, तब देखा गया कि कालिन्दी अपने पक्ष पर दृढ़ नहीं है। वह सहमत हो सकता है कि हाँ, आतंक जरूरी भी है। "हाँ," उसने कहा, "यह ठीक है कि हम लोग कुछ काम शुरू कर दें।" इसके साथ ही कहा, "आप लोगों को भूख नहीं लगी है क्या? उनकी तबीयत खराब है, इससे यहाँ तो खाना बना नहीं। बताओ क्या किया जाए? कहीं होटल चलें?"

एक ने कहा कि कुछ बाजार से यहीं मँगा लेना चाहिए। दूसरे की राय हुई कि होटल ही चलना चाहिए। इसी तरह की बातों में लगे थे कि सुनन्दा ने एक बड़ी थाली में खाना परोसकर उनके बीच ला रखा। रखकर वह चुपचाप चली गई फिर आकर पास ही चार गिलास पानी के रख दिए और फिर उसी भाँति चुपचाप चली गई।

कालिन्दी को जैसे किसी ने काट लिया।

तीनों मित्र चुप हो रहे। उन्हें अनुभव हो रहा था कि पति-पत्नी के बीच स्थिति में कहीं कुछ तनाव पड़ा हुआ है। अन्त में एक ने कहा।

कालिन्दी ने झेंपकर कहा, "मेरा मतलब काफी नहीं है।"

दूसरे ने कहा, "बहुत काफी है। सब चल जाएगा।"

देखूँ, कुछ और हो तो, "कहकर कालिन्दी उठ गया।"

आकर सुनन्दा से बोला, "यह तुमसे किसने कहा था कि खाना वहाँ ले आओ? मैंने क्या कहा था?"

सुनन्दा कुछ न बोली।

"चलो, उठा लाओ थाली। हमें किसी को यहाँ नहीं खाना है। हम होटल जाएँगे।"

सुनन्दा नहीं बोली। कालिन्दी भी कुछ देर गुम खड़ा था। तरह-तरह की बातें उसके मन में और कंठ में आती थीं। उसे अपना अपमान मालूम हो रहा था और अपमान असह्य था।

उसने कहा, "सुनती नहीं हो कि कोई क्या कह रहा है? क्यों?"

सुनन्दा ने मुँह फेर लिया।

"क्या मैं बकते रहने के लिए हूँ?"

सुनन्दा भीतर-ही-भीतर घुट गई।

"मैं पूछता हूँ कि जब मैं कह गया था तब खाना ले जाने की क्या जरूरत थी?" सुनन्दा ने मुड़कर और अपने को दबाकर धीमे से कहा, "खाओगे नहीं? एक तो बज गया।"

कालिन्दी निरस्त्र होने लगा। यह उसे बुरा मालूम हुआ। उसने मानो धमकी के साथ पूछा, "खाना और है।"

सुनन्दा ने धीमे से कहा, "अचार लेते जाओ।"

"खाना और नहीं है? अच्छा, लाओ अचार।"

सुनन्दा ने अचार ला दिया और लेकर कालिन्दी भी चला गया।

सुनन्दा ने अपने लिए कुछ भी बचाकर नहीं रखा था। उसे यह सूझा ही न था कि उसे भी खाना है। अब कालिन्दी के लौटने पर उसे जैसे ही मालूम हुआ कि उसने अपने लिए कुछ भी बचाकर नहीं रखा है। वह अपने से रुष्ट हुई। उसका मन कठोर हुआ। इसलिए नहीं कि क्यों उसने खाना नहीं बचाया। इस पर तो उसमें स्वाभिमान का भाव जागता था। मन कठोर यों हुआ कि वह इस तरह की बात सोचती ही क्यों है? छि:। यह भी सोचने की बात है और उसमें कड़वाहट भी फैली। हठात् यह उसके मन को लगता ही है कि देखो, उन्होंने एक बार भी नहीं पूछा कि तुम क्या खाओगी। क्या मैं यह सह सकती थी कि मैं तो खाऊँ और उनके मित्र भूखे रहें; पर पूछ लेते तो क्या था। इस बात पर उसका मन टूटता-सा है। मानो उसका

जो तनिक-सा मान था वह भी कुचल गया हो। पर वह रह-रहकर अपने को स्वयं अपमानित कर लेती हुई कहती है कि छि: छि: सुनन्दा, तुझे ऐसी जरा-सी बात का अब तक खयाल होता है। तुझे तो खुश होना चाहिए कि उनके लिए एक रोज भूखे रहने का तुझे पुण्य मिला। मैं क्यों उन्हें नाराज करती हूँ? अब से नाराज न करूँगी। पर वह अपने तन की सुध तो नहीं रखते। यह ठीक नहीं है। मैं क्या करूँ?

और वह अपने बर्तन माँजने में लग गई। उसे सुन पड़ा कि वे लोग जोर-जोर से बहस करने में लग गए हैं। बीच-बीच में हँसी के कहकहे भी उसे सुनाई दिए। ओह! सहसा उसे खयाल हुआ, बर्तन तो पीछे भी मल सकती हूँ। लेकिन उन्हें कुछ जरूरत हुई तो? यह सोच झटपट हाथ धो वह कमरे के दरवाजे के बाहर दीवार से लगकर खड़ी हो गई।

एक मित्र ने कहा, "अचार और है? अचार और मँगाओ यार!"

कालिन्दी ने अभ्यासवश जोर से पुकारा, "अचार लाना भाई, अचार।" मानो सुनन्दा कहीं बहुत दूर हो। पर वह तो बाहर लगी खड़ी ही थी। उसने चुपचाप अचार लाकर रख दिया।

जाने लगी तो कालिन्दी ने तनिक स्निग्ध वाणी से कहा, "थोड़ा पानी भी लाना।"

और सुनन्दा ने पानी ला दिया। देकर लौटी और फिर बाहर द्वार से लगकर ओट में खड़ी हो गई जिससे कालिन्दी कुछ माँगे तो जल्दी से ला दे।

फणीश्वरनाथ 'रेणु'

फणीश्वरनाथ 'रेणु' का जन्म 4 मार्च, 1921 को औराही-हिंगना नामक गाँव, जिला पूर्णिया (बिहार) में हुआ।

हिन्दी कथा-साहित्य में अत्यधिक महत्त्वपूर्ण रचनाकार। दमन और शोषण के विरुद्ध आजीवन संघर्ष। राजनीति में सक्रिय हिस्सेदारी। 1942 के भारतीय स्वाधीनता-संग्राम में एक प्रमुख सेनानी की भूमिका।

1950 में नेपाली जनता को राणाशाही के दमन और अत्याचारों से मुक्ति दिलाने के लिए वहाँ की सशस्त्र क्रान्ति और राजनीति में सक्रिय योगदान। 1952-53 में दीर्घकालीन रोगग्रस्तता। इसके बाद राजनीति की अपेक्षा साहित्य-ज्ञान की ओर अधिकाधिक झुकाव। 1954 में बहुचर्चित उपन्यास 'मैला आँचल' का प्रकाशन।

कथा-साहित्य के अतिरिक्त संस्मरण, रेखाचित्र और रिपोर्ताज आदि विधाओं में भी लिखा। व्यक्ति और कृतिकार, दोनों ही रूपों में अप्रतिम। जीवन के सांध्य वेला में राजनीतिक आन्दोलन से पुन: गहरा जुड़ाव। जे.पी. के साथ पुलिस दमन के शिकार हुए और जेल गए। सत्ता के दमन-चक्र के विरोध में पद्मश्री लौटा दिया।

कृतियाँ : 'मैला आँचल', 'परती परिकथा', 'दीर्घतपा', 'कितने चौराहे' (उपन्यास); 'ठुमरी', 'अगिनखोर', 'आदिम रात्रि की महक', 'एक श्रावणी दोपहरी में', 'अच्छे आदमी', 'सम्पूर्ण कहानियाँ', 'प्रतिनिधि कहानियाँ' (कहानी-संग्रह); 'ऋणजल धनजल', 'वन तुलसी की गन्ध', 'समय की शिला पर', 'श्रुत-अश्रुत पूर्व' (संस्मरण) तथा 'नेपाली क्रान्ति-कथा' (रिपोर्ताज); 'रेणु रचनावली' (समग्र)।

निधन : 11 अप्रैल, 1977

लाल पान की बेगम

"क्यों बिरजू की माँ, नाच देखने नहीं जाएगी क्या?"

बिरजू की माँ शकरकन्द उबालकर बैठी मन-ही-मन कुढ़ रही थी अपने आँगन में। सात साल का लड़का बिरजू शकरकन्द के बदले तमाचे खाकर आँगन में लोट-लोटकर सारी देह में मिट्टी मल रहा था। चम्पिया के सिर भी चुड़ैल मँडरा रही है...आधे आँगन धूप रहते जो गई है सहुआइन की दुकान छोवा-गुड़ लाने, सो अभी तक नहीं लौटी; दीया-बाती की बेला हो गई। आए आज लौटके ज़रा! बागड़ बकरे की देह में कुकुरमाछी लगी थी, इसलिए बेचारा बागड़ रह-रहकर कूद-फाँद कर रहा था। बिरजू की माँ बागड़ पर मन का गुस्सा उतारने का बहाना ढूँढ़कर निकाल चुकी थी।...पिछवाड़े की मिर्च की फूली गाछ! बागड़ के सिवा और किसने कलेवा किया होगा! बागड़ को मारने के लिए वह मिट्टी का छोटा ढेला उठा चुकी थी, कि पड़ोसिन मखनी फूआ की पुकार सुनाई पड़ी—"क्यों बिरजू की माँ, नाच देखने नहीं जाएगी क्या?"

"बिरजू की माँ के आगे नाथ और पीछे पगहिया न हो तब न; फुआ!"

गरम गुस्से में बुझी नुकीली बात फुआ की देह में धँस गई और बिरजू की माँ ने हाथ के ढेले को पास ही फेंक दिया—"बेचारे बागड़ को कुकुरमाछी परेशान कर रही है! आ...हा, आय...आय! हर्र-र-र-र! आय-आय!"

बिरजू ने लेटे ही लेटे बागड़ को एक डंडा लगा दिया। बिरजू की माँ की इच्छा हुई कि जाकर उसी डंडे से बिरजू का भूत भगा दे, किन्तु नीम के पास खड़ी पनभरियों की खिलखिलाहट सुनकर रुक गई। बोली, "ठहर, तेरे बप्पा ने बड़ा हथछुट्टा बना दिया है तुझे! बड़ा हाथ चलता है लोगों पर। ठहर!"

मखनी फुआ नीम के पास झुकी कमर से घड़ा उतारकर पानी भरकर लौटती पनभरनियों में बिरजू की माँ की बहकी हुई बात का इंसाफ करा रही थी—"ज़रा देखो तो इस बिरजू की माँ को! चार मन पाट (जूट) का पैसा क्या हुआ है, धरती पर पाँव ही नहीं पड़ते! निसाफ करो! खुद अपने मुँह से आठ दिन पहले से ही गाँव की अली-गली में बोलती फिरी है, 'हाँ, इस बार बिरजू के बप्पा ने कहा है, बैलगाड़ी पर बिठाकर बलरामपुर का नाच दिखा लाऊँगा। बैल अब अपने घर है,

तो हजार गाड़ी मँगनी मिल जाएँगी।' सो मैंने अभी टोक दिया, नाच देखनेवाली सब तो औन-पौन कर तैयार हो रही हैं, रसोई-पानी कर रही हैं। मेरे मुँह में आग लगे, क्यों मैं टोकने गई! सुनती हो, क्या जवाब दिया बिरजू की माँ ने?"

मखनी फुआ ने अपने पोपले मुँह के होंठों को एक ओर मोड़कर ऐंठती हुई बोली निकाली—"अर्-रें-हाँ-हाँ! बि-र-र-ज्जू की मै...या के आगे नाथ औ-र्र पीछे पगहिया ना हो, तब्ब ना-आ-आ!"

जंगी की पतोहू बिरजू की माँ से नहीं डरती। वह ज़रा गला खोलकर ही कहती है, "फुआ-आ! सरबे सित्तलमिंटी (सर्वे सेटलमेंट) के हाकिम के बासा पर फूलछाप किनारीवाली साड़ी पहनके यदि तू भी भटा की भेंटी चढ़ाती तो तुम्हारे नाम से भी दु-तीन बीघा धनहर ज़मीन का पर्चा कट जाता! फिर तुम्हारे घर भी आज दस मन सोनाबंग पाट होता, जोड़ा बैल खरीदता! फिर आगे नाथ और पीछे सैकड़ों पगहिया झूलती!"

जंगी की पतोहू मुँहजोर है। रेलवे स्टेशन के पास की लड़की है। तीन ही महीने हुए गौने की नई बहू होकर आई है और सारे कुर्माटोली की सभी झगड़ालू सासों से एकाध मोरचा ले चुकी है। उसका ससुर जंगी दागी चोर है, सी-किलासी है। उसका खसम रंगी कुर्माटोली का नामी लठैत। इसीलिए हमेशा सींग खुजाती फिरती है जंगी की पतोहू!

बिरजू की माँ के आँगन में जंगी की पतोहू की गला-खोल बोली गुलेल की गोलियों की तरह दनदनाती हुई आई थी। बिरजू की माँ ने एक तीखा जवाब खोजकर निकाला, लेकिन मन मसोसकर रह गई।...गोबर की ढेरी में कौन ढेला फेंके!

जीभ के झाल को गले में उतारकर बिरजू की माँ ने अपनी बेटी चम्पिया को आवाज़ दी—"अरी चम्पिया-या-या, आज लौटे तो तेरी मूड़ी मरोड़कर चूल्हे में झोंकती हूँ! दिन-दिन बेचाल होती जाती है!...गाँव में तो अब ठेठर-बैसकोप का गीत गानेवाली पतुरिया-पतोहू सब आने लगी हैं। कहीं बैठके 'बाजे न मुरलिया' सीख रही होगी ह-र-जा-ई-ई! अरी चम्पि-या-या-या!"

जंगी की पतोहू ने बिरजू की माँ की बोली का स्वाद लेकर कमर पर घड़े को सँभाला और मटककर बोली, "चल दिदिया, चल! इस मुहल्ले में लाल पान की बेगम बसती है! नहीं जानती, दोपहर-दिन और चौपहर-रात बिजली की बत्ती भक्-भक् कर जलती है!"

भक्-भक् बिजली-बत्ती की बात सुनकर न जाने क्यों सभी खिलखिलाकर हँस पड़ीं। फुआ की टूटी हुई दन्त-पंक्तियों के बीच से एक मीठी गाली निकली—"शैतान की नानी!"

बिरजू की माँ की आँखों पर मानो किसी ने तेज़ टॉर्च की रोशनी डालकर चौंधिया दिया।...भक्-भक् बिजली-बत्ती! तीन साल पहले सर्वे कैम्प के बाद गाँव

की जलन-डाही औरतों ने एक कहानी गढ़के फैलाई थी, चम्पिया की माँ के आँगन में रात-भर बिजली-बत्ती भुकभुकाती थी! चम्पिया की माँ के आँगन में, नाकवाले जूते की छाप घोड़े की टाप की तरह!...जलो, जलो! और जलो! चम्पिया की माँ के आँगन में चाँदी-जैसे पाट सूखते देखकर जलनेवाली सब औरतें खलिहान पर सोनाली धान के बोझों को देखकर बैंगन का भुर्ता हो जाएँगी।

मिट्टी के बरतन से टपकते हुए छोवा-गुड़ को उँगलियों से चाटती हुई चम्पिया आई और माँ के तमाचे खाकर चीख पड़ी—"मुझे क्यों मारती है! ए-ए-ए! सहुआइन जल्दी से सौदा नहीं देती है—एँ-एँ-एँ-एँ!"

"सहुआइन जल्दी सौदा नहीं देती की नानी! एक सहुआइन की ही दुकान पर मोती झरते हैं, जो जड़ गाड़कर बैठी हुई थी! बोल, गले पर लात देकर कल्ला तोड़ दूँगी हरजाई, जो फिर कभी 'बाजे न मुरलिया' गाते सुना! चाल सीखने जाती है टीशन की छोकरियों से!"

बिरजू की माँ ने चुप होकर अपनी आवाज़ अन्दाज़ी कि उसकी बात जंगी के झोंपड़े तक साफ़-साफ़ पहुँच गई होगी।

बिरजू बीती हुई बातों को भूलकर उठ खड़ा हुआ था और धूल झाड़ते हुए बरतन से टपकते गुड़ को ललचाई निगाह से देखने लगा था।...दीदी के साथ वह भी दुकान जाता तो दीदी उसे भी गुड़ चटाती, ज़रूर! वह शकरकन्द के लोभ में रहा और माँगने पर माँ ने शकरकन्द के बदले...

"ऐ मैया, एक अँगुली गुड़ दे दे!" बिरजू ने तलहथी फैलाई—"दे ना मैया, एक रत्ती-भर!"

"एक रत्ती क्यों, उठाके बरतन को फेंक आती हूँ पिछवाड़े में; जाके चाटना! नहीं बनेगी मीठी रोटी!...मीठी रोटी खाने का मुँह होता है!" बिरजू की माँ ने उबले शकरकन्द का सूप रोती हुई चम्पिया के सामने रखते हुए कहा, "बैठके छिलके उतार, नहीं तो अभी...!"

दस साल की चम्पिया जानती है, शकरकन्द छीलते समय कम-से-कम बारह बार माँ उसे बाल पकड़कर झकझोरेगी, छोटी-छोटी खोट निकालकर गालियाँ देगी—"पाँव फैलाके क्यों बैठी है उस तरह, बेलज्जी!" चम्पिया माँ के गुस्से को जानती है।

बिरजू ने इस मौके पर थोड़ी-सी खुशामद करके देखा—"मैया, मैं भी बैठकर शकरकन्द छीलूँ?"

"नहीं!" माँ ने झिड़की दी, "एक शकरकन्द छीलेगा और तीन पेट में! जाके सिद्धू की बहू से कहो, एक घंटे के लिए कड़ाही माँगकर ले गई तो फिर लौटाने का नाम नहीं। जा जल्दी!"

मुँह लटकाकर आँगन से निकलते-निकलते बिरजू ने शकरकन्द और गुड़ पर निगाह दौड़ाई। चम्पिया ने अपने झबरे केश की ओट से माँ की ओर देखा

और नज़र बचाकर चुपके से बिरजू की ओर एक शकरकन्द फेंक दिया।... बिरजू भागा।

"सूरज भगवान डूब गए। दीया-बत्ती की बेला हो गई। अभी तक गाड़ी..."

चम्पिया बीच में ही बोल उठी—"कोयरीटोले में किसी ने गाड़ी नहीं दी मैया! बप्पा बोले, माँ से कहना सब ठीक-ठाक करके तैयार रहें। मलदहियाटोली के मियाँजान की गाड़ी लाने जा रहा हूँ।"

सुनते ही बिरजू की माँ का चेहरा उतर गया। लगा, छाते की कमानी उतर गई घोड़े से अचानक। कोयरीटोले में किसी ने गाड़ी मँगनी नहीं दी! तब मिल चुकी गाड़ी! जब अपने गाँव के लोगों की आँख में पानी नहीं तो मलदहियाटोली के मियाँजान की गाड़ी का क्या भरोसा! न तीन में, न तेरह में! क्या होगा शकरकन्द छीलकर! रख दे उठाके!...यह मर्द नाच दिखाएगा! बैलगाड़ी पर चढ़कर नाच दिखाने ले जाएगा! चढ़ चुकी बैलगाड़ी पर, देख चुकी जी-भर नाच...पैदल जानेवाली सब पहुँचकर पुरानी हो चुकी होंगी।

बिरजू छोटी कड़ाही सिर पर औंधा कर वापस आया—"देख दिदिया मलेटरी टोपी! इस पर दस लाठी मारने से भी कुछ नहीं होता।"

चम्पिया चुपचाप बैठी रही, कुछ बोली नहीं, ज़रा-सी मुस्कुराई भी नहीं। बिरजू ने समझ लिया, मैया का गुस्सा अभी उतरा नहीं है पूरे तौर से।

मढ़ैया के अन्दर से बागड़ को बाहर भगाती हुई बिरजू की माँ बड़बड़ाई—"कल ही पँचकौड़ी कसाई के हवाले करती हूँ राकस तुझे! हर चीज में मुँह लगाएगा। चम्पिया, बाँध दे बगड़ा को। खोल दे गले की घंटी! हमेशा टुनुर-टुनुर! मुझे जरा नहीं सुहाता है!"

'टुनुर-टुनुर' सुनते ही बिरजू को सड़क से जाती हुई बैलगाड़ियों की याद हो आई—"अभी बबुआनटोला की गाड़ियाँ नाच देखने जा रही थीं...झुनुर-झुनुर बैलों की झुनकी, तुमने सु..."

"बेसी बक-बक मत करो!" बागड़ के गले से झुनकी खोलती बोली चम्पिया।

"चम्पिया, डाल दे चूल्हे में पानी! बप्पा आवें तो कहना कि अपने उड़नजहाज पर चढ़कर नाच देख आएँ! मुझे नाच देखने का सौख नहीं!...मुझे जगइयो मत कोई! मेरा माथा दुख रहा है।"

मढ़ैया के ओसारे पर बिरजू ने फिसफिसाके पूछा, "क्यों दिदिया, नाच में उड़नजहाज भी उड़ेगा?"

चटाई पर कथरी ओढ़कर बैठती हुई चम्पिया ने बिरजू को चुपचाप अपने पास बैठने का इशारा किया, मुफ़्त में मार खाएगा बेचारा!...

बिरजू ने बहन की कथरी में हिस्सा बाँटते हुए चुक्की-मुक्की लगाई। जाड़े के समय इस तरह घुटने पर टुड्डी रखकर चुक्की-मुक्की लगाना सीख चुका है वह।

उसने चम्पिया के कान के पास मुँह ले जाकर कहा, "हम लोग नाच देखने नहीं जाएँगे?...गाँव में एक पंछी भी नहीं है। सब चले गए।"

चम्पिया को अब तिल-भर भी भरोसा नहीं। संझा तारा डूब रहा है। बप्पा अभी तक गाड़ी लेकर नहीं लौटे।...एक महीना पहले से ही मैया कहती थी, बलरामपुर के नाच के दिन मीठी रोटी बनेगी; चम्पिया छींट की साड़ी पहनेगी; बिरजू पैंट पहनेगा बैलगाड़ी पर चढ़कर...

चम्पिया की भीगी पलकों पर एक बूँद आँसू आ गया।

बिरजू का भी दिल भर आया। उसने मन-ही-मन इमली पर रहनेवाले जिनबाबा को एक बैंगन कबूला, गाछ का सबसे पहला बैंगन, उसने खुद जिस पौधे को रोपा है!...जल्दी से गाड़ी लेकर बप्पा को भेज दो, जिनबाबा!

मढ़ैया के अन्दर बिरजू की माँ चटाई पर पड़ी करवटें ले रही थी। उँह, पहले से किसी बात का मनसूबा नहीं बाँधना चाहिए किसी को! भगवान ने मनसूबा तोड़ दिया। उसको सबसे पहले भगवान से पूछना है, यह किस चूक का फल दे रहो हो भोला बाबा! अपने जानते उसने किसी देवता-पित्तर की मान-मनौती बाकी नहीं रखी। सर्वे के समय ज़मीन के लिए जितनी मनौतियाँ की थीं...ठीक ही तो! महाबीरजी का रोट तो बाकी ही है। हाय रे दैव!...भूल-चूक माफ करो महाबीर बाबा! मनौती दूनी करके चढ़ाएगी बिरजू की माँ!...

बिरजू की माँ के मन में रह-रहकर जंगी की पतोहू की बातें चुभती हैं भक्-भक् बिजली-बत्ती!...चोरी-चमारी करनेवाले की बेटी-पतोहू जलेगी नहीं! पाँच बीघा ज़मीन क्या हासिल की है बिरजू के बप्पा ने, गाँव की भाईखौकियों की आँखों में किरकिरी पड़ गई है। खेत में पाट लगा देखकर गाँव के लोगों की छाती फटने लगी; धरती फोड़कर पाट लगा है; बैशाखी बादलों की तरह उमड़ते आ रहे हैं पाट के पौधे! तो अलान, तो फलान! इतनी आँखों की धार भला फसल सहे! जहाँ पन्द्रह मन पाट होना चाहिए, सिर्फ दस मन पाट काँटा पर तौलके ओजन हुआ रब्बी भगत के यहाँ।...

इसमें जलने की क्या बात है भला!...बिरजू के बप्पा ने तो पहले ही कुर्माटोली के एक-एक आदमी को समझाके कहा, "ज़िन्दगी-भर मज़दूरी करते रह जाओगे। सर्वे का समय आ रहा है, लाठी कड़ी करो तो दो-चार बीघे ज़मीन हासिल कर सकते हो।" सो गाँव की किसी पुतखौकी का भतार सर्वे के समय बाबूसाहेब के खिलाफ खाँसा भी नहीं।...बिरजू के बप्पा को कम सहना पड़ा है! बाबूसाहेब गुस्से से सरकस नाच के बाघ की तरह हुमड़ते रह गए। उनका बड़ा बेटा घर में आग लगाने की धमकी देकर गया।...आखिर बाबूसाहेब ने अपने सबसे छोटे लड़के को भेजा। बिरजू की माँ को 'मौसी' कहके पुकारा—"यह ज़मीन बाबूजी ने मेरे नाम से खरीदी थी। मेरी पढ़ाई-लिखाई उसी ज़मीन की उपज से चलती है।"...और भी कितनी बातें। खूब मोहना जानता है उत्ता ज़रा-सा लड़का। ज़मींदार का बेटा है कि...

चम्पिया, बिरजू सो गया क्या? यहाँ आ जा बिरजू, अन्दर। तू भी आ जा, चम्पिया!...भला आदमी आए तो एक बार आज!

बिरजू के साथ चम्पिया अन्दर चली गई।

"ढिबरी बुझा दे।...बप्पा बुलाएँ तो जवाब मत देना। खपच्ची गिरा दे।"

भला आदमी रे, भला आदमी! मुँह देखो ज़रा इस मर्द का!...बिरजू की माँ दिन-रात मंझा न देती रहती तो ले चुके थे ज़मीन! रोज़ आकर माथा पकड़के बैठ जाएँ, "मुझे ज़मीन नहीं लेनी है बिरजू की माँ, मजूरी ही अच्छी!"...जवाब देती थी बिरजू की माँ खूब सोच-समझके, "छोड़ दो, जब तुम्हारा कलेजा ही थिर नहीं होता है तो क्या होगा! जोरू-ज़मीन जोर के, नहीं तो किसी और के!...

बिरजू के बाप पर बहुत तेज़ी से गुस्सा चढ़ता है। चढ़ता ही जाता है।...बिरजू की माँ का भाग ही खराब है, जो ऐसा गोबरगनेश घरवाला उसे मिला। कौन-सा सौख-मौज दिया है उसके मर्द ने! कोल्हू के बैल की तरह खटकर सारी उम्र काट दी इसके यहाँ, कभी एक पैसे की जलेबी भी लाकर दी है उसके खसम ने!...पाट का दाम भगत के यहाँ से लेकर बाहर ही बाहर बैल-हट्टा चले गए। बिरजू की माँ को एक बार नमरी लोट देखने भी नहीं दिया आँख से!...बैल खरीद लाए। उसी दिन से गाँव में ढिंढोरा पीटने लगे, बिरजू की माँ इस बार बैलगाड़ी पर चढ़कर जाएगी नाच देखने!...दूसरे की गाड़ी के भरोसे नाच दिखलाएगा!...

अन्त में उसे अपने आप पर क्रोध हो आया। वह खुद भी कुछ कम नहीं! उसकी जीभ में आग लगे! बैलगाड़ी पर चढ़कर नाच देखने की लालसा किस कुसमय में उसके मुँह से निकली थी, भगवान जानें! फिर आज सुबह से दोपहर तक, किसी-न-किसी बहाने उसने अट्ठारह बार बैलगाड़ी पर नाच देखने की चर्चा छेड़ी है।...लो, खूब देखो नाच! वाह रे नाच! कथरी के नीचे दुशाले का सपना!... कल भोरे पानी भरने के लिए जब जाएगी, पतली जीभवाली पतुरिया सब हँसती आएँगी, हँसती जाएँगी।...सभी जलते हैं उससे, हाँ भगवान दाढ़ीजार भी!...दो बच्चों की माँ होकर भी वह जस-की-तस है। उसका घरवाला उसकी बात में रहता है। वह बालों में गरी का तेल डालती है। उसकी अपनी ज़मीन है। है किसी के पास एक धूर ज़मीन भी अपनी इस गाँव में! जलेंगे नहीं, तीन बीघे में धान लगा हुआ है, अगहनी, लोगों की बिखदीठ से बचें, तब तो!

बाहर बैलों की घंटियाँ सुनाई पड़ीं। तीनों सतर्क हो गए। उत्कर्ण होकर सुनते रहे।

"अपने ही बैलों की घंटी है, क्यों री चम्पिया?"

चम्पिया और बिरजू ने प्रायः एक ही साथ कहा, "हूँ-ऊँ-ऊँ!"

"चुप!" बिरजू की माँ ने फिसफिसाकर कहा, "शायद गाड़ी भी है, घड़घड़ाती है न?"

"हूँ-ऊँ-ऊँ!" दोनों ने फिर हुँकारी भरी।

"चुप! गाड़ी नहीं है। तू चुपके से टट्टी में छेद करके देख तो आ चम्पी! भागके आ, चुपके-चुपके।"

चम्पिया बिल्ली की तरह हौले-हौले पाँव से टट्टी के छेद से झाँक आई—"हाँ मैया, गाड़ी भी है!"

बिरजू हड़बड़ाकर उठ बैठा। उसकी माँ ने उसके हाथ पकड़कर सुला दिया—"बोले मत!"

चम्पिया भी गुदड़ी के नीचे घुस गई।

बाहर बैलगाड़ी खोलने की आवाज़ हुई। बिरजू के बाप ने बैलों को ज़ोर से डाँटा—"हाँ-हाँ! आ गए घर! घर आने के लिए छाती फटी जाती थी!"

बिरजू की माँ ताड़ गई, ज़रूर मलदहियाटोली में गाँजे की चिलम चढ़ रही थी, आवाज़ तो बड़ी खनखनाती हुई निकल रही है।

"चम्पिया-ह!" बाहर से ही पुकारकर कहा उसके बाप ने, "बैलों को घास दे दे, चम्पिया-ह!"

अन्दर से कोई जवाब नहीं आया। चम्पिया के बाप ने आँगन में आकर देखा तो न रोशनी, न चिराग, न चूल्हे में आग।...बात क्या है! नाच देखने, उतावली होकर, पैदल ही चली गई क्या...!

बिरजू के गले में खसखसाहट हुई और उसने रोकने की पूरी कोशिश भी की, लेकिन खाँसी जब शुरू हुई तो पूरे पाँच मिनट तक वह खाँसता रहा।

"बिरजू! बेटा बिरजमोहन!" बिरजू के बाप ने पुचकारकर बुलाया, "मैया गुस्से के मारे सो गई क्या?...अरे अभी तो लोग जा ही रहे हैं।"

बिरजू की माँ के मन में आया कि कसकर जवाब दे, नहीं देखना नाच! लौटा दो गाड़ी!

"चम्पिया-ह! उठती क्यों नहीं? ले, धान की पँचसीस रख दे।" धान की बालियों का छोटा झब्बा झोंपड़े के ओसारे पर रखकर उसने कहा, "दीया बालो!"

बिरजू की माँ उठकर ओसारे पर आई—"डेढ़ पहर रात को गाड़ी लाने की क्या जरूरत थी? नाच तो अब खत्म हो रहा होगा।"

ढिबरी की रोशनी में धान की बालियों का रंग देखते ही बिरजू की माँ के मन का सब मैल दूर हो गया।...धानी रंग उसकी आँखों से उतरकर रोम-रोम में घुल गया।

"नाच अभी शुरू भी नहीं हुआ होगा। अभी-अभी बलरामपुर के बाबू की सम्पनी गाड़ी मोहनपुर होटिल-बँगला से हाकिम साहब को लाने गई है। इस साल आखिरी नाच है।...पँचसीस टट्टी में खोंस दे, अपने खेत का है।"

"अपने खेत का?" हुलसती हुई बिरजू की माँ ने पूछा, "पक गए धान?"

"नहीं, दस दिन में अगहन चढ़ते-चढ़ते लाल होकर झुक जाएँगी सारे खेत की बालियाँ...। मलदहियाटोली पर जा रहा था, अपने खेत में धान देखकर आँखें जुड़ा गईं। सच कहता हूँ, पँचसीस तोड़ते समय उँगलियाँ काँप रही थीं मेरी!"

बिरजू ने धान की एक बाली से एक धान लेकर मुँह में डाल लिया और उसकी माँ ने एक हल्की डाँट दी—"कैसा लुक्कड़ है तू रे!...इन दुश्मनों के मारे कोई नेम-धरम जो बचे!"

"क्या हुआ, डाँटती क्यों है?"

"नवान्न के पहले ही नया धान जुठा दिया, देखते नहीं?"

"अरे, इन लोगों का सब कुछ माफ है। चिरई-चुरमुन हैं ये लोग!"

"दोनों के मुँह में नवान्न के पहले नया अन्न न पड़े।"

इसके बाद चम्पिया ने भी धान की बाली से दो धान लेकर दाँतों-तले दबाया—"ओ मैया! इतना मीठा चावल!"

"और गमकता भी है न दिदिया?" बिरजू ने फिर मुँह में धान लिया।

"रोटी-पोटी तैयार कर चुकी क्या!" बिरजू के बाप ने मुस्कुराकर पूछा।

"नहीं!" मान-भरे सुर में बोली बिरजू की माँ, "जाने का ठीक-ठिकाना नहीं... और रोटी बनती है!"

"वाह! खूब हो तुम लोग!...जिसके पास बैल है, उसे गाड़ी मँगनी नहीं मिलेगी भला? गाड़ीवालों को भी बैल की कभी कमी होगी।...पूछूँगा तब कोयरीटोलावालों से!...ले, जल्दी से रोटी बना ले।"

"देर नहीं होगी!"

"अरे, टोकरी-भर रोटी तो तू पलक मारते बना लेती है; पाँच रोटियाँ बनने में कितनी देर लगेगी!"

अब बिरजू की माँ के होंठों पर मुस्कुराहट खुलकर खिलने लगी। उसने नज़र बचाकर देखा, बिरजू का बप्पा उसकी ओर एकटक निहार रहा है।...चम्पिया और बिरजू न होते तो मन की बात हँसकर खोलते देर न लगती। चम्पिया और बिरजू ने एक-दूसरे को देखा और खुशी से उनके चेहरे जगमगा उठे—"मैया बेकार गुस्सा हो रही थी न!"

"चप्पी! जरा घैलसार में खड़ी होकर मखनी फुआ को आवाज़ दे तो!"

"ऐ फू-आ-आ! सुनती हो फूआ-आ! मैया बुला रही है!"

फुआ ने कोई जवाब नहीं दिया, किन्तु उसकी बड़बड़ाहट स्पष्ट सुनाई पड़ी—"हाँ! अब फुआ को क्यों गुहारती है? सारे टोले में बस एक फुआ ही तो बिना नाथ-पगहियावाली है।"

"अरी फुआ!" बिरजू की माँ ने हँसकर जवाब दिया, "उस समय बुरा मान गई थी क्या? नाथ-पगहियावाले को आकर देखो, दोपहर रात में गाड़ी लेकर आया है! आ जाओ फुआ, मैं मीठी रोटी पकाना नहीं जानती।"

फुआ काँखती-खाँसती आई—"इसी से घड़ी-पहर दिन रहते ही पूछ रही थी कि नाच देखने जाएगी क्या? कहती, तो मैं पहले से ही अपनी अँगीठी यहाँ सुलगा जाती।"

बिरजू की माँ ने फुआ को अँगीठी दिखला दी और कहा, "घर में अनाज-दाना वगैरह तो कुछ है नहीं। एक बागड़ है और कुछ बरतन-बासन। सो रात-भर के लिए यहाँ तम्बाकू रख जाती हूँ। अपना हुक्का ले आई हो न फुआ?"

फुआ को तम्बाकू मिल जाए, तो रात-भर क्या, पाँच रात बैठकर जाग सकती है। फुआ ने अँधेरे में टटोलकर तम्बाकू का अन्दाज़ किया।...ओ-हो! हाथ खोलकर तम्बाकू रखा है बिरजू की माँ ने! और एक वह है सहुआइन! राम कहो! उस रात को अफीम की गोली की तरह एक मटर-भर तम्बाकू रखकर चली गई गुलाब-बाग मेले और कह गई कि डिब्बी-भर तम्बाकू है।

बिरजू की माँ चूल्हा सुलगाने लगी। चम्पिया ने शकरकन्द को मसलकर गोले बनाए और बिरजू सिर पर कड़ाही औंधाकर अपने बाप को दिखलाने लगा—"मलेटरी टोपी! इस पर दस लाठी मारने से भी कुछ नहीं होगा!"

सभी ठठाकर हँस पड़े। बिरजू की माँ हँसकर बोली, "ताखे पर तीन-चार मोटे शकरकन्द हैं, दे दे बिरजू को चम्पिया, बेचारा शाम से ही..."

"बेचारा मत कहो मैया, खूब सचारा है!" अब चम्पिया चहकने लगी, "तुम क्या जानो, कथरी के नीचे मुँह क्यों चल रहा था बाबू साहब का!"

"ही-ही-ही!"

बिरजू के टूटे दूध के दाँतों की फाँक से बोली निकली, "बिलैकमारटिन में पाँच शकरकन्द खा लिया! हा-हा-हा!"

सभी फिर ठठाकर हँस पड़े। बिरजू की माँ ने फुआ का मन रखने के लिए पूछा, "एक कनवाँ गुड़ है। आधा दूँ फुआ?"

फुआ ने गद्गद होकर कहा, "अरी शकरकन्द तो खुद मीठा होता है, उतना क्यों डालेगी?"

जब तक दोनों बैल दाना-घास खाकर एक-दूसरे की देह को जीभ से चाटें, बिरजू की माँ तैयार हो गई। चम्पिया ने छींट की साड़ी पहनी और बिरजू बटन के अभाव में पैंट पर पटसन की डोरी बँधवाने लगा।

बिरजू की माँ ने आँगन से निकल गाँव की ओर कान लगाकर सुनने की चेष्टा की—"उँह, इतनी देर तक भला पैदल जानेवाले रुके रहेंगे?"

पूर्णिमा का चाँद सिर पर आ गया है।...बिरजू की माँ ने असली रूपा का मँगटिक्का पहना है आज, पहली बार। बिरजू के बप्पा को हो क्या गया है, गाड़ी जोतता क्यों नहीं, मुँह की ओर एकटक देख रहा है, मानो नाच की लाल पान की...

गाड़ी पर बैठते ही बिरजू की माँ की देह में एक अजीब गुदगुदी होने लगी। उसने बाँस की बल्ली को पकड़कर कहा, "गाड़ी पर अभी बहुत जगह है। जरा दाहिनी सड़क से गाड़ी हाँकना।"

बैल जब दौड़ने लगे और पहिया जब चूँ-चूँ करके घरघराने लगा तो बिरजू से नहीं रहा गया—"उड़नजहाज की तरह उड़ाओ बप्पा!"

गाड़ी जंगी के पिछवाड़े पहुँची। बिरजू की माँ ने कहा, "जरा जंगी से पूछो न, उसकी पतोहू नाच देखने चली गई क्या?"

गाड़ी के रुकते ही जंगी के झोंपड़े से आती हुई रोने की आवाज़ स्पष्ट हो गई। बिरजू के बप्पा ने पूछा, "अरे जंगी भाई, काहे कन्ना-रोहट हो रहा है आँगन में?"

जंगी घूर ताप रहा था, बोला, "क्या पूछते हो, रंगी बलरामपुर से लौटा नहीं, पतोहिया नाच देखने कैसे जाए! आसरा देखते-देखते उधर गाँव की सभी औरतें चली गईं।"

"अरी टीशनवाली, तू रोती है काहे!" बिरजू की माँ ने पुकारकर कहा, "आ जा झट से कपड़ा पहनकर। सारी गाड़ी पड़ी हुई है! बेचारी!...आ जा जल्दी!"

बगल के झोंपड़े से राधे की बेटी सुनरी ने कहा, "काकी, गाड़ी में जगह है? मैं भी जाऊँगी।"

बाँस की झाड़ी के उस पार लरेना खवास का घर है। उसकी बहू भी नहीं गई है। गिलट का झुनकी-कड़ा पहनकर झमकती आ रही है।

"आ जा! जो बाकी रह गई हैं, सब आ जाएँ जल्दी!"

जंगी की पतोहू, लरेना की बीवी और राधे की बेटी सुनरी, तीनों गाड़ी के पास आईं। बैल ने पिछला पैर फेंका। बिरजू के बाप ने एक भद्दी गाली दी—"साला! लताड़ मारकर लँगड़ी बनाएगा पतोहू को!"

सभी ठठाकर हँस पड़े। बिरजू के बाप ने घूँघट में झुकी दोनों पतोहुओं को देखा। उसे अपने खेत की झुकी हुई बालियों की याद आ गई।

जंगी की पतोहू का गौना तीन ही मास पहले हुआ है। गौने की रंगीन साड़ी से कड़वे तेल और लठवा-सिन्दूर की गन्ध आ रही है। बिरजू की माँ को अपने गौने की याद आई। उसने कपड़े की गठरी से तीन मीठी रोटियाँ निकालकर कहा, "खा ले एक-एक करके। सिमराहा के सरकारी कूप में पानी पी लेना।"

गाड़ी गाँव से बाहर होकर धान के खेतों के बगल से जाने लगी। चाँदनी, कातिक की!...खेतों से धान के झरते फूलों की गन्ध आती है। बाँस की झाड़ी में कहीं दुद्धी की लता फूली है। जंगी की पतोहू ने एक बीड़ी सुलगाकर बिरजू की माँ की

ओर बढ़ाई। बिरजू की माँ को अचानक याद आई चम्पिया, सुनरी, लरेना की बीवी और जंगी की पतोहू, ये चारों ही तो गाँव में बैसकोप का गीत गाना जानती हैं।...खूब!

गाड़ी की लीक धनखेतों के बीच होकर गई। चारों ओर गौने की साड़ी की खसखसाहट-जैसी आवाज़ होती है।...बिरजू की माँ के माथे के मँगटिक्के पर चाँदनी छिटकती है।

"अच्छा, अब एक बैसकोप का गीत गा तो चम्पिया!...डरती है काहे? जहाँ भूल जाओगी, बगल में मासटरनी बैठी ही है!"

दोनों पतोहुओं ने तो नहीं, किन्तु चम्पिया और सुनरी ने खखारकर गला साफ़ किया।

बिरजू के बाप ने बैलों को ललकारा—"चल भैया! और जरा जोर से!...गा रे चम्पिया, नहीं तो मैं बैलों को धीरे-धीरे चलने को कहूँगा।"

जंगी की पतोहू ने चम्पिया के कान के पास घूँघट ले जाकर कुछ कहा और चम्पिया ने धीमे-से शुरू किया—"चन्दा की चाँदनी..."

बिरजू को गोद में लेकर बैठी उसकी माँ की इच्छा हुई कि वह भी साथ-साथ गीत गाए। बिरजू की माँ ने जंगी की पतोहू की ओर देखा, धीरे-धीरे गुनगुना रही है वह भी। कितनी प्यारी पतोहू है! गौने की साड़ी से एक खास किस्म की गन्ध निकलती है। ठीक ही तो कहा है उसने! बिरजू की माँ बेगम है, लाल पान की बेगम! यह तो कोई बुरी बात नहीं। हाँ, वह सचमुच लाल पान की बेगम है!

बिरजू की माँ ने अपनी नाक पर दोनों आँखों को केन्द्रित करने की चेष्टा करके अपने रूप की झाँकी ली, लाल साड़ी की झिलमिल किनारी, मँगटिक्का पर चाँद।...बिरजू की माँ के मन में अब और कोई लालसा नहीं। उसे नींद आ रही है।

रसप्रिया

धूल में पड़े कीमती पत्थर को देखकर जौहरी की आँखों में एक नई झलक झिलमिला गई—अपरूप-रूप!

चरवाहा मोहना छौंड़ा को देखते ही पँचकौड़ी मिरदंगिया के मुँह से निकल पड़ा—अपरूप-रूप!

...खेतों, मैदानों, बाग-बगीचों और गाय-बैलों के बीच चरवाहा मोहना की सुन्दरता!

मिरदंगिया की क्षीण-ज्योति आँखें सजल हो गईं।

मोहना ने मुस्कुराकर पूछा, "तुम्हारी उँगली तो रसपिरिया बजाते टेढ़ी हुई है; है न?"

"ऐं!" बूढ़े मिरदंगिया ने चौंकते हुए कहा, "रसपिरिया?...हाँ...नहीं। तुमने कैसे...तुमने कहाँ सुना बे...?"

'बेटा' कहते-कहते वह रुक गया।...परमानपुर में उस बार एक ब्राह्मण के लड़के को उसने प्यार से 'बेटा' कह दिया था। सारे गाँव के लड़कों ने उसे घेरकर मारपीट की तैयारी की थी—"बहरदार होकर ब्राह्मण के बच्चे को बेटा कहेगा? मारो साले बुड्ढे को घेरकर!...मृदंग फोड़ दो।"

मिरदंगिया ने हँसकर कहा था, "अच्छा, इस बार माफ़ कर दो सरकार! अब से आप लोगों को बाप ही कहूँगा।"

बच्चे खुश हो गए थे। एक दो-ढाई साल के नंगे बालक की ठुड्डी पकड़कर वह बोला था, "क्यों, ठीक है न बापजी?"

बच्चे ठठाकर हँस पड़े थे।

लेकिन, इस घटना के बाद फिर कभी उसने किसी बच्चे को बेटा कहने की हिम्मत नहीं की थी। मोहना को देखकर बार-बार बेटा कहने की इच्छा होती है।

"रसपिरिया की बात किसने बताई तुमसे?...बोलो बेटा!"

दस-बारह साल का मोहना भी जानता है, पँचकौड़ी अधपगला है।...कौन इससे पार पाए! उसने दूर मैदान में चरते हुए अपने बैलों की ओर देखा।

मिरदंगिया कमलपुर के बाबू लोगों के यहाँ जा रहा था। कमलपुर के नन्दूबाबू के घराने में अब भी मिरदंगिया को चार मीठी बातें सुनने को मिल जाती हैं। एक-दो जून भोजन तो बँधा हुआ है ही; कभी-कभी रस-चरचा भी यहीं आकर सुनता है वह। दो साल के बाद वह इस इलाके में आया है। दुनिया बहुत जल्दी-जल्दी बदल रही है।...आज सुबह शोभा मिसर से छोटे लड़के ने साफ-साफ कह दिया—"तुम जी रहे हो या थेथरई कर रहे हो मिरदंगिया?"

हाँ, यह जीना भी कोई जीना है? निर्लज्जता है; और थेथरई की भी सीमा होती है।...पन्द्रह साल से वह गले में मृदंग लटकाकर गाँव-गाँव घूमता है, भीख माँगता है।...दाहिने हाथ की टेढ़ी उँगली मृदंग पर बैठती ही नहीं है, मृदंग क्या बजाएगा! अब तो, 'धा तिंग धा तिंग' भी बड़ी मुश्किल से बजाता है।...अतिरिक्त गाँजा-भाँग सेवन से गले की आवाज़ विकृत हो गई है। किन्तु मृदंग बजाते समय विद्यापति की पदावली गाने की वह चेष्टा अवश्य करेगा।...फूटी भाथी से जैसी आवाज़ निकलती है, वैसी ही आवाज़—सों-य, सों-य!

पन्द्रह-बीस साल पहले तक विद्यापति नाम की थोड़ी पूछ हो जाती थी। शादी-ब्याह, यज्ञ-उपनैन, मुंडन-छेदन आदि शुभ कार्यों में विदपतिया मंडली की बुलाहट होती थी। पँचकौड़ी मिरदंगिया को कौन नहीं जानता! सभी जानते हैं, वह अधपगला है!...गाँव के बड़े-बूढ़े कहते हैं—"अरे, पँचकौड़ी मिरदंगिया का भी एक जमाना था!"

इस ज़माने में मोहना-जैसा लड़का भी है—सुन्दर, सलोना और सुरीला!... रसप्रिया गाने का आग्रह करता है, "एक रसपिरिया गाओ न मिरदंगिया!"

"रसपिरिया सुनोगे?...अच्छा सुनाऊँगा। पहले बताओ, किसने..."

"हे-ए-ए हे-ए...मोहना, बैल भागे...!" एक चरवाहा चिल्लाया, "रे मोहना, पीठ की चमड़ी उधेड़ेगा करमू!"

"अरे बाप!" मोहना भागा।

कल ही करमू ने उसे बुरी तरह पीटा है। दोनों बैलों को हरे-हरे पाट के पौधों की महक खींच ले जाती है बार-बार।...खटमिट्ठा पाट!

पँचकौड़ी ने पुकारकर कहा, "मैं यहीं पेड़ की छाया में बैठता हूँ। तुम बैल हाँककर लौटो। रसपिरिया नहीं सुनोगे?"

मोहना जा रहा था। उसने उलटकर देखा भी नहीं।

रसप्रिया!

विदापत नाचवाले रसप्रिया गाते थे। सहरसा के जोगेन्दर झा ने एक बार विद्यापति के बारह पदों की एक पुस्तिका छपाई थी। मेले में खूब बिक्री हुई थी रसप्रिया पोथी की। विदापत नाचवालों ने गा-गाकर जनप्रिया बना दिया था रसप्रिया को।

खेत के 'आल' पर झरजामुन की छाया में पँचकौड़ी मिरदंगिया बैठा हुआ है; मोहना की राह देख रहा है।...जेठ की चढ़ती दोपहरी में खेतों में काम

करनेवाले भी अब गीत नहीं गाते हैं।...कुछ दिनों के बाद कोयल भी कूकना भूल जाएगी क्या? ऐसी दोपहरी में चुपचाप कैसे काम किया जाता है! पाँच साल पहले तक लोगों के दिल में हुलास बाकी थी।...पहली वर्षा में भीगी हुई धरती के हरे-भरे पौधों से एक खास किस्म की गन्ध निकलती है। तपती दोपहरी में मोम की तरह गल उठती थी—रस की डाली। वे गाने लगते थे बिरहा, चाँचर, लगनी। खेतों में काम करते हुए गानेवाले गीत भी समय-असमय का ख़याल करके गाए जाते हैं। रिमझिम वर्षा में बारहमासा, चिलचिलाती धूप में बिरहा, चाँचर और लगनी—

"हाँ...रे, हल जोते हलबाहा भैया रे...
खुरपी रे चलावे...म-ज़-दू-र!
एहि पन्थे, धनी मोरा हे रूसलि...।"

खेतों में काम करते हलवाहों और मजदूरों से कोई बिरही पूछ रहा है, कातर स्वर में—उसकी रूठी हुई धनी को इस राह से जाते देखा है किसी ने?...

अब तो दोपहरी नीरस कटती है, मानो किसी के पास एक शब्द भी नहीं रह गया है।

आसमान में चक्कर काटते हुए चील ने टिंहकारी भरी—टिं...ई...टिं-हि-क!

मिरदंगिया ने गाली दी—"शैतान!"

उसको छोड़कर मोहना दूर भाग गया है। वह आतुर होकर प्रतीक्षा कर रहा है। जी करता है, दौड़कर उसके पास चला जाए। दूर चरते हुए मवेशियों के झुंडों की ओर बार-बार वह बेकार देखने की चेष्टा करता है। सब धुँधला!

उसने अपनी झोली टटोलकर देखा—आम हैं, मूढ़ी है।...उसे भूख लगी। मोहना के सूखे मुँह की याद आई और भूख मिट गई।

मोहना-जैसे सुन्दर, सुशील लड़कों की खोज में ही उसकी जिन्दगी के अधिकांश दिन बीते हैं।...विदापत नाच में नाचनेवाले 'नटुआ' का अनुसन्धान खेल नहीं।...सवर्णों के घर में नहीं, छोटी जाति के लोगों के यहाँ मोहना-जैसे लड़की-मुँहा लड़के हमेशा पैदा नहीं होते। ये अवतार लेते हैं समय-समय पर जदा जदा हि...

मैथिल ब्राह्मणों, कायस्थों और राजपूतों के यहाँ विदापतवालों की बड़ी इज़्ज़त होती थी।...अपनी बोली—मिथिलाम—में नटुआ के मुँह से 'जनम अवधि हम रूप निहारल' सुनकर वे निहाल हो जाते थे। इसलिए हर मंडली का 'मूलगैन' नटुआ की खोज में गाँव-गाँव भटकता फिरता था—ऐसा लड़का, जिसे सजा-धजाकर नाच में उतारते ही दर्शकों में एक फुसफुसाहट फैल जाए।

"ठीक ब्राह्मणी की तरह लगता है। है न?"

"मधुकान्त ठाकुर की बेटी की तरह...।"

"न:! छोटी चम्पा-जैसी सूरत है!"

पँचकौड़ी गुनी आदमी है। दूसरी-दूसरी मंडली में मूलगैन और मिरदंगिया की अपनी-अपनी जगह होती। पँचकौड़ी मूलगैन भी था और मिरदंगिया भी। गले में मृदंग लटकाकर बजाते हुए वह गाता था, नाचता था। एक सप्ताह में ही नया लड़का भाँवरी देकर परवेश में उतरने योग्य नाच सीख लेता था।

नाच और गाना सिखाने में कभी उसे कठिनाई नहीं हुई; मृदंग के स्पष्ट 'बोल' पर लड़कों के पाँव स्वयं ही थिरकने लगते थे। लड़कों के जिद्दी माँ-बाप से निबटना मुश्किल व्यापार होता था। विशुद्ध मैथिली में और भी शहद लपेटकर वह फुसलाता...

"किसन कन्हैया भी नाचते थे। नाच तो एक गुण है।...अरे, जाचक कहो या दसदुआरी। चोरी, डकैती और आवारागर्दी से अच्छा है अपना-अपना 'गुन' दिखाकर लोगों को रिझाकर गुजारा करना।"

एक बार उसे लड़के की चोरी भी करनी पड़ी थी।...बहुत पुरानी बात है। इतनी मार लगी थी कि...बहुत पुरानी बात है।

पुरानी ही सही, बात तो ठीक है।

"रसपिरिया बजाते समय तुम्हारी उँगली टेढ़ी हुई थी। ठीक है न?"

मोहन न जाने कब लौट आया।

मिरदंगिया के चेहरे पर चमक लौट आई। वह मोहन की ओर एक टकटकी लगाकर देखने लगा...यह गुणवान मर रहा है। धीरे-धीरे, तिल-तिल कर वह खो रहा है। लाल-लाल होंठों पर बीड़ी की कालिख लग गई है। पेट में तिल्ली है ज़रूर!

मिरदंगिया वैद्य भी है। एक झुंड बच्चों का बाप धीरे-धीरे एक पारिवारिक डॉक्टर की योग्यता हासिल कर लेता है।...उत्सवों के बासी-टटका भोज्यान्नों की प्रतिक्रिया कभी-कभी बहुत बुरी होती। मिरदंगिया अपने साथ नमक-सुलेमानी, चानमार-पाचन और कुनैन की गोली हमेशा रखता था।...लड़कों को सदा गरम पानी के साथ हल्दी की बुकनी खिलाता। पीपल, काली मिर्च, अदरक वगैरह को घी में भूनकर शहद के साथ सुबह-शाम चटाता।...गरम पानी!

पोटली से मूढ़ी और आम निकालते हुए मिरदंगिया बोला, "हाँ, गरम पानी! तेरी तिल्ली बढ़ गई है, गरम पानी पियो!"

"यह तुमने कैसे जान लिया? फारबिसगंज के डागडरबाबू भी कह रहे थे, तिल्ली बढ़ गई है। दवा...।"

आगे कहने की जरूरत नहीं। मिरदंगिया जानता है, मोहना-जैसे लड़कों के पेट की तिल्ली चिता पर ही गलती है! क्या होगा पूछकर, कि दवा क्यों नहीं करवाते!

"माँ भी कहती हैं, हल्दी की बुकनी के साथ रोज़ गरम पानी। तिल्ली गल जाएगी।"

मिरदंगिया ने मुस्कुराकर कहा, "बड़ी सयानी है तुम्हारी माँ!"

केले के सूखे पत्तल पर मूढ़ी और आम रखकर उसने बड़े प्यार से कहा, "आओ, एक मुट्ठी खा लो।"

"नहीं, मुझे भूख नहीं।"

किन्तु मोहना की आँखों से रह-रहकर कोई झाँकता था, मूढ़ी और आम को एक साथ निगल जाना चाहता था।...भूखा, बीमार, भगवान!

"आओ, खा लो बेटा!...रसपिरिया नहीं सुनोगे?"

माँ के सिवा, आज तक किसी अन्य व्यक्ति ने मोहना को इस तरह प्यार से कभी परोसे भोजन पर नहीं बुलाया।...लेकिन, दूसरे चरवाहे देख लें तो माँ से कह देंगे।...भीख का अन्न!

"नहीं, मुझे भूख नहीं।"

मिरदंगिया अप्रतिभ हो जाता है। उसकी आँखें फिर सजल हो जाती हैं। मिरदंगिया ने मोहना-जैसे दर्जनों सुकुमार बालकों की सेवा की है। अपने बच्चों को भी शायद वह इतना प्यार नहीं दे सकता।...और अपना बच्चा! हूँ!...अपना-पराया? अब तो सब अपने सब पराए।...

"मोहन!"

"कोई देख लेगा तो?"

"तो क्या होगा?"

"माँ से कह देगा। तुम भीख माँगते हो न?"

"कौन भीख माँगता है?" मिरदंगिया के आत्मसम्मान को इस भोले लड़के ने बेवजह ठेस लगा दी। उसके मन की झाँपी में कुंडलीकार सोया हुआ साँप फन फैलाकर फुफकार उठा, "ऐ-स्साला! मारेंगे वह तमाचा कि..."

"ऐ! गाली क्यों देते हो!" मोहना ने डरते-डरते प्रतिवाद किया।

वह उठ खड़ा हुआ, पागलों का क्या विश्वास?

आसमान में उड़ती हुई चील ने फिर टिंहकारी भरी...टिं-हीं...ई...टिं-टिं-ग!

"मोहना!" मिरदंगिया की आवाज़ गम्भीर हो गई।

मोहना ज़रा दूर जाकर खड़ा हो गया।

"किसने कहा तुमसे कि मैं भीख माँगता हूँ? मिरदंग बजाकर पदावली गाकर, लोगों को रिझाकर पेट पालता हूँ...तुम ठीक कहते हो, भीख का ही अन्न है यह। भीख का ही फल है यह।...मैं नहीं दूँगा।...तुम बैठो, मैं रसपिरिया सुना दूँ।"

मिरदंगिया का चेहरा धीरे-धीरे विकृत हो रहा है।...आसमान में उड़नेवाली चील अब पेड़ की डाली पर आ बैठी है?...टिं-टिं-हिं टिंटिक!

मोहना डर गया। एक डग, दो डग...दे दौड़। वह भागा।

एक बीघा दूर जाकर उसने चिल्लाकर कहा, "डायन ने बान मारकर तुम्हारी उँगली टेढ़ी कर दी है। झूठ क्यों कहते हो कि रसपिरिया बजाते समय..."

"ऐ! कौन है यह लड़का? कौन है यह मोहना!...रमपतिया भी कहती थी, डायन ने बान मार दिया है।"

"मोहना!"

मोहना ने जाते-जाते चिल्लाकर कहा, "करैला!" अच्छा, तो मोहना यह भी जानता है कि मिरदंगिया 'करैला' कहने से चिढ़ता है!...कौन है यह मोहना?

मिरदंगिया आतंकित हो गया। उसके मन में एक अज्ञात भय समा गया। वह थर-थर काँपने लगा। उसमें कमलपुर के बाबुओं के यहाँ जाने का उत्साह भी नहीं रहा।...सुबह शोभा मिसर के लड़के ने ठीक ही कहा था।

उसकी आँखों में आँसू झरने लगे।

जाते-जाते मोहना डंक मार गया। उसके अधिकांश शिष्यों ने ऐसा ही व्यवहार किया है उसके साथ। नाच सीखकर फुर्र से उड़ जाने का बहाना खोजनेवाले एक-एक लड़के की बातें उसे याद हैं।

सोनमा ने तो गाली ही दी थी—"गुरुगिरी करता है, चोट्टा!"

रमपतिया आकाश की ओर हाथ उठाकर बोली थी—"हे दिनकर! साच्छी रहना। मिरदंगिया ने फुसलाकर मेरा सर्वनाश किया है। मेरे मन में कभी चोर नहीं था। हे सुरुज भगवान! इस दसदुआरी कुत्ते का अंग-अंग फूटकर...।"

मिरदंगिया ने अपनी टेढ़ी उँगली को हिलाते हुए एक लम्बी साँस ली।...रमपतिया? जोधन गुरुजी की बेटी रमपतिया! जिस दिन वह पहले-पहल जोधन की मंडली में शामिल हुआ था—रमपतिया बारहवें में पाँव रख रही थी...बाल-विधवा रमपतिया पदों का अर्थ समझने लगी थी। काम करते-करते वह गुनगुनाती—'नव अनुरागिनी राधा, किछु नहिं मानय बाधा।'...मिरदंगिया मूलगैनी सीखने गया था और गुरुजी ने उसे मृदंग धरा दिया था...आठ वर्ष तक तालीम पाने के बाद जब गुरुजी ने स्वजात पँचकौड़ी से रमपतिया के चुमौना की बात चलाई तो मिरदंगिया सभी ताल-मात्रा भूल गया। जोधन गुरुजी से उसने अपनी जात छिपा रखी थी। रमपतिया से उसने झूठा परेम किया था। गुरुजी की मंडली छोड़कर वह रातों-रात भाग गया। उसने गाँव आकर अपनी मंडली बनाई, लड़कों को सिखाया-पढ़ाया और कमाने-खाने लगा।...लेकिन; वह मूलगैन नहीं हो सका कभी। मिरदंगिया ही रहा सब दिन।... जोधन गुरुजी की मृत्यु के बाद, एक बार गुलाब-बाग मेले में रमपतिया से उसकी भेंट हुई थी। रमपतिया उसी से मिलने आई थी। पँचकौड़ी ने साफ जवाब दे दिया था—"क्या झूठ-फरेब जोड़ने आई है? कमलपुर के नन्दूबाबू के पास क्यों नहीं जाती, मुझे उल्लू बनाने आई है। नन्दूबाबू का घोड़ा बारह बजे रात को...।" चीख उठी थी रमपतिया—"पाँचू!...चुप रहो!"

उसी रात रसपिरिया बजाते समय उसकी उँगली टेढ़ी हो गई थी। मृदंग पर जमनिका देकर वह परबेस का ताल बजाने लगा। नटुआ ने डेढ़ मात्रा बेताल होकर

प्रवेश किया तो उसका माथा ठनका। परबेस के बाद उसने नटुआ को झिड़की दी—"एस्साला! थप्पड़ों से गाल लाल कर दूँगा।"...और रसपिरिया की पहली कड़ी ही टूट गई। मिरदंगिया ने ताल को सँभालने की बहुत चेष्टा की। मृदंग की सूखी चमड़ी जी उठी, दाहिने पूरे पर लावा-फरही फूटने लगे और ताल कटते-कटते उसकी उँगली टेढ़ी हो गई। झूठी टेढ़ी उँगली!...हमेशा के लिए पँचकौड़ी की मंडली टूट गई। धीरे-धीरे इलाके से विद्यापति-नाच ही उठ गया। अब तो कोई विद्यापति की चर्चा भी नहीं करते हैं।...धूप-पानी से परे, पँचकौड़ी का शरीर ठंडी महफिली में ही पनपा था।...बेकार जिन्दगी में मृदंग ने बड़ा काम दिया। बेकारी का एकमात्र सहारा—मृदंग!

एक युग से वह गले में मृदंग लटकाकर भीख माँग रहा है—धा-तिंग, धा-तिंग!

वह एक आम उठाकर चूसने लगा—लेकिन,...लेकिन...मोहना को डायन की बात कैसे मालूम हुई?

उँगली टेढ़ी होने की खबर सुनकर रमपतिया दौड़ी आई थी, घंटों उँगली को पकड़कर रोती रही थी—"हे दिनकर, किसने इतनी बड़ी दुश्मनी की? उसका बुरा हो।...मेरी बात लौटा दो भगवान! गुस्से में कही हुई बातें। नहीं, नहीं। पाँचू, मैंने कुछ भी नहीं किया है। ज़रूर किसी डायन ने बान मार दिया है।"

मिरदंगिया ने आँखें पोंछते हुए ढलते हुए सूरज की ओर देखा।...इस मृदंग को कलेजे से सटाकर रमपतिया ने कितनी रातें काटी हैं!...मिरदंग को उसने अपनी छाती से लगा लिया।

पेड़ की डाली पर बैठी हुई चील ने उड़ते हुए जोड़े से कुछ कहा—'टिं-टिं-हिंक्!

"एस्साला!" उसने चील को गाली दी। तम्बाकू चुनियाकर मुँह में डाल ली और मृदंग के पूरे पर उँगलियाँ नचाने लगा—धिरिनागि, धिरिनागि, धिरिनागि-धिनता!

पूरी जमनिका वह नहीं बजा सका। बीच में ही ताल टूट गया।

—अ्-कि-हे-ए-ए-हा-आआ-ह-हा!

सामने झरबेरी के जंगल के उस पार किसी ने सुरीली आवाज़ में, बड़े समारोह के साथ रसप्रिया की पदावली उठाई—

"न-व-वृन्दा-वन, न-व-न-व-तरु-ग-न, न-व-नव विकसित फूल..."

मिरदंगिया के सारे शरीर में एक लहर दौड़ गई। उसकी उँगलियाँ स्वयं ही मृदंग के पूरे पर थिरकने लगीं। गाय-बैलों के झुंड दोपहर की उतरती छाया में आकर जमा होने लगे।

खेतों में काम करनेवालों ने कहा, "पागल है। जहाँ जी चाहा, बैठकर बजाने लगता है।"

"बहुत दिन के बाद लौटा है।"

"हम तो समझते थे कि कहीं मर-खप गया।"

रसप्रिया की सुरीली रागिनी ताल पर आकर कट गई। मिरदंगिया का पागलपन अचानक बढ़ गया। वह उठकर दौड़ा। झरबेरी की झाड़ी के उस पार कौन है? कौन है यह शुद्ध रसप्रिया गानेवाला?...इस जमाने में रसप्रिया का रसिक...? झाड़ी में छिपकर मिरदंगिया ने देखा, मोहना तन्मय होकर दूसरे पद की तैयारी कर रहा है। गुनगुनाहट बन्द करके उसने गले को साफ़ किया। मोहना के गले में राधा आकर बैठ गई है!...क्या बन्दिश है!

"न-दी-बह नयनक नी...र!
आहो...पललि बहए ताहि ती...र!"

मोहना बेसुध होकर गा रहा था। मृदंग के बोल पर वह झूम-झूमकर गा रहा था। मिरदंगिया की आँखें उसे एकटक निहार रही थीं और उसकी उँगलियाँ फिरकी की तरह नाचने को व्याकुल हो रही थीं।...चालीस वर्ष का अधपागल युगों के बाद भावावेश में नाचने लगा।...रह-रहकर वह अपनी विकृत आवाज़ में पदों की कड़ी धरता—फोंय-फोंय, सोंय-सोंय!

धिरनागि-धिनता!

"दुहु रस...म...य तनु-गुने नहीं ओर।
लागल दुहुक न भाँगय जो-र।"

मोहना के आधे काले और आधे लाल होंठों पर नई मुस्कुराहट दौड़ गई। पद समाप्त करते हुए वह बोला, "इस्स! टेढ़ी उँगली पर भी इतनी तेज़ी?"

मोहन हाँफने लगा। उसकी छाती की हड्डियाँ!

...उफ़! मिरदंगिया धम्म-से ज़मीन पर बैठ गया—"कमाल! कमाल! किससे सीखे? कहाँ सीखी तुमने पदावली? कौन है तुम्हारा गुरु?"

मोहना ने हँसकर जवाब दिया, "सीखूँगा कहाँ? माँ तो रोज़ गाती है।...प्रातकी मुझे बहुत याद है, लेकिन अभी तो उसका समय नहीं।"

"हाँ बेटा! बेताले के साथ कभी मत गाना-बजाना। जो कुछ भी है, सब चला जाएगा।...समय-कुसमय का भी खयाल रखना। लो, अब आम खा लो।"

मोहना बेझिझक आम लेकर चूसने लगा।

"एक और लो।"

मोहना ने तीन आम खाए और मिरदंगिया के विशेष आग्रह पर दो मुट्ठी मूढ़ी भी फाँक गया।

"अच्छा, अब एक बात बताओगे मोहना! तुम्हारे माँ-बाप क्या करते हैं?"

"बाप नहीं है, अकेली माँ है। बाबू-लोगों के घर कुटाई-पिसाई करती है।"

"और तुम नौकरी करते हो! किसके यहाँ?"

"कमलपुर के नन्दूबाबू के यहाँ!"

"नन्दूबाबू के यहाँ?"

मोहना ने बताया, उसका घर सहरसा में है। तीसरे साल सारा गाँव कोसी मैया के पेट में चला गया। उसकी माँ उसे लेकर अपने ममहर आई है...कमलपुर।

"कमलपुर में तुम्हारी माँ के मामू रहते हैं?"

मिरदंगिया कुछ देर तक चुपचाप सूर्य की ओर देखता रहा।...नन्दूबाबू—मोहना—मोहना की माँ!

"डायनवाली बात तुम्हारी माँ कह रही थी?"

"हाँ।"

"और एक बार सामदेव झा के यहाँ जनेऊ में तुमने गिरधर-पट्टी मंडलीवालों का मिरदंग छीन लिया था।...बेताला बजा रहा था। ठीक है न?"

मिरदंगिया की खिचड़ी दाढ़ी मानो अचानक सफेद हो गई। उसने अपने को सँभालकर पूछा, "तुम्हारे बाप का क्या नाम है?"

"अजोधादास!"

"अजोधादास?"

बूढ़ा अजोधादास, जिसके मुँह में न बोल, न आँख में लोर।...मंडली में गठरी ढोता था। बिना पैसे का नौकर बेचारा अजोधादास!

"बड़ी सयानी है तुम्हारी माँ।" एक लम्बी साँस लेकर मिरदंगिया ने अपनी झोली में से एक छोटा बटुआ निकाला। लाल-पीले कपड़ों के टुकड़ों को खोलकर काग़ज़ की एक पुड़िया निकाली उसने।

मोहना ने पहचान लिया—"लोट? क्या है, लोट?"

"हाँ, नोट है।"

"कितने रुपएवाला है? पँचटकिया। ऐं...दसटकिया? ज़रा छूने दोगे? कहाँ से लाए?" मोहना एक ही साँस में सब कुछ पूछ गया, "सब दसटकिया हैं?"

"हाँ, सब मिलाकर चालीस रुपए हैं।" मिरदंगिया ने एक बार इधर-उधर निगाहें दौड़ाईं; फिर फुसफुसाकर बोला, "मोहना बेटा! फारबिसगंज के डागडरबाबू को देकर बढ़िया दवा लिखा लेना।...खट्टा-मिट्ठा परहेज़ करना।...गरम पानी ज़रूर पीना।"

"रुपए मुझे क्यों देते हो?"

"जल्दी रख ले, कोई देख लेगा।"

मोहना ने भी एक बार चारों ओर नज़र दौड़ाई। उसके होंठों की कालिख और गहरी हो गई।

मिरदंगिया बोला, "बीड़ी-तम्बाकू भी पीते हो? ख़बरदार!"

वह उठ खड़ा हुआ।

मोहना ने रुपए ले लिए।

"अच्छी तरह गाँठ में बाँध ले। माँ से कुछ मत कहना।"

"और हाँ, यह भीख का पैसा नहीं। बेटा, यह मेरी कमाई के पैसे हैं। अपनी कमाई के...।"

मिरदंगिया ने जाने के लिए पाँव बढ़ाया।

"मेरी माँ खेत में घास काट रही है। चलो न!" मोहना ने आग्रह किया।

मिरदंगिया रुक गया। कुछ सोचकर बोला, "नहीं मोहना! तुम्हारे-जैसा गुणवान बेटा पाकर तुम्हारी माँ 'महारानी' है, मैं महाभिखारी दसदुआरी हूँ। जाचक, फकीर...! दवा से जो पैसे बचें, उसका दूध पीना।"

मोहना की बड़ी-बड़ी आँखें कमलपुर के नन्दूबाबू की आँखों-जैसी हैं...।

"रे मो-ह-ना-रे-हे! बैल कहाँ हैं रे?"

"तुम्हारी माँ पुकार रही है शायद।"

"हाँ। तुमने कैसे जान लिया?"

"रे-मोहना-रे-हे!"

एक गाय ने सुर-में-सुर मिलाकर अपने बछड़े को बुलाया।

गाय-बैलों के घर लौटने का समय हो गया। मोहना जानता है, माँ बैल हाँककर ला रही होगी। झूठ-मूठ उसे बुला रही है। वह चुप रहा।

"जाओ।" मिरदंगिया ने कहा, "माँ बुला रही है। जाओ।...अब से मैं पदावली नहीं, रसपिरिया नहीं, निरगुन गाऊँगा। देखो, मेरी उँगली शायद सीधी हो रही है। शुद्ध रसपिरिया कौन गा सकता है आजकल?...

"अरे, चलु मन, चलु मन-ससुरार जइबे हो रामा,
कि आहो रामा,
नैहिरा में अगिया लगायब रे-की...।"

खेतों की पगडंडी, झरबेरी के जंगल के बीच होकर जाती है। निरगुन गाता हुआ मिरदंगिया झरबेरी की झाड़ियों में छिप गया।

"ले। यहाँ अकेला खड़ा होकर क्या करता है? कौन बजा रहा था मृदंग रे?" घास का बोझा सिर पर लेकर मोहना की माँ खड़ी है।

"पँचकौड़ी मिरदंगिया।"

"ऐं, वह आया है? आया है वह?" उसकी माँ ने बोझ ज़मीन पर पटकते हुए पूछा।

"मैंने उसके ताल पर रसपिरिया गाया है। कहता था, इतना शुद्ध रसपिरिया कौन गा सकता है आजकल!...उसकी उँगली अब ठीक हो जाएगी।"

माँ ने बीमार मोहना को आह्लाद से अपनी छाती से सटा लिया।

"लेकिन तू तो हमेशा उसकी टोकरी-भर शिकायत करती थी—बेईमान है, गुरु-दरोही है, झूठा है!"

"है तो! वैसे लोगों की संगत ठीक नहीं। खबरदार, जो उसके साथ फिर कभी

गया! दसदुआरी जाचकों से हेलमेल करके अपना ही नुकसान होता है।...चल, उठा बोझ!"

मोहना ने बोझ उठाते समय कहा, "जो भी हो, गुनी आदमी के साथ रसपिरिया...।"

"चोप! रसपिरिया का नाम मत ले।"

अजीब है माँ! जब ग़ुस्साएगी तो बाघिन की तरह और जब ख़ुश होती है तो गाय की तरह हुँकारती जाएगी और छाती से लगा लेगी। तुरत ख़ुश, तुरत नाराज़।...

दूर से मृदंग की आवाज़ आई—धा-तिंग, धा-तिंग!

मोहना की माँ खेत की ऊबड़-खाबड़ मेड़ पर चल रही थी। ठोकर खाकर गिरते-गिरते बची। घास का बोझ गिरकर खुल गया। मोहना पीछे-पीछे मुँह लटकाकर जा रहा था। बोला, "क्या हुआ, माँ?"

"कुछ नहीं।"

—धा-तिंग, धा-तिंग!

मोहना की माँ खेत की मेड़ पर बैठ गई। जेठ की शाम से पहले जो पुरवैया चलती है, धीरे-धीरे तेज़ हो गई।...मिट्टी की सोंधी सुगन्ध हवा में धीरे-धीरे घुलने लगी।

—धा-तिंग, धा-तिंग!

"कहता था, तुम्हारे-जैसा गुणवान बेटा?" मोहना की माँ आगे कुछ न बोल सकी।

"मिरदंगिया और कुछ बोलता था, बेटा?" मोहना की माँ आगे कुछ न बोल सकी।

"झूठा बेईमान!" मोहना की माँ आँसू पोंछकर बोली, "ऐसे लोगों की संगत कभी मत करना।"

मोहना चुपचाप खड़ा रहा।

सच्चिदानन्द हीरानन्द वात्स्यायन 'अज्ञेय'

7 मार्च, 1911 को उत्तर प्रदेश के ज़िले कुशीनगर में जन्मे 'अज्ञेय' हिन्दी साहित्य में शिल्पगत भावगत आधुनिक संवेगों के प्रवर्तक हैं। उन्होंने कविता, कहानी, उपन्यास, आलोचना, यात्रा-वृत्तान्त आदि में महत्त्वपूर्ण योगदान दिया।

मनोविश्लेषण की जो परम्परा जैनेन्द्र ने शुरू की थी, उसे पूर्णता की ओर अज्ञेय ही लेकर गए। उनकी कहानियों पर फ्रायड का मनोविश्लेषणवाद और सार्त्र का अस्तित्ववादी प्रभाव नजर आता है। यही कारण है कि उनकी कहानियों में व्यक्ति के व्यक्तित्व तथा उसके मानसिक पक्षों को केन्द्रीय महत्त्व प्राप्त हुआ है। उन्होंने 'सैनिक' और 'विशाल भारत' नामक पत्रिकाओं का सम्पादन करने के बाद इलाहाबाद से 'प्रतीक' नामक पत्रिका निकाली और ऑल इंडिया रेडियो की नौकरी स्वीकार की। इसके अतिरिक्त उन्होंने दिनमान साप्ताहिक, नवभारत टाइम्स, अंग्रेजी पत्र 'वाक्' और 'ऐवरीमैन्स वीकली' जैसे प्रसिद्ध पत्र-पत्रिकाओं का भी सम्पादन किया।

प्रमुख कृतियाँ : 'सदानीरा'—भाग एक और भाग दो, 'भग्नदूत', 'चिन्ता', 'इत्यलम्', 'हरी घास पर क्षण भर', 'बावरा अहेरी', 'इन्द्रधनु रौंदे हुए ये', 'अरी ओ करुणा प्रभामय', 'आँगन के पार द्वार', 'कितनी नावों में कितनी बार', 'क्योंकि मैं उसे जानता हूँ', 'सागर मुद्रा', 'पहले मैं सन्नाटा बुनता हूँ', 'महावृक्ष के नीचे', 'नदी की बाँक पर छाया', 'प्रिजन डेज एंड अदर पोयम्स' (अंग्रेजी में) (कविता-संग्रह); 'विपथगा', 'परम्परा', 'कोठरी की बात', 'शरणार्थी', 'जयदोल' (कहानी-संग्रह); 'शेखर : एक जीवनी'—प्रथम और द्वितीय भाग, 'नदी के द्वीप', 'अपने-अपने अजनबी' (उपन्यास); 'अरे यायावर रहेगा याद?', 'एक बूँद सहसा उछली' (यात्रा वृत्तान्त); 'सबरंग', 'त्रिशंकु', 'आत्मनेपद', 'आधुनिक साहित्य', 'एक आधुनिक परिदृश्य', 'आलवाल अद्यतन' (निबन्ध-संग्रह); 'स्मृति लेखा' (संस्मरण); 'भवन्ती', 'अन्तरा' और 'शाश्वती'; 'विचार गद्य : संवत्सर' (डायरी); 'उत्तरप्रियदर्शी' (नाटक)।

सम्पादित ग्रन्थ : 'तार सप्तक', 'दूसरा सप्तक', 'तीसरा सप्तक' (कविता-संग्रह) के साथ कई अन्य पुस्तकों का सम्पादन।

सम्मान : 1964 में 'आँगन के पार द्वार' पर उन्हें साहित्य अकादेमी का पुरस्कार प्राप्त हुआ और 1979 में 'कितनी नावों में कितनी बार' पर भारतीय ज्ञानपीठ पुरस्कार।

निधन : 4 अप्रैल, 1987 ई.।

रोज़*

दोपहर में उस सूने आँगन में पैर रखते ही मुझे ऐसा जान पड़ा, मानो उस पर किसी शाप की छाया मँडरा रही हो, उसके वातावरण में कुछ ऐसा अकथ्य, अस्पृश्य, किन्तु फिर भी बोझिल और प्रकम्पमय और घना-सा फैल रहा था...

मेरी आहट सुनते ही मालती बाहर निकली। मुझे देखकर, पहचानकर उसकी मुरझाई हुई मुख-मुद्रा तनिक-सी मीठे विस्मय से जागी-सी और फिर पूर्ववत् हो गई। उसने कहा, "आ जाओ।" और बिना उत्तर की प्रतीक्षा किए भीतर की ओर चली। मैं भी उसके पीछे हो लिया।

भीतर पहुँचकर मैंने पूछा, "वे यहाँ नहीं हैं?"

"अभी आए नहीं, दफ्तर में हैं। थोड़ी देर में आ जाएँगे। कोई डेढ़-दो बजे आया करते हैं।"

"कब से गए हुए हैं?"

"सवेरे उठते ही चले जाते हैं।"

मैं 'हूँ' कहकर पूछने को हुआ, 'और तुम इतनी देर क्या करती हो?' पर फिर सोचा आते ही एकाएक प्रश्न ठीक नहीं है। मैं कमरे के चारों ओर देखने लगा।

मालती एक पंखा उठा लाई, और मुझे हवा करने लगी। मैंने आपत्ति करते हुए कहा, "नहीं, मुझे नहीं चाहिए।" पर वह नहीं मानी, बोली, "वाह! चाहिए कैसे नहीं? इतनी धूप में तो आए हो। यहाँ तो..."

मैंने कहा, "अच्छा, लाओ मुझे दे दो।"

वह शायद, 'ना' करनेवाली थी, पर तभी दूसरे कमरे से शिशु के रोने की आवाज सुनकर उसने चुपचाप पंखा मुझे दे दिया और घुटनों पर हाथ टेककर एक थकी हुई 'हुँह' करके उठी और भीतर चली गई।

मैं उसके जाते हुए, दुबले शरीर को देखकर सोचता रहा। यह क्या है...यह कैसी छाया-सी इस घर पर छाई हुई है...

मालती मेरी दूर के रिश्ते की बहिन है, किन्तु उसे सखी कहना ही उचित है, क्योंकि हमारा परस्पर सम्बन्ध सख्य का ही रहा है। हम बचपन से इकट्ठे खेले हैं,

* यह कहानी पहले 'गैंग्रीन' शीर्षक से प्रकाशित हुई।

इकट्ठे लड़े और पिटे हैं और हमारी पढ़ाई भी बहुत-सी इकट्ठे ही हुई थी, और हमारे व्यवहार में सदा सख्या की स्वेच्छा और स्वच्छंदता रही है, वह कभी भ्रातृत्व के, या बड़े-छोटेपन के बन्धनों में नहीं घिरा...

मैं आज कोई चार वर्ष बाद उसे देखने आया हूँ। जब मैंने उसे इससे पूर्व देखा था, तब वह लड़की ही थी, अब वह विवाहिता है, एक बच्चे की माँ भी है। इससे कोई परिवर्तन उसमें आया होगा और यदि आया होगा तो क्या, यह मैंने अभी सोचा नहीं था, किन्तु अब उसकी पीठ की ओर देखता हुआ मैं सोच रहा था, यह कैसी छाया इस घर पर छाई हुई है...और विशेषतया मालती पर...

मालती बच्चे को लेकर लौट आई और फिर मुझसे कुछ दूर नीचे बिछी हुई दरी पर बैठ गई। मैंने अपनी कुरसी घुमाकर कुछ उसकी ओर उन्मुख होकर पूछा, "इसका नाम क्या है?"

मालती ने बच्चे की ओर देखते हुए उत्तर दिया, "नाम तो कोई निश्चित नहीं किया, वैसे टिटी कहते हैं।"

मैंने उसे बुलाया, "टिटी, टीटी, आ जा" पर वह अपनी बड़ी-बड़ी आँखों से मेरी ओर देखता हुआ अपनी माँ से चिपट गया, और रुआँसा-सा होकर कहने लगा, "उहुँ-उहुँ-उहुँ-ऊँ..."

मालती ने फिर उसकी ओर एक नजर देखा, और फिर बाहर आँगन की ओर देखने लगी...

काफी देर मौन रहा। थोड़ी देर तक तो वह मौन आकस्मिक ही था, जिसमें मैं प्रतीक्षा में था कि मालती कुछ पूछे, किन्तु उसके बाद एकाएक मुझे ध्यान हुआ, मालती ने कोई बात ही नहीं की...यह भी नहीं पूछा कि मैं कैसा हूँ, कैसे आया हूँ...चुप बैठी है, क्या विवाह के दो वर्ष में ही वह बीते दिन भूल गई? या अब मुझे दूर इस विशेष अन्तर पर रखना चाहती है? क्योंकि वह निर्बाध स्वच्छंदता अब तो नहीं हो सकती...पर फिर भी, ऐसा मौन, जैसा अजनबी से भी नहीं होना चाहिए...

मैंने कुछ खिन्न-सा होकर, दूसरी ओर देखते हुए कहा, "जान पड़ता है, तुम्हें मेरे आने से विशेष प्रसन्नता नहीं हुई।"

उसने एकाएक चौंककर कहा, "हूँ?"

यह 'हूँ' प्रश्न-सूचक था, किन्तु इसलिए नहीं कि मालती ने मेरी बात सुनी नहीं थी, केवल विस्मय के कारण। इसलिए मैंने अपनी बात दुहराई नहीं, चुप बैठा रहा। मालती कुछ बोली ही नहीं, थोड़ी देर बाद मैंने उसकी ओर देखा। वह एकटक मेरी ओर देख रही थी, किन्तु मेरे उधर उन्मुख होते ही उसने आँखें नीची कर लीं। फिर भी मैंने देखा, उन आँखों में कुछ विचित्र-सा भाव था, मानो मालती के भीतर कहीं कुछ चेष्टा कर रहा हो, किसी बीती हुई बात को याद करने की, किसी बिखरे हुए वायुमंडल को पुन: जगाकर गतिमान करने की, किसी टूटे हुए व्यवहार-तन्तु को

पुनरुज्जीवित करने की, और चेष्टा में सफल न हो रहा हो...वैसे जैसे बहुत देर से प्रयोग में न लाए हुए अंग को व्यक्ति एकाएक उठाने लगे और पाए कि वह उठता ही नहीं है, चिरविस्मृति में मानो मर गया है, उतने क्षीण बल से (यद्यपि वह सारा प्राप्य बल है) उठ नहीं सकता...मुझे ऐसा जान पड़ा मानो किसी जीवित प्राणी के गले में किसी मृत जन्तु का तौक डाल दिया गया हो, वह उसे उतारकर फेंकना चाहे, पर उतार न पाए...

तभी किसी ने किवाड़ खटखटाए। मैंने मालती की ओर देखा, पर वह हिली नहीं। जब किवाड़ दूसरी बार खटखटाए गए, तब वह शिशु को अलग करके उठी और किवाड़ खोलने गई।

वे, यानी मालती के पति आए। मैंने उन्हें पहली बार देखा था, यद्यपि फोटो से उन्हें पहचानता था। परिचय हुआ। मालती खाना तैयार करने आँगन में चली गई, और हम दोनों भीतर बैठकर बातचीत करने लगे, उनकी नौकरी के बारे में, उनके जीवन के बारे में, उस स्थान के बारे में, और ऐसे अन्य विषयों के बारे में जो पहले परिचय पर उठा करते हैं, एक तरह का स्वरक्षात्मक कवच बनकर...

मालती के पति का नाम है महेश्वर। वह एक पहाड़ी गाँव में सरकारी डिस्पेंसरी के डॉक्टर हैं, उसकी हैसियत से इन क्वार्टरों में रहते हैं। प्रात:काल सात बजे डिस्पेंसरी चले जाते हैं और डेढ़ या दो बजे लौटते हैं, उसके बाद दोपहर-भर छुट्टी रहती है, केवल शाम को एक-दो घंटे फिर चक्कर लगाने के लिए जाते हैं, डिस्पेंसरी के साथ के छोटे-से अस्पताल में पड़े हुए रोगियों को देखने और अन्य जरूरी हिदायतें करने...उनका जीवन भी बिलकुल एक निर्दिष्ट ढर्रे पर चलता है, नित्य वही काम, उसी प्रकार के मरीज, वही हिदायतें, वही नुस्खे, वही दवाइयाँ। वह स्वयं उकताए हुए हैं इसलिए और साथ ही इस भयंकर गरमी के कारण वह अपने फुरसत के समय में भी सुस्त ही रहते हैं...

मालती हम दोनों के लिए खाना ले आई। मैंने पूछा, "तुम नहीं खाओगी? या खा चुकीं?"

महेश्वर बोले, कुछ हँसकर, "वह पीछे खाया करती है..."

पति ढाई बजे खाना खाने आते हैं, इसलिए पत्नी तीन बजे तक भूखी बैठी रहेगी!

महेश्वर खाना आरम्भ करते हुए मेरी ओर देखकर बोले, "आपको तो खाने का मजा क्या ही आएगा ऐसे बेवक़्त खा रहे हैं?"

मैंने उत्तर दिया, "वाह! देर से खाने पर तो और भी अच्छा लगता है, भूख बढ़ी हुई होती है, पर शायद मालती बहिन को कष्ट होगा।"

मालती टोककर बोली, "ऊँहूँ, मेरे लिए तो यह नई बात नहीं है...रोज़ ही ऐसा होता है..."

मालती बच्चे को गोद में लिये हुए थी। बच्चा रो रहा था, पर उसकी ओर कोई भी ध्यान नहीं दे रहा था।

मैंने कहा, "यह रोता क्यों है?"

मालती बोली, "हो ही गया है चिड़चिड़ा-सा, हमेशा ही ऐसा रहता है।" फिर बच्चे को डाँटकर कहा, "चुप कर।" जिससे वह और भी रोने लगा, मालती ने भूमि पर बैठा दिया। और बोली, "अच्छा ले, रो ले।" और रोटी लेने आँगन की ओर चली गई!

जब हमने भोजन समाप्त किया तब तीन बजनेवाले थे, महेश्वर ने बताया कि उन्हें आज जल्दी अस्पताल जाना है, वहाँ एक-दो चिन्ताजनक केस आए हुए हैं, जिनका ऑपरेशन करना पड़ेगा...दो की शायद टाँग काटनी पड़े, गैंग्रीन हो गया है... थोड़ी ही देर में वह चले गए। मालती किवाड़ बन्द कर आई और मेरे पास बैठने ही लगी थी कि मैंने कहा, "अब खाना तो खा लो, मैं उतनी देर टिटी से खेलता हूँ।"

वह बोली, "खा लूँगी, मेरे खाने की कौन बात है," किन्तु चली गई। मैं टिटी को हाथ में लेकर झुलाने लगा, जिससे वह कुछ देर के लिए शान्त हो गया।

दूर...शायद अस्पताल में ही, तीन खड़के। एकाएक मैं चौंका, मैंने सुना, मालती वहीं आँगन में बैठी अपने आप ही एक लम्बी-सी थकी हुई साँस के साथ कह रही है, "तीन बज गए..." मानो बड़ी तपस्या के बाद कोई कार्य सम्पन्न हो गया हो...

थोड़ी ही देर में मालती फिर आ गई, मैंने पूछा, "तुम्हारे लिए कुछ बचा भी था? सब कुछ तो..."

"बहुत था।"

"हाँ, बहुत था, भाजी तो सारी मैं ही खा गया था, वहाँ बचा कुछ होगा नहीं, यों ही रौब तो न जमाओ कि बहुत था।" मैंने हँसकर कहा।

मालती मानो किसी और विषय की बात कहती हुई बोली, "यहाँ सब्जी-वब्जी तो कुछ होती ही नहीं, कोई आता-जाता है, तो नीचे से मँगा लेते हैं; मुझे आए पन्द्रह दिन हुए हैं, जो सब्जी साथ लाए थे वही अभी बरती जा रही है..."

मैंने पूछा, "नौकर कोई नहीं है?"

"कोई ठीक मिला नहीं, शायद दो-एक दिन में हो जाए।"

"बरतन भी तुम्हीं माँजती हो?"

"और कौन?" कहकर मालती क्षण-भर आँगन में जाकर लौट आई। मैंने पूछा, "कहाँ गई थीं?"

"आज पानी ही नहीं है, बरतन कैसे मँजेंगे?"

"क्यों, पानी को क्या हुआ?"

"रोज ही होता है...कभी वक्त पर तो आता नहीं, आज शाम को सात बजे आएगा, तब बरतन मँजेंगे।"

"चलो तुम्हें सात बजे तक तो छुट्टी हुई," कहते हुए मैं मन-ही-मन सोचने लगा, 'अब इसे रात के ग्यारह बजे तक काम करना पड़ेगा, छुट्टी क्या खाक हुई?'

यही उसने कहा। मेरे पास कोई उत्तर नहीं था, पर मेरी सहायता टिटी ने की। एकाएक फिर रोने लगा और मालती के पास जाने की चेष्टा करने लगा। मैंने उसे दे दिया।

थोड़ी देर फिर मौन रहा, मैंने जेब से अपनी नोटबुक निकाली और पिछले दिनों के लिखे हुए नोट देखने लगा, तब मालती को याद आया कि उसने मेरे आने का कारण तो पूछा नहीं, और बोली, "यहाँ आए कैसे?"

मैंने कहा, "अच्छा, अब याद आया? तुमसे मिलने आया था, और क्या करने?"

"तो दो-एक दिन रहोगे न?"

"नहीं, कल चला जाऊँगा, जरूरी जाना है।"

मालती कुछ नहीं बोली, कुछ खिन्न-सी हो गई। मैं फिर नोट बुक की तरफ देखने लगा।

थोड़ी देर बाद मुझे ही ध्यान हुआ, मैं आया तो हूँ मालती से मिलने किन्तु, यहाँ वह बात करने को बैठी है और मैं पढ़ रहा हूँ, पर बात भी क्या की जाए? मुझे ऐसा लग रहा था कि इस घर पर जो छाया घिरी हुई है, वह अज्ञात रहकर भी मानो मुझे भी वश में कर रही है, मैं भी वैसा ही नीरस, निर्जीव-सा हो रहा हूँ, जैसे—हाँ, जैसे यह घर, जैसे मालती...

मैंने पूछा, "तुम कुछ पढ़ती-लिखती नहीं?" मैं चारों ओर देखने लगा कि कहीं किताबें दीख पड़ें।

"यहाँ?" कहकर मालती थोड़ा-सा हँस दी। वह हँसकर कह रही थी, "यहाँ पढ़ने को है क्या?"

मैंने कहा, "अच्छा, मैं वापस जाकर जरूर कुछ पुस्तकें भेजूँगा..." और वार्तालाप फिर समाप्त हो गया...

थोड़ी देर बाद मालती ने फिर पूछा, "आए कैसे हो, लारी में?"

"पैदल।"

"इतनी दूर? बड़ी हिम्मत की।"

"आखिर तुमसे मिलने आया हूँ।"

"ऐसे ही आए हो?"

"नहीं, कुली पीछे आ रहा है, सामान लेकर। मैंने सोचा, बिस्तरा ले ही चलूँ।"

"अच्छा किया, यहाँ तो बस..." कहकर मालती चुप रह गई फिर बोली, "तब तुम थके होंगे, लेट जाओ।"

"नहीं, बिलकुल नहीं थका।"

"रहने भी दो, थके नहीं हैं! भला थके हैं?"

"और तुम क्या करोगी?"

"मैं बरतन माँज रखती हूँ, पानी आएगा तो धुल जाएँगे।"

मैंने कहा, "वाह!" क्योंकि और कोई बात मुझे सूझी नहीं...

थोड़ी देर में मालती उठी और चली गई, टिटी को साथ लेकर। तब मैं भी लेट गया और छत की ओर देखने लगा, और सोचने लगा...मेरे विचारों के साथ आँगन से आती हुई बरतनों के घिसने की खन-खन ध्वनि मिलकर एक विचित्र एकस्वरता उत्पन्न करने लगी, जिसके कारण मेरे अंग धीरे-धीरे ढीले पड़ने लगे, मैं ऊँघने लगा...

एकाएक वह एकस्वरता टूट गई—मौन हो गया। इससे मेरी तन्द्रा भी टूटी, मैं उस मौन में सुनने लगा...

चार खड़क रहे थे और इसी का पहला घंटा सुनकर मालती रुक गई थी...

वही तीन बजेवाली बात मैंने फिर देखी, अबकी बार और उग्र रूप में। मैंने सुना, मालती एक बिलकुल अनैच्छिक, अनुभूतिहीन, नीरस यंत्रवत्—वह भी थके हुए यंत्र के-से स्वर में कह रही है, 'चार बज गए' मानो इस अनैच्छिक समय गिनने-गिनने में ही उसका मशीन-तुल्य जीवन बीतता हो, वैसे ही, जैसे मोटर का स्पीडोमीटर यंत्रवत् फासला नापता जाता है, और यंत्रवत् विश्रान्त स्वर में कहता है (किससे!) कि मैंने अपने अमित शून्य पथ का इतना अंश तय कर लिया...न जाने कब, मुझे नींद आ गई...

तब छह कभी के बज चुके थे, जब किसी के आने की आहट से मेरी नींद खुली और मैंने देखा कि महेश्वर लौट आए हैं, और उनके साथ ही बिस्तर लिये हुए मेरा कुली। मैं मुँह धोने को पानी माँगने को ही था कि मुझे याद आया, पानी नहीं होगा। मैंने हाथों से मुँह पोंछते-पोंछते महेश्वर से पूछा, "आपने बड़ी देर की?"

उन्होंने किंचित् ग्लानि-भरे स्वर में कहा, "हाँ, आज वह गैंग्रीन का ऑपरेशन करना ही पड़ा। एक कर आया हूँ, दूसरे को एम्बुलेंस में बड़े अस्पताल भिजवा दिया है।"

मैंने पूछा, "गैंग्रीन कैसे हो गया?"

"एक काँटा चुभा था, उसी से हो गया। बड़े लापरवाह लोग होते हैं यहाँ के...।"

मैंने पूछा, "यहाँ आपको केस अच्छे मिल जाते हैं? आय के लिहाज से नहीं, डॉक्टरी के अभ्यास के लिए?"

बोले, "हाँ, मिल ही जाते हैं। यही गैंग्रीन, हर दूसरे-चौथे दिन एक केस आ जाता है। नीचे बड़े अस्पतालों में भी..."

मालती आँगन से ही सुन रही थी, अब आ गई, बोली, “हाँ, केस बनाते देर क्या लगती है? काँटा चुभा था, इस पर टाँग काटनी पड़े, यह भी कोई डॉक्टरी है? हर दूसरे दिन किसी की टाँग, किसी की बाँह काट आते हैं, इसी का नाम है अच्छा अभ्यास!”

महेश्वर हँसे। बोले, “न काटें तो उसकी जान गँवाएँ?”

“हाँ, पहले तो दुनिया में काँटे ही नहीं होते होंगे? आज तक तो सुना ही नहीं कि काँटों के चुभने से मर जाते होंगे...”

महेश्वर ने उत्तर नहीं दिया, मुस्करा दिए। मालती मेरी ओर देखकर बोली, “ऐसे ही होते हैं डॉक्टर। सरकारी अस्पताल है न, क्या परवाह है! मैं तो रोज ही ऐसी बातें सुनती हूँ! अब कोई मर-मुर जाए तो खयाल ही नहीं आता। पहले तो रात-दिन-भर नींद नहीं आया करती थी।”

तभी आँगन में खुले हुए नल ने कहा, टिप्, टिप्, टिप्, टिप्...मालती ने कहा, “पानी!” और उठकर चली गई। खनखनाहट से हमने जाना, बरतन धोए जाने लगे हैं...

टिटी महेश्वर की टाँगों के सहारे खड़ा मेरी ओर देख रहा था, अब एकाएक उन्हें छोड़ मालती की ओर खिसकता हुआ चला। महेश्वर ने कहा, “उधर मत जा!” और उसे गोद में उठा लिया, वह मचलने और चिल्ला-चिल्लाकर रोने लगा।

महेश्वर बोले—“अब रो-रोकर सो जाएगा, तभी घर में चैन होगी।”

मैंने पूछा, “आप लोग भीतर ही सोते हैं? गरमी तो बहुत होती है?”

“होने को तो मच्छर भी बहुत होते हैं, पर यह लोहे के पलंग उठाकर बाहर कौन ले जाए? अबकी नीचे जाएँगे तो चारपाइयाँ ले आएँगे।” फिर कुछ रुककर बोले, “अच्छा तो बाहर ही सोएँगे। आपके आने का इतना लाभ ही होगा।”

टिटी अभी तक रोता ही जा रहा था। महेश्वर ने उसे एक पलंग पर बिठा दिया और पलंग बाहर खींचने लगे, मैंने कहा, “मैं मदद करता हूँ,” और दूसरी ओर से पलंग उठाकर निकलवा दिया।

अब हम तीनों—महेश्वर, टिटी और मैं पलंग पर बैठ गए और वार्तालाप के लिए उपयुक्त विषय न पाकर उस कमी को छुपाने के लिए टिटी से खेलने लगे, बाहर आकर वह कुछ चुप हो गया था, किन्तु बीच-बीच में जैसे एकाएक कोई भूला हुआ कर्तव्य याद करके रो उठता था, और फिर एकदम चुप हो जाता था...और कभी-कभी हम हँस पड़ते थे, या महेश्वर उसके बारे में कुछ बात कह देते थे...

मालती बरतन धो चुकी थी। जब वह उन्हें लेकर आँगन के एक ओर रसोई के छप्पर की ओर चली, तब महेश्वर ने कहा, “थोड़े-से आम लाया हूँ, वह भी धो लेना।”

“कहाँ हैं?”

"अँगीठी पर रखे हैं, कागज में लिपटे हुए।"

मालती ने भीतर जाकर आम उठाए और अपने आँचल में डाल लिए। जिस कागज में वे लिपटे हुए थे वह किसी पुराने अखबार का टुकड़ा था। मालती चलती-चलती सन्ध्या के उस क्षीण प्रकाश में उसी को पढ़ती जा रही थी...वह नल के पास जाकर खड़ी उसे पढ़ती रही, जब दोनों ओर पढ़ चुकी, तब एक लम्बी साँस लेकर उसे फेंककर आम धोने लगी।

मुझे एकाएक याद आया...बहुत दिनों की बात थी...जब हम अभी स्कूल में भरती हुए ही थे। जब हमारा सबसे बड़ा सुख, सबसे बड़ी विजय थी हाजिरी हो चुकने के बाद चोरी से क्लास से निकल भागना और स्कूल से कुछ दूरी पर आम के बगीचे में पेड़ों पर चढ़कर कच्ची अमियाँ तोड़-तोड़ खाना। मुझे याद आया... कभी जब मैं भाग आता और मालती नहीं आ पाती थी तब मैं भी खिन्न-मन लौट आया करता था।

मालती कुछ नहीं पढ़ती थी, उसके माता-पिता तंग थे, एक दिन उसके पिता ने उसे एक पुस्तक लाकर दी और कहा कि इसके बीस पेज रोज पढ़ा करो, हफ्ते भर बाद मैं देखूँ कि इसे समाप्त कर चुकी हो, नहीं तो मार-मारकर चमड़ी उधेड़ दूँगा, मालती ने चुपचाप किताब ले ली, पर क्या उसने पढ़ी? वह नित्य ही उसके दस पन्ने, बीस पेज, फाड़कर फेंक देती, अपने खेल में किसी भाँति फर्क न पड़ने देती। जब आठवें दिन उसके पिता ने पूछा, "किताब समाप्त कर ली?" तो उत्तर दिया, "हाँ, कर ली," पिता ने कहा, "लाओ मैं प्रश्न पूछूँगा," तो चुप खड़ी रही। पिता ने फिर कहा, तो उद्धत स्वर में बोली, "किताब मैंने फाड़कर फेंक दी है, मैं नहीं पढ़ूँगी।"

उसके बाद वह बहुत पिटी, पर वह अलग बात है। इस समय मैं यही सोच रहा था कि वही उद्धत और चंचल मालती आज कितनी सीधी हो गई है, कितनी शान्त, और एक अखबार के टुकड़े को तरसती है...यह क्या है? यह...

तभी महेश्वर ने पूछा, "रोटी कब बनेगी?"

"बस, अभी बनाती हूँ।"

पर अबकी बार जब मालती रसोई की ओर चली, तब टिटी की कर्तव्यभावना बहुत विस्तीर्ण हो गई, वह मालती की ओर हाथ बढ़ाकर रोने लगा और नहीं माना, मालती उसे भी गोद में लेकर चली गई, रसोई में बैठकर एक हाथ से उसे थपकने और दूसरे से कई एक छोटे-छोटे डिब्बे उठाकर अपने सामने रखने लगी...

और हम दोनों चुपचाप रात्रि की, और भोजन की, और एक-दूसरे के कुछ कहने की, और न जाने किस-किस न्यूनता की पूर्ति की प्रतीक्षा करने लगे।

हम भोजन कर चुके थे और बिस्तरों पर लेट गए थे और टिटी सो गया था। मालती पलंग के एक ओर मोमजामा बिछाकर उसे उस पर लिटा गई थी। वह सो

गया था, पर नींद में कभी-कभी चौंक उठता था। एक बार तो उठकर बैठ भी गया था, पर तुरन्त ही लेट गया।

मैंने महेश्वर से पूछा, "आप तो थके होंगे, सो जाइए।"

वह बोले, "थके तो आप अधिक होंगे...अठारह मील पैदल चलकर आए हैं।" किन्तु उनके स्वर ने मानो जोड़ दिया, "थका तो मैं भी हूँ।"

मैं चुप रहा, थोड़ी देर में किसी अपर संज्ञा ने मुझे बताया, वह ऊँघ रहे हैं।

तब लगभग साढ़े दस बजे थे, मालती भोजन कर रही थी।

मैं थोड़ी देर मालती की ओर देखता रहा, वह किसी विचार में (यद्यपि बहुत गहरे विचार में नहीं) लीन हुई धीरे-धीरे खाना खा रही थी, फिर मैं इधर-उधर खिसककर पलंग पर आराम से होकर, आकाश की ओर देखने लगा।

पूर्णिमा थी। आकाश अनभ्र था।

मैंने देखा, उस सरकारी क्वार्टर की दिन में अत्यन्त शुष्क और नीरस लगनेवाली स्लेट की छत भी चाँदनी में चमक रही है, अत्यन्त शीतलता और स्निग्धता से छलक रही है, मानो चन्द्रिका उन पर से बहती हुई आ रही हो, झर रही हो...

मैंने देखा, पवन में चीड़ के वृक्ष...गरमी से सूखकर मटमैले हुए चीड़ के वृक्ष...धीरे-धीरे गा रहे हैं...कोई राग जो कोमल है, किन्तु करुण नहीं, अशान्तिमय है, किन्तु उद्वेगमय नहीं...

मैंने देखा, प्रकाश से धुँधले नीले आकाश के तट पर जो चमगादड़ नीरव उड़ान से चक्कर काट रहे हैं, वे भी सुन्दर दीखते हैं...

मैंने देखा, दिन-भर की तपन, अशान्ति, थकान, दाह, पहाड़ों में से भाप की नाईं उठकर वातावरण में खोए जा रहे हैं, और ऊपर से एक कोमल, शीतल, सम्मोहन, आह्लाद-सा बरस रहा है, जिसे ग्रहण करने के लिए पर्वत-शिशुओं ने अपनी चीड़-वृक्षरूपी भुजाएँ आकाश की ओर बढ़ा रखी हैं...

पर यह सब मैंने ही देखा, अकेले मैंने...महेश्वर ऊँघ रहे थे और मालती उस समय भोजन से निवृत्त होकर, दही जमाने के लिए मिट्टी का बरतन गरम पानी से धो रही थी, और कह रही थी..."बस, अभी छुट्टी हुई जाती है।" और मेरे कहने पर कि "ग्यारह बजनेवाले हैं" धीरे से सिर हिलाकर जता रही थी कि रोज ही इतने बज जाते हैं...मालती ने वह सब कुछ नहीं देखा। मालती का जीवन अपनी रोज की नियत गति से बहा जा रहा था और एक चन्द्रमा की चन्द्रिका के लिए, एक संसार के सौन्दर्य के लिए, रुकने को तैयार नहीं था...

चाँदनी में शिशु कैसा लगता है, इस अलस जिज्ञासा ने मैंने टिटी की ओर देखा और वह एकाएक मानो किसी शैशवोचित वामता से वह उठा और खिसककर पलंग से नीचे गिर पड़ा और चिल्ला-चिल्लाकर रोने लगा। महेश्वर ने चौंककर कहा, "क्या हुआ?" मैं झपटकर उसे उठाने दौड़ा, मालती रसोई से बाहर निकल

आई, मैंने उस 'खट्' शब्द को याद करके धीरे से करुणा-भरे स्वर में कहा, "चोट बहुत लग गई बेचारे के।"

यह सब मानो एक ही क्षण में, एक ही क्रिया की गति में हो गया।

मालती ने रोते हुए शिशु को मुझसे लेने के लिए हाथ बढ़ाते हुए कहा, "इसके चोटें लगती ही रहती हैं, रोज ही गिर पड़ता है।"

एक छोटे क्षण-भर के लिए मैं स्तब्ध हो गया, फिर एकाएक मेरे मन ने, मेरे समूचे अस्तित्व ने, विद्रोह के स्वर में कहा—मेरे मन ने भीतर ही, बाहर एक शब्द भी नहीं निकला—'माँ, युवती माँ, यह तुम्हारे हृदय को क्या हो गया है, जो तुम अपने एकमात्र बच्चे के गिरने पर ऐसी बात कह सकती हो...और यह अभी, जब तुम्हारा सारा जीवन तुम्हारे आगे है?'

और तब एकाएक मैंने जाना कि वह भावना मिथ्या नहीं है। मैंने देखा कि सचमुच उस कुटुम्ब में कोई गहरी, भयंकर छाया घर कर गई है, उनके जीवन के इस पहले ही यौवन में घुन की तरह लग गई है, उनका इतना अभिन्न अंग हो गई है कि वे उसे पहचानते ही नहीं, मैंने उस छाया को देख भी लिया।

इतनी देर में, पूर्ववत् शान्ति हो गई थी। महेश्वर फिर लेटकर ऊँघ रहे थे। टिटी मालती के लेटे हुए शरीर से चिपटकर चुप हो गया था, यद्यपि कभी एक-आध सिसकी उसके छोटे-से शरीर को हिला देती थी। मैं भी अनुभव करने लगा था कि बिस्तर अच्छा-सा लग रहा है। मालती चुपचाप आकाश में देख रही थी; किन्तु क्या चन्द्रमा को? या तारों को?

तभी ग्यारह का घंटा बजा। मैंने अपनी भारी हो रही पलकें उठाकर अकस्मात् किसी अस्पष्ट प्रतीक्षा से मालती की ओर देखा। ग्यारह के पहले घंटे की खड़कन के साथ ही मालती की छाती एकाएक फफोले की भाँति उठी और धीरे-धीरे बैठने लगी और घंटा-ध्वनि के कम्पन के साथ ही मूक हो जानेवाली आवाज में उसने कहा, "ग्यारह बज गए।..."

शरणदाता

"यह कभी हो ही नहीं सकता, देविन्दरलालजी!"

रफ़ीकुद्दीन वकील की वाणी में आग्रह था, चेहरे पर आग्रह के साथ चिन्ता और कुछ व्यथा का भाव। उन्होंने फिर दुहराया, "यह कभी नहीं हो सकता देविन्दरलालजी!"

देविन्दरलालजी ने उनके इस आग्रह को जैसे कबूलते हुए, पर अपनी लाचारी जताते हुए कहा, "सब लोग चले गए। आपसे मुझे कोई डर नहीं, बल्कि आपका तो सहारा है, लेकिन आप जानते हैं, जब एक बार लोगों को डर जकड़ लेता है, और भगदड़ पड़ जाती है, तब फिजा ही कुछ और हो जाती है, हर कोई हर किसी को शुबहे की नज़र से देखता है, और खामखाह दुश्मन हो जाता है। आप तो मुहल्ले के सरवरा हैं, पर बाहर से आने-जाने वालों का क्या ठिकाना है? आप तो देख ही रहे हैं, कैसी-कैसी वारदातें हो रही हैं—"

रफ़ीकुद्दीन ने बात काटते हुए कहा, "नहीं साहब, हमारी नाक कट जाएगी! कोई बात है भला कि आप घर-बार छोड़कर अपने ही शहर में पनाहगर्जी हो जाएँ? हम तो आपको जाने न देंगे—बल्कि ज़बरदस्ती रोक लेंगे। मैं तो इसे मेजारिटी-फ़र्ज़ मानता हूँ कि वह माइनारिटी की हिफ़ाज़त करे और उन्हें घर छोड़-छोड़कर भागने न दे। हम पड़ोसी की हिफ़ाज़त न कर सके तो मुल्क की हिफ़ाज़त क्या ख़ाक करेंगे! और मुझे पूरा यकीन है कि बाहर की तो खैर बात ही क्या, पंजाब में ही कोई हिन्दू भी, जहाँ उनकी बहुतायत है, ऐसा ही सोच और कर रहे होंगे। आप न जाइए, न जाइए। आपकी हिफ़ाज़त की ज़िम्मेदारी मेरे सिर, बस!"

देविन्दरलाल के पड़ोस के हिन्दू परिवार धीरे-धीरे एक-एक करके खिसक गए थे। होता यह कि दोपहर-शाम जब कभी साक्षात् होता, देविन्दरलाल पूछते, "कहो लालजी (या बाऊजी या पंडज्जी) क्या सलाह बनाई है आपने?" और वे उत्तर देते, "जी, सलाह क्या बनानी है, यहीं रह रहे हैं, देखी जाएगी..." पर शाम को या अगले दिन सवेरे देविन्दरलाल देखते कि वे चुपचाप ज़रूरी सामान लेकर कहीं खिसक गए हैं, कोई लाहौर से बाहर, कोई लाहौर में ही हिन्दुओं के मुहल्ले में। और अन्त में यह परिस्थिति आ गई थी कि अब उनके दाहिनी ओर चार मकान खाली छोड़कर

एक मुसलमान गूजर का अहाता पड़ता था, जिसमें एक ओर गूजर की भैंसें और दूसरी ओर कई छोटे-मोटे मुसलमान कारीगर रहते थे। बाईं ओर भी देविन्दर और रफ़ीकुद्दीन के मकानों के बीच के मकान खाली थे और रफ़ीकुद्दीन के मकान के बाद मोजंग का अड्डा पड़ता था, जिसके बाद तो विशुद्ध मुसलमान बस्ती थी। देविन्दरलाल और रफ़ीकुद्दीन में पुरानी दोस्ती थी, और एक-एक आदमी के जाने पर उनमें चर्चा होती थी। अन्त में जब एक दिन देविन्दरलाल ने जताया कि वह भी चले जाने की बात पर विचार कर रहे हैं तब रफ़ीकुद्दीन को धक्का लगा और उन्होंने व्यथित स्वर में कहा, "देविन्दरलालजी, आप भी!"

रफ़ीकुद्दीन का आश्वासन पाकर देविन्दरलाल रह गए। तब यह तय हुआ कि अगर खुदा न करे, कोई खतरे की बात हुई भी, तो रफ़ीकुद्दीन उन्हें पहले ही ख़बर कर देंगे और हिफ़ाज़त का इन्तज़ाम भी कर देंगे—चाहे जैसे हो। देविन्दरलाल की स्त्री तो कुछ दिन पहले की जालंधर मायके गई हुई थी, उसे लिख दिया गया कि अभी न आए, वहीं रहे। रह गए देविन्दर और उनका पहाड़िया नौकर सन्तू।

किन्तु यह व्यवस्था बहुत दिन नहीं चली। चौथे ही दिन सवेरे उठकर उन्होंने देखा, सन्तू भाग गया है। अपने हाथों चाय बनाकर उन्होंने पी, धोने को बर्तन उठा रहे थे कि रफ़ीकुद्दीन ने आकर ख़बर दी, सारे शहर में मारकाट हो रही है और थोड़ी देर में मोजंग में भी हत्यारों के गिरोह बँध-बँधकर निकलेंगे। कहीं जाने का समय नहीं है, देविन्दरलाल अपना ज़रूरी और क़ीमती सामान ले लें और उनके साथ उनके घर चले चलें। यह बला टल जाए तो फिर लौट आएँगे—

'क़ीमती' सामना कुछ था नहीं। गहना-छन्ना सब स्त्री के साथ जालंधर चला गया था, रुपया थोड़ा-बहुत बैंक में था; और ज़्यादा फैलाव कुछ उन्होंने किया नहीं था। यों गृहस्थ को अपनी गिरस्ती की हर चीज़ क़ीमती मालूम होती है—देविन्दर लाल घंटे-भर बाद ट्रंक-बिस्तर के साथ रफ़ीकुद्दीन के यहाँ जा पहुँचे।

तीसरे पहर उन्होंने देखा, हुल्लड़ मोज़ंग में आ पहुँचा है। शाम होते-होते उनकी निर्निमेष आँखों के सामने ही उनके घर का ताला तोड़ा गया और जो कुछ था, लुट गया। रात को जहाँ-तहाँ लपटें उठने लगीं, और भादों की उमस धुआँ खाकर और भी गलाघोंटू हो गई—

रफ़ीकुद्दीन भी आँखों में पराजय लिये चुपचाप देखते रहे। केवल एक बार उन्होंने कहा, "यह दिन भी था देखने को—और आज़ादी के नाम पर! या अल्लाह!

लेकिन ख़ुदा जिसे घर से निकलता है, उसे फिर गली में भी पनाह नहीं देता।

देविन्दरलाल घर से बाहर तो निकल ही न सकते, रफ़ीकुद्दीन ही आते-जाते। काम करने का तो वातावरण ही नहीं था, वे घूम-घाम आते, बाज़ार कर आते। और शहर की ख़बर ले आते, देविन्दर को सुनाते और फिर दोनों बहुत देर तक देश के भविष्य पर आलोचना किया करते। देविन्दर ने पहले तो लक्ष्य नहीं किया लेकिन

बाद में पहचानने लगा कि रफ़ीकुद्दीन की बातों में कुछ चिन्ता का, और कुछ एक और पीड़ा का भी स्वर है जिसे वह नाम नहीं दे सकता—थकान? उदासी? विरक्ति? पराजय? न जाने—

शहर तो वीरान हो गया था। जहाँ-तहाँ लाशें सड़ने लगीं; घर लुट चुके थे और अब जल रहे थे। शहर के एक नामी डॉक्टर के पास कुछ प्रतिष्ठित लोग गए थे यह प्रार्थना लेकर कि वे मुहल्लों में जावें; उनकी सब लोग इज़्ज़त करते हैं, इसलिए उनके समझाने का असर होगा और मरीज़ भी वे देख सकेंगे। वे दो मुसलमान नेताओं के साथ निकले। दो-तीन मुहल्ले घूमकर मुसलमानों की बस्ती में एक मरीज़ को देखने के लिए स्टेथस्कोप निकालकर मरीज़ पर झुके थे कि मरीज के ही एक रिश्तेदार ने पीठ में छुरा भोंक दिया...

हिन्दू मुहल्ले में रेलवे के एक कर्मचारी ने बहुत-से निराश्रितों को अपने घर में जगह दी थी जिनके घर-बार सब लुट चुके थे। पुलिस को उसने ख़बर दी थी कि वे निराश्रित उसके घर टिके हैं, हो सके तो उनके घरों और माल की हिफ़ाज़त की जाए। पुलिस ने आकर शरणागतों के साथ उसे और उसके घर की स्त्रियों को गिरफ़्तार कर लिया और ले गई! पीछे घर पर हमला हुआ, लूट हुई और घर में आग लगा दी गई। तीन दिन बाद उसे और उसके परिवार को थाने से छोड़ा गया और हिफ़ाज़त के लिए हथियारबन्द पुलिस के दो सिपाही साथ किए गए। थाने से पचास क़दम के फ़ासले पर पुलिसवालों ने अचानक बन्दूक उठाकर उस पर और उसके परिवार पर गोली चलाई। वह और तीन स्त्रियाँ मारी गईं। उसकी माँ और स्त्री घायल होकर गिर गईं और सड़क पर पड़ी रहीं—

विषाक्त वातावरण, द्वेष और घृणा की चाबुक से तड़फड़ाते हुए हिंसा के घोड़े, विष फैलाने को सम्प्रदायों को अपने संगठन और उसे भड़काने को पुलिस और नौकरशाही! देविन्दरलाल को अचानक लगता कि वह और रफ़ीकुद्दीन ही ग़लत हैं जो कि बैठे हुए हैं जबकि सब कुछ भड़क रहा है, उफन रहा है, झुलस और जल रहा है—और वे लक्ष्य करते कि वह अस्पष्ट स्वर, जो वे रफ़ीकुद्दीन की बातों में पाते थे, धीरे-धीरे कुछ स्पष्ट होता जाता है—एक लज्जित-सी रुखाई का स्वर—

हिन्दुस्तान-पाकिस्तान की अनुमानित सीमा के पास एक गाँव में कई सौ मुसलमानों ने सिक्खों के गाँव में शरण पाई। अन्त में जब आसपास के गाँव के और अमृतसर शहर के लोगों के दबाव ने उस गाँव में उनके लिए फिर आसन्न संकट की स्थिति पैदा कर दी, तब गाँव के लोगों ने अपने मेहमानों को अमृतसर स्टेशन पहुँचाने का निश्चय किया जहाँ से वे सुरक्षित मुसलमान इलाक़े में जा सकें, और दो-ढाई सौ आदमी किरपानें निकालकर उन्हें घेर में लेकर स्टेशन पहुँचा आए—किसी को कोई क्षति नहीं पहुँची—

घटना सुनकर रफ़ीकुद्दीन ने कहा, "आख़िर तो लाचारी होती है, अकेले इनसान को झुकना ही पड़ता है। यहाँ तो पूरा गाँव था, फिर भी उन्हें हारना पड़ा। लेकिन आख़िर तक उन्होंने निबाहा, इसकी दाद देनी चाहिए। उन्हें पहुँचा आए—"

देविन्दरलाल ने हामी भरी। लेकिन साहस पहला वाक्य उनके स्मृति-पटल पर उभर आया—"आख़िर तो लाचारी होती है—अकेले इनसान को झुकना ही पड़ता है!"

उन्होंने एक तीखी नज़र से रफ़ीकुद्दीन की ओर देखा, पर वे कुछ बोले नहीं।

अपराह्न में छः-सात आदमी रफ़ीकुद्दीन से मिलने आए। रफ़ीकुद्दीन ने उन्हें अपनी बैठक में ले जाकर दरवाज़े बन्द कर लिए। डेढ़-दो घंटे तक बातें हुईं। सारी बात प्रायः धीरे-धीरे ही हुई, बीच-बीच में कोई स्वर ऊँचा उठ जाता और एक-आध शब्द देविन्दरलाल के कान में पड़ जाता—'बेवकूफ़ी', 'गद्दारी', 'इस्लाम'—वाक्यों को पूरा करने की कोशिश उन्होंने आयासपूर्वक नहीं की। दो घंटे बाद जब उनको विदा करके रफ़ीकुद्दीन बैठक से निकलकर आए, तब भी उनसे लपककर पूछने की स्वाभाविक प्रेरणा को उन्होंने दबाया। पर जब रफ़ीकुद्दीन उनकी ओर न देखकर खिंचा हुआ चेहरा झुकाए उनकी बग़ल से निकलकर बिना एक शब्द कहे भीतर जाने लगे तब उनसे न रहा गया और उन्होंने आग्रह के स्वर में पूछा, "क्या बात है, रफ़ीक साहब, ख़ैर तो है?"

रफ़ीकुद्दीन ने मुँह उठाकर एक बार उनकी ओर देखा, बोले नहीं। फिर आँख झुका लीं।

अब देविन्दरलाल ने कहा, "मैं समझता हूँ कि मेरी वजह से आपको ज़लील होना पड़ा रहा है। और ख़तरा उठाना पड़ रहा है सो अलग। लेकिन आप मुझे जाने दीजिए। मेरे लिए आप जोखिम में न पड़ें। आपने जो कुछ किया है उसके लिए मैं बहुत शुक्रगुज़ार हूँ। आपका एहसान—"

रफ़ीकुद्दीन ने दोनों हाथ देविन्दरलाल के कन्धों पर रख दिये। कहा, "देविन्दरलाल जी!" उनकी साँस तेज़ चलने लगी। फिर वह सहसा भीतर चले गए।

लेकिन खाने के वक़्त देविन्दरलाल ने फिर सवाल उठाया। बोले, "आप ख़ुशी से न जाने देंगे तो मैं चुपचाप खिसक जाऊँगा। आप सच-सच बतलाइए, आपसे उन्होंने कहा क्या?"

"धमकियाँ देते रहे और क्या?"

"फिर भी, क्या धमकी आख़िर..."

"धमकी को भी क्या होती है क्या? उन्हें शिकार चाहिए—हल्ला करने से न मिलेगा तो आग लगाकर लेंगे।"

"ऐसा! तभी तो मैं कहता हूँ, मैं चला। मैं इस वक़्त अकेला आदमी हूँ, कहीं निकल ही जाऊँगा, आप घर-बार वाले आदमी—ये लोग तो सब तबाह कर डालने पर तुले हैं।"

"गुंडे हैं बिलकुल!"

"मैं आज की चला जाऊँगा..."

"यह कैसे हो सकता है? आख़िर आपको चले जाने से हमीं ने रोका था, हमारी भी तो कुछ ज़िम्मेदारी है..."

"आपने भला चाहकर ही रोका था—उसके आगे कोई ज़िम्मेदारी नहीं है..."

"आप जावेंगे कहाँ..."

"देखा जाएगा..."

"नहीं, यह नामुमकिन बात है।"

किन्तु बहस के बाद तय हुआ कि देविन्दरलाल वहाँ से टल जाएँगे। रफ़ीकुद्दीन और कहीं पड़ोस में उनके एक और मुसलमान दोस्त के यहाँ छिपकर रहने का प्रबन्ध कर देंगे—वहाँ तकलीफ़ तो होगी पर ख़तरा नहीं होगा, क्योंकि देविन्दरलाल घर में रहेंगे। वहाँ पर रहकर जान की हिफ़ाज़त तो रहेगी, तब तक कुछ और उपाय सोचा जाएगा निकलने का...

देविन्दरलाल शेख अताउल्लाह के अहाते के अन्दर पिछली तरफ़ पेड़ों के झुरमुट की आड़ में बनी हुई एक गैराज में पहुँच गए। ठीक गैराज में तो नहीं, गैराज की बग़ल में एक कोठरी थी जिसके सामने दीवारों से घिरा एक छोटा-सा आँगन था। पहले शायद यह ड्राइवर के रहने के काम आती हो। कोठरी में ठीक सामने और गैराज की तरफ़ के किवाड़ों को छोड़कर खिड़की वग़ैरह नहीं थी। एक तरफ़ एक खाट पड़ी थी, आले में एक लोटा। फ़र्श कच्चा, मगर लिपा हुआ। गैराज के बाहर लोहे की चादर का मज़बूत फाटक था, जिसमें ताला पड़ा था। फाटक के अन्दर ही कच्चे फ़र्श में एक गढ़ा-सा ख़ुदा हुआ था जिसकी एक ओर चूना-मिली मिट्टी का ढेर और एक मिट्टी का लोटा देखकर गढ़े का उपयोग समझते देर न लगी।

देविन्दरलाल का ट्रंक और बिस्तर जब कोठरी के कोने में रख दिया गया और बाहर आँगन का फाटक बन्द करके उसमें भी ताला लगा दिया गया, तब थोड़ी देर वे हतबुद्धि खड़े रहे। यह है आज़ादी! पहले विदेशी सरकार लोगों को क़ैद करती थी, वे आज़ादी के लिए लड़ना चाहते थे; अब अपने ही भाई अपनों को तनहाई क़ैद रहे हैं क्योंकि वे आज़ादी के लिए ही लड़ाई रोकना चाहते हैं! फिर मानव प्राणी का स्वाभाविक वस्तुवाद जागा, और उन्होंने गैराज-कोठरी-आँगन का निरीक्षण इस दृष्टि से आरम्भ किया कि क्या-क्या सुविधाएँ वे अपने लिए कर सकते हैं।

गैराज—ठीक है; थोड़ी-सी दुर्गन्ध होगी, ज़्यादा नहीं; बीच का किवाड़ बन्द कामचलाऊ रोशनी आँगन से प्रतिबिम्बित होकर आ जाती है, क्योंकि आँगन के एक ओर सामने के मकान की कोने वाली बत्ती से रोशनी पड़ती है। बल्कि आँगन में इस जगह खड़े होकर शायद कुछ पढ़ा भी जा सके। लेकिन पढ़ने को है ही कुछ नहीं, यह तो ध्यान ही न रहा था!

देविन्दरलाल फिर ठिठक गए। सरकारी क़ैद में तो गा-चिल्ला भी सकते हैं, यहाँ तो चुप रहना होगा!

उन्हें याद आया, उन्होंने पढ़ा है, जेल में लोग चिड़िया, कबूतर, गिलहरी, बिल्ली आदि से दोस्ती करके अकेलापन दूर करते हैं; यह भी न होती तो कोठरी में मकड़ी-चींटी आदि का अध्ययन करके...उन्होंने एक बार चारों ओर नज़र दौड़ाई। मच्छरों से भी बन्धु-भाव हो सकता है, यह उनका मन किसी तरह नहीं स्वीकार कर पाया।

वे आँगन में खड़े होकर आकाश देखने लगे। आज़ाद देश का आकाश! और नीचे से, अभ्यर्थना में—जलते हुए घरों का धुआँ! धूपेन धापयामः। लाल चन्दन-रक्त चन्दन...

अचानक इन्होंने आँगन की दीवार पर एक छाया देखी—एक बिलार! उन्होंने बुलाया, "आओ, आओ!" पर वह वहीं बैठा स्थिर दृष्टि से ताकता रहा।

जहाँ बिलार आता है, वहाँ अकेलापन नहीं है। देविन्दरलाल ने कोठरी में जाकर बिस्तर बिछाया और थोड़ी देर में निर्द्वन्द्व भाव से सो गए।

दिन छिपे के वक़्त केवल एक बार खाना खाता था। यों वे दो वक़्त के लिए काफ़ी होता था। उसी समय कोठरी और गैराज के लोटे भर दिए जाते थे। लाता था एक जवान लड़का, जो स्पष्ट ही नौकर नहीं था; देविन्दरलाल ने अनुमान किया कि शेख साहब का लड़का होगा। वह बोलता बिलकुल नहीं था। देविन्दरलाल ने पहले दिन पूछा था कि शहर का क्या हाल है तो उसने एक अजनबी दृष्टि से इन्हें देख लिया था। फिर पूछा कि अभी अमन हुआ है या नहीं? तो उसने नकारात्मक सिर हिला दिया था। और सब ख़ैरियत? तो फिर सिर हिलाया था—हाँ।

देविन्दरलाल चाहते तो खाना दूसरे वक़्त के लिए रख सकते थे; पर एक बार आता तो एक बार ही खा लेना चाहिए, यह सोचकर वे डरकर खा लेते थे और बाक़ी बिलार को दे देते थे। बिलार ख़ूब हिल गया था, आकर गोद में बैठ जाता और खाता रहता, फिर हड्डी-वड्डी लेकर आँगन के कोने में बैठकर चबाता रहता या ऊब जाता तो देविन्दरलाल के पास आकर घुरघुराने लगता।

इस तरह शाम कट जाती थी, रात घनी हो जाती थी। तब वे सो जाते थे। सुबह उठकर आँगन में कुछ वरज़िश कर लेते थे कि शरीर ठीक रहे; बाक़ी दिन कोठरी में बैठे कभी कंकड़ों से खेलते, कभी आँगन की दीवार पर बैठनेवाली गौरैया देखते, कभी दूर से कबूतर से गुटरगूँ सुनते—और कभी सामने के कोने से शेखजी के घर के लोगों की बातचीत भी सुन पड़ती। अलग-अलग आवाज़ें वे पहचानने लगे थे, और तीन-चार दिन में ही वे घर के भीतर के जीवन और व्यक्तियों से परिचित हो गए थे। एक भारी—ज़नाना आवाज़ थी—शेख साहब की बीवी की; एक और तीखी ज़नाना आवाज़ थी जिसके स्वर में वय का खुरदरापन था—घर की कोई और बुज़ुर्ग स्त्री; एक विनीत युवा स्वर था जो प्रायः पहली आवाज़ की 'जैबू! जैबूनी!'

पुकार के उत्तर में बोलता था और इसलिए शेख साहब की लड़की ज़ैबुन्निसा का स्वर था। दो मर्दानी आवाज़ें भी सुन पड़ती थीं—एक तो आबिद मियाँ की, जो शेख साहब का लड़का हुआ और जो इसलिए वही लड़का है जो खाना लेकर आता है, और एक बड़ी भारी और चरबी से चिकनी आवाज़ तो शेख साहब की आवाज़ है। इस आवाज़ को देविन्दरलाल सुन तो सकते लेकिन इसकी बात के शब्दाकार कभी पहचान में न आते—दूर से तीखी आवाज़ों के बोल ही स्पष्ट समझ आते हैं।

जैबू की आवाज़ से देविन्दरलाल का लगाव था। घर की युवती लड़की की आवाज़ थी, इस स्वाभाविक आकर्षण से ही नहीं, वह विनीत भी थी। इसलिए। मन ही मन वे ज़ैबुन्निसा के बारे में अपने ऊहापोह का रोमानी खेलबाड़ कहकर अपने को थोड़ा झिझक भी लेते थे, पर अक्सर वे यह भी सोचते थे कि क्या यह आवाज़ भी लोगों में फ़िरकापरस्ती का ज़हर भरती होगी? भर सकती होगी? शेख साहब पुलिस के किसी दफ़्तर में शायद हेड क्लर्क हैं। देविन्दरलाल को यहाँ लाते समय रफ़ीकुद्दीन ने यही कहा था कि पुलिसियों का घर तो सुरक्षित होता है; वह बात ठीक है, लेकिन सुरक्षित होता है इसलिए शायद बहुत-से उपद्रवों की जड़ भी होता है।—ऐसे घर में लोग ज़हर फैलानेवाले हों तो अचम्भा क्या...

लेकिन खाते वक़्त भी वे सोचते, खाने में कौन-सी चीज़ किस हाथ की बनी होगी, परोसा किसने होगा। सुनी बातों से वे जानते थे कि पकाने में बड़ा हिस्सा तो उस तीखी खुरदरी आवाज़वाली स्त्री का रहता था, पर परोसना शायद ज़ैबुन्निसा के ही ज़िम्मे था। और यही सब सोचते-सोचते देविन्दरलाल खाना खाते और कुछ ज़्यादा ही खा लेते थे...

खाने में बड़ी-बड़ी मुसलमानों की रोटी के बजाय छोटे-छोटे हिन्दू फुल्के देखकर देविन्दरलाल के जीवन की एकरसता में थोड़ा-सा परिवर्तन आया। मांस तो था, लेकिन आज रबड़ी भी थी जबकि पीछे मीठे के नाम पर एक-आध बार शाह टुकड़ा और एक बार फिरनी आई थी। आबिद जब खाना रखकर चला गया, तब देविन्दरलाल क्षण-भर उसे देखते रहे। उनकी उँगलियाँ फुल्कों से खेलने-सी लगीं—उन्होंने एकाध को उठाकर फिर रख दिया; पल-भर के लिए अपने घर का दृश्य उनकी आँखों के आगे दौड़ गया। उन्होंने फिर दो-एक फुल्के उठाए और फिर रख दिये।

हठात् वे चौंके।

तीन-एक फुल्कों की तह के बीच में काग़ज़ की एक पुड़िया-सी पड़ी थी।

देविन्दरलाल ने पुड़िया खोली।

पुड़िया में कुछ नहीं था।

देविन्दरलाल उसे फिर गोल करके फेंक देनेवाले ही थे कि हाथ ठिठक गया। उन्होंने कोठरी से आँगन में जाकर कोने में पंजों पर खड़े होकर बाहर की रोशनी में पुर्जा देखा, उस पर कुछ लिखा था केवल एक सतर—

"खाना कुत्ते को खिलाकर खाइएगा।"

देविन्दरलाल ने कागज़ की चिन्दियाँ कीं। चिन्दियों को मसला। कोठरी से गैराज में जाकर उसे गड्ढे में डाल दिया। फिर आँगन में लौट आए और टहलने लगे।

मस्तिष्क ने कुछ नहीं कहा। सन्न रहा। केवल एक नाम उसके भीतर खोया-सा चक्कर काटता रहा, जैबू...जैबू...जैबू...

थोड़ी देर बाद वह फिर खाने के पास जाकर खड़े हो गए।

यह उनका खाना है—देविन्दरलाल का। मित्र के नहीं, तो मित्र के मित्र के यहाँ से आया है। और उनके मेज़बान के, उनके आश्रयदाता के।

जैबू के।

जैबू के पिता के।

कुत्ता यहाँ कहाँ है?

देविन्दरलाल टहलने लगे।

आँगन की दीवार पर छाया सरकी। बिलार बैठा था।

देविन्दरलाल ने बुलाया। वह लपककर कन्धे पर आ रहा। देविन्दरलाल ने उसे गोद में लिया और पीठ सहलाने लगे। वह घुरघुराने लगा। देविन्दरलाल कोठरी में गए। थोड़ी देर बिलार को पुकारते रहे, फिर धीरे-धीरे बोले, "देखो, बेटा, तुम मेरे मेहमान, मैं शेख साहब का, है न? वे मेरे साथ जो करना चाहते हैं, वही मैं तुम्हारे साथ करना चाहता हूँ। चाहता नहीं हूँ, पर करने जा रहा हूँ। वे भी चाहते हैं कि नहीं, पता नहीं, यही तो जानना है। इसीलिए तो मैं तुम्हारे साथ वह करना चाहता हूँ जो मेरे साथ वे पता नहीं चाहते हैं कि नहीं...नहीं, सब बात गड़बड़ हो गई। "अच्छा, रोज़ मेरी जूठन तुम खाते हो, आज तुम्हारी मैं खाऊँगा। हाँ, यह ठीक है। लो, खाओ..."

बिलार ने मांस खाया। हड्डी झपटना चाहता था, पर देविन्दरलाल ने उसे गोदी में लिये-लिये ही रबड़ी खिलाई—वह सब चाट गया। देविन्दरलाल उसे गोदी में लिये सहलाते रहे।

जानवरों में तो सहज ज्ञान होता है खाद्य-अखाद्य का, नहीं तो वे बचते कैसे? सब जानवरों में होता है, और बिल्ली तो जानवरों में शायद सबसे अधिक ज्ञान के सहारे जीनेवाली है, तभी तो कुत्ते की तरह पलती नहीं...बिल्ली जो खा ले वह सर्वथा खाद्य है—यों बिल्ली बड़ी मछली खा ले जिसे इनसान न खाये वह और बात हैं...

सहसा बिलार ज़ोर से ग़ुस्से से चीखा और उछलकर गोद से बाहर जा कूदा, चीखता-गुर्राता-सा कूदकर दीवार पर चढ़ा और गैराज की छत पर जा पहुँचा। वहाँ से थोड़ी देर तक उसके कानों में अपने आपसे ही लड़ने की आवाज़ आती रही। फिर धीरे-धीरे ग़ुस्से का स्वर दर्द के स्वर में परिणत हुआ, फिर एक करुण रिरियाहट में, एक दुर्बल चीख में, एक बुझती हुई-सी कराह में, फिर एक सहसा चुप हो जाने वाली लम्बी साँस में—

मर गया...

देविन्दरलाल फिर खाने को देखने लगे। वह कुछ साफ़-साफ़ दीखता हो सो नहीं; पर देविन्दरलाल जी की आँखें निःस्पन्द उसे देखती रहीं।

आज़ादी भाईचारा। देश-राष्ट्र...

एक ने कहा कि हम ज़ोर करके रखेंगे और रक्षा करेंगे, पर घर से निकाल दिया। दूसरे ने आश्रय दिया, और विष दिया।

और साथ में चेतावनी कि विष दिया जा रहा है।

देविन्दरलाल का मन ग्लानि से उमड़ आया। इस धक्के को राजनीति की भुरभुरी रेत की दीवार के सहारे नहीं दर्शन के सहारे ही झेला जा सकता था।

देविन्दरलाल ने जाना कि दुनिया में ख़तरा बुरे की ताक़त के कारण नहीं, अच्छे की दुर्बलता के कारण है। भलाई की साहसहीनता ही बड़ी बुराई है। घने बादल से रात नहीं होती, सूरज के निस्तेज हो जाने से होती है।

उन्होंने खाना उठाकर बाहर आँगन में रख दिया। दो घूँट पानी पिया। फिर टहलने लगे।

तनिक देर बाद उन्होंने आकर ट्रंक खोला। एक बार सरसरी दृष्टि से सब चीज़ों को देखा, फिर ऊपर के खाने में दो-एक काग़ज़, दो-एक फोटो, एक सेविंग बैंक की पास-बुक और एक बड़ा-सा लिफ़ाफ़ा निकालकर, एक काले शेरवानी-नुमा कोट की जेब में रखकर कोट पहन लिया। आँगन में आकर एक क्षण-भर कान लगाकर सुना।

फिर वे आँगन की दीवार पर चढ़कर बाहर फाँद गए और बाहर सड़क पर निकल आए—वे स्वयं नहीं जान सके कि कैसे!

इसके बाद की घटना, घटना नहीं है। घटनाएँ सब अधूरी होती हैं। पूरी तो कहानी होती है। कहानी की संगति मानवीय तर्क या विवेक या कला या सौन्दर्य-बोध की बनाई हुई संगति मानव पर किसी शक्ति की—कह लीजिए काल या प्रकृति या संयोग या दैव या भगवान की—बनाई हुई संगति है। इसलिए मानव को सहसा नहीं भी दीखती। इसलिए इसके बाद जो कुछ हुआ और जैसे हुआ, वह बताना ज़रूरी नहीं। इतना बताने से काम चल जाएगा कि डेढ़ महीने बाद अपने घर का पता लेने के लिए देविन्दरलाल अपना पता देकर दिल्ली रेडियो से अपील करवा रहे थे तब एक दिन उन्हें लाहौर की मुहरवाली एक छोटी-सी चिट्ठी मिली थी।

"आप बचकर चले गए, इसके लिए ख़ुदा का लाख-लाख शुक्र है। मैं मनाती हूँ कि रेडियो पर जिनके नाम आपने अपील की है, वे सब सलामती से आपके पास पहुँच जाएँ। अब्बा ने जो किया या करना चाहा, उसके लिए मैं माफ़ी माँगती हूँ और यह भी याद शायद दिलाती हूँ कि उसकी काट मैंने ही कर दी थी। एहसान नहीं जताती—मेरा कोई एहसान आप पर नहीं है—सिर्फ़ यह इल्तजा करती हूँ कि आपके मुल्क में अक़लियत का कोई मज़लूम हो तो याद कर लीजिएगा।

इसलिए नहीं कि वह मुसलमान है, इसलिए कि आप इनसान हैं। ख़ुदा हाफिज़! "

देविन्दरलाल की स्मृति में शेखउल्लाह की चरबी से चिकनी भारी आवाज़ गूँज गई, "जैबू! जैबू! " और फिर गैराज की छत पर छटपटाकर धीरे-धीरे शान्त होनेवाली बिलार की वह दर्द-भरी कराह, जो केवल एक लम्बी साँस बनकर चुप हो गई थी।

उन्होंने चिट्ठी को छोटी-सी गोली बनाकर चुटकी से उड़ा दी।

(इलाहाबाद, 1947)

भीष्म साहनी

भीष्म साहनी का जन्म 8 अगस्त, 1915 को रावलपिंडी पाकिस्तान में हुआ। भीष्म साहनी आधुनिक हिन्दी साहित्य के प्रमुख स्तम्भों में से थे। 1937 में लाहौर गवर्नमेंट कॉलेज, लाहौर से अंग्रेजी साहित्य में एम.ए. करने के बाद साहनी ने 1958 में पंजाब विश्वविद्यालय से पी-एच.डी. की उपाधि हासिल की। भारत-पाकिस्तान विभाजन के पूर्व अवैतनिक शिक्षक होने के साथ-साथ ये व्यापार भी करते थे। विभाजन के बाद उन्होंने भारत आकर समाचार-पत्रों में लिखने का काम किया। बाद में भारतीय जन नाट्य संघ (इप्टा) से जा मिले। इसके पश्चात् अंबाला और अमृतसर में भी अध्यापक रहने के बाद दिल्ली विश्वविद्यालय में साहित्य के प्रोफेसर बने। 1957 से 1963 तक मास्को में विदेशी भाषा प्रकाशन गृह (फॉरेन लैंग्वेजेज पब्लिकेशन हाउस) में अनुवादक के काम में कार्यरत रहे। यहाँ उन्होंने करीब दो दर्जन रूसी किताबें जैसे टॉलसटॉय, आस्ट्रोवस्की इत्यादि लेखकों की किताबों का हिन्दी में रूपान्तरण किया। 1965 से 1967 तक दो सालों में उन्होंने 'नई कहानियाँ' नामक पत्रिका का सम्पादन किया। वे प्रगतिशील लेखक संघ और एफ्रो-एशियाई लेखक संघ (एफ्रो एशियन राइटर्स असोसिएशन) से भी जुड़े रहे। 1993 से 97 तक वे साहित्य अकादेमी के कार्यकारी समिति के सदस्य रहे।

भीष्म साहनी को हिन्दी साहित्य में प्रेमचन्द की परम्परा का अग्रणी लेखक माना जाता है। वे मानवीय मूल्यों के लिए हिमायती रहे और उन्होंने विचारधारा को अपने ऊपर कभी हावी नहीं होने दिया। वामपंथी विचारधारा के साथ जुड़े होने के साथ-साथ वे मानवीय मूल्यों को कभी आँखों से ओझल नहीं करते थे। आपाधापी और उठापटक के युग में भीष्म साहनी का व्यक्तित्व बिलकुल अलग था। उन्हें उनके लेखन के लिए तो स्मरण किया ही जाएगा लेकिन अपनी सहृदयता के लिए वे चिरस्मरणीय रहेंगे। भीष्म साहनी हिन्दी फिल्मों के जाने-माने अभिनेता बलराज साहनी के छोटे भाई थे। उन्हें 1975 में 'तमस' के लिए साहित्य अकादेमी पुरस्कार, 1975 में शिरोमणि लेखक अवार्ड (पंजाब सरकार), 1980 में एफ्रो एशियन राइटर्स असोसिएशन का लोटस अवार्ड, 1983 में सोवियत लैंड

नेहरू अवार्ड तथा 1998 में भारत सरकार के पद्मभूषण अलंकरण से विभूषित किया गया। उनके उपन्यास 'तमस' पर 1986 में एक फिल्म का निर्माण भी किया गया था।

निधन : 11 जुलाई, 2003

चीफ़ की दावत

आज मिस्टर शामनाथ के घर चीफ़ की दावत थी।

शामनाथ और उनकी धर्मपत्नी को पसीना पोंछने की फुर्सत न थी। पत्नी ड्रेसिंग गाउन पहिने, उलझे हुए बालों का जूड़ा बनाए, मुँह पर फैली हुई सुर्खी और पाउडर को मले और मिस्टर शामनाथ सिगरेट पर सिगरेट फूँकते हुए चीज़ों की फेहरिस्त हाथ में थामे, एक कमरे से दूसरे कमरे में आ-जा रहे थे।

आखिर पाँच बजते-बजते तैयारी मुकम्मल होने लगी। कुर्सियाँ, मेज, तिपाइयाँ, नैपकिन, फूल, सब बरामदे में पहुँच गए। ड्रिंक का इन्तज़ाम बैठक में कर दिया गया। अब घर का फ़ालतू सामान अलमारियों के पीछे और पलंगों के नीचे छिपाया जाने लगा। तभी शामनाथ के सामने सहसा एक अड़चन खड़ी हो गई, माँ का क्या होगा?

इस बात की ओर न उनका और न उनकी कुशल गृहिणी का ध्यान गया था। मिस्टर शामनाथ, श्रीमती की ओर घूमकर अंग्रेजी में बोले—'माँ का क्या होगा?'

श्रीमती काम करते-करते ठहर गईं, और थोड़ी देर तक सोचने के बाद बोलीं—'इन्हें पिछवाड़े इनकी सहेली के घर भेज दो, रात-भर बेशक वहीं रहें। कल आ जाएँ।'

शामनाथ सिगरेट मुँह में रखे, सिकुड़ी आँखों से श्रीमती के चेहरे की ओर देखते हुए पल-भर सोचते रहे, फिर सिर हिलाकर बोले—'नहीं, मैं नहीं चाहता कि उस बुढ़िया का आना-जाना यहाँ फिर से शुरू हो। पहले ही बड़ी मुश्किल से बन्द किया था। माँ से कहें कि जल्दी ही खाना खा के शाम को ही अपनी कोठरी में चली जाएँ। मेहमान कहीं आठ बजे आएँगे इससे पहले ही अपने काम से निबट लें।'

सुझाव ठीक था। दोनों को पसन्द आया। मगर फिर सहसा श्रीमती बोल उठीं—'जो वह सो गईं और नींद में खर्राटे लेने लगीं, तो? साथ ही तो बरामदा है, जहाँ लोग खाना खाएँगे।'

'तो इन्हें कह देंगे कि अन्दर से दरवाज़ा बन्द कर लें। मैं बाहर से ताला लगा दूँगा। या माँ को कह देता हूँ कि अन्दर जाकर सोएँ नहीं, बैठी रहें, और क्या?'

'और जो सो गईं, तो? डिनर का क्या मालूम कब तक चले। ग्यारह-ग्यारह बजे तक तो तुम ड्रिंक ही करते रहते हो।'

शामनाथ कुछ खीज उठे, हाथ झटकते हुए बोले—'अच्छी-भली यह भाई के पास जा रही थीं। तुमने यूँ ही खुद अच्छा बनने के लिए बीच में टाँग अड़ा दी!'

'वाह! तुम माँ और बेटे की बातों में मैं क्यों बुरी बनूँ? तुम जानो और वह जानें।'

मिस्टर शामनाथ चुप रहे। यह मौक़ा बहस का न था, समस्या का हल ढूँढ़ने का था। उन्होंने घूमकर माँ की कोठरी की ओर देखा। कोठरी का दरवाजा बरामदे में खुलता था। बरामदे की ओर देखते हुए झट से बोले—मैंने सोच लिया है,—और उन्हीं क़दमों माँ की कोठरी के बाहर जा खड़े हुए। माँ दीवार के साथ एक चौकी पर बैठी, दुपट्टे में मुँह-सिर लपेटे, माला जप रही थीं। सुबह से तैयारी होती देखते हुए माँ का भी दिल धड़क रहा था। बेटे के दफ़्तर का बड़ा साहब घर पर आ रहा है, सारा काम सुभीते से चल जाए।

'माँ, आज तुम खाना जल्दी खा लेना। मेहमान लोग साढ़े सात बजे आ जाएँगे।'

माँ ने धीरे से मुँह पर से दुपट्टा हटाया और बेटे को देखते हुए कहा, 'आज मुझे खाना नहीं खाना है, बेटा, तुम तो जानते हो, मांस-मछली बने, तो मैं कुछ नहीं खाती।'

'जैसे भी हो, अपने काम से जल्दी निबट लेना।'

'अच्छा, बेटा।'

'और माँ, हम लोग पहले बैठक में बैठेंगे। उतनी देर तुम यहाँ बरामदे में बैठना। फिर जब हम यहाँ आ जाएँ, तो तुम गुसलखाने के रास्ते बैठक में चली जाना।'

माँ अवाक् बेटे का चेहरा देखने लगीं। फिर धीरे से बोलीं—'अच्छा बेटा।'

'और माँ आज जल्दी सो नहीं जाना। तुम्हारे खर्राटों की आवाज दूर तक जाती है।'

माँ लज्जित-सी आवाज़ में बोलीं—'क्या करूँ बेटा, मेरे बस की बात नहीं है। जब से बीमारी से उठी हूँ, नाक से साँस नहीं ले सकती।'

मिस्टर शामनाथ ने इन्तज़ाम तो कर दिया, फिर भी उनकी उधेड़-बुन ख़त्म नहीं हुई। जो चीफ़ अचानक उधर आ निकला, तो? आठ-दस मेहमान होंगे, देसी अफ़सर, उनकी स्त्रियाँ होंगी, कोई भी गुसलखाने की तरफ़ जा सकता है। क्षोभ और क्रोध में वह झुँझलाने लगे। एक कुर्सी को उठाकर बरामदे में कोठरी के बाहर रखते हुए बोले—'आओ माँ, इस पर जरा बैठो तो।'

माँ माला सँभालतीं, पल्ला ठीक करती उठीं, और धीरे से कुर्सी पर आकर बैठ गईं।

'यूँ नहीं, माँ, टाँगें ऊपर चढ़ाकर नहीं बैठते। यह खाट नहीं है।' माँ ने टाँगें नीचे उतार लीं।

'और ख़ुदा के वास्ते नंगे पाँव नहीं घूमना। न ही वह खड़ाऊँ पहनकर सामने आना। किसी दिन तुम्हारी वह खड़ाऊँ उठाकर मैं बाहर फेंक दूँगा।'

माँ चुप रहीं।

'कपड़े कौन से पहनोगी, माँ?'

'जो है, वही पहनूँगी, बेटा! जो कहो, पहन लूँ।'

मिस्टर शामनाथ सिगरेट मुँह में रखे, फिर अधखुली आँखों से माँ की ओर देखने लगे, और माँ के कपड़ों की सोचने लगे। शामनाथ हर बात में तरतीब चाहते थे। घर का सब संचालन उनके अपने हाथ में था। खूँटियाँ कमरों में कहाँ लगाई जाएँ, बिस्तर कहाँ पर बिछें, किस रंग के पर्दे लगाए जाएँ, श्रीमती कौन-सी साड़ी पहनें, मेज किस साइज की हो...शामनाथ को चिन्ता थी कि अगर चीफ़ का साक्षात् माँ से हो गया; तो कहीं लज्जित न होना पड़े। माँ को सिर से पाँव तक देखते हुए बोले—'तुम सफ़ेद कमीज़ और सफ़ेद सलवार पहन लो, माँ। पहन के आओ तो, ज़रा देखूँ।'

माँ धीरे से उठीं और अपनी कोठरी में कपड़े पहनने चली गईं।

यह माँ का झमेला ही रहेगा, उन्होंने फिर अंग्रेज़ी में अपनी स्त्री से कहा—'कोई ढंग की बात हो, तो भी कोई कहे। अगर कहीं कोई उलटी-सीधी बात हो गई, चीफ़ को बुरा लगा, तो सारा मज़ा जाता रहेगा।'

माँ सफ़ेद कमीज़ और सफ़ेद सलवार पहनकर बाहर निकलीं। छोटा-सा क़द, सफेद कपड़ों में लिपटा, छोटा-सा सूखा हुआ शरीर, धुँधली आँखें, केवल सिर के आधे झड़े हुए बाल पल्ले की ओट में छिप पाए थे। पहले से कुछ ही कम कुरूप नज़र आ रही थीं।

'चलो, ठीक है। कोई चूड़ियाँ-वूड़ियाँ हों, तो वह भी पहन लो। कोई हर्ज नहीं।'

'चूड़ियाँ कहाँ से लाऊँ, बेटा? तुम तो जानते हो, सब ज़ेवर तुम्हारी पढ़ाई में बिक गए।'

यह वाक्य शामनाथ को तीर की तरह लगा। तुनककर बोले—'यह कौन-सा राग छेड़ दिया, माँ! सीधा कह दो, नहीं है ज़ेवर, बस! इससे पढ़ाई-वढ़ाई का क्या तअल्लुक है! जो ज़ेवर बिका, तो कुछ बनकर ही आया हूँ, निरा लंडूरा तो नहीं लौट आया। जितना दिया था, उससे दुगुना ले लेना।'

'मेरी जीभ जल जाए, बेटा, तुमसे ज़ेवर लूँगी? मेरे मुँह से यूँ ही निकल गया। जो होते, तो लाख बार पहनती!'

साढ़े पाँच बज चुके थे। अभी मिस्टर शामनाथ को खुद भी नहा-धोकर तैयार होना था। श्रीमती कब की अपने कमरे में जा चुकी थीं। शामनाथ जाते हुए एक बार फिर माँ को हिदायत करते गए—'माँ, रोज़ की तरह गुमसुम बन के नहीं बैठी रहना। अगर साहब इधर आ निकलें और कोई बात पूछें, तो ठीक तरह से बात का जवाब देना।'

'मैं न पढ़ी, न लिखी, बेटा, मैं क्या बात करूँगी। तुम कह देना, माँ अनपढ़ है, कुछ जानती-समझती नहीं! वह नहीं पूछेगा।'

सात बजते-बजते माँ का दिल धक्-धक् करने लगा। अगर चीफ़ सामने आ गया और उसने कुछ पूछा, तो वह क्या जवाब देंगी। अंग्रेज़ को तो दूर से ही देखकर घबरा उठती थी, यह तो अमरीकी है। न मालूम क्या पूछे। मैं क्या कहूँगी। माँ का जी चाहा कि चुपचाप पिछवाड़े विधवा सहेली के घर चली जाएँ। मगर बेटे के हुक्म को कैसे टाल सकती थीं। चुपचाप कुर्सी पर से टाँगें लटकाए वहीं बैठी रही।

एक कामयाब पार्टी वह है, जिसमें ड्रिंक कामयाबी से चल जाएँ। शामनाथ की पार्टी सफलता के शिखर चूमने लगी। वार्तालाप उसी रौ में बह रहा था, जिस रौ में गिलास भरे जा रहे थे। कहीं कोई रुकावट न थी, कोई अड़चन न थी। साहब को व्हिस्की पसन्द आई थी। मेमसाहब को पर्दे पसन्द आए थे, सोफ़ा-कवर का डिज़ाइन पसन्द आया था; कमरे की सजावट पसन्द आई थी। इससे बढ़कर क्या चाहिए। साहब तो ड्रिंक के दूसरे दौर में ही चुटकुले और कहानियाँ कहने लग गए थे। दफ़्तर में जितना रोब रखते थे, यहाँ पर उतने ही दोस्त-परवर हो रहे थे और उनकी स्त्री, काला गाउन पहने, गले में सफ़ेद मोतियों का हार, सेंट और पाउडर की महक से ओत-प्रोत, कमरे में बैठी सभी देसी स्त्रियों की आराधना का केन्द्र बनी हुई थीं। बात-बात पर हँसतीं, बात-बात पर सिर हिलातीं और शामनाथ की स्त्री से तो ऐसे बातें कर रही थीं, जैसे उनकी पुरानी सहेली हों।

और इसी रौ में पीते-पिलाते साढ़े दस बज गए। वक़्त गुज़रते पता ही न चला।

आख़िर सब लोग अपने-अपने गिलासों में से आख़िरी घूँट पीकर खाना खाने के लिए उठे और बैठक से बाहर निकले। आगे-आगे शामनाथ रास्ता दिखाते हुए, पीछे चीफ़ और दूसरे मेहमान।

बरामदे में पहुँचते ही शामनाथ सहसा ठिठक गए। जो दृश्य उन्होंने देखा, उससे उनकी टाँगें लड़खड़ा गईं, और क्षण-भर में सारा नशा हिरन होने लगा। बरामदे में ऐन कोठरी के बाहर माँ अपनी कुर्सी पर ज्यों-की-त्यों बैठी थीं। मगर दोनों पाँव कुर्सी की सीट पर रखे हुए; और सिर दाएँ से बाएँ और बाएँ से दाएँ झूल रहा था और मुँह में से लगातार गहरे खर्राटों की आवाज़ें आ रही थीं। जब सिर कुछ देर के लिए टेढ़ा होकर एक तरफ़ को थम जाता, तो खर्राटे और भी गहरे हो उठते। और फिर जब झटके-से नींद टूटती, तो सिर फिर दाएँ से बाएँ झूलने लगता। पल्ला सिर पर से खिसक आया था, और माँ के झरे हुए बाल, आधे गंजे सिर पर अस्त-व्यस्त बिखर रहे थे।

देखते ही शामनाथ क्रुद्ध हो उठे। जी चाहा कि माँ को धक्का देकर उठा दें, और उन्हें कोठरी में धकेल दें, मगर ऐसा करना सम्भव न था, चीफ़ और बाक़ी मेहमान पास खड़े थे।

माँ को देखते ही देसी अफ़सरों की कुछ स्त्रियाँ हँस दीं कि इतने में चीफ़ ने धीरे से कहा—'पुअर डियर!'

माँ हड़बड़ा के उठ बैठीं। सामने खड़े इतने लोगों को देखकर ऐसी घबराईं कि कुछ कहते न बना। झट से पल्ला सिर पर रखती हुई खड़ी हो गईं और ज़मीन को देखने लगीं। उनके पाँव लड़खड़ाने लगे और हाथों की उँगलियाँ थर-थर काँपने लगीं।

'माँ, तुम जाके सो जाओ, तुम क्यों इतनी देर तक जाग रही थीं?' और खिसियाई हुई नज़रों से शामनाथ चीफ़ के मुँह की ओर देखने लगे।

चीफ़ के चेहरे पर मुस्कराहट थी। वह वहीं खड़े-खड़े बोले, 'नमस्ते!'

माँ ने झिझकते हुए, अपने में सिमटते हुए दोनों हाथ जोड़े, मगर एक हाथ दुपट्टे के अन्दर माला को पकड़े हुए था, दूसरा बाहर, ठीक तरह से नमस्ते भी न कर पाईं। शामनाथ इस पर भी खिन्न हो उठे।

इतने में चीफ़ ने अपना दायाँ हाथ, हाथ मिलाने के लिए माँ के आगे किया। माँ और भी घबरा उठीं।

'माँ, हाथ मिलाओ।'

पर हाथ कैसे मिलातीं? दाएँ हाथ में तो माला थी। घबराहट में माँ ने बायाँ हाथ ही साहब के दाएँ हाथ में रख दिया। शामनाथ दिल ही दिल में जल उठे। देसी अफ़सरों की स्त्रियाँ खिलखिलाकर हँस पड़ीं।

'यूँ नहीं, माँ! तुम तो जानती हो, दायाँ हाथ मिलाया जाता है। दायाँ हाथ मिलाओ।'

मगर अब तक चीफ़ माँ का बायाँ हाथ ही बार-बार हिलाकर कह रहे थे—'हाउ डू यू डू?'

'कहो माँ, मैं ठीक हूँ, खैरियत से हूँ।'

माँ कुछ बड़बड़ाईं।

'माँ कहती हैं, मैं ठीक हूँ। कहो माँ, हाउ डू यू डू।'

माँ धीरे से सकुचाते हुए बोलीं—'हौ डू डू...'

एक बार फिर कहकहा उठा।

वातावरण हल्का होने लगा। साहब ने स्थिति सँभाल ली थी। लोग हँसने-चहकने लगे थे। शामनाथ के मन का क्षोभ भी कुछ-कुछ कम होने लगा था।

साहब अपने हाथ में माँ का हाथ अब भी पकड़े हुए थे, और माँ सिकुड़ी जा रही थीं। साहब के मुँह से शराब की बू आ रही थी।

शामनाथ अंग्रेज़ी में बोले—'मेरी माँ गाँव की रहने वाली हैं। उमर भर गाँव में रही हैं। इसलिए आपसे लजाती हैं।'

साहब इस पर ख़ुश नज़र आए। बोले—'सच? मुझे गाँव के लोग बहुत पसन्द हैं, तब तो तुम्हारी माँ गाँव के गीत और नाच भी जानती होंगी?' चीफ़ ख़ुशी से सिर हिलाते हुए माँ को टकटकी बाँधे देखने लगे।

'माँ, साहब कहते हैं, कोई गाना सुनाओ। कोई पुराना गीत, तुम्हें तो कितने ही याद होंगे?'

माँ धीरे से बोलीं—'मैं क्या गाऊँगी, बेटा। मैंने कब गाया है?'

'वाह, माँ! मेहमान का कहा भी कोई टालता है?'

'साहब ने इतना रीझकर कहा है, नहीं गाओगी, तो साहब बुरा मानेंगे।'

'मैं क्या गाऊँ, बेटा। मुझे क्या आता है?'

'वाह! कोई बढ़िया टप्पे सुना दो। दो पत्तर अनाराँ दे...'

देसी अफ़सरों और उनकी स्त्रियों ने इस सुझाव पर तालियाँ पीटीं। माँ कभी दीन दृष्टि से बेटे के चेहरे को देखतीं, कभी पास खड़ी बहू के चेहरे को।

इतने में बेटे ने गम्भीर आदेश-भरे लहज़े में कहा—'माँ!'

इसके बाद हाँ या न का सवाल ही न उठता था। माँ बैठ गईं और क्षीण, दुर्बल, लरजती आवाज़ में एक पुराना विवाह का गीत गाने लगीं—

हरिया नी माए, हरिया नी भैणे
हरिया ते भागी भरिया है!

देसी स्त्रियाँ खिलखिलाकर हँस उठीं। तीन पंक्तियाँ गा के माँ चुप हो गईं।

बरामदा तालियों से गूँज उठा। साहब तालियाँ पीटना बन्द ही न करते थे। शामनाथ की खीज प्रसन्नता और गर्व में बदल उठी थी। माँ ने पार्टी में नया रंग भर दिया था।

तालियाँ थमने पर साहब बोले—'पंजाब के गाँवों की दस्तकारी क्या है?'

शामनाथ ख़ुशी में झूम रहे थे। बोले—'ओ, बहुत कुछ साहब! मैं आपको एक सेट उन चीज़ों का भेंट करूँगा। आप उन्हें देखकर ख़ुश होंगे।'

मगर साहब ने सिर हिलाकर अंग्रेज़ी में फिर कहा—'नहीं, मैं दुकानों की चीज़ नहीं माँगता। पंजाबियों के घरों में क्या बनता है, औरतें ख़ुद क्या बनाती हैं?'

शामनाथ कुछ सोचते हुए बोले—'लड़कियाँ गुड़ियाँ बनाती हैं, औरतें फुलकारियाँ बनाती हैं।'

'फुलकारी क्या?'

शामनाथ फुलकारी का मतलब समझाने की असफल चेष्टा करने के बाद माँ से बोले—'क्यों, माँ, कोई पुरानी फुलकारी घर में है?'

माँ चुपचाप अन्दर गईं और अपनी पुरानी फुलकारी उठा लाईं।

साहब बड़ी रुचि से फुलकारी देखने लगे। पुरानी फुलकारी थी, जगह-जगह से उसके तागे टूट रहे थे और कपड़ा फटने लगा था। साहब की रुचि को देखकर शामनाथ बोले—'यह फटी हुई है, साहब, मैं आपको नई बनवा दूँगा। माँ बना देंगी। क्यों, माँ, साहब को फुलकारी बहुत पसन्द है, इन्हें ऐसी ही एक फुलकारी बना दोगी न?'

माँ चुप रहीं। फिर डरते-डरते धीरे से बोलीं—'अब मेरी नज़र कहाँ है, बेटा! बूढ़ी आँखें क्या देखेंगी?'

मगर माँ का वाक्य बीच में ही तोड़ते हुए शामनाथ साहब को बोले—'वह ज़रूर बना देंगी। आप उसे देखकर ख़ुश होंगे।'

साहब ने सिर हिलाया, धन्यवाद किया और हल्के-हल्के झूमते हुए खाने की मेज़ की ओर बढ़ गए। बाक़ी मेहमान भी उनके पीछे-पीछे हो लिए।

जब मेहमान बैठ गए और माँ पर से सबकी आँखें हट गईं, तो माँ धीरे से कुर्सी पर से उठीं, और सबसे नज़रें बचाती हुई अपनी कोठरी में चली गईं।

मगर कोठरी में बैठने की देर थी कि आँखों में छल-छल आँसू बहने लगे। वह दुपट्टे से बार-बार उन्हें पोंछतीं, पर वे बार-बार उमड़ आते, जैसे बरसों का बाँध तोड़कर उमड़ आए हों। माँ ने बहुतेरा दिल को समझाया, हाथ जोड़े, भगवान का नाम लिया, बेटे के चिरायु होने की प्रार्थना की, बार-बार आँखें बन्द कीं, मगर आँसू बरसात के पानी की तरह जैसे थमने में ही न आते थे।

आधी रात का वक़्त होगा। मेहमान खाना खाकर एक-एक करके जा चुके थे। माँ दीवार से सटकर बैठी आँखें फाड़े दीवार को देखे जा रही थीं। घर के वातावरण में तनाव ढीला पड़ चुका था। मुहल्ले की निस्तब्धता शामनाथ के घर पर भी छा चुकी थी, केवल रसोई में प्लेटों के खनकने की आवाज़ आ रही थी। तभी सहसा माँ की कोठरी का दरवाज़ा जोर से खटकने लगा।

'माँ, दरवाज़ा खोलो।'

माँ का दिल बैठ गया। हड़बड़ाकर उठ बैठीं। क्या मुझसे फिर कोई भूल हो गई? माँ कितनी देर से अपने आपको कोस रही थीं कि क्यों उन्हें नींद आ गई, क्यों वह ऊँघने लगीं। क्या बेटे ने अभी तक क्षमा नहीं किया? माँ उठीं और काँपते हाथों से दरवाज़ा खोल दिया।

दरवाज़ा खुलते ही शामनाथ झूमते हुए आगे बढ़ आए और माँ को आलिंगन में भर लिया।

'ओ अम्मी! तुमने तो आज रंग ला दिया!...साहब तुमसे इतना ख़ुश हुआ कि...' छोटी-सी काया सिमटकर बेटे के आलिंगन में छिप गई। माँ की आँखों में फिर आँसू आ गए। उन्हें पोंछती हुई धीरे से बोलीं—'बेटा, तुम मुझे हरिद्वार भेज दो। मैं कब से कह रही हूँ।'

शामनाथ का झूमना सहसा बन्द हो गया और उनकी पेशानी पर फिर तनाव के बल पड़ने लगे। उनकी बाँहें माँ के शरीर पर से हट आईं।

'क्या कहा, माँ? यह कौन-सा राग तुमने फिर छेड़ दिया?'

शामनाथ का क्रोध बढ़ने लगा था, बोलते गए—'तुम मुझे बदनाम करना चाहती हो, ताकि दुनिया कहे कि बेटा माँ को अपने पास नहीं रख सकता।'

‘नहीं बेटा, अब तुम अपनी बहू के साथ जैसा मन चाहे रहो। मैंने अपना खा-पहन लिया। अब यहाँ क्या करूँगी? जो थोड़े दिन ज़िन्दगानी के बाक़ी हैं, भगवान का नाम लूँगी। तुम मुझे हरिद्वार भेज दो!’

‘तुम चली जाओगी तो फुलकारी कौन बनाएगा? साहब से तुम्हारे सामने ही फुलकारी देने का इकरार किया है।’

‘मेरी आँखें अब नहीं हैं, बेटा, जो फुलकारी बना सकूँ। तुम कहीं और से बनवा लो। बनी-बनाई ले लो।’

‘माँ, तुम मुझे धोखा देके यूँ चली जाओगी? मेरा बनता काम बिगाड़ोगी? जानती नहीं, साहब ख़ुश होगा, तो मुझे तरक्की मिलेगी!’

माँ चुप हो गईं। फिर बेटे के मुँह की ओर देखती हुई बोलीं—‘क्या तेरी तरक्की होगी? क्या साहब तेरी तरक्की कर देगा? क्या उसने कुछ कहा है?’

‘कहा नहीं, मगर देखा नहीं, कितना ख़ुश गया है। कहता था, जब तेरी माँ फुलकारी बनाना शुरू करेंगी, तो मैं देखने आऊँगा कि कैसे बनाती हैं। जो साहब ख़ुश हो गया, तो मुझे इससे बड़ी नौकरी भी मिल सकती है, मैं बड़ा अफसर बन सकता हूँ।’

माँ के चेहरे का रंग बदलने लगा, धीरे-धीरे उनका झुर्रियों-भरा मुँह खिलने लगा, आँखों में हल्की-हल्की चमक आने लगी।

‘तो तेरी तरक्की होगी, बेटा?’

‘तरक्की यूँ ही हो जाएगी? साहब को ख़ुश रखूँगा, तो कुछ करेगा, वरना उसकी खिदमत करनेवाले और थोड़े हैं?’

‘तो मैं बना दूँगी, बेटा, जैसे बन पड़ेगा, बना दूँगी।’

और माँ दिल ही दिल में फिर बेटे के उज्ज्वल भविष्य की कामनाएँ करने लगीं और मिस्टर शामनाथ, ‘अब सो जाओ, माँ’, कहते हुए, तनिक लड़खड़ाते हुए अपने कमरे की ओर घूम गए।

उषा प्रियम्वदा

हिन्दी की बहुचर्चित कथाकार उषा प्रियम्वदा का जन्म 24 दिसम्बर, 1938 को कानपुर में हुआ।

इलाहाबाद विश्वविद्यालय से अंग्रेजी साहित्य में एम.ए. तथा पी-एच.डी.; इंडियाना यूनिवर्सिटी-ब्लूमिंगटन, अमेरिका में तुलनात्मक साहित्य में दो वर्ष पोस्ट-डॉक्टरल अध्ययन शोध। अध्यापन के प्रथम तीन वर्ष दिल्ली के लेडी श्रीराम कॉलेज, तदुपरान्त दो वर्ष इलाहाबाद विश्वविद्यालय में बिताने के बाद, विस्कांसिन विश्वविद्यालय के दक्षिण एशियाई विभाग में प्रोफेसर रहीं। हिन्दी और अंग्रेजी, दोनों ही भाषाओं में समान रूप से दक्ष उषा प्रियम्वदा ने साहित्य-सृजन के लिए हिन्दी तथा समीक्षा, अनुवाद व अन्य बौद्धिक कार्यों के लिए अंग्रेजी का चयन किया।

उन्होंने आधुनिक जीवन की ऊब, छटपटाहट, संत्रास और अकेलेपन की स्थिति पहचानी और उन्हें अपनी कहानियों का विषय बनाया।

प्रकाशित कृतियाँ : 'पचपन खम्भे लाल दीवारें', 'शेष यात्रा', 'अन्तर-वंशी', 'भया कबीर उदास', 'नदी' (उपन्यास); 'फिर बसंत आया', 'जिन्दगी और गुलाब के फूल', 'एक कोई दूसरा', 'कितना बड़ा झूठ', 'मेरी प्रिय कहानियाँ', 'शून्य एवं अन्य रचनाएँ' तथा 'सम्पूर्ण कहानियाँ' (कहानी-संग्रह)।

इसके अतिरिक्त भारतीय साहित्य, लोककथाओं एवं मध्यकालीन भक्ति-काव्य पर अनेक लेख, जो अंग्रेजी में समय-समय पर प्रकाशित हुए। 'मीरांबाई और सूरदास' के अंग्रेजी अनुवाद साहित्य अकादेमी, नई दिल्ली ने पुस्तक रूप में प्रकाशित किए। अनेक आधुनिक हिन्दी कहानियों के अनुवाद भी किए।

इंडियन स्टडीज विभाग से संलग्न रहते हुए 1977 में उन्हें 'फुल प्रोफेसर ऑफ इंडियन लिटरेचर' का पद मिला। 2002 में अवकाश लेकर अब पूरा समय लेखन, अध्ययन और बागबानी में बिता रही हैं।

वापसी

गजाधर बाबू ने कमरे में जमा सामान पर एक नजर दौड़ाई—दो बक्स, डोलची, बाल्टी—"यह डिब्बा कैसा है, गनेशी?" उन्होंने पूछा। गनेशी बिस्तर बाँधता हुआ, कुछ गर्व, कुछ दुख, कुछ लज्जा से बोला, "घरवाली ने साथ को कुछ बेसन के लड्डू रख दिए हैं। कहा, बाबूजी को पसन्द थे, अब कहाँ हम गरीब लोग आपकी कुछ खातिर कर पाएँगे!" घर जाने की खुशी में भी गजाधर बाबू ने एक विषाद का अनुभव किया, जैसे एक परिचित, स्नेह, आदरमय, सहज संसार से उनका नाता टूट रहा था।

"कभी-कभी हम लोगों की भी खबर लेते रहिएगा।" गनेशी बिस्तर में रस्सी बाँधता हुआ बोला।

"कभी कुछ जरूरत हो तो लिखना गनेशी! इस अगहन तक बिटिया की शादी कर दो।"

गनेशी ने अँगोछे के छोर से आँखें पोंछीं, "अब आप लोग सहारा न देंगे तो कौन देगा? आप यहाँ रहते तो शादी में कुछ हौसला रहता।"

गजाधर बाबू चलने को तैयार बैठे थे। रेलवे क्वार्टर का वह कमरा, जिसमें उन्होंने कितने ही वर्ष बिताए थे, उनका सामान हट जाने से कुरूप और नग्न लग रहा था। आँगन में रोपे पौधे भी जान-पहचान के लोग ले गए थे और जगह-जगह मिट्टी बिखरी हुई थी। पर पत्नी, बाल-बच्चों के साथ रहने की कल्पना में यह बिछोह एक दुर्बल लहर की तरह उठकर विलीन हो गया।

गजाधर बाबू खुश थे, बहुत खुश। पैंतीस साल की नौकरी के बाद वह रिटायर होकर जा रहे थे। इन वर्षों में अधिकांश समय उन्होंने अकेले रहकर काटा था। उन अकेले क्षणों में उन्होंने इसी समय की कल्पना की थी, जब वह अपने परिवार के साथ रह सकेंगे। इसी आशा के सहारे वह अपने अभाव का बोझ ढो रहे थे। संसार की दृष्टि में उनका जीवन सफल कहा जा सकता था। उन्होंने शहर में एक मकान बनवा लिया था, बड़े लड़के अमर और लड़की कान्ति की शादियाँ कर दी थीं, दो बच्चे ऊँची कक्षाओं में पढ़ रहे थे। गजाधर बाबू नौकरी के कारण प्राय: छोटे स्टेशन पर रहे, और उनके बच्चे और पत्नी शहर में, जिससे पढ़ाई में बाधा न हो। गजाधर

बाबू स्वभाव से बहुत स्नेही व्यक्ति थे और स्नेह के आकांक्षी भी। जब परिवार साथ था, ड्यूटी से लौटकर बच्चों से हँसते-बोलते, पत्नी से कुछ मनोविनोद करते–उन सबके चले जाने से उनके जीवन में गहन सूनापन भर उठा। खाली क्षणों में उनसे घर में टिका न जाता। कवि-प्रकृति के न होने पर भी उन्हें पत्नी की स्नेहपूर्ण बातें याद आती रहतीं। दोपहर में गर्मी होने पर भी, दो बजे तक आग जलाए रहतीं और उनके स्टेशन से वापस आने पर गरम-गरम रोटियाँ सेंकतीं–उनके खा चुकने और मना करने पर भी थोड़ा-सा कुछ और थाली में परोस देतीं और बड़े प्यार से आग्रह करतीं। जब वह थके-हारे बाहर से आते तो उनकी आहट पा वह रसोई के द्वार पर निकल आतीं और उनकी सलज्ज आँखें मुस्कुरा उठतीं। गजाधर बाबू को तब हर छोटी बात याद आती और वह उदास हो उठते। अब कितने वर्षों बाद यह अवसर आया था, जब वह फिर उसी स्नेह और आदर के मध्य रहने जा रहे थे।

टोपी उतारकर गजाधर बाबू ने चारपाई पर रख दी, जूते खोलकर नीचे खिसका दिए, अन्दर से रह-रह कर कहकहों की आवाज आ रही थी। इतवार का दिन था और उनके सब बच्चे इकट्ठे होकर नाश्ता कर रहे थे। गजाधर बाबू के सूखे चेहरे पर स्निग्ध मुस्कान आ गई, उसी तरह मुस्कुराते हुए वह बिना खाँसे अन्दर चले आए। उन्होंने देखा कि नरेन्द्र कमर पर हाथ रखे शायद गत रात्रि की फिल्म में देखे गए किसी नृत्य की नकल कर रहा था और बसन्ती हँस-हँसकर दुहरी हो रही थी। अमर की बहू को अपने तन-बदन, आँचल या घूँघट का कोई होश न था और वह उन्मुक्त रूप से हँस रही थी। गजाधर बाबू को देखते ही नरेन्द्र धप-से बैठ गया और चाय का प्याला उठाकर मुँह से लगा लिया। बहू को होश आया और उसने झट से माथा ढक लिया, केवल बसन्ती का शरीर रह-रह कर हँसी दबाने के प्रयत्न में हिलता रहा।

गजाधर बाबू ने मुस्कुराते हुए उन लोगों को देखा। फिर कहा, "क्यों नरेन्द्र, क्या नकल हो रही थी?"

"कुछ नहीं बाबूजी!" नरेन्द्र ने सिटपिटाकर कहा।

गजाधर बाबू ने चाहा था कि वह भी इस मनोविनोद में भाग लेते, पर उनके आते ही जैसे सब कुंठित हो चुप हो गए, उससे उनके मन में थोड़ी-सी खिन्नता उपज आई। बैठते हुए बोले, "बसन्ती, चाय मुझे भी देना। तुम्हारी अम्मा की पूजा अभी चल रही है क्या?"

बसन्ती ने माँ की कोठरी की ओर देखा, "अभी आती ही होंगी," और प्याले में उनके लिए चाय छानने लगी। बहू चुपचाप पहले ही चली गई थी, अब नरेन्द्र भी चाय का आख़िरी घूँट पीकर उठ खड़ा हुआ। केवल बसन्ती, पिता के लिहाज में, चौके में बैठी माँ की राह देखने लगी। गजाधर बाबू ने एक घूँट चाय पी ली, फिर कहा, "बिट्टी, चाय तो फीकी है।"

"लाइए, चीनी और डाल दूँ।" बसन्ती बोली।

"रहने दो, तुम्हारी अम्मा जब आएगी, तभी पी लूँगा।"

थोड़ी देर में उनकी पत्नी हाथ में अर्घ्य का लोटा लिये निकलीं और अशुद्ध स्तुति कहते हुए तुलसी में डाल दिया। उन्हें देखते ही बसन्ती भी उठ गई। पत्नी ने आकर गजाधर बाबू को देखा और कहा, "अरे, आप अकेले बैठे हैं–ये सब कहाँ गए?" गजाधर बाबू के मन में फाँस-सी करक उठी, "अपने-अपने काम में लग गए हैं–आखिर बच्चे ही हैं।"

पत्नी आकर चौके में बैठ गईं; उन्होंने नाक-भौं चढ़ाकर चारों ओर जूठे बर्तनों को देखा। फिर कहा, "सारे जूठे बर्तन पड़े हैं। इस घर में धरम-करम कुछ नहीं। पूजा करके सीधे चौके में घुसो।" फिर उन्होंने नौकर को पुकारा, जब उत्तर न मिला तो एक बार और उच्च स्वर में, फिर पति की ओर देखकर बोलीं, "बहू ने भेजा होगा बाजार।" और एक लम्बी साँस लेकर चुप हो रहीं।

गजाधर बाबू बैठकर चाय और नाश्ते का इन्तजार करते रहे। उन्हें अचानक ही गनेशी की याद आ गई। रोज सुबह, पैसेंजर आने से पहले वह गरम-गरम पूरियाँ और जलेबी बनाता था। गजाधर बाबू जब तक उठकर तैयार होते, उनके लिए जलेबियाँ और चाय लाकर रख देता था। चाय भी कितनी बढ़िया, काँच के गिलास में ऊपर तक भरी लबालब, पूरे ढाई चम्मच चीनी और गाढ़ी मलाई। पैसेंजर भले ही रानीपुर लेट पहुँचे, गनेशी ने चाय पहुँचाने में देर नहीं की। क्या मजाल कि कभी उससे कुछ कहना पड़े!

पत्नी का शिकायत-भरा स्वर सुन उनके विचारों में व्याघात पहुँचा। वह कह रही थीं, "सारा दिन इसी खिच-खिच में निकल जाता है। इस गृहस्थी का धन्धा पीटते-पीटते उमर बीत गई। कोई जरा हाथ भी नहीं बँटाता।"

"बहू क्या करती है?" गजाधर बाबू ने पूछा।

"पड़ी रहती है। बसन्ती को तो, फिर कहो कि कॉलेज जाना होता है।"

गजाधर बाबू ने जोश में आकर बसन्ती को आवाज दी। बसन्ती भाभी के कमरे से निकली तो गजाधर बाबू ने कहा, "बसन्ती, आज से शाम का खाना बनाने की जिम्मेदारी तुम पर है। सुबह का भोजन तुम्हारी भाभी बनाएगी।"

बसन्ती मुँह लटकाकर बोली, "बाबूजी, पढ़ना भी तो होता है।"

गजाधर बाबू ने बड़े प्यार से समझाया, "तुम सुबह पढ़ लिया करो। तुम्हारी माँ बूढ़ी हुई, उनके शरीर में अब वह शक्ति नहीं बची है। तुम हो, तुम्हारी भाभी हैं, दोनों को मिलकर काम में हाथ बँटाना चाहिए।"

बसन्ती चुप रह गई। उसके जाने के बाद उसकी माँ ने धीरे से कहा, "पढ़ने का तो बहाना है। कभी जी ही नहीं लगता, लगे कैसे? शीला से ही फुरसत नहीं,

बड़े-बड़े लड़के हैं उस घर में, हर वक्त वहाँ घुसा रहना मुझे नहीं सुहाता। मना करूँ तो सुनती नहीं।"

नाश्ता कर गजाधर बाबू बैठक में चले गए। घर छोटा था और ऐसी व्यवस्था हो चुकी थी कि उसमें गजाधर बाबू के रहने के लिए कोई स्थान न बचा था। जैसे किसी मेहमान के लिए कुछ अस्थायी प्रबन्ध कर दिया जाता है, उसी प्रकार बैठक में कुर्सियों को दीवार से सटाकर बीच में गजाधर बाबू के लिए पतली-सी चारपाई डाल दी गई थी। गजाधर बाबू उस कमरे में पड़े-पड़े, कभी-कभी अनायास ही, इस अस्थायित्व का अनुभव करने लगते। उन्हें याद हो आती उन रेलगाड़ियों की, जो आतीं और थोड़ी देर रुककर किसी और लक्ष्य की ओर चली जातीं।

घर छोटा होने के कारण बैठक में ही अब अपना प्रबन्ध किया था। उनकी पत्नी के पास अन्दर एक छोटा कमरा अवश्य था, पर उसमें एक ओर अचारों के मर्तबान, दाल, चावल के कनस्तर और घी के डिब्बों से घिरा था; दूसरी ओर पुरानी रजाइयाँ, दरियों में लिपटी और रस्सी से बँधी रखी थीं; उसके पास एक बड़े-से टीन के बक्स में घर-भर के गरम कपड़े थे। बीच में एक अलगनी बँधी हुई थी, जिस पर प्राय: बसन्ती के कपड़े लापरवाही से पड़े रहते थे। वह भरसक उस कमरे में नहीं जाते थे। घर का दूसरा कमरा अमर और उसकी बहू के पास था। तीसरा कमरा, जो सामने की ओर था, बैठक था। गजाधर बाबू के आने से पहले उसमें अमर की ससुराल से आया बेंत की तीन कुर्सियों का सेट पड़ा था, कुर्सियों पर नीली गद्दियाँ और बहू के हाथों के कढ़े कुशन थे।

जब कभी उनकी पत्नी को कोई लम्बी शिकायत करनी होती तो अपनी चटाई बैठक में डाल पड़ जाती थीं। वह एक दिन चटाई लेकर आ गईं। गजाधर बाबू ने घर-गृहस्थी की बातें छेड़ीं, वह घर का रवैया देख रहे थे। बहुत हल्के-से उन्होंने कहा कि अब हाथ में पैसा कम रहेगा, कुछ खर्च कम होना चाहिए।

"सभी खर्च तो वाजिब-वाजिब हैं, किसका पेट काटूँ? यही जोड़-गाँठ करते-करते बूढ़ी हो गई, न मन का पहना, न ओढ़ा।"

गजाधर बाबू ने आहत, विस्मित दृष्टि से पत्नी को देखा। उनसे अपनी हैसियत छिपी न थी। उनकी पत्नी तंगी का अनुभव कर उसका उल्लेख करतीं, यह स्वाभाविक था, लेकिन उनमें सहानुभूति का पूर्ण अभाव गजाधर बाबू को बहुत खटका। उनसे यदि राय-बात की जाती कि प्रबन्ध कैसे हो, तो उन्हें चिन्ता कम, सन्तोष अधिक होता। लेकिन उनसे तो केवल शिकायत की जाती थी, जैसे परिवार की सब परेशानियों के लिए वही जिम्मेदार थे।

"तुम्हें किस बात की कमी है अमर की माँ, घर में बहू है, लड़के-बच्चे हैं, सिर्फ रुपए से ही आदमी अमीर नहीं होता।" गजाधर बाबू ने कहा और कहने के साथ ही अनुभव किया। यह उनकी आन्तरिक अभिव्यक्ति थी, ऐसी

कि उनकी पत्नी नहीं समझ सकतीं। "हाँ, बड़ा सुख है न बहू से। आज रसोई करने गई है, देखो क्या होता है?" कहकर पत्नी ने आँखें मूँदीं और सो गईं। गजाधर बाबू पत्नी को देखते रह गए। यही थी क्या उनकी पत्नी, जिसके हाथों के कोमल स्पर्श, जिसकी मुस्कान की याद में उन्होंने सम्पूर्ण जीवन काट दिया था? उन्हें लगा कि वह लावण्यमयी युवती जीवन की राह में कहीं खो गई और उसकी जगह आज जो स्त्री है, वह उनके मन और प्राणों के लिए नितान्त अपरिचिता है। गाढ़ी नींद में डूबी उनकी पत्नी का भारी-सा शरीर बहुत बेडौल और कुरूप लग रहा था, चेहरा श्रीहीन और रूखा था। गजाधर बाबू देर तक निस्संग दृष्टि से पत्नी को देखते रहे और फिर लेटकर छत की ओर ताकने लगे।

अन्दर कुछ गिरा और उनकी पत्नी हड़बड़ाकर उठ बैठीं, "लो, बिल्ली ने कुछ गिरा दिया शायद," और वह अन्दर भागीं। थोड़ी देर में लौटकर आईं तो उनका मुँह फूला हुआ था, "देखा बहू को, चौका खुला छोड़ आई, बिल्ली ने दाल की पतीली गिरा दी। सभी तो खाने को हैं, अब क्या खिलाऊँगी?" वह साँस लेने को रुकीं और बोलीं, "एक तरकारी और चार पराँठे बनाने में सारा डिब्बा घी उँडेलकर रख दिया। जरा-सा दर्द नहीं है, कमाने वाला हाड़ तोड़े और यहाँ चीजें लुटें। मुझे तो मालूम था कि यह सब काम किसी के बस का नहीं है।"

गजाधर बाबू को लगा कि पत्नी कुछ और बोलेंगी तो उनके कान झनझना उठेंगे। होंठ भींच, करवट लेकर उन्होंने पत्नी की ओर पीठ कर ली।

रात का भोजन बसन्ती ने जानबूझकर ऐसा बनाया था कि कौर तक निगला न जा सके। गजाधर बाबू चुपचाप खाकर उठ गए, पर नरेन्द्र थाली सरकाकर उठ खड़ा हुआ और बोला, "मैं ऐसा खाना नहीं खा सकता।"

बसन्ती तुनककर बोली, "तो न खाओ, कौन तुम्हारी खुशामद करता है!"

"तुमसे खाना बनाने को कहा किसने था?" नरेन्द्र चिल्लाया।

"बाबूजी ने।"

"बाबूजी को बैठे-बैठे यही सूझता है।"

बसन्ती को उठाकर माँ ने नरेन्द्र को मनाया और अपने हाथ से कुछ बनाकर खिलाया। गजाधर बाबू ने बाद में पत्नी से कहा, "इतनी बड़ी लड़की हो गई और उसे खाना बनाने तक का शऊर नहीं आया।"

"अरे आता सब कुछ है, करना नहीं चाहती।" पत्नी ने उत्तर दिया। अगली शाम माँ को रसोई में देख, कपड़े बदलकर बसन्ती बाहर आई तो बैठक से गजाधर बाबू ने टोक दिया, "कहाँ जा रही हो?"

"पड़ोस में, शीला के घर।" बसन्ती ने कहा।

"कोई जरूरत नहीं, अन्दर जाकर पढ़ो।" गजाधर बाबू ने कड़े स्वर में कहा। कुछ देर अनिश्चित खड़े रहकर बसन्ती अन्दर चली गई। गजाधर बाबू शाम को रोज टहलने चले जाते थे, लौटकर आए तो पत्नी ने कहा, "क्या कह दिया बसन्ती से? शाम से मुँह लपेटे पड़ी है। खाना भी नहीं खाया।"

गजाधर बाबू खिन्न हो आए। पत्नी की बात का उन्होंने कुछ उत्तर नहीं दिया। उन्होंने मन में निश्चय कर लिया कि बसन्ती की शादी जल्दी ही कर देनी है। उस दिन के बाद बसन्ती पिता से बची-बची रहने लगी। जाना होता तो पिछवाड़े से जाती। गजाधर बाबू ने दो-एक बार पत्नी से पूछा तो उत्तर मिला, "रूठी हुई है।" गजाधर बाबू को और रोष हुआ। लड़की के इतने मिजाज, जाने को रोक दिया तो पिता से बोलेगी नहीं! फिर उनकी पत्नी ने ही सूचना दी कि अमर अलग रहने की सोच रहा है।

"क्यों?" गजाधर बाबू ने चकित होकर पूछा।

पत्नी ने साफ-साफ उत्तर नहीं दिया। अमर और उसकी बहू की शिकायतें बहुत थीं। उनका कहना था कि गजाधर बाबू हमेशा बैठक में ही पड़े रहते हैं, कोई आने-जाने वाला हो तो कहीं बैठाने की जगह नहीं। अमर को अब भी वह छोटा-सा समझते थे, और मौके-बेमौके टोक देते थे। बहू को काम करना पड़ता था और सास जब-तब फूहड़पन पर ताने देती रहती थीं। "हमारे आने से पहले भी कभी ऐसी बात हुई थी?" गजाधर बाबू ने पूछा। पत्नी ने सिर हिलाकर जताया कि नहीं। पहले अमर घर का मालिक बनकर रहता था, बहू को कोई रोक-टोक न थी। अमर के दोस्तों का प्राय: यहीं अड्डा जमा रहता था और अन्दर से नाश्ता-चाय तैयार होकर जाता रहता था। बसन्ती को भी वही अच्छा लगता था।

गजाधर बाबू ने बहुत धीरे से कहा, "अमर से कहो, जल्दबाजी की कोई जरूरत नहीं है।"

अगले दिन वह सुबह घूमकर लौटे तो उन्होंने पाया कि बैठक में उनकी चारपाई नहीं है। अन्दर आकर पूछने ही वाले ही थे कि उनकी दृष्टि रसोई के अन्दर बैठी पत्नी पर पड़ी। उन्होंने यह कहने को मुँह खोला कि बहू कहाँ है, पर कुछ याद कर चुप हो गए। पत्नी की कोठरी में झाँका तो अचार, रजाइयों और कनस्तरों के मध्य अपनी चारपाई लगी पाई। गजाधर बाबू ने अपना कोट उतारा और कहीं टाँगने को दीवार पर नजर दौड़ाई। फिर उसे मोड़कर अलगनी के कुछ कपड़े खिसकाकर, एक किनारे टाँग दिया। कुछ खाए बिना ही अपनी चारपाई पर लेट गए। कुछ भी हो, तन आखिरकार बूढ़ा ही था। सुबह-शाम कुछ दूर टहलने अवश्य चले जाते, पर आते-जाते थक उठते थे। गजाधर बाबू को अपना बड़ा-सा, खुला हुआ क्वार्टर याद आ गया। निश्चिन्त जीवन, सुबह पैसेंजर ट्रेन आने पर स्टेशन की चहल-पहल, चिर-परिचित चेहरे और पटरी पर रेल के पहियों की

खट्-खट्, जो उनके लिए मधुर संगीत की तरह थी। तूफान और मालगाड़ी के इंजनों की चिंघाड़ उनकी अकेली रातों की साथी थी। सेठ रामजीमल के मिल के कुछ लोग कभी-कभी पास आ बैठते, वही उनका दायरा था, वही उनके साथी। वह जीवन अब उन्हें एक खोई निधि-सा प्रतीत हुआ। उन्हें लगा कि वह जिन्दगी द्वारा ठगे गए हैं। उन्होंने जो कुछ चाहा, उसमें से उन्हें एक बूँद भी न मिली।

लेटे हुए वह घर के अन्दर से आते विविध स्वरों को सुनते रहे। बहू और सास की छोटी-सी झड़प, बाल्टी पर खुले नल की आवाज, रसोई के बरतनों की खटपट और उसी में दो गौरैयों का वार्तालाप—और अचानक ही उन्होंने निश्चय कर लिया कि अब घर की किसी बात में दखल न देंगे। यदि गृहस्वामी के लिए पूरे घर में एक चारपाई की जगह यहीं है, तो यहीं रहेंगे...अगर कहीं और डाल दी गई तो वहाँ चले जाएँगे। यदि बच्चों के जीवन में उनके लिए कहीं स्थान नहीं, तो अपने ही घर में परदेशी की तरह पड़े रहेंगे और उस दिन के बाद सचमुच गजाधर बाबू कुछ नहीं बोले। नरेन्द्र माँगने आया तो बिना कारण पूछे उसे रुपए दे दिए। बसन्ती काफी अँधेरा हो जाने के बाद भी पड़ोस में रही तो भी उन्होंने कुछ नहीं कहा—पर उन्हें सबसे बड़ा गम यह था कि उनकी पत्नी ने भी उनमें कुछ परिवर्तन लक्ष्य नहीं किया। वह मन ही मन कितना भार ढो रहे हैं, इससे वह अनजान ही बनी रहीं। बल्कि उन्हें पति के घर के मामले में हस्तक्षेप न करने के कारण शान्ति ही थी। कभी-कभी कह भी उठतीं, “ठीक ही है। आप बीच में न पड़ा कीजिए, बच्चे बड़े हो गए हैं, हमारा जो कर्तव्य था, कर रहे हैं, पढ़ा रहे हैं, शादी कर देंगे।”

गजाधर बाबू ने आहत दृष्टि से पत्नी को देखा। उन्होंने अनुभव किया कि वह पत्नी व बच्चों के लिए केवल धनोपार्जन के निमित्त मात्र हैं। जिस व्यक्ति के अस्तित्व से पत्नी माँग में सिन्दूर डालने की अधिकारिणी है, समाज में उसकी प्रतिष्ठा है, उसके सामने वह दो वक्त भोजन की थाली रख देने से सारे कर्तव्यों से छुट्टी पा जाती है। वह घी और चीनी के डिब्बों में इतनी रमी हुई हैं कि अब वही उनकी सम्पूर्ण दुनिया बन गई है। गजाधर बाबू उनके जीवन के केन्द्र नहीं हो सकते, उन्हें तो अब बेटी की शादी के लिए भी उत्साह बुझ गया। किसी बात में हस्तक्षेप न करने के निश्चय के बाद भी उनका अस्तित्व उस वातावरण का एक भाग न बन सका। उनकी उपस्थिति उस घर में ऐसी असंगत लगने लगी थी, जैसे सजी हुई बैठक में उनकी चारपाई थी। उनकी सारी खुशी एक गहरी उदासीनता में डूब गई।

इतने सब निश्चयों के बावजूद गजाधर बाबू एक दिन बीच में दखल दे बैठे। पत्नी स्वभावानुसार नौकर की शिकायत कर रही थीं, “कितना कामचोर है, बाजार की हर चीज में पैसा बचाता है; खाने बैठता है, तो खाता ही चला जाता है।” गजाधर

बाबू को बराबर यह महसूस होता रहता था कि उनके घर का रहन-सहन और खर्च उनकी हैसियत से कहीं ज्यादा है। पत्नी की बात सुनकर लगा कि नौकर का खर्च बिलकुल बेकार है। छोटा-मोटा काम है, घर में तीन मर्द हैं, कोई न कोई कर ही देगा। उन्होंने उसी दिन नौकर का हिसाब कर दिया। अमर दफ्तर से आया तो नौकर को पुकारने लगा। अमर की बहू बोली, "बाबूजी ने नौकर छुड़ा दिया है।"

"क्यों?"

"कहते हैं खर्च बहुत है।"

यह वार्तालाप बहुत सीधा था, पर जिस टोन में बहू बोली, गजाधर बाबू को खटक गया। उस दिन जी भारी होने के कारण गजाधर बाबू टहलने नहीं गए थे। आलस्य में उठकर बत्ती भी नहीं जलाई—इस बात से बेखबर नरेन्द्र माँ से कहने लगा, "अम्मा, तुम बाबूजी से कहतीं क्यों नहीं? बैठे-बिठाए कुछ नहीं तो नौकर ही छुड़ा दिया। अगर बाबूजी यह समझें कि मैं साइकिल पर गेहूँ रख आटा पिसाने जाऊँगा तो मुझसे यह नहीं होगा।"

"हाँ अम्मा," बसन्ती का स्वर था, "मैं कॉलेज भी जाऊँ और लौटकर घर में झाड़ू भी लगाऊँ, यह मेरे बस की बात नहीं है।"

"बूढ़े आदमी हैं," अमर भुनभुनाया, "चुपचाप पड़े रहें। हर चीज में दखल क्यों देते हैं?"

पत्नी ने बड़े व्यंग्य से कहा, "और कुछ नहीं सूझा तो तुम्हारी बहू को ही चौके में भेज दिया। वह गई तो पन्द्रह दिन का राशन पाँच दिन में बनाकर रख दिया।" बहू कुछ कहे, इससे पहले वह चौके में घुस गईं। कुछ देर में अपनी कोठरी में आईं और बिजली जलाईं तो गजाधर बाबू को लेटे देख बड़ी सिटपिटाईं। गजाधर बाबू की मुखमुद्रा से वह उनके भावों का अनुमान न लगा सकीं। वह चुप, आँखें बन्द किए लेटे रहे।

गजाधर बाबू चिट्ठी हाथ में लिये अन्दर आए और पत्नी को पुकारा। वह भीगे हाथ लिये निकलीं और आँचल से पोंछती हुई पास आ खड़ी हुईं। गजाधर बाबू ने बिना किसी भूमिका के कहा, "मुझे सेठ रामजीमल की चीनी मिल में नौकरी मिल गई है। खाली बैठे रहने से तो चार पैसे घर में आएँ, वही अच्छा है। उन्होंने तो पहले ही कहा था, मैंने मना कर दिया था।" फिर कुछ रुककर, जैसे बुझी हुई आग में एक चिनगारी चमक उठे, उन्होंने धीमे स्वर में कहा, "मैंने सोचा था कि बरसों तुम सबसे अलग रहने के बाद, अवकाश पाकर परिवार के साथ रहूँगा। खैर, परसों जाना है। तुम भी चलोगी?"

"मैं?" पत्नी ने सकपकाकर कहा, "मैं चलूँगी तो यहाँ का क्या होगा? इतनी बड़ी गृहस्थी, फिर सयानी लड़की...।"

बात बीच में काट गजाधर बाबू ने हताश स्वर में कहा, "ठीक है, तुम यहीं रहो। मैंने तो ऐसे ही कहा था।" और गहरे मौन में डूब गए।

नरेन्द्र ने बड़ी तत्परता से बिस्तर बाँधा और रिक्शा बुला लाया। गजाधर बाबू का टीन का बक्स और पतला-सा बिस्तर उस पर रख दिया गया। नाश्ते के लिए लड्डू और मठरी की डलिया हाथ में लिये गजाधर बाबू रिक्शे पर बैठ गए। एक दृष्टि उन्होंने अपने परिवार पर डाली। फिर दूसरी ओर देखने लगे और रिक्शा चल पड़ा। उनके जाने के बाद सब अन्दर लौट गए। बहू ने अमर से पूछा, "सिनेमा ले चलिएगा न?" बसन्ती ने उछलकर कहा, "भइया, हमें भी।"

गजाधर बाबू की पत्नी सीधे चौके में चली गईं। बची हुई मठरियों को कटोरदान में रखकर अपने कमरे में लाईं और कनस्तरों के पास रख दिया, फिर बाहर आकर कहा, "अरे, नरेन्द्र बाबूजी की चारपाई कमरे से निकाल दे। उसमें चलने तक की जगह नहीं है।"

निर्मल वर्मा

निर्मल वर्मा का जन्म 3 अप्रैल, 1929 को शिमला में हुआ था, बचपन पहाड़ों पर बीता।

शिक्षा : सेंट स्टीफेंस कॉलेज, दिल्ली से इतिहास में एम.ए.। कुछ वर्ष अध्यापन।

1959 में प्राग, चेकोस्लोवाकिया के प्राच्य विद्या संस्थान और चेकोस्लोवाक लेखक संघ द्वारा आमंत्रित। सात वर्ष चेकोस्लोवाकिया में रहे और कई चेक कथाकृतियों के अनुवाद किए। कुछ वर्ष लन्दन में यूरोप-प्रवास के दौरान टाइम्स ऑफ इंडिया के लिए वहाँ की सांस्कृतिक-राजनीतिक समस्याओं पर लेख और रिपोर्ताज लिखे। 'माया दर्पण' कहानी पर फिल्म बनी, जिसे 1973 का सर्वश्रेष्ठ हिन्दी फिल्म पुरस्कार प्राप्त हुआ। निराला सृजनपीठ, भोपाल (1981-83) और यशपाल सृजनपीठ, शिमला (1989) के अध्यक्ष। 1988 में इंग्लैंड के प्रकाशक रीडर्स इंटरनेशनल द्वारा कहानियों का संग्रह द वर्ल्ड एल्सव्हेयर प्रकाशित। 'कव्वे और काला पानी' के लिए साहित्य अकादेमी पुरस्कार (1985), सम्पूर्ण कृतित्व के लिए साधना सम्मान (1993), उ.प्र. हिन्दी संस्थान का सर्वोच्च राममनोहर लोहिया अतिविशिष्ट सम्मान (1995), ज्ञानपीठ का मूर्तिदेवी पुरस्कार (1995) तथा ज्ञानपीठ पुरस्कार (2000)। सन् 1996 में यूनिवर्सिटी ऑफ ओकलाहोमा, अमेरिका की पत्रिका द वर्ल्ड लिटरेचर के बहुसम्मानित पुरस्कार न्यूश्ताद् अवार्ड के लिए भारत से मनोनीत किए गए।

प्रकाशित पुस्तकें : 'वे दिन' (1964), 'लाल टीन की छत' (1974), 'एक चिथड़ा सुख' (1979), 'रात का रिपोर्टर' (1989) (उपन्यास)। 'परिन्दे' (1959), 'जलती झाड़ी' (1965), 'पिछली गर्मियों में' (1968), 'बीच बहस में' (1973), 'मेरी प्रिय कहानियाँ' (1973), 'प्रतिनिधि कहानियाँ' (1988), 'कव्वे और काला पानी' (1983), 'सूखा तथा अन्य कहानियाँ' (1995) (कहानी-संग्रह)। 'चीड़ों पर चाँदनी' (1963), 'हर बारिश में' (1970), 'धुंध से उठती धुन' (1997) (यात्रा संस्मरण व डायरी)। 'शब्द और स्मृति' (1976), 'कला का जोखिम' (1981), 'ढलान से उतरते हुए' (1985), 'भारत और यूरोप : प्रतिश्रुति के क्षेत्र' (1991), 'इतिहास स्मृति आकांक्षा' (1991), 'शताब्दी के ढलते वर्षों में' (1995) (निबन्ध)।

‘तीन एकान्त’ (1976) (नाटक)। ‘दूसरी दुनिया’ (1978) (संचयन)। ‘कुप्रिन की कहानियाँ’ (1955), ‘रोमियो जूलियट और अँधेरा’ (1964), ‘कारेल चापेक की कहानियाँ’ (1966), ‘इतने बड़े धब्बे’ (1966), ‘झोंपड़ीवाले’ (1966), ‘बाहर और परे’ (1967), ‘बचपन’ (1970), ‘आर यू आर’ (1972), ‘एमेके एक गाथा’ (1973) (अनुवाद)।

निधन : 25 अक्टूबर, 2005

परिन्दे

Can we do nothing for the dead? And for a long time the answer had been–nothing!

—Katherine Mansfield

अँधेरे गलियारे में चलते हुए लतिका ठिठक गई। दीवार का सहारा लेकर उसने लैम्प की बत्ती बढ़ा दी। सीढ़ियों पर उसकी छाया एक बेडौल कटी-फटी आकृति खींचने लगी। सात नम्बर कमरे से लड़कियों की बातचीत और हँसी-ठहाकों का स्वर अभी तक आ रहा था। लतिका ने दरवाजा खटखटाया। शोर अचानक बन्द हो गया।

"कौन है?"

लतिका चुप खड़ी रही। कमरे में कुछ देर तक खुसुरफुसुर होती रही, फिर दरवाजे की चिटखनी के खुलने का स्वर आया। लतिका कमरे की देहरी से कुछ आगे बढ़ी, लैम्प की झपकती लौ में लड़कियों के चेहरे सिनेमा के परदे पर ठहरे हुए क्लोजअप की भाँति उभरने लगे।

"कमरे में अँधेरा क्यों कर रखा है?" लतिका के स्वर में हल्की-सी झिड़की का आभास था।

"लैम्प में तेल ही खत्म हो गया, मैडम!"

यह सुधा का कमरा था, इसलिए उसे ही उत्तर देना पड़ा। हॉस्टल में शायद वह सबसे अधिक लोकप्रिय थी, क्योंकि सदा छुट्टी के समय या रात को डिनर के बाद आसपास के कमरों में रहनेवाली लड़कियों का जमघट उसी के कमरे में लग जाता था। देर तक गप-शप, हँसी-मजाक चलता रहता।

"तेल के लिए करीमुद्दीन से क्यों नहीं कहा?"

"कितनी बार कहा मैडम, लेकिन उसे याद रहे तब तो!"

कमरे में हँसी की फुहार एक कोने से दूसरे कोने तक फैल गई। लतिका के कमरे में आने से अनुशासन की जो घुटन घिर आई थी, वह अचानक बह गई। करीमुद्दीन हॉस्टल का नौकर था। उसके आलस और काम में टालमटोल करने के किस्से हॉस्टल की लड़कियों में पीढ़ी-दर-पीढ़ी चले आते थे।

लतिका को हठात् कुछ स्मरण हो आया। अँधेरे में लैम्प घुमाते हुए चारों ओर निगाहें दौड़ाईं। कमरे में चारों ओर घेरा बनाकर वे बैठी थीं—पास-पास एक-दूसरे से सटकर। सबके चेहरे परिचित थे, किन्तु लैम्प के पीले मद्धिम प्रकाश में मानो कुछ बदल गया था, या जैसे वह उन्हें पहली बार देख रही थी।

"जूली, अब तक तुम इस ब्लॉक में क्या कर रही हो?"

जूली खिड़की के पास पलंग के सिरहाने बैठी थी। उसने चुपचाप आँखें नीची कर लीं। लैम्प का प्रकाश चारों ओर से सिमटकर अब केवल उसके चेहरे पर गिर रहा था।

"नाइट रजिस्टर पर दस्तखत कर दिए?"

"हाँ, मैडम।"

"फिर...?" लतिका का स्वर कड़ा हो आया। जूली सकुचाकर खिड़की से बाहर देखने लगी।

जब से लतिका इस स्कूल में आई है, उसने अनुभव किया कि हॉस्टल के इस नियम का पालन डाँट-फटकार के बावजूद नहीं होता।

"मैडम, कल से छुट्टियाँ शुरू हो जाएँगी, इसलिए आज रात हम सबने मिलकर..." और सुधा पूरी बात न कहकर हेमन्ती की ओर देखते हुए मुस्कुराने लगी।

"हेमन्ती के गाने का प्रोग्राम है, आप भी कुछ देर बैठिए न।"

लतिका को उलझन मालूम हुई। इस समय यहाँ आकर उसने इनके मजे को किरकिरा कर दिया। इस छोटे-से हिल-स्टेशन पर रहते उसे खासा अरसा हो गया, लेकिन कब समय पतझड़ और गर्मियों का घेरा पार कर सर्दी की छुट्टियों की गोद में सिमट जाता है, उसे कभी याद नहीं रहता।

चोरों की तरह चुपचाप वह देहरी से बाहर हो गई। उसके चेहरे का तनाव ढीला पड़ गया। वह मुस्कुराने लगी।

"मेरे संग स्नो-फॉल देखने कोई नहीं ठहरेगा?"

"मैडम, छुट्टियों में क्या आप घर नहीं जा रही हैं?" सब लड़कियों की आँखें उस पर जम गईं।

"अभी कुछ पक्का नहीं है—आई लव द स्नो-फॉल!"

लतिका को लगा कि यही बात उसने पिछले साल भी कही थी और शायद पिछले-से-पिछले साल भी। उसे लगा, मानो लड़कियाँ उसे सन्देह की दृष्टि से देख रही हैं, मानो उन्होंने उसकी बात पर विश्वास नहीं किया। उसका सिर चकराने लगा, मानो बादलों का स्याह झुरमुट किसी अनजाने कोने से उठकर उसे अपने में डुबो लेगा। वह थोड़ा-सा हँसी, फिर धीरे से उसने सर को झटक दिया।

"जूली, तुमसे कुछ काम है, अपने ब्लॉक में जाने से पहले मुझसे मिल लेना—वेल गुड नाइट!" लतिका ने अपने पीछे दरवाजा बन्द कर दिया।

"गुड नाइट मैडम, गुड नाइट, गुड नाइट..."

गलियारे की सीढ़ियाँ न उतरकर लतिका रेलिंग के सहारे खड़ी हो गई। लैम्प की बत्ती को नीचे घुमाकर कोने में रख दिया। बाहर धुन्ध की नीली तहें बहुत घनी हो चली थीं। लॉन पर लगे हुए चीड़ के पत्तों की सरसराहट हवा के झोंकों के संग कभी तेज, कभी धीमी होकर भीतर बह आती थी। हवा में सर्दी का हल्का-सा आभास पाकर लतिका के दिमाग में कल से शुरू होनेवाली छुट्टियों का ध्यान भटक आया। उसने आँखें मूँद लीं। उसे लगा कि जैसे उसकी टाँगें बाँस की लकड़ियों की तरह उसके शरीर से बँधी हैं, जिसकी गाँठें धीरे-धीरे खुलती जा रही हैं। सिर की चकराहट अभी मिटी नहीं थी, मगर अब जैसे वह भीतर न होकर बाहर फैली हुई धुन्ध का हिस्सा बन गई थी।

सीढ़ियों पर बातचीत का स्वर सुनकर लतिका जैसे सोते से जगी। शॉल को कन्धों पर समेटा और लैम्प उठा लिया। डॉ. मुखर्जी मि. ह्यूबर्ट के संग एक अंग्रेजी धुन गुनगुनाते हुए ऊपर आ रहे थे। सीढ़ियों पर अँधेरा था और ह्यूबर्ट को बार-बार अपनी छड़ी से रास्ता टटोलना पड़ता था। लतिका ने दो-चार सीढ़ियाँ उतरकर लैम्प को नीचे झुका दिया, "गुड इवनिंग डॉक्टर, गुड इवनिंग मि. ह्यूबर्ट!"

"थैंक यू मिस लतिका," ह्यूबर्ट के स्वर में कृतज्ञता का भाव था। सीढ़ियाँ चढ़ने से उनकी साँस तेज हो रही थी और वह दीवार से लगे हुए हाँफ रहे थे। लैम्प की रोशनी में उनके चेहरे का पीलापन कुछ ताँबे के रंग जैसा हो गया था।

"यहाँ अकेली क्या कर रही हो मिस लतिका?" डॉक्टर ने होंठों के भीतर से सीटी बजाई।

"चेकिंग करके लौट रही थी। आज इस वक्त ऊपर कैसे आना हुआ मिस्टर ह्यूबर्ट?"

ह्यूबर्ट ने मुस्कुराकर अपनी छड़ी डॉक्टर के कन्धों से छुला दी, "इनसे पूछो, यही मुझे जबर्दस्ती घसीट लाए हैं।"

"मिस लतिका, हम आपको निमंत्रण देने आ रहे थे। आज रात मेरे कमरे में एक छोटा-सा कन्सर्ट होगा जिसमें मि. ह्यूबर्ट शोपाँ और चाइकोव्स्की के कम्पोजीशन बजाएँगे और फिर क्रीम कॉफी पी जाएगी। और उसके बाद अगर समय रहा, तो पिछले साल हमने जो गुनाह किए हैं, उन्हें हम सब मिलकर कन्फेस करेंगे।" डॉक्टर मुखर्जी के चेहरे पर भरी मुस्कान खेल गई।

"डॉक्टर, मुझे माफ करें, मेरी तबीयत कुछ ठीक नहीं है।"

"चलिए, यह ठीक रहा। फिर तो आप वैसे भी मेरे पास आतीं।" डॉक्टर ने धीरे से लतिका के कन्धों को पकड़कर अपने कमरे की तरफ मोड़ दिया।

डॉक्टर मुखर्जी का कमरा ब्लॉक के दूसरे सिरे पर छत से जुड़ा हुआ था। वह आधे बर्मी थे, जिसके चिह्न उनकी थोड़ी दबी हुई नाक और छोटी-छोटी चंचल आँखों से स्पष्ट थे। बर्मा पर जापानियों का आक्रमण होने के बाद वह इस छोटे-से पहाड़ी शहर में आ बसे थे। प्राइवेट प्रैक्टिस के अलावा वह कॉन्वेंट स्कूल में हाइजीन-फिजियोलॉजी भी पढ़ाया करते थे और इसलिए उनको स्कूल के हॉस्टल में ही एक कमरा रहने के लिए दे दिया गया था। कुछ लोगों का कहना था कि बर्मा से आते हुए रास्ते में उनकी पत्नी की मृत्यु हो गई, लेकिन इस सम्बन्ध में निश्चित रूप से कुछ नहीं कहा जा सकता क्योंकि डॉक्टर स्वयं कभी अपनी पत्नी की चर्चा नहीं करते।

बातों के दौरान डॉक्टर अक्सर कहा करते हैं, "मरने से पहले मैं एक दफा बर्मा जरूर जाऊँगा।" और तब एक क्षण के लिए उनकी आँखों में एक नमी-सी छा जाती। लतिका चाहने पर भी उनसे कुछ पूछ नहीं पाती। उसे लगता कि डॉक्टर नहीं चाहते कि कोई अतीत के सम्बन्ध में उनसे कुछ भी पूछे या सहानुभूति दिखलाए। दूसरे ही क्षण अपनी गम्भीरता को दूर ठेलते हुए वह हँस पड़ते—एक सूखी, बुझी हुई हँसी।

होम-सिक्नेस ही एक ऐसी बीमारी है जिसका इलाज किसी डॉक्टर के पास नहीं है।

छत पर मेज-कुर्सियाँ डाल दी गईं और भीतर कमरे में परकोलेटर में कॉफी का पानी चढ़ा दिया गया।

"सुना है, अगले दो-तीन वर्षों में यहाँ पर बिजली का इन्तजाम हो जाएगा!" डॉक्टर ने स्प्रिट लैम्प जलाते हुए कहा।

"यह बात तो पिछले दस सालों से सुनने में आ रही है। अंग्रेजों ने भी कोई लम्बी-चौड़ी स्कीम बनाई थी, पता नहीं उसका क्या हुआ!" ह्यूबर्ट ने कहा। वह आरामकुर्सी पर लेटा हुआ बाहर लॉन की ओर देख रहा था।

लतिका कमरे से दो मोमबत्तियाँ ले आई। मेज के दोनों सिरों पर टिकाकर उन्हें जला दिया गया। छत का अँधेरा मोमबत्ती की फीकी रोशनी के इर्द-गिर्द सिमटने लगा। एक घनी नीरवता चारों ओर घिरने लगी। हवा में चीड़ के वृक्षों की साँय-साँय दूर-दूर तक फैली पहाड़ियों और घाटियों में सीटियों की गूँज-सी छोड़ती जा रही थी।

"इस बार शायद बर्फ जल्दी गिरेगी, अभी से हवा में एक सर्द खुश्की-सी महसूस होने लगी है!" डॉक्टर का सिगार अँधेरे में लाल बिन्दी-सा चमक रहा था।

"पता नहीं, मिस वुड को स्पेशल सर्विस का गोरखधन्धा क्यों पसन्द आता है? छुट्टियों में घर जाने से पहले क्या यह जरूरी है कि लड़कियाँ फादर एल्मंड का सर्मन सुनें?" ह्यूबर्ट ने कहा।

"पिछले पाँच साल से मैं सुनता आ रहा हूँ—फादर एल्मंड के सर्मन में कहीं हेर-फेर नहीं होता।"

डॉक्टर को फादर एल्मंड एक आँख नहीं सुहाते थे।

लतिका कुर्सी पर आगे झुककर प्यालों में कॉफी उँडेलने लगी। हर साल स्कूल बन्द होने के दिन यही दो प्रोग्राम होते हैं—चैपल में स्पेशल सर्विस और उसके बाद दिन में पिकनिक। लतिका को पहला साल याद आया जब डॉक्टर के संग पिकनिक के बाद वह क्लब गई थी। डॉक्टर बार में बैठे थे। बालरूम कुमाऊँ रेजीमेंट के अफसरों से भरा हुआ था। कुछ देर तक बिलियर्ड का खेल देखने के बाद जब वह वापस बार की ओर आ रहे थे, तब उसने दाईं ओर क्लब की लाइब्रेरी में देखा—मगर उसी समय डॉक्टर मुखर्जी पीछे से आ गए थे। "मिस लतिका, यह मेजर गिरीश नेगी हैं।" बिलियर्ड रूम से आते हुए हँसी-ठहाकों के बीच वह नाम दब-सा गया था। वह किसी किताब के बीच में उँगली रखकर लाइब्रेरी की खिड़की से बाहर देख रहा था।

"हैलो डॉक्टर!" वह पीछे मुड़ा। तब उस क्षण...

उस क्षण न जाने क्यों लतिका का हाथ काँप गया और कॉफी की कुछ गरम बूँदें उसकी साड़ी पर छलक आईं। अँधेरे में किसी ने नहीं देखा कि लतिका के चेहरे पर एक उनींदा रीतापन घिर आया है।

हवा के झोंके से मोमबत्तियों की लौ फड़कने लगी। छत से भी ऊँची काठगोदाम जानेवाली सड़क पर यू.पी. रोडवेज की आखिरी बस डाक लेकर जा रही थी। बस की हेड लाइट्स में आसपास फैली हुई झाड़ियों की छायाएँ घर की दीवार पर सरकती हुई गायब होने लगीं।

"मिस लतिका, आप इस साल भी छुट्टियों में यहीं रहेंगी?" डॉक्टर ने पूछा।

डॉक्टर का सवाल हवा में टँगा रहा। उसी क्षण पियानो पर शोपाँ का नोक्टर्न ह्यूबर्ट की उँगलियों के नीचे से फिसलता हुआ धीरे-धीरे छत के अँधेरे में घुलने लगा—मानो जल पर कोमल स्वप्निल उर्मियाँ भँवरों का झिलमिलाता जाल बुनती हुई दूर-दूर किनारों तक फैलती जा रही हों। लतिका को लगा कि जैसे कहीं बहुत दूर बर्फ की चोटियों से परिन्दों के झुंड नीचे अनजान देशों की ओर उड़े जा रहे हैं। इन दिनों अक्सर उसने अपने कमरे की खिड़की से देखा है—धागे में बँधे चमकीले लट्टुओं की तरह वे एक लम्बी, टेढ़ी-मेढ़ी कतार में उड़े जाते हैं, पहाड़ों की सुनसान नीरवता से परे, उन विचित्र शहरों की ओर जहाँ शायद वह कभी नहीं जाएगी।

लतिका आर्म चेयर पर ऊँघने लगी। डॉक्टर मुखर्जी का सिगार अँधेरे में चुपचाप जल रहा था। डॉक्टर को आश्चर्य हुआ कि लतिका न जाने क्या सोच रही है और लतिका सोच रही थी—क्या वह बूढ़ी होती जा रही है? उसके सामने स्कूल की प्रिंसिपल मिस वुड का चेहरा घूम गया—पोपला मुँह, आँखों के नीचे झूलती हुई मांस की थैलियाँ, जरा-जरा-सी बात पर चिढ़ जाना, कर्कश आवाज में चीखना—सब

उसे 'ओल्डमेड' कहकर पुकारते हैं। कुछ वर्षों बाद वह भी हूबहू वैसी ही बन जाएगी...लतिका के समूचे शरीर में झुरझुरी-सी दौड़ गई, मानो अनजाने में उसने किसी गलीज वस्तु को छू लिया हो। उसे याद आया, कुछ महीने पहले अचानक उसे ह्यूबर्ट का प्रेमपत्र मिला था—भावुक याचना से भरा हुआ पत्र, जिसमें उसने न जाने क्या कुछ लिखा था, जो कभी उसकी समझ में नहीं आया। उसे ह्यूबर्ट की इस बचकाना हरकत पर हँसी आई थी, किन्तु भीतर-ही-भीतर प्रसन्नता भी हुई थी—उसकी उम्र अभी बीती नहीं है, अब भी वह दूसरों को अपनी ओर आकर्षित कर सकती है। ह्यूबर्ट का पत्र पढ़कर उसे क्रोध नहीं आया, आई थी केवल ममता। वह चाहती तो उसकी गलतफहमी को दूर करने में देर न लगती, किन्तु कोई शक्ति उसे रोके रहती है, उसके कारण अपने पर विश्वास रहता है, अपने सुख का भ्रम मानो ह्यूबर्ट की गलतफहमी से जुड़ा है...।

ह्यूबर्ट ही क्यों, वह क्या किसी को भी चाह सकेगी, उस अनुभूति के संग, जो अब नहीं रही, जो छाया-सी उस पर मँडराती रहती है, न स्वयं मिटती है, न उसे मुक्ति दे पाती है। उसे लगा, जैसे बादलों का झुरमुट फिर उसके मस्तिष्क पर धीरे-धीरे छाने लगा है, उसकी टाँगें फिर निर्जीव, शिथिल-सी हो गई हैं।

वह झटके से उठ खड़ी हुई—"डॉक्टर, माफ करना, मुझे बहुत थकान-सी लग रही है..." बिना वाक्य पूरा किए ही वह चली गई।

कुछ देर तक टैरेस पर निस्तब्धता छाई रही। मोमबत्तियाँ बुझने लगी थीं। डॉक्टर मुखर्जी ने सिगार का नया कश लिया, "सब लड़कियाँ एक जैसी होती हैं—बेवकूफ और सेंटीमेंटल।"

ह्यूबर्ट की उँगलियों का दबाव पियानो पर ढीला पड़ता गया—अन्तिम सुरों की झिझकी-सी गूँज कुछ क्षणों तक हवा में तिरती रही।

"डॉक्टर, आपको मालूम है...मिस लतिका का व्यवहार पिछले कुछ अरसे से अजीब-सा लगता है!" ह्यूबर्ट के स्वर में लापरवाही का भाव था। वह नहीं चाहता था कि डॉक्टर को लतिका के प्रति उसकी भावनाओं का आभास-मात्र भी मिल सके। जिस कोमल अनुभूति को वह इतने समय से सँजोता आया है, डॉक्टर उसे हँसी के एक ही ठहाके में उपहासास्पद बना देगा।

"क्या तुम नियति में विश्वास करते हो ह्यूबर्ट?" डॉक्टर ने कहा। ह्यूबर्ट दम रोके प्रतीक्षा करता रहा। वह जानता था कि कोई भी बात कहने से पहले डॉक्टर को फिलोसोफाइज करने की आदत थी। डॉक्टर टैरेस के जँगले से सटकर खड़ा हो गया। फीकी-सी चाँदनी में चीड़ के पेड़ों की छायाएँ लॉन पर गिर रही थीं। कभी-कभी कोई जुगनू अँधेरे में हरा प्रकाश छिड़कता हवा में गायब हो जाता था।

"मैं कभी-कभी सोचता हूँ, इनसान जिन्दा किसलिए रहता है—क्या उसे कोई और बेहतर काम करने को नहीं मिला? हजारों मील अपने मुल्क से दूर मैं यहाँ पड़ा हूँ—यहाँ कौन मुझे जानता है...यहीं शायद मर भी जाऊँगा। ह्यूबर्ट, क्या तुमने कभी महसूस किया है कि एक अजनबी की हैसियत से परायी जमीन पर मर जाना काफी खौफनाक बात है...!"

ह्यूबर्ट विस्मित-सा डॉक्टर की ओर देखने लगा। उसने पहली बार डॉक्टर मुखर्जी के इस पहलू को देखा था, अपने सम्बन्ध में वह अक्सर चुप रहते थे।

"कोई पीछे नहीं है, यह बात मुझमें एक अजीब किस्म की बेफिक्री पैदा कर देती है। लेकिन कुछ लोगों की मौत अन्त तक पहेली बनी रहती है...शायद वे जिन्दगी से बहुत उम्मीद लगाते थे। उसे ट्रैजिक भी नहीं कहा जा सकता, क्योंकि आखिरी दम तक उन्हें मरने का अहसास नहीं होता...।"

"डॉक्टर, आप किसका जिक्र कर रहे हैं?" ह्यूबर्ट ने परेशान होकर पूछा।

डॉक्टर कुछ देर तक चुपचाप सिगार पीता रहा। फिर मुड़कर वह मोमबत्तियों की बुझती हुई लौ को देखने लगा।

"तुम्हें मालूम है, किसी समय लतिका बिला नागा क्लब जाया करती थी। गिरीश नेगी से उसका परिचय वहीं हुआ था। कश्मीर जाने से एक रात पहले उसने मुझे सब कुछ बता दिया था। मैं अब तक लतिका से उस मुलाकात के बारे में कुछ नहीं कह सका हूँ। किन्तु उस रात कौन जानता था कि वह वापस नहीं लौटेगा। और अब...अब क्या फर्क पड़ता है! लेट द डेड डाई..."

डॉक्टर की सूखी सर्द हँसी में खोखली-सी शून्यता भरी थी।

"कौन गिरीश नेगी?"

"कुमाऊँ रेजीमेंट में मेजर था।"

"डॉक्टर, क्या लतिका..." ह्यूबर्ट से आगे कुछ नहीं कहा गया। उसे याद आया वह पत्र, जो उसने लतिका को भेजा था...कितना अर्थहीन और उपहासास्पद, जैसे उसका एक-एक शब्द उसके दिल को कचोट रहा हो। उसने धीरे से पियानो पर सिर टिका लिया। लतिका ने उसे क्यों नहीं बताया, क्या वह इसके योग्य भी नहीं था?

"लतिका...वह तो बच्ची है, पागल! मरनेवाले के संग खुद थोड़े ही मरा जाता है!"

कुछ देर चुप रहकर डॉक्टर ने अपने प्रश्न को फिर दोहराया।

"लेकिन ह्यूबर्ट, क्या तुम नियति पर विश्वास करते हो?"

हवा के हल्के झोंके से मोमबत्तियाँ एक बार प्रज्वलित होकर बुझ गईं। टैरेस पर ह्यूबर्ट और डॉक्टर अँधेरे में एक-दूसरे का चेहरा नहीं देख पा रहे थे, फिर भी वे एक-दूसरे की ओर देख रहे थे। कॉन्वेंट स्कूल से कुछ दूर मैदानों में बहते पहाड़ी नाले का स्वर आ रहा था। जब बहुत देर बाद कुमाऊँ रेजीमेंट सेंटर का बिगुल सुनाई दिया, तो ह्यूबर्ट हड़बड़ाकर खड़ा हो गया।

"अच्छा, चलता हूँ, डॉक्टर, गुड नाइट।"

"गुड नाइट ह्यूबर्ट...मुझे माफ करना, मैं सिगार खत्म करके उठूँगा..."

सुबह बदली छाई थी। लतिका के खिड़की खोलते ही धुन्ध का गुब्बारा-सा भीतर घुस आया, जैसे रात-भर दीवार के सहारे सर्दी में ठिठुरता हुआ वह भीतर आने की प्रतीक्षा कर रहा हो। स्कूल से ऊपर चैपल जानेवाली सड़क बादलों में छिप गई थी, केवल चैपल का 'क्रॉस' धुन्ध के परदे पर एक-दूसरे को काटती हुई पेंसिल की रेखाओं-सा दिखाई दे जाता था।

लतिका ने खिड़की से आँखें हटाईं, तो देखा कि करीमुद्दीन चाय की ट्रे लिये खड़ा है। करीमुद्दीन मिलिटरी में अर्दली रह चुका था, इसलिए ट्रे मेज पर रखकर 'अटेंशन' की मुद्रा में खड़ा हो गया।

लतिका झटके से उठ बैठी। सुबह से आलस करके कितनी बार जागकर वह सो चुकी है। अपनी खिसियाहट मिटाने के लिए लतिका ने कहा, "बड़ी सर्दी है आज, बिस्तर छोड़ने को जी नहीं चाहता।"

"अजी मेम साहब, अभी क्या सर्दी आई है—बड़े दिनों में देखना, कैसे दाँत कटकटाते हैं!" और करीमुद्दीन अपने हाथों को बगलों में डाले हुए इस तरह सिकुड़ गया जैसे उन दिनों की कल्पना मात्र से उसे जाड़ा लगना शुरू हो गया हो। गंजे सिर पर दोनों तरफ के उसके बाल खिजाब लगाने से कत्थई रंग के भूरे हो गए थे। बात चाहे किसी विषय पर हो रही हो, वह हमेशा खींचतान कर उसे ऐसे क्षेत्र में घसीट लाता था, जहाँ वह बेझिझक अपने विचारों को प्रकट कर सके।

"एक दफा तो यहाँ लगातार इतनी बर्फ गिरी थी कि भुवाली से लेकर डाक बँगले तक सारी सड़कें जाम हो गईं। इतनी बर्फ थी मेम साहब कि पेड़ों की टहनियाँ तक सिकुड़कर तनों से लिपट गई थीं—बिलकुल ऐसे," और करीमुद्दीन नीचे झुककर मुर्गा-सा बन गया।

"कब की बात है?" लतिका ने पूछा।

"अब यह तो जोड़-हिसाब करके ही पता चलेगा, मेम साहब...लेकिन इतना याद है कि उस वक्त अंग्रेज बहादुर यहीं थे। कंटोनमेंट की इमारत पर कौमी झंडा नहीं लगा था। बड़े जबर थे ये अंग्रेज, दो घंटों में ही सारी सड़कें साफ करवा दीं। उन दिनों एक सीटी बजाते ही पचास घोड़ेवाले जमा हो जाते थे। तो अब सारे शेड खाली पड़े हैं। वे लोग अपनी खिदमत भी करवाना जानते थे, अब तो सब उजाड़ हो गया है।" करीमुद्दीन उदास भाव से बाहर देखने लगा।

आज यह पहली बार नहीं है जब लतिका करीमुद्दीन से उन दिनों की बातें सुन रही है जब अंग्रेज बहादुर ने इस स्थान को स्वर्ग बना रखा था।

"आप छुट्टियों में इस साल भी यहीं रहेंगी मेम साहब?"

"दिखता तो कुछ ऐसा ही है करीमुद्दीन, तुम्हें फिर तंग होना पड़ेगा।"

"क्या कहती हैं मेम साहब! आपके रहने से हमारा भी मन लग जाता है, वरना छुट्टियों में तो यहाँ कुत्ते लोटते हैं।"

"तुम जरा मिस्त्री से कह देना कि इस कमरे की छत की मरम्मत कर जाए। पिछले साल बर्फ का पानी दरारों से टपकता रहता था।" लतिका को याद आया कि पिछली सर्दियों में जब कभी बर्फ गिरती थी, तो उसे पानी से बचने के लिए रात-भर कमरे के कोने में सिमटकर सोना पड़ता था।

करीमुद्दीन चाय की ट्रे उठाता हुआ बोला, "ह्यूबर्ट साहब तो शायद कल ही चले जाएँ—कल रात उनकी तबीयत फिर खराब हो गई। आधी रात के वक्त मुझे जगाने आए थे। कहते थे, छाती में तकलीफ है। उन्हें यह मौसम नहीं रास आता। कह रहे थे, लड़कियों की बस में वह भी कल ही चले जाएँगे।"

करीमुद्दीन दरवाजा बन्द करके चला गया। लतिका की इच्छा हुई कि ह्यूबर्ट के कमरे में जाकर उनकी तबीयत की पूछताछ कर आए। किन्तु फिर न जाने क्यों स्लीपर पैरों में टँगे रहे और वह खिड़की के बाहर बादलों को उड़ता हुआ देखती रही। ह्यूबर्ट का चेहरा जब उसे देखकर सहमा-सा दयनीय हो जाता है, तब लगता है कि वह अपनी मूक-निरीह याचना में उसे कोस रहा है—न वह उसकी गलतफहमी को दूर करने का प्रयत्न कर पाती है, न उसे अपनी विवशता की सफाई देने का साहस होता है। उसे लगता है कि इस जाले से बाहर निकलने के लिए वह धागे के जिस सिरे को पकड़ती है, वह खुद एक गाँठ बनकर रह जाता है...

बाहर बूँदाबाँदी होने लगी थी। कमरे की टीन की छत खट-खट बोलने लगी। लतिका पलंग से उठ खड़ी हुई। बिस्तर को तहाकर बिछाया। फिर पैरों में स्लीपरों को घसीटते हुए वह बड़े आईने तक आई और उसके सामने स्टूल पर बैठकर बालों को खोलने लगी। किन्तु कुछ देर तक कंघी बालों में ही उलझी रही और वह गुमसुम हो शीशे में अपना चेहरा ताकती रही। करीमुद्दीन को यह कहना याद ही नहीं रहा कि धीरे-धीरे आग जलाने की लकड़ियाँ जमा कर ले। इन दिनों सस्ते दामों पर सूखी लकड़ियाँ मिल जाती हैं। पिछले साल तो कमरा धुएँ से भर जाता था जिसके कारण कँपकँपाते जाड़े में भी उसे खिड़की खोलकर ही सोना पड़ता था।

आईने में लतिका ने अपना चेहरा देखा, वह मुस्कुरा रही थी। पिछले साल अपने कमरे की सीलन और ठंड से बचने के लिए कभी-कभी वह मिस वुड के खाली कमरे में चोरी-चुपके सोने चली जाया करती थी। मिस वुड का कमरा बिना आग के भी गरम रहता था, उनके गदोले सोफे पर लेटते ही आँख लग जाती थी। कमरा छुट्टियों में खाली पड़ा रहता है, किन्तु मिस वुड से इतना नहीं होता कि दो महीनों के लिए उसके हवाले कर जाएँ। हर साल कमरे में ताला ठोंक जाती हैं। वह

तो पिछले साल गुसलखाने में भीतर की साँकल देना भूल गई थीं, जिसे लतिका चोर दरवाजे के रूप में इस्तेमाल करती रही थी।

पहले साल अकेले में उसे बड़ा डर-सा लगता था। छुट्टियों में सारे स्कूल और हॉस्टल के कमरे साँय-साँय करने लगते हैं। डर के मारे उसे जब कभी नींद नहीं आती थी, तब वह करीमुद्दीन को रात में देर तक बातों में उलझाए रखती। बातों में जब खोई-सी वह सो जाती, तब करीमुद्दीन चुपचाप लैम्प बुझाकर चला जाता। कभी-कभी बीमारी का बहाना करके वह डॉक्टर को बुलवा भेजती थी और बाद में बहुत जिद करके दूसरे कमरे में उनका बिस्तर लगवा देती।

लतिका ने कंघे से बालों का गुच्छा निकाला और उसे बाहर फेंकने के लिए वह खिड़की के पास आ खड़ी हुई। बाहर छत की ढलान से बारिश के जल की मोटी-सी धार बराबर लॉन पर गिर रही थी। मेघाच्छन्न आकाश में सरकते हुए बादलों के पीछे पहाड़ियों के झुंड कभी उभर आते थे, कभी छिप जाते थे, मानो चलती हुई ट्रेन से कोई उन्हें देख रहा हो। लतिका ने खिड़की से सिर बाहर निकाल लिया। हवा के झोंके से उसकी आँखें झिप गईं। उसे जितने काम याद आते हैं, उतना ही आलस घना होता जाता है। बस की सीटें रिजर्व करवाने के लिए चपरासी को रुपए देने हैं। जो सामान हॉस्टल की लड़कियाँ पीछे छोड़े जा रही हैं, उन्हें गोदाम में रखवाना होगा। कभी-कभी तो छोटी क्लास की लड़कियों के साथ पैकिंग करवाने के काम में भी उसे हाथ बँटाना पड़ता है।

वह इन कामों से ऊबती नहीं। धीरे-धीरे सब निपटते जाते हैं, कोई गलती इधर-उधर रह जाती है, सो बाद में सुधर जाती है—हर काम में किचकिच रहती है, परेशानी और दिक्कत होती है किन्तु देर-सबेर इससे छुटकारा मिल ही जाता है। किन्तु जब लड़कियों की आखिरी बस चली जाती है, तब मन उचाट-सा हो जाता है—खाली कॉरिडोर में घूमती हुई वह कभी इस कमरे में जाती है और कभी उसमें। वह नहीं जान पाती कि अपने से क्या करे—दिल कहीं भी नहीं टिक पाता, हमेशा भटका-भटका-सा रहता है।

इस सबके बावजूद जब कोई सहज भाव से पूछ बैठता है, "मिस लतिका, छुट्टियों में आप घर नहीं जा रहीं?" तब...वह क्या कहे?

डिंग-डांग-डिंग...स्पेशल सर्विस के लिए स्कूल चैपल के घंटे बजने लगे थे। लतिका ने अपना सिर खिड़की के भीतर कर लिया। उसने झटपट साड़ी उतारी और पेटीकोट में ही कन्धे पर तौलिया डाले गुसलखाने में घुस गई।

लेफ्ट-राइट-लेफ्ट...लेफ्ट...

कंटोनमेंट जानेवाली पक्की सड़क पर चार-चार की पंक्ति में कुमाऊँ रेजीमेंट के सिपाहियों की एक टुकड़ी मार्च कर रही थी। फौजी बूटों की भारी खुरदरी आवाजें स्कूल चैपल की दीवारों से टकराकर भीतर 'प्रेयर-हॉल' में गूँज रही थीं।

"ब्लेसेड आर द मीक..." फादर एल्मंड एक-एक शब्द चबाते हुए खखारते स्वर में 'सर्मन ऑफ द माउंट' पढ़ रहे थे। ईसा मसीह की मूर्ति के नीचे 'कैंडलब्रियम' के दोनों ओर मोमबत्तियाँ जल रही थीं, जिनका प्रकाश आगे बेंचों पर बैठी हुई लड़कियों पर पड़ रहा था। पिछली लाइनों की बेंचें अँधेरे में डूबी हुई थीं, जहाँ लड़कियाँ प्रार्थना की मुद्रा में बैठी हुई सिर झुकाए एक-दूसरे से खुसुरफुसुर कर रही थीं। मिस वुड स्कूल सीजन के सफलतापूर्वक समाप्त हो जाने पर विद्यार्थियों और स्टाफ सदस्यों को बधाई का भाषण दे चुकी थीं और अब फादर के पीछे बैठी हुई अपने में ही कुछ बुड़बुड़ा रही थीं मानो धीरे-धीरे फादर को 'प्रॉम्प्ट' कर रही हों।

"आमीन..." फादर एल्मंड ने बाइबल मेज पर रख दी और 'प्रेयर-बुक' उठा ली। हॉल की खामोशी क्षण-भर के लिए टूट गई। लड़कियों ने खड़े होते हुए जानबूझकर बेंचों को पीछे धकेला—बेंचें फर्श पर रगड़ खाकर सीटी बजाती हुई पीछे खिसक गईं। हॉल के कोने से हँसी फूट पड़ी। मिस वुड का चेहरा तन गया, भृकुटियाँ चढ़ गईं। फिर अचानक निस्तब्धता छा गई। हॉल के उस घुटे हुए धुँधलके में फादर का तीखा फटा हुआ स्वर सुनाई देने लगा, "जीसस सेड, आई एम द लाइट ऑफ द वर्ल्ड—ही दैट फालोएथ मी शैल नॉट वाक इन डार्कनेस, बट शैल हैव द लाइट ऑफ लाइफ...।"

डॉक्टर मुखर्जी ने ऊब और उकताहट से भरी जम्हाई ली, "कब यह किस्सा खत्म होगा?" उसने इतने ऊँचे स्वर में लतिका से पूछा कि वह सकुचाकर दूसरी ओर देखने लगी। स्पेशल सर्विस के समय डॉक्टर मुखर्जी के होंठों पर व्यंग्यात्मक मुस्कान खेलती रहती और वह धीरे-धीरे अपनी मूँछों को खींचता रहता।

फादर एल्मंड की वेशभूषा देखकर लतिका के दिल में गुदगुदी-सी दौड़ गई। जब वह छोटी थी, तो अक्सर यह बात सोचकर विस्मित हुआ करती थी कि क्या पादरी लोग सफेद चोगे के नीचे कुछ नहीं पहनते, अगर धोखे से वह ऊपर उठ जाए तो?

लेफ्ट...लेफ्ट...लेफ्ट...मार्च करते हुए फौजी बूट चैपल से दूर होते जा रहे थे—केवल उनकी गूँज हवा में शेष रह गई थी।

"हिम नम्बर 117—" फादर ने प्रार्थना-पुस्तक खोलते हुए कहा। हॉल में प्रत्येक लड़की ने डेस्क पर रखी हुई हिम-बुक खोल ली। पन्नों के उलटने की खड़खड़ाहट फिसलती हुई एक सिरे से दूसरे सिरे तक फैल गई।

आगे की बेंच से उठकर ह्यूबर्ट पियानो के सामने स्टूल पर बैठ गया। संगीत शिक्षक होने के कारण हर साल स्पेशल सर्विस के अवसर पर उसे 'कॉयर' के संग पियानो बजाना पड़ता था। ह्यूबर्ट ने अपने रूमाल से नाक साफ की। अपनी घबराहट छिपाने के लिए ह्यूबर्ट हमेशा ऐसा ही किया करता था। कनखियों से हॉल की ओर देखते हुए उसने काँपते हाथों से हिम-बुक खोली।

लीड काइंडली लाइट...

पियानो के सुर दबे, झिझकते से मिलने लगे। घने बालों से ढकी ह्यूबर्ट की लम्बी, पीली अँगुलियाँ खुलने-सिमटने लगीं। 'कॉयर' में गानेवाली लड़कियों के स्वर एक-दूसरे से गुँथकर कोमल, स्निग्ध लहरों में बिंध गए।

लतिका को लगा, उसका जूड़ा ढीला पड़ गया है, मानो गर्दन के नीचे झूल रहा है। मिस वुड की आँख बचा लतिका ने चुपचाप बालों में लगे क्लिपों को कसकर खींच दिया।

"बड़ा झक्की आदमी है...सुबह मैंने ह्यूबर्ट को यहाँ आने से मना किया था, फिर भी चला आया," डॉक्टर ने कहा।

लतिका को करीमुद्दीन की बात याद हो गई। रात-भर ह्यूबर्ट को खाँसी का दौरा पड़ा था...कल जाने के लिए कह रहे थे...

लतिका ने सिर टेढ़ा करके ह्यूबर्ट के चेहरे की एक झलक पाने की विफल चेष्टा की। इतने पीछे से कुछ भी देख पाना असम्भव था; पियानो पर झुका हुआ केवल ह्यूबर्ट का सिर दिखाई देता था।

लीड काइंडली लाइट...संगीत के सुर मानो एक ऊँची पहाड़ी पर चढ़कर हाँफती हुई साँसों को आकाश की अबाध शून्यता में बिखेरते हुए नीचे उतर रहे हैं। बारिश की मुलायम धूप चैपल के लम्बे-चौकोर शीशों पर झलमला रही है, जिसकी एक महीन चमकीली रेखा ईसा मसीह की प्रतिमा पर तिरछी होकर गिर रही है। मोमबत्तियों का धुआँ धूप में नीली-सी लकीर खींचता हुआ हवा में तिरने लगा है। पियानो के क्षणिक 'पॉज़' में लतिका को पत्तों का परिचित मर्मर कहीं दूर अनजानी दिशा से आता हुआ सुनाई दे जाता है। एक क्षण के लिए उसे भ्रम हुआ कि चैपल का फीका-सा अँधेरा उस छोटे से 'प्रेयर हॉल' के चारों कोनों से सिमटता हुआ उसके आसपास घिर आया है—मानो कोई उसकी आँखों पर पट्टी बाँधकर उसे यहाँ तक ले आया हो और अचानक उसकी आँखें खोल दी हों। उसे लगा कि जैसे मोमबत्तियों के धूमिल आलोक में कुछ भी ठोस, वास्तविक न रहा हो—चैपल की छत, दीवारें, डेस्क पर रखा हुआ डॉक्टर का सुघड़-सुडौल हाथ—और पियानो के सुर अतीत की धुन्ध को भेदते हुए स्वयं उस धुन्ध का भाग बनते जा रहे हों...

एक पगली-सी स्मृति, एक उद्भ्रान्त भावना—चैपल के शीशों के परे पहाड़ी सूखी हवा, हवा में झुकी हुई वीपिंग विलोज़ की काँपती टहनियाँ, पैरों तले चीड़ के पत्तों की धीमी-सी चिर-परिचित खड़...खड़...। वहीं पर गिरीश एक हाथ में मिलिटरी का खाकी हैट लिये खड़ा है—चौड़े, उठे हुए, सबल कन्धे, अपना सिर वहाँ टिका दो, तो जैसे सिमटकर खो जाएगा...चार्ल्स बोयर, यह नाम उसने रखा था, वह झेंपकर हँसने लगता।

"तुम्हें आर्मी में किसने चुन लिया, मेजर बन गए हो, लेकिन लड़कियों से भी गए-बीते हो...जरा-जरा-सी बात पर चेहरा लाल हो जाता है।" यह सब वह

कहती नहीं, सिर्फ सोचती भर थी—सोचा था कभी कहूँगी, वह 'कभी' कभी नहीं आया...

बुरूँस का लाल फूल

लाए हो

न

झूठे

खाकी कमीज के जिस जेब पर बैज चिपके थे, उसमें से मुसा हुआ बुरूँस का फूल निकल आया।

छि: सारा मुरझा गया

अभी खिला कहाँ है?

(हाउ क्लम्जी)

उसके बालों में गिरीश का हाथ उलझ रहा है—फूल कहीं टिक नहीं पाता, फिर उसे क्लिप के नीचे फँसाकर उसने कहा—

देखो

वह मुड़ी और इससे पहले कि वह कुछ कह पाती, गिरीश ने अपना मिलिटरी का हैट धप् से उसके सिर पर रख दिया। वह मंत्रमुग्ध-सी वैसी ही खड़ी रही। उसके सिर पर गिरीश का हैट है—माथे पर छोटी-सी बिन्दी है। बिन्दी पर उड़ते हुए बाल हैं। गिरीश ने उस बिन्दी को अपने होंठों से छुआ है, उसने उसके नंगे सिर को अपने दोनों हाथों में समेट लिया है—

लतिका

गिरीश ने चिढ़ाते हुए कहा—मैन ईटर ऑफ कुमाऊँ—(उसका यह नाम गिरीश ने उसे चिढ़ाने के लिए रखा था)...वह हँसने लगी।

"लतिका...सुनो..." गिरीश का स्वर कैसा हो गया था!

"ना, मैं कुछ भी नहीं सुन रही।"

"लतिका...मैं कुछ महीनों में वापस लौट आऊँगा..."

"ना...मैं कुछ भी नहीं सुन रही..." किन्तु वह सुन रही है—वह नहीं जो गिरीश कह रहा है, किन्तु वह जो नहीं कहा जा रहा है, जो उसके बाद कभी नहीं कहा गया...

लीड काइंडली लाइट...

लड़कियों का स्वर पियानो के सुरों में डूबा हुआ गिर रहा है, उठ रहा है... ह्यूबर्ट ने सिर मोड़कर लतिका को निमिष भर देखा—आँखें मूँदे ध्यानमग्ना प्रस्तर मूर्ति-सी वह स्थिर-निश्चल खड़ी थी। क्या यह भाव उसके लिए है? क्या लतिका ने ऐसे क्षणों में उसे अपना साथी बनाया है? ह्यूबर्ट ने एक गहरी साँस ली और उस साँस में ढेर-सी थकान उमड़ आई।

"देखो...मिस वुड कुर्सी पर बैठे-बैठे सो रही हैं।" डॉक्टर होंठों में ही फुसफुसाया।

यह डॉक्टर का पुराना मजाक था कि मिस वुड प्रार्थना करने के बहाने आँखें मूँदे हुए नींद की झपकियाँ लेती हैं।

फादर एल्मंड ने कुर्सी पर फैले अपने गाउन को समेट लिया और प्रेयर-बुक बन्द करके मिस वुड के कानों में कुछ कहा। पियानो का स्वर क्रमश: मन्द पड़ने लगा, ह्यूबर्ट की अँगुलियाँ ढीली पड़ने लगीं। सर्विस के समाप्त होने से पूर्व मिस वुड ने ऑर्डर पढ़कर सुनाया। बारिश होने की आशंका से आज के कार्यक्रम में कुछ आवश्यक परिवर्तन करने पड़े थे। पिकनिक के लिए झूला देवी के मन्दिर जाना सम्भव नहीं हो सकेगा, इसलिए स्कूल से कुछ दूर 'मीडोज़' में ही सब लड़कियाँ नाश्ते के बाद जमा होंगी। सब लड़कियों को दोपहर का 'लंच' हॉस्टल किचेन से ही ले जाना होगा, केवल शाम की चाय 'मीडोज़' में बनेगी।

पहाड़ों की बारिश का क्या भरोसा! कुछ देर पहले धुआँधार बादल गरज रहे थे, सारा शहर पानी में भीगा ठिठुर रहा था—अब धूप में नहाता नीला आकाश धुन्ध की ओट से बाहर निकलता हुआ फैल रहा था। लतिका ने चैपल से बाहर आते हुए देखा—वीपिंग विलोज़ की भीगी शाखाओं से धूप में चमकती हुई बारिश की बूँदें टपक रही थीं...लड़कियाँ चैपल से बाहर निकलकर छोटे-छोटे गुच्छे बनाकर कॉरिडोर में जमा हो गई हैं। नाश्ते के लिए अभी पौन घंटा पड़ा था और उनमें से अभी कोई भी लड़की हॉस्टल जाने के लिए इच्छुक नहीं थी। छुट्टियाँ अभी शुरू नहीं हुई थीं, किन्तु शायद इसीलिए वे इन चन्द बचे-खुचे क्षणों में अनुशासन के घेरे के भीतर भी मुक्त होने का भरपूर आनन्द उठा लेना चाहती थीं।

मिस वुड को लड़कियों का यह गुल-गपाड़ा अखरा, किन्तु फादर एल्मंड के सामने वह उन्हें डाँट-फटकार नहीं सकीं। अपनी झुँझलाहट दबाकर वह मुस्कुराते हुए बोलीं, "कल सब चली जाएँगी, सारा स्कूल वीरान हो जाएगा।"

फादर एल्मंड का लम्बा ओजपूर्ण चेहरा चैपल की घुटी हुई गरमाई से लाल हो उठा था। कॉरिडोर के जँगले पर अपनी छड़ी लटकाकर वह बोले, "छुट्टियों में पीछे हॉस्टल में कौन रहेगा?"

"पिछले दो-तीन सालों से मिस लतिका ही रह रही हैं..."

"और डॉक्टर मुखर्जी?" फादर का ऊपरी होंठ तनिक खिंच आया।

"डॉक्टर तो सर्दी-गर्मी यहीं रहते हैं।" मिस वुड ने विस्मय से फादर की ओर देखा। वह समझ नहीं सकीं कि फादर ने डॉक्टर का प्रसंग क्यों छेड़ दिया है।

"डॉक्टर मुखर्जी छुट्टियों में कहीं नहीं जाते?"

"दो महीने की छुट्टियों में बर्मा जाना काफी कठिन है फादर!" मिस वुड हँसने लगीं।

"मिस वुड, पता नहीं आप क्या सोचती हैं। मुझे तो मिस लतिका का हॉस्टल में अकेले रहना कुछ समझ में नहीं आता!"

"लेकिन फादर," मिस वुड ने कहा, "यह तो कॉन्वेंट स्कूल का नियम है कि कोई भी टीचर छुट्टियों में अपने खर्चे पर हॉस्टल में रह सकती है।"

"मैं फिलहाल स्कूल के नियमों की बात नहीं कर रहा। मिस लतिका डॉक्टर के संग यहाँ अकेली ही रह जाएँगी और सच पूछिए मिस वुड, डॉक्टर के बारे में मेरी राय कुछ बहुत अच्छी नहीं है..."

"फादर, आप कैसी बात कर रहे हैं...मिस लतिका बच्चा थोड़े ही हैं..." मिस वुड को ऐसी आशा नहीं थी कि फादर एल्मंड अपने दिल में ऐसी दकियानूसी भावना को स्थान देंगे।

फादर एल्मंड कुछ हतप्रभ से हो गए, बात पलटते हुए बोले, "मिस वुड, मेरा मतलब यह नहीं था। आप तो जानती हैं, मिस लतिका और उस मिलिटरी अफसर को लेकर एक अच्छा-खासा स्कैंडल बन गया था, स्कूल की बदनामी होने में क्या देर लगती है!"

"वह बेचारा तो अब नहीं रहा। मैं उसे जानती थी फादर! ईश्वर उसकी आत्मा को शान्ति दे।"

मिस वुड ने धीरे से अपनी दोनों बाँहों से क्रॉस किया।

फादर एल्मंड को मिस वुड की मूर्खता पर इतना अधिक क्षोभ हुआ कि उनसे आगे और कुछ नहीं बोला गया। डॉक्टर मुखर्जी से उनकी कभी नहीं पटती थी, इसलिए मिस वुड की आँखों में वह डॉक्टर को नीचा दिखाना चाहते थे। किन्तु मिस वुड लतिका का रोना ले बैठीं, आगे बात बढ़ाना व्यर्थ था। उन्होंने छड़ी को जँगले से उठाया और ऊपर साफ खुले आकाश को देखते हुए बोले, "प्रोग्राम आपने यूँ ही बदला, मिस वुड, अब क्या बारिश होगी!"

ह्यूबर्ट जब चैपल से बाहर निकला तो उसकी आँखें चकाचौंध-सी हो गईं। उसे लगा जैसे किसी ने अचानक ढेर-सी चमकीली उबलती हुई रोशनी मुट्ठी में भरकर उसकी आँखों में झोंक दी हो। पियानो के संगीत के सुर रुई के छुई-मुई रेशों की भाँति अब तक उसके मस्तिष्क की थकी-माँदी नसों पर फड़फड़ा रहे थे। वह काफी थक गया था। पियानो बजाने से उसके फेफड़ों पर हमेशा भारी दबाव पड़ता, दिल की धड़कन तेज हो जाती थी। उसे लगता था कि संगीत के एक नोट को दूसरे नोट में उतारने के प्रयत्न में वह एक अँधेरी खाई पार कर रहा है।

आज चैपल में मैंने जो महसूस किया, वह कितना रहस्यमय, कितना विचित्र था, ह्यूबर्ट ने सोचा। मुझे लगा, पियानो का हर नोट चिरन्तन खामोशी की अँधेरी खोह से निकलकर बाहर फैली नीली धुन्ध को काटता, तराशता हुआ एक भूला-सा अर्थ खींच लाता है। गिरता हुआ हर 'पॉज़' एक छोटी-सी मौत है, मानो घने छायादार वृक्षों की काँपती छायाओं में कोई पगडंडी गुम हो गई हो, एक छोटी-सी मौत जो आनेवाले सुरों को अपनी बची-खुची गूँजों की साँसें समर्पित कर जाती

है...जो मर जाती है, किन्तु मिट नहीं पाती, मिटती नहीं इसलिए मरकर भी जीवित है, दूसरे सुरों में लय हो जाती है...

"डॉक्टर, क्या मृत्यु ऐसे ही आती है?" अगर मैं डॉक्टर से पूछूँ तो वह हँसकर टाल देगा। मुझे लगता है, वह पिछले कुछ दिनों से कोई बात छिपा रहा है—उसकी हँसी में जो सहानुभूति का भाव होता है, वह मुझे अच्छा नहीं लगता। आज उसने मुझे स्पेशल सर्विस में आने से रोका था—कारण पूछने पर वह चुप रहा था। कौन-सी ऐसी बात है, जिसे मुझसे कहने में डॉक्टर कतराता है! शायद मैं शक्की मिजाज होता जा रहा हूँ, और बात कुछ भी नहीं है।

ह्यूबर्ट ने देखा, लड़कियों की कतार स्कूल से हॉस्टल जानेवाली सड़क पर नीचे उतरती जा रही है। उजली धूप में उनके रंग-बिरंगे रिबन, हल्की आसमानी रंग की फ्रॉकें और सफेद पेटियाँ चमक रही हैं। सीनियर कैम्ब्रिज की कुछ लड़कियों ने चैपल की वाटिका से गुलाब के फूलों को तोड़कर अपने बालों में लगा लिया है। कंटोनमेंट के तीन-चार सिपाही लड़कियों को देखते हुए अश्लील मजाक करते हुए हँस रहे हैं और कभी-कभी किसी लड़की की ओर जरा झुककर सीटी बजाने लगते हैं।

"हलो मि. ह्यूबर्ट," ह्यूबर्ट ने चौंककर पीछे देखा। लतिका एक मोटा-सा रजिस्टर बगल में दबाए खड़ी थी।

"आप अभी यहीं हैं?" ह्यूबर्ट की दृष्टि लतिका पर टिकी रही। वह क्रीम रंग की पूरी बाँहों की ऊनी जैकेट पहने हुई थी। कुमाउँनी लड़कियों की तरह लतिका का चेहरा गोल था, धूप की तपन से पका गेहुँआ रंग कहीं-कहीं हल्का-सा गुलाबी हो आया था, मानो बहुत धोने पर भी गुलाल के कुछ धब्बे इधर-उधर बिखरे रह गए हों।

"उन लड़कियों के नाम नोट करने थे, जो कल जा रही हैं...सो पीछे रुकना पड़ा। आप भी तो कल जा रहे हैं मि. ह्यूबर्ट?"

"अभी तक तो यही इरादा है। यहाँ रुककर भी क्या करूँगा! आप स्कूल की ओर जा रही हैं?"

"चलिए..."

पक्की सड़क पर लड़कियों की भीड़ जमा थी, इसलिए वे दोनों पोलो ग्राउंड का चक्कर काटते हुए पगडंडी से नीचे उतरने लगे।

हवा तेज हो चली। चीड़ के पत्ते हर झोंके के संग टूट-टूटकर पगडंडी पर ढेर लगाते जाते थे। ह्यूबर्ट रास्ता बनाने के लिए अपनी छड़ी से उन्हें बुहारकर दोनों ओर बिखेर देता था। लतिका पीछे खड़ी हुई देखती रहती थी। अल्मोड़ा की ओर से आते हुए छोटे-छोटे बादल रेशमी रूमालों-से उड़ते हुए सूरज के मुँह पर लिपटे-से जाते थे, फिर हवा में बह निकलते थे। इस खेल में धूप कभी मन्द, फीकी-सी पड़ जाती थी, कभी अपना उजला आँचल खोलकर समूचे शहर को अपने में समेट लेती थी।

लतिका तनिक आगे निकल गई। ह्यूबर्ट की साँस चढ़ गई थी और वह धीरे-धीरे हाँफता हुआ पीछे आ रहा था। जब वे पोलो ग्राउंड के पवेलियन को छोड़कर सिमिट्री के दाईं ओर मुड़े, तो लतिका ह्यूबर्ट की प्रतीक्षा करने के लिए खड़ी हो गई। उसे याद आया, छुट्टियों के दिनों में जब कभी कमरे में अकेले बैठे-बैठे उसका मन ऊब जाता था, तो वह अक्सर टहलते हुए सिमिट्री तक चली जाती थी। उससे सटी पहाड़ी पर चढ़कर वह बर्फ में ढके देवदार वृक्षों को देखा करती थी, जिनकी झुकी हुई शाखों से रुई के गालों-सी बर्फ नीचे गिरा करती थी। नीचे बाजार जानेवाली सड़क पर बच्चे स्लेज पर फिसला करते थे। वह खड़ी-खड़ी बर्फ में छिपी हुई उस सड़क का अनुमान लगाया करती थी जो फादर एल्मंड के घर से गुजरती हुई मिलिटरी अस्पताल और डाकघर से होकर चर्च की सीढ़ियों तक जाकर गुम हो जाती थी। जो मनोरंजन एक दुर्गम पहेली को सुलझाने में होता है, वही लतिका को बर्फ में खोए रास्तों को खोज निकालने में होता था।

"आप बहुत तेज चलती हैं, मिस लतिका।" थकान से ह्यूबर्ट का चेहरा कुम्हला गया था। माथे पर पसीने की बूँदें छलक आई थीं।

"कल रात आपकी तबीयत क्या कुछ खराब हो गई थी?"

"आपने कैसे जाना? क्या मैं अस्वस्थ दीख रहा हूँ?" ह्यूबर्ट के स्वर में हल्की-सी खीज का आभास था। सब लोग मेरी सेहत को लेकर क्यों बात शुरू करते हैं? उसने सोचा।

"नहीं, मुझे तो पता भी नहीं चलता, वह तो सुबह करीमुद्दीन ने बातों-ही-बातों में जिक्र छेड़ दिया था।" लतिका कुछ अप्रतिभ-सी हो आई।

"कोई खास बात नहीं, वही पुराना दर्द शुरू हो गया था—अब बिलकुल ठीक है।" अपने कथन की पुष्टि के लिए ह्यूबर्ट छाती सीधी करके तेज कदम बढ़ाने लगा।

"डॉक्टर मुखर्जी को दिखलाया था?"

"वह सुबह आए थे। उनकी बात समझ में नहीं आती। हमेशा दो बातें एक-दूसरे से उलटी कहते हैं। कहते थे कि इस बार मुझे छह-सात महीने की छुट्टी लेकर आराम करना चाहिए, लेकिन अगर मैं ठीक हूँ, तो भला इसकी क्या जरूरत है?"

ह्यूबर्ट के स्वर में व्यथा की छाया लतिका से छिपी न रह सकी। बात को टालते हुए उसने कहा, "आप तो नाहक चिन्ता करते हैं मि. ह्यूबर्ट! आजकल मौसम बदल रहा है, अच्छे-भले आदमी तक बीमार हो जाते हैं।"

ह्यूबर्ट का चेहरा प्रसन्नता से दमकने लगा। उसने लतिका को ध्यान से देखा। वह अपने दिल का संशय मिटाने के लिए निश्चिन्त हो जाना चाहता था कि कहीं लतिका उसे केवल दिलासा देने के लिए ही तो झूठ नहीं बोल रही।

"यही तो मैं सोच रहा था मिस लतिका! डॉक्टर की सलाह सुनकर तो मैं डर ही गया। भला छह महीने की छुट्टी लेकर मैं अकेला क्या करूँगा! स्कूल में तो

बच्चों के संग मन लगा रहता है। सच पूछो तो दिल्ली में ये दो महीनों की छुट्टियाँ काटना भी दूभर हो जाता है...।"

"मि. ह्यूबर्ट...कल आप दिल्ली जा रहे हैं...?"

लतिका चलते-चलते हठात् ठिठक गई। सामने पोलो ग्राउंड फैला था, जिसके दूसरी ओर मिलिटरी की ट्रकें कंटोनमेंट की ओर जा रही थीं। ह्यूबर्ट को लगा, जैसे लतिका की आँखें अधमुँदी-सी खुली रह गई हैं, मानो पलकों पर एक पुराना भूला-सा सपना सरक आया है।

"मि. ह्यूबर्ट...आप दिल्ली जा रहे हैं?" इस बार लतिका ने प्रश्न नहीं दुहराया—उसके स्वर में केवल एक असीम दूरी का भाव घिर आया।

"बहुत अरसा पहले मैं भी दिल्ली गई थी मि. ह्यूबर्ट! तब मैं बहुत छोटी थी—न जाने कितने बरस बीत गए। हमारी मौसी का ब्याह वहीं हुआ था। बहुत-सी चीजें देखी थीं, लेकिन अब तो सब कुछ धुँधला-सा पड़ गया है! इतना याद है कि हम कुतुब पर चढ़े थे। सबसे ऊँची मंजिल से हमने नीचे झाँका था—न जाने कैसा लगा था! नीचे चलते हुए आदमी चाभी भरे हुए खिलौनों से लगते थे। हमने ऊपर से उन पर मूँगफलियाँ फेंकी थीं, लेकिन हम बहुत निराश हुए थे क्योंकि उनमें से किसी ने हमारी तरफ नहीं देखा। शायद माँ ने मुझे डाँटा था, और मैं सिर्फ नीचे झाँकते हुए डर गई थी। सुना है, अब तो दिल्ली इतना बदल गया है कि पहचाना नहीं जाता..."

वे दोनों फिर चलने लगे। हवा का वेग ढीला पड़ने लगा। उड़ते हुए बादल अब सुस्ताने से लगे थे, उनकी छायाएँ नन्दा देवी और पंचचूली की पहाड़ियों पर गिर रही थीं। स्कूल के पास पहुँचते-पहुँचते चीड़ के पेड़ पीछे छूट गए, कहीं-कहीं खूबानी के पेड़ों के आसपास बुरूँस के लाल फूल धूप में चमक जाते थे। स्कूल तक आने में उन्होंने पोलो ग्राउंड का लम्बा चक्कर लगा लिया था।

"मिस लतिका, आप कहीं छुट्टियों में जाती क्यों नहीं? सर्दियों में तो यहाँ सब कुछ वीरान हो जाता होगा?"

"अब मुझे यहाँ अच्छा लगता है," लतिका ने कहा, "पहले साल अकेलापन कुछ अखरा था—अब आदी हो गई हूँ। क्रिसमस से एक रात पहले क्लब में डांस होता है, लॉटरी डाली जाती है और रात को देर तक नाच-गाना होता रहता है। नए साल के दिन कुमाऊँ रेजीमेंट की ओर से परेड ग्राउंड में कार्नीवाल किया जाता है, बर्फ पर स्केटिंग होती है, रंग-बिरंगे गुब्बारों के नीचे फौजी बैंड बजता है, फौजी अफसर फैंसी ड्रेस में भाग लेते हैं—हर साल ऐसा ही होता है मि. ह्यूबर्ट। फिर कुछ दिनों बाद विंटर स्पोर्ट्स के लिए अंग्रेज टूरिस्ट आते हैं। हर साल मैं उनसे परिचित होती हूँ, वापस लौटते हुए वे हमेशा वादा करते हैं कि अगले साल भी आएँगे, पर मैं जानती हूँ कि वे नहीं आएँगे, वे भी जानते हैं कि वे नहीं आएँगे, फिर

भी हमारी दोस्ती में कोई अन्तर नहीं पड़ता। फिर...फिर कुछ दिनों बाद पहाड़ों पर बर्फ पिघलने लगती है, छुट्टियाँ खत्म होने लगती हैं, आप सब लोग अपने-अपने घरों से वापस लौट आते हैं—और मि. ह्यूबर्ट, पता भी नहीं चलता कि छुट्टियाँ कब शुरू हुई थीं, कब खत्म हो गईं..."

लतिका ने देखा कि ह्यूबर्ट उसकी ओर आतंकित भयाकुल दृष्टि से देख रहा है। वह सिटपिटाकर चुप हो गई। उसे लगा, मानो वह इतनी देर से पागल-सी अनर्गल प्रलाप कर रही हो।

"मुझे माफ करना मि. ह्यूबर्ट, कभी-कभी मैं बच्चों की तरह बातों में बहक जाती हूँ।"

"मिस लतिका..." ह्यूबर्ट ने धीरे से कहा। वह चलते-चलते रुक गया था। लतिका ह्यूबर्ट के भारी स्वर से चौंक-सी गई।

"क्या बात है मि. ह्यूबर्ट?"

"वह पत्र...उसके लिए मैं लज्जित हूँ। उसे आप वापस लौटा दें, समझ लें कि मैंने उसे कभी नहीं लिखा था।"

लतिका कुछ समझ न सकी, दिग्भ्रान्त-सी खड़ी हुई ह्यूबर्ट के पीले उद्विग्न चेहरे को देखती रही।

ह्यूबर्ट ने धीरे से लतिका के कन्धे पर हाथ रख दिया।

"कल डॉक्टर ने मुझे सब कुछ बता दिया। अगर मुझे पहले से मालूम होता तो...तो...," ह्यूबर्ट हकलाने लगा।

"मि. ह्यूबर्ट..." किन्तु लतिका से आगे कुछ भी नहीं कहा गया। उसका चेहरा सफेद हो गया था।

दोनों चुपचाप कुछ देर तक स्कूल के गेट के बाहर खड़े रहे।

मीडोज़ पगडंडियों, पत्तों, छायाओं से घिरा छोटा सा द्वीप, मानो कोई घोंसला दो हरी घाटियों के बीच आ दबा हो। भीतर घुसते ही पिकनिक के काले आग से झुलसे हुए पत्थर, अधजली टहनियाँ, बैठने के लिए बिछाए गए पुराने अखबारों के टुकड़े इधर-उधर बिखरे हुए दिखाई दे जाते हैं। अक्सर टूरिस्ट पिकनिक के लिए यहाँ आते हैं। मीडोज़ को बीच में काटता हुआ टेढ़ा-मेढ़ा बरसाती नाला बहता है, जो दूर से धूप में चमकता हुआ सफेद रिबन-सा दिखाई देता है।

यहीं पर काठ के तख्तों का बना हुआ टूटा-सा पुल है, जिस पर लड़कियाँ हिचकोले खाते हुए चल रही हैं।

"डॉक्टर मुखर्जी, आप तो सारा जंगल जला देंगे।" मिस वुड ने अपनी ऊँची एड़ी के सैंडल से जलती हुई दियासलाई को दबा डाला, जो डॉक्टर ने सिगार सुलगाकर चीड़ के पत्तों के ढेर पर फेंक दी थी। वे नाले से कुछ दूर हटकर चीड़ के दो पेड़ों

से गुँथी हुई छाया के नीचे बैठे थे। उनके सामने एक छोटा-सा रास्ता नीचे पहाड़ी गाँव की ओर जाता था, जहाँ पहाड़ की गोद में शकरपारों के खेत एक-दूसरे के नीचे बिछे हुए थे। दोपहर के सन्नाटे में भेड़-बकरियों के गलों में बँधी हुई घंटियों का स्वर हवा में बहता हुआ सुनाई दे जाता था।

घास पर लेटे-लेटे डॉक्टर सिगार पीते रहे।

"जंगल की आग कभी देखी है, मिस वुड...एक अलमस्त नशे की तरह धीरे-धीरे फैलती जाती है।"

"आपने कभी देखी है डॉक्टर?" मिस वुड ने पूछा, "मुझे तो बड़ा डर लगता है!"

"बहुत साल पहले शहरों को जलते हुए देखा था।" डॉक्टर लेटे हुए आकाश की ओर ताक रहे थे। "एक-एक मकान ताश के पत्तों की तरह गिरता जाता है। दुर्भाग्यवश ऐसे अवसर देखने में बहुत कम आते हैं।"

"आपने कहाँ देखा डॉक्टर?"

"लड़ाई के दिनों में अपने शहर रंगून को जलते हुए देखा था।"

मिस वुड की आत्मा को ठेस लगी, किन्तु फिर भी उनकी उत्सुकता शान्त नहीं हुई।

"आपका घर—क्या वह भी जल गया था?"

डॉक्टर कुछ देर तक चुपचाप लेटा रहा।

"हम उसे खाली छोड़कर चले आए थे—मालूम नहीं बाद में क्या हुआ!" अपने व्यक्तिगत जीवन के सम्बन्ध में कुछ भी कहने में डॉक्टर को कठिनाई महसूस होती है।

"डॉक्टर, क्या आप कभी वापस बर्मा जाने की बात नहीं सोचते?" डॉक्टर ने अँगड़ाई ली और करवट बदलकर औंधे मुँह लेट गए। उनकी आँखें मुँद गईं और माथे पर बालों की लटें झूल आईं।

"सोचने से क्या होता है मिस वुड...जब बर्मा में था, तब क्या कभी सोचा था कि यहाँ आकर उम्र काटनी होगी?"

"लेकिन डॉक्टर, कुछ भी कह लो, अपने देश का सुख कहीं और नहीं मिलता! यहाँ तुम चाहे कितने वर्ष रह लो, अपने को हमेशा अजनबी ही पाओगे।"

डॉक्टर ने सिगार के धुएँ को धीरे-धीरे हवा में छोड़ दिया, "दरअसल अजनबी तो मैं वहाँ भी समझा जाऊँगा मिस वुड। इतने वर्षों बाद मुझे कौन पहचानेगा! इस उम्र में नए सिरे से रिश्ते जोड़ना काफी सिरदर्दी का काम है...कम-से-कम मेरे बस की बात नहीं है।"

"लेकिन डॉक्टर, आप कब तक इस पहाड़ी कस्बे में पड़े रहेंगे, इसी देश में रहना है तो किसी बड़े शहर में प्रैक्टिस शुरू कीजिए।"

"प्रैक्टिस बढ़ाने के लिए कहाँ-कहाँ भटकता फिरूँगा मिस वुड? जहाँ रहो, वहीं मरीज मिल जाते हैं। यहाँ आया था कुछ दिनों के लिए—फिर मुद्दत हो गई

और टिका रहा। जब कभी जी ऊबेगा, कहीं चला जाऊँगा। जड़ें कहीं नहीं जमतीं, तो पीछे भी कुछ नहीं छूट जाता। मुझे अपने बारे में कोई गलतफहमी नहीं है मिस वुड, मैं सुखी हूँ।"

मिस वुड ने डॉक्टर की बात पर विशेष ध्यान नहीं दिया। दिल में वह हमेशा डॉक्टर को उच्छृंखल, लापरवाह और सनकी समझती रही हैं, किन्तु डॉक्टर के चरित्र में उनका विश्वास है—न जाने क्यों, क्योंकि डॉक्टर ने जाने-अनजाने में उसका कोई प्रमाण दिया हो, यह उन्हें याद नहीं पड़ता।

मिस वुड ने एक ठंडी साँस भरी। वह हमेशा यह सोचती थीं कि यदि डॉक्टर इतना आलसी और लापरवाह न होता, तो अपनी योग्यता के बल पर काफी चमक सकता था। इसलिए उन्हें डॉक्टर पर क्रोध भी आता था और दुख भी होता था।

मिस वुड ने अपने बैग से ऊन का गोला और सलाइयाँ निकालीं, फिर उसके नीचे से अखबार में लिपटा हुआ चौड़ा कॉफी का डिब्बा उठाया, जिसमें अंडों की सैंडविचें और हैम्बर्गर दबे हुए थे। थर्मस से प्यालों में कॉफी उँडेलते हुए मिस वुड ने कहा, "डॉक्टर, कॉफी ठंडी हो रही है..."

डॉक्टर लेटे-लेटे बुड़बुड़ाया। मिस वुड ने नीचे झुककर देखा, वह कोहनी पर सिर टिकाए सो रहा था। ऊपर का होंठ जरा-सा फैलकर मुड़ गया था, मानो किसी से मजाक करने से पहले मुस्कुरा रहा हो।

उसकी अँगुलियों में दबा हुआ सिगार नीचे झुका हुआ लटक रहा था।

"मेरी, मेरी, ह्वाट डू यू वांट, ह्वाट डू यू वांट..." दूसरे स्टैंडर्ड में पढ़नेवाली मेरी ने अपनी चंचल, चपल आँखें ऊपर उठाईं—लड़कियों का दायरा उसे घेरे हुए कभी पास आता था, कभी दूर खिंचता चला जाता था।

"आई वांट...आई वांट ब्लू—" दोनों हाथों को हवा में घुमाते हुए मेरी चिल्लाई। दायरा पानी की तरह टूट गया। सब लड़कियाँ एक-दूसरे पर गिरती-पड़ती किसी नीली वस्तु को छूने के लिए भाग-दौड़ करने लगीं।

लंच समाप्त हो चुका था। लड़कियों के छोटे-छोटे दल मीडोज़ में बिखर गए थे। ऊँची क्लास की कुछ लड़कियाँ चाय का पानी गरम करने के लिए पेड़ों पर चढ़कर सूखी टहनियाँ तोड़ रही थीं।

दोपहर की उस घड़ी में मीडोज़ अलसाया-ऊँघता-सा जान पड़ता था। हवा का कोई भूला-भटका झोंका...चीड़ के पत्ते खड़खड़ा उठते थे। कभी कोई पक्षी अपनी सुस्ती मिटाने झाड़ियों से उड़कर नाले के किनारे बैठ जाता था, पानी में सिर डुबोता था, फिर ऊबकर हवा में दो-चार निरुद्देश्य चक्कर काटकर दोबारा झाड़ियों में दुबक जाता था।

किन्तु जंगल की खामोशी शायद कभी चुप नहीं रहती। गहरी नींद में डूबी सपनों-सी कुछ आवाज़ें नीरवता के हल्के झीने परदे पर सलवटें बिछा जाती हैं... मूक लहरों-सी हवा में तिरती है। ...मानो कोई दबे पाँव झाँककर अदृश्य संकेत कर जाता है, "देखो, मैं यहाँ हूँ..."

लतिका ने जूली के 'बॉब हेयर' को सहलाते हुए कहा, "तुम्हें कल रात बुलाया था।"

"मैडम, मैं गई थी—आप अपने कमरे में नहीं थीं।" लतिका को याद आया कि कल रात वह डॉक्टर के कमरे के टैरेस पर देर तक बैठी रही थी और भीतर ह्यूबर्ट पियानो पर शोपाँ का नौक्टर्न बजा रहा था।

"जूली, तुमसे कुछ पूछना था।" उसे लगा, वह जूली की आँखों से अपने को बचा रही है।

जूली ने अपना चेहरा ऊपर उठाया। उसकी भूरी आँखों से कौतूहल झाँक रहा था।

"तुम ऑफिसर्स मेस में किसी को जानती हो?"

जूली ने अनिश्चित भाव से सिर हिलाया। लतिका कुछ देर तक जूली को अपलक घूरती रही।

"जूली, मुझे विश्वास है, तुम झूठ नहीं बोलोगी।" कुछ क्षण पहले जूली की आँखों में जो कौतूहल था, वह भय में परिणत होने लगा।

लतिका ने अपनी जैकेट की जेब से एक नीला लिफाफा निकालकर जूली की गोद में फेंक दिया।

"यह किसकी चिट्ठी है?"

जूली ने लिफाफा उठाने के लिए हाथ बढ़ाया, किन्तु फिर एक क्षण के लिए उसका हाथ काँपकर ठिठक गया—लिफाफे पर उसका नाम और हॉस्टल का पता लिखा हुआ था।

"थैंक यू मैडम, मेरे भाई का पत्र है, वह झाँसी में रहते हैं।" जूली ने घबराहट में लिफाफे को अपने स्कर्ट की तहों में छिपा लिया।

"जूली, जरा मुझे लिफाफा दिखलाओ।" लतिका का स्वर तीखा, कर्कश-सा हो आया।

जूली ने अनमने भाव से लतिका को पत्र दे दिया।

"तुम्हारे भाई झाँसी में रहते हैं?"

जूली इस बार कुछ नहीं बोली। उसकी उद्भ्रान्त उखड़ी-सी आँखें लतिका को देखती रहीं।

"यह क्या है?"

जूली का चेहरा सफेद फक पड़ गया। लिफाफे पर कुमाऊँ रेजीमेंटल सेंटर की मुहर उसकी ओर घूर रही थी।

"कौन है यह..." लतिका ने पूछा। उसने पहले भी हॉस्टल में उड़ती हुई अफवाह सुनी थी कि जूली को क्लब में किसी मिलिटरी अफसर के संग देखा गया था, किन्तु ऐसी अफवाहें अक्सर उड़ती रहती थीं, और उसने उस पर विश्वास नहीं किया था।

"जूली, तुम अभी बहुत छोटी हो..." जूली के होंठ काँपे...उसकी आँखों में निरीह याचना का भाव घिर आया।

"अच्छा, अभी जाओ...तुमसे छुट्टियों के बाद बातें करूँगी।"

जूली ने ललचाई दृष्टि से लिफाफे की ओर देखा, कुछ बोलने को उद्यत हुई, फिर बिना कुछ कहे चुपचाप वापस लौट गई।

लतिका देर तक जूली को देखती रही, जब तक वह आँखों से ओझल नहीं हो गई। क्या मैं किसी खूसट बुढ़िया से कम हूँ? अपने अभाव का बदला क्या मैं दूसरों से ले रही हूँ?

शायद...कौन जाने...शायद जूली का यह प्रथम परिचय हो उस अनुभूति से, जिसे कोई भी लड़की बड़े चाव से सँजोकर, सँभालकर अपने में छिपाए रहती है, एक अनिर्वचनीय सुख, जो पीड़ा लिये है, पीड़ा और सुख को डुबोती हुई उमड़ते ज्वार की खुमारी...जो दोनों को अपने में समो लेती है...एक दर्द, जो आनन्द से उपजा है और पीड़ा देता है...

यहीं इसी देवदार के नीचे उसे भी यही लगा था, जब गिरीश ने पूछा था, 'तुम चुप क्यों हो?' वह आँखें मूँदे सोच रही थी—सोच कहाँ रही थी, जी रही थी, उस क्षण को जो भय और विस्मय के बीच भिंचा था—बहका-सा पागल क्षण। वह अभी पीछे मुड़ेगी तो गिरीश की 'नर्वस' मुस्कुराहट दिखाई दे जाएगी, उस दिन से आज दोपहर तक का अतीत एक दु:स्वप्न की मानिन्द टूट जाएगा। वही देवदार है, जिस पर उसने अपने बालों के क्लिप से गिरीश का नाम लिखा था। पेड़ की छाल उतरती नहीं थी, क्लिप टूट-टूट जाता था, तब गिरीश ने अपने नाम के नीचे उसका नाम लिखा था। जब कभी कोई अक्षर बिगड़कर टेढ़ा-मेढ़ा हो जाता था तब वह हँसती थी और गिरीश का काँपता हाथ और भी काँप जाता था...

लतिका को लगा कि जो वह याद करती है, वही भूलना भी चाहती है, लेकिन जब सचमुच भूलने लगती है, तब उसे भय लगता है कि जैसे कोई उसकी किसी चीज को उसके हाथों से छीने लिये जा रहा है, ऐसा कुछ जो सदा के लिए खो जाएगा। बचपन में जब कभी वह अपने किसी खिलौने को खो देती थी, तो वह गुमसुम-सी होकर सोचा करती थी, कहाँ रख दिया मैंने। जब बहुत दौड़-धूप करने पर खिलौना मिल जाता, तो वह बहाना करती कि अभी उसे खोज ही रही है, कि वह अभी मिला नहीं है। जिस स्थान पर खिलौना रखा होता, जानबूझकर उसे छोड़कर घर के दूसरे कोने में उसे खोजने का उपक्रम करती। तब खोई हुई चीज याद रहती, इसलिए भूलने का भय नहीं रहता था...

आज वह उस बचपन के खेल का बहाना क्यों नहीं कर पाती? 'बहाना'... शायद करती है, उसे याद करने का बहाना, जो भूलता जा रहा है...दिन, महीने बीत जाते हैं, और वह उलझी रहती है, अनजाने में गिरीश का चेहरा धुँधला पड़ता जाता है, याद वह करती है, किन्तु जैसे किसी पुरानी तस्वीर के धूल-भरे शीशे को साफ कर रही हो। अब वैसा दर्द नहीं होता, सिर्फ उसको याद करती है, जो पहले कभी होता था—तब उसे अपने पर ग्लानि होती है। वह फिर जानबूझकर उस घाव को कुरेदती है, जो भरता जा रहा है, खुद-ब-खुद उसकी कोशिशों के बावजूद भरता जा रहा है...

देवदार पर खुदे हुए अधमिटे नाम लतिका की ओर निस्तब्ध निरीह भाव से निहार रहे थे। मीडोज़ के घने सन्नाटे में नाले पार से खेलती हुई लड़कियों की आवाजें गूँज जाती थीं...

ह्वाट डू यू वांट? ह्वाट डू यू वांट?

तितलियाँ, झींगुर, जुगनू...मीडोज़ पर उतरती हुई साँझ की छायाओं में पता नहीं चलता, कौन आवाज़ किसकी है? दोपहर के समय जिन आवाजों को अलग-अलग करके पहचाना जा सकता था, अब वे एकस्वरता की अविरल धारा में घुल गई थीं। घास से अपने पैरों को पोंछता हुआ कोई रेंग रहा है। झाड़ियों के झुरमुट से परों को फड़फड़ाता हुआ झपटकर कोई ऊपर से उड़ जाता है...किन्तु ऊपर देखो तो कहीं कुछ भी नहीं है। मीडोज़ के झरने का गड़गड़ाता स्वर...जैसे अँधेरी सुरंग में झपाटे से ट्रेन गुजर गई हो, और देर तक उसमें सीटियों और पहियों की चीत्कार गूँजती रही हो...

पिकनिक कुछ देर तक और चलती, किन्तु बादलों की तहें एक-दूसरे पर चढ़ती जा रही थीं। पिकनिक का सामान बटोरा जाने लगा। मीडोज़ के चारों ओर बिखरी हुई लड़कियाँ मिस वुड के इर्द-गिर्द जमा होने लगीं। अपने संग वे अजीबोगरीब चीजें बटोर लाई थीं। कोई किसी पक्षी के टूटे पंख को बालों में लगाए हुए थी, किसी ने पेड़ की टहनी को चाकू से छीलकर छोटी-सी बेंत बना ली थी। ऊँची क्लास की कुछ लड़कियों ने अपने-अपने रूमालों में नाले से पकड़ी हुई छोटी-छोटी बालिश्त भर की मछलियों को दबा रखा था जिन्हें मिस वुड से छिपाकर वे एक-दूसरे को दिखा रही थीं।

मिस वुड लड़कियों की टोली के संग आगे निकल गईं। मीडोज़ से पक्की सड़क तक तीन-चार फर्लांग की चढ़ाई थी। लतिका हाँफने लगी। डॉक्टर मुखर्जी सबसे पीछे आ रहे थे। लतिका के पास पहुँचकर वह ठिठक गए। डॉक्टर ने दोनों घुटनों को जमीन पर टेकते हुए सिर झुकाकर एलिजाबेथयुगीन अंग्रेजी में कहा, "मैडम, आप इतनी परेशान क्यों नजर आ रही हैं..."

और डॉक्टर की नाटकीय मुद्रा को देखकर लतिका के होंठों पर एक थकी-सी ढीली-ढीली मुस्कुराहट बिखर गई।

"प्यास के मारे गला सूख रहा है...और यह चढ़ाई है कि खत्म होने में नहीं आती।"

डॉक्टर ने अपने कन्धे पर लटकते हुए थर्मस को उतारकर लतिका के हाथों में देते हुए कहा, "थोड़ी-सी कॉफी बची है, शायद कुछ मदद कर सके।"

"पिकनिक में तुम कहाँ रह गए डॉक्टर, कहीं दिखाई नहीं दिए?"

"दोपहर-भर सोता रहा—मिस वुड के संग। मेरा मतलब है, मिस वुड पास बैठी थीं।"

"मुझे लगता है, मिस वुड मुझसे मोहब्बत करती हैं।" कोई भी मजाक करते समय डॉक्टर अपनी मूँछों के कोनों को चबाने लगता है।

"क्या कहती थीं?" लतिका ने थर्मस से कॉफी को मुँह में उँडेल लिया।

"शायद कुछ कहतीं, लेकिन बदकिस्मती से बीच में ही मुझे नींद आ गई। मेरी जिन्दगी के कुछ खूबसूरत प्रेम-प्रसंग कमबख्त इस नींद के कारण अधूरे रह गए हैं।"

और इस दौरान जब दोनों बातें कर रहे थे, उनके पीछे मीडोज़ और मोटर रोड के संग चढ़ती हुई चीड़ और बाँज के वृक्षों की कतारें साँझ के घिरते अँधेरे में डूबने लगीं, मानो प्रार्थना करते हुए उन्होंने चुपचाप अपने सिर नीचे झुका लिये हों। इन्हीं पेड़ों के ऊपर बादलों में गिरजे का क्रॉस कहीं उलझा पड़ा था। उसके नीचे पहाड़ों की ढलान पर बिछे हुए खेत भागती हुई गिलहरियों से लग रहे थे, जो मानो किसी की टोह में स्तब्ध ठिठक गई हों।

"डॉक्टर, मि. ह्यूबर्ट पिकनिक पर नहीं आए?"

डॉक्टर मुखर्जी टॉर्च जलाकर लतिका के आगे-आगे चल रहे थे।

"मैंने उन्हें मना कर दिया था।"

"किसलिए?"

अँधेरे में पैरों के नीचे दबे हुए पत्तों की चरमराहट के अतिरिक्त कुछ सुनाई नहीं देता था। डॉक्टर मुखर्जी ने धीरे से खाँसा।

"पिछले कुछ दिनों से मुझे सन्देह होता जा रहा है कि ह्यूबर्ट की छाती का दर्द शायद मामूली दर्द नहीं है।" डॉक्टर थोड़ा-सा हँसा, जैसे उसे अपनी यह गम्भीरता अरुचिकर लग रही हो।

डॉक्टर ने प्रतीक्षा की, शायद लतिका कुछ कहेगी। किन्तु लतिका चुपचाप उसके पीछे चल रही थी।

"यह मेरा महज शक है, शायद मैं बिलकुल गलत होऊँ, किन्तु यह बेहतर होगा कि वह अपने एक फेफड़े का एक्स-रे करा लें—इससे कम-से-कम कोई भ्रम तो नहीं रहेगा।"

"आपने मि. ह्यूबर्ट से इसके बारे में कुछ कहा है?"

"अभी तक कुछ नहीं कहा। ह्यूबर्ट जरा-सी बात पर चिन्तित हो उठता है, इसलिए कभी साहस नहीं हो पाता..."

डॉक्टर को लगा, उसके पीछे आते हुए लतिका के पैरों का स्वर सहसा बन्द हो गया है। उन्होंने पीछे मुड़कर देखा, लतिका बीच सड़क पर अँधेरे में छाया-सी चुपचाप निश्चल खड़ी है।

"डॉक्टर..." लतिका का स्वर भर्राया हुआ था।

"क्या बात है मिस लतिका...आप रुक क्यों गईं?"

"डॉक्टर, क्या मि. ह्यूबर्ट..."

डॉक्टर ने अपनी टॉर्च की मद्धिम रोशनी लतिका पर उठा दी...उसने देखा, लतिका का चेहरा एकदम पीला पड़ गया है और वह रह-रहकर पत्ते-सी काँप जाती है।

"मिस लतिका, क्या बात है, आप तो बहुत डरी-सी जान पड़ती हैं?"

"कुछ नहीं डॉक्टर...मुझे...मुझे...कुछ याद आ गया था..."

वे दोनों फिर चलने लगे। कुछ दूर जाने पर उनकी आँखें ऊपर उठ गईं। पक्षियों का एक बेड़ा धूमिल आकाश में त्रिकोण बनाता हुआ पहाड़ों के पीछे से उनकी ओर आ रहा था। लतिका और डॉक्टर सिर उठाकर इन पक्षियों को देखते रहे। लतिका को याद आया, हर साल सर्दी की छुट्टियों से पहले ये परिन्दे मैदानों की ओर उड़ते हैं, कुछ दिनों के लिए बीच के इस पहाड़ी स्टेशन पर बसेरा करते हैं, प्रतीक्षा करते हैं बर्फ के दिनों की, जब वे नीचे अजनबी, अनजाने देशों में उड़ जाएँगे...

क्या वे सब भी प्रतीक्षा कर रहे हैं? वह, डॉक्टर मुखर्जी, मि. ह्यूबर्ट—लेकिन कहाँ के लिए, हम कहाँ जाएँगे?

किन्तु उसका कोई उत्तर नहीं मिला—उस अँधेरे में मीडोज़ के झरने के भुतैले स्वर और चीड़ के पत्तों की सरसराहट के अतिरिक्त कुछ सुनाई नहीं देता था।

लतिका हड़बड़ाकर चौंक गई। अपनी छड़ी पर झुका हुआ डॉक्टर धीरे-धीरे सीटी बजा रहा था।

"मिस लतिका, जल्दी कीजिए, बारिश शुरू होनेवाली है।"

हॉस्टल पहुँचते-पहुँचते बिजली चमकने लगी थी। किन्तु उस रात बारिश देर तक नहीं हुई। बादल बरसने भी नहीं पाते थे कि हवा के थपेड़ों से धकेल दिए जाते थे। दूसरे दिन तड़के ही बस पकड़नी थी, इसलिए डिनर के बाद लड़कियाँ सोने के लिए अपने-अपने कमरों में चली गई थीं।

जब लतिका अपने कमरे में गई, तो उस समय कुमाऊँ रेजीमेंट सेंटर का बिगुल बज रहा था। उसके कमरे में करीमुद्दीन कोई पहाड़ी धुन गुनगुनाता हुआ लैम्प में गैस पम्प कर रहा था। लतिका उन्हीं कपड़ों में तकिए को दुहरा करके लेट गई। करीमुद्दीन ने उड़ती हुई निगाह से लतिका को देखा, फिर अपने काम में जुट गया।

"पिकनिक कैसी रही मेम साहब?"

"तुम क्यों नहीं आए, सब लड़कियाँ तुम्हें पूछ रही थीं?" लतिका को लगा, दिन-भर की थकान धीरे-धीरे उसके शरीर की पसलियों पर चिपटती जा रही है। अनायास उसकी आँखें नींद के बोझ से झपकने लगीं।

"मैं चला आता तो ह्यूबर्ट साहब की तीमारदारी कौन करता? दिन-भर उनके बिस्तरे से सटा हुआ बैठा रहा...और अब वह गायब हो गए हैं।"

करीमुद्दीन ने कन्धे पर लटकते हुए मैले-कुचैले तौलिए को उतारा और लैम्प के शीशों की गर्द पोंछने लगा।

लतिका की अधमुँदी आँखें खुल गईं, "क्या ह्यूबर्ट साहब अपने कमरे में नहीं हैं?"

"खुदा जाने, इस हालत में कहाँ भटक रहे हैं! पानी गरम करने कुछ देर के लिए बाहर गया था, वापस आने पर देखता हूँ कि कमरा खाली पड़ा है।"

करीमुद्दीन बड़बड़ाता हुआ बाहर चला गया। लतिका ने लेटे-लेटे पलंग के नीचे चप्पलों को पैरों से उतार दिया।

ह्यूबर्ट इतनी रात में कहाँ गए? किन्तु लतिका की आँखें फिर झपक गईं। दिन-भर की थकान ने सब परेशानियों, प्रश्नों पर कुंजी लगा दी थी; मानो दिन-भर आँख-मिचौली खेलते हुए उसने अपने कमरे में 'दय्या' को छू लिया था। अब वह सुरक्षित थी, कमरे की चहारदीवारी के भीतर उसे कोई नहीं पकड़ सकता। दिन के उजाले में वह गवाह थी, मुजरिम थी, हर चीज का उससे तकाजा था, अब इस अकेलेपन में कोई गिला नहीं, उलाहना नहीं, सब खींचातानी खत्म हो गई है, जो अपना है, वह बिलकुल अपना-सा हो गया है, जो अपना नहीं है, उसका दुख नहीं, अपनाने की फुर्सत नहीं...

लतिका ने दीवार की ओर मुँह घुमा लिया। लैम्प के फीके आलोक में हवा में काँपते परदों की छायाएँ हिल रही थीं। बिजली कड़कने से खिड़कियों के शीशे चमक-चमक जाते थे, दरवाजे चटखने लगते थे, जैसे कोई बाहर से धीमे-धीमे खटखटा रहा हो। कॉरिडोर से अपने-अपने कमरों में जाती हुई लड़कियों की हँसी, बातों के कुछ शब्द—फिर सब कुछ शान्त हो गया, किन्तु फिर भी देर तक कच्ची नींद में वह लैम्प का धीमा-सा 'सी-सी' स्वर सुनती रही। कब वह स्वर भी मौन का भाग बनकर मूक हो गया, उसे पता न चला।

कुछ देर बाद उसको लगा, सीढ़ियों से कुछ दबी आवाजें ऊपर आ रही हैं, बीच-बीच में कोई चिल्ला उठता है, और फिर सहसा आवाजें धीमी पड़ जाती हैं।

"मिस लतिका, जरा अपना लैम्प ले आइए।" कॉरिडोर के जीने से डॉक्टर मुखर्जी की आवाज आई थी।

कॉरिडोर में अँधेरा था। वह तीन-चार सीढ़ियाँ नीचे उतरी, लैम्प नीचे किया। सीढ़ियों से सटे जँगले पर ह्यूबर्ट ने अपना सिर रख दिया था, उसकी एक बाँह

जँगले के नीचे लटक रही थी और दूसरी डॉक्टर के कन्धे पर झूल रही थी, जिसे डॉक्टर ने अपने हाथों में जकड़ रखा था।

"मिस लतिका, लैम्प जरा और नीचे झुका दीजिए...ह्यूबर्ट...ह्यूबर्ट..." डॉक्टर ने ह्यूबर्ट को सहारा देकर ऊपर खींचा। ह्यूबर्ट ने अपना चेहरा ऊपर किया। व्हिस्की की तेज बू का झोंका लतिका के सारे शरीर को झिंझोड़ गया। ह्यूबर्ट की आँखों में सुर्ख डोरे खिंच आए थे, कमीज का कॉलर उलटा हो गया था और टाई की गाँठ ढीली होकर नीचे खिसक आई थी। लतिका ने काँपते हाथों से लैम्प सीढ़ियों पर रख दिया और आप दीवार के सहारे खड़ी हो गई। उसका सिर चकराने लगा था।

"इन ए बैक लेन ऑफ द सिटी, देयर इज ए गर्ल हू लव्ज मी..." ह्यूबर्ट हिचकियों के बीच गुनगुना उठता था।

"ह्यूबर्ट प्लीज...प्लीज," डॉक्टर ने ह्यूबर्ट के लड़खड़ाते शरीर को अपनी मजबूत गिरफ्त में ले लिया।

"मिस लतिका, आप लैम्प लेकर आगे चलिए..." लतिका ने लैम्प उठाया। दीवार पर उन तीनों की छायाएँ डगमगाने लगीं।

"इन ए बैक लेन ऑफ द सिटी, देयर इज ए गर्ल हू लव्ज मी..." ह्यूबर्ट डॉक्टर मुखर्जी के कन्धे पर सिर टिकाए अँधेरी सीढ़ियों पर उलटे-सीधे पैर रखता चढ़ रहा था।

"डॉक्टर, हम कहाँ हैं?" ह्यूबर्ट सहसा इतनी जोर से चिल्लाया कि उसकी लड़खड़ाती आवाज सुनसान अँधेरे में कॉरिडोर की छत से टकराकर देर तक हवा में गूँजती रही।

"ह्यूबर्ट..." डॉक्टर को एकदम ह्यूबर्ट पर गुस्सा आ गया, फिर अपने गुस्से पर ही उसे खीज-सी हो आई और वह ह्यूबर्ट की पीठ थपथपाने लगा।

"कुछ बात नहीं है ह्यूबर्ट डियर, तुम सिर्फ थक गए हो।" ह्यूबर्ट ने अपनी आँखें डॉक्टर पर गड़ा दीं, उनमें एक भयभीत बच्चे की-सी कातरता झलक रही थी, मानो डॉक्टर के चेहरे से वह किसी प्रश्न का उत्तर पा लेना चाहता हो।

ह्यूबर्ट के कमरे में पहुँचकर डॉक्टर ने उसे बिस्तरे पर लिटा दिया। ह्यूबर्ट ने बिना किसी विरोध के चुपचाप जूते-मोजे उतरवा दिए। जब डॉक्टर ह्यूबर्ट की टाई उतारने लगा, तो ह्यूबर्ट अपनी कुहनी के सहारे उठा, कुछ देर तक डॉक्टर को आँखें फाड़ते हुए घूरता रहा, फिर धीरे से उसका हाथ पकड़ लिया।

"डॉक्टर, क्या मैं मर जाऊँगा?"

"कैसी बात करते हो ह्यूबर्ट!" डॉक्टर ने हाथ छुड़ाकर धीरे से ह्यूबर्ट का सिर तकिए पर टिका दिया।

"गुड नाइट ह्यूबर्ट..."

"गुड नाइट डॉक्टर," ह्यूबर्ट ने करवट बदल ली।

"गुड नाइट मि. ह्यूबर्ट..." लतिका का स्वर सिहर गया।

किन्तु ह्यूबर्ट ने कोई उत्तर नहीं दिया। करवट बदलते ही उसे नींद आ गई थी।

कॉरिडोर में वापस आकर डॉक्टर मुखर्जी रेलिंग के सामने खड़े हो गए। हवा के तेज झोंकों से आकाश में फैले बादलों की परतें जब कभी इकहरी हो जातीं, तब उनके पीछे से चाँदनी बुझती हुई आग के धुएँ-सी आसपास की पहाड़ियों पर फैल जाती थी।

"आपको मि. ह्यूबर्ट कहाँ मिले?" लतिका कॉरिडोर के दूसरे कोने में रेलिंग पर झुकी हुई थी।

"क्लब के बार में उन्हें देखा था, मैं न पहुँचता तो न जाने कब तक बैठे रहते!" डॉक्टर मुखर्जी ने सिगरेट जलाई। उन्हें अभी एक-दो मरीजों के घर जाना था। कुछ देर तक उन्हें टाल देने के इरादे से वह कॉरिडोर में खड़े रहे।

नीचे अपने क्वार्टर में बैठा हुआ करीमुद्दीन माउथ आर्गन पर कोई पुरानी फिल्मी धुन बजा रहा था।

"आज दिन-भर बादल छाए रहे, लेकिन खुलकर बारिश नहीं हुई..."

"क्रिसमस तक शायद मौसम ऐसा ही रहेगा।" कुछ देर तक दोनों चुपचाप खड़े रहे। कॉन्वेंट स्कूल के बाहर फैले लॉन से झींगुरों का अनवरत स्वर चारों ओर फैली निस्तब्धता को और भी अधिक घना बना रहा था। कभी-कभी ऊपर मोटर रोड पर किसी कुत्ते की रिरियाहट सुनाई पड़ जाती थी।

"डॉक्टर...कल रात आपने मि. ह्यूबर्ट से कुछ कहा था मेरे बारे में?"

"वही जो सब लोग जानते हैं और...ह्यूबर्ट, जिसे जानना चाहिए था, नहीं जानता था..."

डॉक्टर ने लतिका की ओर देखा, वह जड़वत् अविचलित रेलिंग पर झुकी हुई थी।

"वैसे हम सबकी अपनी-अपनी जिद होती है, कोई छोड़ देता है, कोई आखिर तक उससे चिपका रहता है।" डॉक्टर मुखर्जी अँधेरे में मुस्कुराए। उनकी मुस्कुराहट में सूखा-सा विरक्ति का भाव भरा था।

"कभी-कभी मैं सोचता हूँ मिस लतिका, किसी चीज को न जानना यदि गलत है, तो जानबूझकर न भूल पाना, हमेशा जोंक की तरह उससे चिपटे रहना—यह भी गलत है। बर्मा से आते हुए मेरी पत्नी की मृत्यु हुई थी, मुझे अपनी जिन्दगी बेकार-सी लगी थी। आज इस बात को अरसा गुजर गया और जैसा आप देखती हैं, मैं जी रहा हूँ, उम्मीद है कि काफी अरसा और जीऊँगा। जिन्दगी काफी दिलचस्प लगती है, और यदि उम्र की मजबूरी न होती तो शायद मैं दूसरी शादी करने में भी न हिचकता। इसके बावजूद कौन कह सकता है कि मैं अपनी पत्नी से प्रेम नहीं करता था—आज भी करता हूँ..."

"लेकिन डॉक्टर..." लतिका का गला रुँध आया था।

"क्या मिस लतिका..."

"डॉक्टर, सब कुछ होने के बावजूद वह क्या चीज है जो हमें चलाए चलती है, हम रुकते हैं तो भी अपने रेले में वह हमें घसीट ले जाती है?" लतिका को लगा कि वह जो कहना चाह रही है, कह नहीं पा रही, जैसे अँधेरे में कुछ खो गया है, जो मिल नहीं पा रहा, शायद कभी नहीं मिल पाएगा।

"यह तो आपको फादर एल्मंड ही बता सकेंगे मिस लतिका," डॉक्टर की खोखली हँसी में उनका पुराना सनकीपन उभर आया था।

"अच्छा चलता हूँ, मिस लतिका, मुझे काफी देर हो गई है," डॉक्टर ने दियासलाई जलाकर घड़ी को देखा।

"गुड नाइट, मिस लतिका।"

"गुड नाइट डॉक्टर...।"

डॉक्टर के जाने पर लतिका कुछ देर तक अँधेरे में रेलिंग से सटी खड़ी रही। हवा चलने से कॉरिडोर में जमा हुआ कुहरा सिहर उठता था। शाम को सामान बाँधते हुए लड़कियों ने अपने-अपने कमरे के सामने जो पुरानी कॉपियों, अखबारों और रद्दी के ढेर लगा दिए थे, वे सब अब अँधेरे कॉरिडोर में हवा के झोंकों से इधर-उधर बिखरने लगे थे।

लतिका ने लैम्प उठाया और अपने कमरे की ओर जाने लगी। कॉरिडोर में चलते हुए उसने देखा, जूली के कमरे में प्रकाश की एक पतली रेखा दरवाजे के बाहर खिंच आई है। लतिका को कुछ याद आया। वह कुछ क्षणों तक साँस रोके जूली के कमरे के बाहर खड़ी रही। कुछ देर बाद उसने दरवाजा खटखटाया। भीतर से कोई आवाज नहीं आई। लतिका ने दबे हाथों से हल्का-सा धक्का दिया, दरवाजा खुल गया। जूली लैम्प बुझाना भूल गई थी। लतिका धीरे-धीरे दबे पाँव जूली के पलंग के पास चली आई। जूली का सोता हुआ चेहरा लैम्प के फीके आलोक में पीला-सा दीख रहा था। लतिका ने अपनी जेब से वही नीला लिफाफा निकाला और उसे धीरे से जूली के तकिए के नीचे दबाकर रख दिया।

कमलेश्वर

इनका जन्म मैनपुरी (उत्तर प्रदेश) में 6 जनवरी, 1932 को हुआ। इन्होंने उपन्यासों के मुकाबले कहानियाँ कम लिखीं। लेकिन उपन्यासों की तुलना में कहानियों में इनका अदम्य विश्वास है। वे कहानियों को ज्यादा प्रभावशाली माध्यम मानते हैं और उनकी मान्यता है कि कहानियाँ संघर्षरत, शोषित, पीड़ित, जन की आकांक्षाओं का सही प्रतिनिधित्व करती हैं। उन्होंने यथार्थ और आध्यात्मिकता के बजाय समाज के संघर्ष को वाणी प्रदान की। उनके पहले दौर की कहानियाँ हैं—सींखचे, मर्दों की दुनिया, आत्मा की आवाज, राजा निरबंसिया, देवी की माँ, भटके हुए लोग, कस्बे का आदमी, गर्मियों के दिन, एक अश्लील कहानी, अकाल, पीला गुलाब। ये कहानियाँ मैनपुरी और इलाहाबाद में सन् 1952-59 के मध्य लिखी गईं। इन कहानियों में परम्परागत आदर्शों और पिछड़े मूल्यों के प्रति विरोध का स्वर दिखलाई पड़ता है। नई कहानियों का सम्पादन करते हुए उन्होंने जिन कहानियों को आकार दिया वे हैं—जार्ज पंचम की नाक, दिल्ली में एक मौत, खोई हुई दिशाएँ, पराया शहर, एक बिमला, अपने देश के लोग, मांस का दरिया और युद्ध। इन सभी कहानियों में वैयक्तिकता, मानसिक विलास, पराजय, कुंठा तथा जिन्दगी के प्रति तटस्थ भाव दिखलाई पड़ते हैं। वस्तुत: कमलेश्वर की मानसिकता 65-66 के दौर में बदलने लगी थी। परिस्थितियाँ और परिवेश के बदलने से उनके वैचारिक स्तर में बदलाव आया। देश में फैली अशिक्षा, बेरोजगारी, गरीबी, वर्गभेद, साम्प्रदायिकता, धर्मांधता, भ्रष्ट शिक्षा प्रणाली इत्यादि के कारण आम आदमी का जीना मुश्किल हो गया था। आम आदमी का संघर्ष तीव्र हो चुका था और इसी के कारण उसमें जुझारू चेतना भी विकसित हुई।

समाज की विसंगति और समय को समझनेवाली कहानियाँ हैं—खोई हुई दिशाएँ, बयान, शर्तें, लड़ाई, जोखिम, जार्ज पंचम की नाक, लाश, मानसरोवर के हंस, साँप, इतने अच्छे दिन। इन सभी कहानियों में पूँजीवादी व्यवस्था से टकराहट तथा इसके अन्तर्गत सामाजिक, आर्थिक दबावों को चित्रित किया गया है।

कमलेश्वर ने अपनी कहानियों में स्थितियों और क्रूर यथार्थ के प्रति अपने रुख का स्पष्ट चित्रण किया है। उसने देखा है कि आम आदमी व्यवस्था का अंग बनने

को मजबूर कर दिया जाता है, लेकिन वही आम आदमी उस मजबूरी को तोड़ने के लिए भी सक्रिय और प्रतिबद्ध है। उनका मानना है कि स्वाधीनता के बाद पूँजीवाद लगातार इस देश में मजबूत होता जा रहा है। कमलेश्वर को वैचारिक संघर्ष मानो प्रेमचन्द से विरासत में मिला था। उन्हें प्रेमचन्द की ही तरह 'पैदाइशी किस्सागो' कहा गया। कमलेश्वर ने कहानी को सहचिंतन का माध्यम बनाया। इसे सौन्दर्यवादी, साहित्यशास्त्रीय और आध्यात्मिक अवधारणाओं से मुक्त करने का प्रयत्न किया। उनकी मान्यता थी कि कलाओं का विकास समाज और सामाजिक सम्बन्धों से होता है। कमलेश्वर की कहानियाँ सामान्य आदमी की यातनापूर्ण जिन्दगी को चेतना के स्तर पर नए आदमी से जोड़ती हैं, उस नए आदमी से, जो सम्पूर्ण पूँजीवादी ढाँचे के खिलाफ संघर्ष करता है।

कृतियाँ : 'कमलेश्वर की श्रेष्ठ कहानियाँ', 'राजा निरबंसिया', 'कस्बे का आदमी', 'मांस का दरिया', 'खोई हुई दिशाएँ', 'जिन्दा मुर्दे', 'मेरी प्रिय कहानियाँ' (कहानी-संग्रह); 'एक सड़क सत्तावन गलियाँ', 'डाक बँगला', 'तीसरा आदमी', 'समुन्दर में खोया हुआ आदमी', 'लौटे हुए मुसाफिर', 'काली आँधी', 'नागमणि', 'आगामी अतीत', 'कितने पाकिस्तान' (उपन्यास); नई कहानी की भूमिका, नई कहानी के बाद, मेरा पन्ना (समीक्षा); अधूरी आवाज, चारुलता (नाटक); खंडित यात्राएँ (यात्रा संस्मरण)।

दिल्ली में एक मौत

चारों तरफ कुहरा छाया हुआ है। सुबह के नौ बज चुके हैं, लेकिन पूरी दिल्ली धुन्ध में लिपटी हुई है। सड़कें नम हैं। पेड़ भीगे हुए हैं। कुछ भी साफ नहीं दिखाई देता। जिन्दगी की हलचल का पता आवाजों से लग रहा है। ये आवाजें कानों में बस गई हैं। घर के हर हिस्से से आवाजें आ रही हैं। वासवानी के नौकर ने रोज की तरह स्टोव जला लिया है, उसकी सनसनाहट दीवार के पार से आ रही है। बगलवाले कमरे में अतुल मवानी जूते पर पॉलिश कर रहा है...ऊपर सरदार जी मूँछों पर फिक्सो लगा रहे हैं...उनकी खिड़की के परदे के पार जलता हुआ बल्ब बड़े मोती की तरह चमक रहा है। सब दरवाजे बन्द हैं, सब खिड़कियों पर परदे हैं, लेकिन हर हिस्से में जिन्दगी की खनक है। तिमंजिले पर वासवानी ने बाथरूम का दरवाजा बन्द किया है और पाइप खोल दिया है...

कुहरे में बसें दौड़ रही हैं। जूँ-जूँ करते भारी टायरों की आवाजें दूर से नजदीक आती हैं और फिर दूर होती जाती हैं। मोटर-रिक्शे बेतहाशा भागे चले जा रहे हैं। टैक्सी का मीटर अभी किसी ने डाउन किया है। पड़ोस के डॉक्टर के यहाँ फोन की घंटी बज रही है और पिछवाड़े गली से गुजरती हुई कुछ लड़कियाँ सुबह की शिफ्ट पर जा रही हैं।

सख्त सर्दी है। सड़कें ठिठुरी हुई हैं और कोहरे के बादलों को चीरती हुई कारें और बसें हॉर्न बजाती हुई भाग रही हैं। सड़कों और पटरियों पर भीड़ है, पर कुहरे में लिपटा हुआ हर आदमी भटकती हुई रूह की तरह लग रहा है।

वे रूहें चुपचाप धुन्ध के समुद्र में बढ़ती जा रही हैं...बसों में भीड़ है। लोग ठंडी सीटों पर सिकुड़े हुए बैठे हैं और कुछ लोग बीच में ही ईसा की तरह सलीब पर लटके हुए हैं—बाँहें पसारे, उनकी हथेलियों में कीलें नहीं, बस की बर्फीली, चमकदार छड़ें हैं।

और ऐसे में दूर से एक अरथी सड़क पर चली आ रही है।

इस अरथी की खबर अखबार में है। मैंने अभी-अभी पढ़ी है। इसी मौत की खबर होगी। अखबार में छपा है—आज रात करोलबाग के मशहूर और लोकप्रिय बिजनेस मैगनेट सेठ दीवानचन्द की मौत इरविन अस्पताल में हो गई। उनका शव

कोठी पर ले आया गया है। कल सुबह नौ बजे उनकी अरथी आर्यसमाज रोड से होती हुई पंचकुइयाँ श्मशान-भूमि में दाह-संस्कार के लिए जाएगी।...

और इस वक्त सड़क पर आती हुई यह अरथी उन्हीं की होगी। कुछ लोग टोपियाँ लगाए और मफलर बाँधे हुए खामोशी से पीछे-पीछे आ रहे हैं। उनकी चाल बहुत धीमी है। कुछ दिखाई पड़ रहा है, कुछ नहीं दिखाई पड़ रहा है, पर मुझे ऐसा लगता है अरथी के पीछे कुछ आदमी हैं।

मेरे दरवाजे पर दस्तक होती है। मैं अखबार एक तरफ रखकर दरवाजा खोलता हूँ। अतुल मवानी सामने खड़ा है।

"यार, क्या मुसीबत है, आज कोई आयरन करनेवाला भी नहीं आया, जरा अपना आयरन देना।" अतुल कहता है तो मुझे तसल्ली होती है। नहीं तो उसका चेहरा देखते ही मुझे खटका हुआ था कि कहीं शव-यात्रा में जाने का बवाल न खड़ा कर दे। मैं उसे फौरन आयरन दे देता हूँ और निश्चिन्त हो जाता हूँ कि अतुल अब अपनी पैंट पर लोहा करेगा और दूतावासों के चक्कर काटने के लिए निकल जाएगा।

जब से मैंने अखबार में सेठ दीवानचन्द की मौत की खबर पढ़ी थी, मुझे हर क्षण यही खटका लगा था कि कहीं कोई आकर इस सर्दी में शव के साथ जाने की बात न कह दे। बिल्डिंग के सभी लोग उनसे परिचित थे और सभी शरीफ, दुनियादार आदमी थे।

तभी सरदार जी का नौकर जीने से भड़भड़ाता हुआ आया और दरवाजा खोलकर बाहर जाने लगा। अपने मन को और सहारा देने के लिए मैंने उसे पुकारा, "धर्मा! कहाँ जा रहा है?"

"सरदार जी के लिए मक्खन लेने," उसने वहीं से जवाब दिया तो लगे हाथों लपककर मैंने भी अपनी सिगरेट मँगवाने के लिए उसे पैसे थमा दिए।

सरदार जी नाश्ते के लिए मक्खन मँगवा रहे हैं, इसका मतलब है वे भी शव-यात्रा में शामिल नहीं हो रहे हैं। मुझे कुछ और राहत मिली। जब अतुल मवानी और सरदार जी का इरादा शव-यात्रा में जाने का नहीं है तो मेरा कोई सवाल ही नहीं उठता। इन दोनों का या वासवानी-परिवार का ही सेठ दीवानचन्द के यहाँ ज्यादा आना-जाना था। मेरी तो चार-पाँच बार की मुलाकात-भर थी। अगर ये लोग ही शामिल नहीं हो रहे हैं तो मेरा सवाल ही नहीं उठता।

सामने बारजे पर मुझे मिसेज वासवानी दिखाई पड़ती हैं। उनके खूबसूरत चेहरे पर अजीब-सी सफेदी है और होंठों पर पिछली शाम की लिपस्टिक की हल्की लाली अभी भी मौजूद है। गाउन पहने हुए ही वह निकली हैं और अपना जूड़ा बाँध रही हैं। उनकी आवाज सुनाई पड़ती है, "डार्लिंग, जरा मुझे पेस्ट देना, प्लीज..."

मुझे और राहत मिलती है। इसका मतलब है कि मिस्टर वासवानी भी मैयत में शामिल नहीं हो रहे हैं।

दूर आर्य समाज रोड पर वह अरथी बहुत आहिस्ता-आहिस्ता बढ़ती आ रही है...

अतुल मवानी मुझे आयरन लौटाने आता है। मैं आयरन लेकर दरवाजा बन्द कर लेना चाहता हूँ, पर वह भीतर आकर खड़ा हो जाता है और कहता है, "तुमने सुना, दीवानचन्द जी की कल मौत हो गई?"

"मैंने अभी अखबार में पढ़ा है," मैं सीधा-सा जवाब देता हूँ, ताकि मौत की बात आगे न बढ़े। अतुल मवानी के चेहरे पर सफेदी झलक रही है, वह शेव कर चुका है। वह आगे कहता है, "बड़े भले आदमी थे दीवानचन्द।"

यह सुनकर मुझे लगता है कि अगर बात आगे बढ़ गई तो अभी शव-यात्रा में शामिल होने की नैतिक जिम्मेदारी हो जाएगी, इसलिए मैं कहता हूँ, "तुम्हारे उस काम का क्या हुआ?"

"बस, मशीन आने भर की देर है। आते ही अपना कमीशन तो खड़ा हो जाएगा। यह कमीशन का काम भी बड़ा बेहूदा है। पर किया क्या जाए? आठ-दस मशीनें मेरे थ्रू निकल गईं तो अपना बिजनेस शुरू कर दूँगा।" अतुल मवानी कह रहा है, "भई, शुरू-शुरू में जब मैं यहाँ आया था तो दीवानचन्द जी ने बड़ी मदद की थी मेरी। उन्हीं की वजह से कुछ काम-धाम मिल गया था। लोग बहुत मानते थे उन्हें।"

फिर दीवानचन्द का नाम सुनते ही मेरे कान खड़े हो जाते हैं। तभी खिड़की से सरदार जी सिर निकालकर पूछने लगते हैं, "मिस्टर मवानी! कितने बजे चलना है?"

"वक्त तो नौ बजे का था, शायद सर्दी और कुहरे की वजह से कुछ देर हो जाए।" वह कह रहा है और मुझे लगता है कि यह बात शव-यात्रा के बारे में ही है।

सरदार जी का नौकर धर्मा मुझे सिगरेट देकर जा चुका है और ऊपर मेज पर चाय लगा रहा है। तभी मिसेज वासवानी की आवाज सुनाई पड़ती है, "मेरे खयाल से प्रमिला वहाँ जरूर पहुँचेगी, क्यों डार्लिंग?"

"पहुँचना तो चाहिए।...तुम जरा जल्दी से तैयार हो जाओ।" कहते हुए मिस्टर वासवानी बारजे से गुजर गए हैं।

अतुल मुझसे पूछ रहा है, "शाम को कॉफी हाउस की तरफ आना होगा?"

"शायद चला जाऊँ," कहते हुए मैं कम्बल लपेट लेता हूँ और वह वापस अपने कमरे में चला जाता है। आधा मिनट बाद ही उसकी आवाज फिर आती है, "भई बिजली आ रही है?"

मैं जवाब दे देता हूँ, "हाँ, आ रही है, मैं जानता हूँ कि वह इलेक्ट्रिक रॉड से पानी गरम कर रहा है, इसीलिए उसने यह पूछा है।"

"पॉलिश!" बूट-पॉलिशवाला लड़का हर रोज की तरह अदब से आवाज लगाता है और सरदार जी उसे ऊपर पुकार लेते हैं। लड़का बाहर बैठकर पॉलिश करने लगता है और वह अपने नौकर को हिदायतें दे रहे हैं, खाना ठीक एक बजे लेकर आना।...पापड़ भूनकर लाना और सलाद भी बना लेना।..."

मैं जानता हूँ, सरदार जी का नौकर पाजी है। वह कभी वक्त से खाना नहीं पहुँचाता और न उनके मन की चीजें ही पकाता है।

बाहर सड़क पर कुहरा अब भी घना है। सूरज की किरणों का पता नहीं है। कुलचे-छोलेवाले वैष्णव ने अपनी रेहड़ी लाकर खड़ी कर ली है। रोज की तरह वह प्लेटें सजा रहा है, उनकी खनखनाहट की आवाज आ रही है।

सात नम्बर की बस छूट रही है। सूलियों पर लटके ईसा उसमें चले जा रहे हैं और क्यू में खड़े और लोगों को कंडक्टर पेशगी टिकट बाँट रहा है। हर बार जब भी वह पैसे वापस करता है तो रेजगारी की खनक यहाँ तक आती है। धुन्ध में लिपटी रूहों के बीच काली वरदीवाला कंडक्टर शैतान की तरह लग रहा है।

और अरथी अब कुछ और पास आ गई है।

"नीली साड़ी पहन लूँ?" मिसेज वासवानी पूछ रही हैं।

वासवानी के जवाब देने की घुटी-घुटी आवाज से लग रहा है कि वह टाई की नॉट ठीक कर रहा है।

सरदार जी के नौकर ने उनका सूट ब्रुश से साफ करके हैंगर पर लटका दिया है। और सरदार जी शीशे के सामने खड़े पगड़ी बाँध रहे हैं।

अतुल मवानी फिर मेरे सामने से निकला है। पोर्ट फोलियो उसके हाथ में है। पिछले महीने बनवाया हुआ सूट उसने पहन रखा है। उसके चेहरे पर ताजगी है और जूतों पर चमक। आते ही वह मुझसे पूछता है, "तुम नहीं चल रहे हो?" और मैं जब तक पूछूँ कि कहाँ चलने को वह पूछ रहा है कि वह सरदार जी को आवाज लगाता है, "आइए, सरदार जी! अब देर हो रही है। दस बज चुका है।"

दो मिनट बाद ही सरदार जी तैयार होकर नीचे आते हैं कि वासवानी ऊपर से ही मवानी का सूट देखकर पूछता है, "ये सूट किधर सिलवाया?"

"उधर खान मार्केट में।"

"बहुत अच्छा सिला है। टेलर का पता हमें भी देना।" फिर वह अपनी मिसेज को पुकारता है, "अब आ जाओ, डियर!...अच्छा मैं नीचे खड़ा हूँ तुम आओ।" कहता हुआ वह भी मवानी और सरदार जी के पास आ जाता है और सूट को हाथ लगाते हुए पूछता है, "लाइनिंग इंडियन है।"

"इंग्लिश!"

"बहुत अच्छा फिटिंग है!" कहते हुए वह टेलर का पता डायरी में नोट करता है। मिसेज वासवानी बारजे पर दिखाई पड़ती हैं—नम और सर्द सुबह में उनका रूप और भी निखर आया है। सरदार जी धीरे से मवानी को आँख का इशारा करके सीटी बजाने लगते हैं।

अरथी अब सड़क पर ठीक मेरे कमरे के नीचे है। उसके साथ कुछेक आदमी हैं, एक-दो कारें भी हैं, जो धीरे-धीरे रेंग रही हैं। लोग बातों में मशगूल हैं।

मिसेज वासवानी जूड़े से फूल लगाते हुए नीचे उतरती हैं तो सरदार जी अपनी जेब का रूमाल ठीक करने लगते हैं। और इससे पहले कि वे लोग बाहर जाएँ वासवानी मुझसे पूछता है, "आप नहीं चल रहे?"

"आप चलिए, मैं आ रहा हूँ," मैं कहता हूँ पर दूसरे ही क्षण मुझे लगता है कि उसने मुझसे कहाँ चलने को कहा है? मैं अभी खड़ा सोच ही रहा हूँ कि वे चारों घर के बाहर हो जाते हैं।

अरथी कुछ और आगे निकल गई है। एक कार पीछे से आती है और अरथी के पास धीमी होती है। चलानेवाले साहब शव-यात्रा में पैदल चलनेवाले एक आदमी से कुछ बात करते हैं और कार सर्र से आगे बढ़ जाती है। अरथी के साथ पीछे जानेवाली दोनों कारें भी उसी कार के पीछे सरसराती हुई चली जाती हैं।

मिसेज वासवानी और वे तीनों लोग टैक्सी-स्टैंड की ओर जा रहे हैं। मैं उन्हें देखता रहता हूँ। मिसेज वासवानी ने फर-कालर डाल रखा है और शायद सरदार जी अपने चमड़े के दास्ताने उन्हें दे रहे हैं या दिखा रहे हैं। टैक्सी-ड्राइवर आगे बढ़कर दरवाजा खोलता है और वे चारों टैक्सी में बैठ जाते हैं। अब टैक्सी इधर ही आ रही है और उसमें से खिलखिलाने की आवाज मुझे सुनाई पड़ रही है। वासवानी आगे सड़क पर जाता अरथी की ओर इशारा करते हुए ड्राइवर को कुछ बता रहा है।...

मैं चुपचाप खड़ा सब देख रहा हूँ और अब न जाने क्यों मुझे मन में लग रहा है कि दीवानचन्द की शव-यात्रा में कम-से-कम मुझे तो शामिल हो ही जाना चाहिए था। उनके लड़के से मेरी खासी जान-पहचान है। और ऐसे मौके पर तो दुश्मन का साथ भी दिया जाता है। सर्दी की वजह से मेरी हिम्मत छूट रही है...पर मन में कहीं शव-यात्रा में शामिल होने की बात भीतर-ही-भीतर कोंच रही है।

उन चारों की टैक्सी अरथी के पास धीमी होती है। मवानी गरदन निकालकर कुछ कहता है और दाहिने से रास्ता काटते हुए टैक्सी आगे बढ़ जाती है।

मुझे धक्का-सा लगता है और मैं ओवरकोट पहनकर, चप्पलें डालकर नीचे उतर आता हूँ। मुझे मेरे क़दम अपने आप अरथी के पास पहुँचा देते हैं और मैं चुपचाप उसके पीछे-पीछे चलने लगता हूँ। चार आदमी कन्धा दिए हुए हैं और सात आदमी साथ चल रहे हैं—सातवाँ मैं ही हूँ। और मैं सोच रहा हूँ कि आदमी के मरते ही

कितना फर्क पड़ जाता है! पिछले साल ही दीवानचन्द ने अपनी लड़की की शादी की थी तो हजारों की भीड़ थी। कोठी के बाहर कारों की लाइन लगी हुई थी...

मैं अरथी के साथ-साथ लिंक रोड पर पहुँच चुका हूँ। अगले मोड़ पर ही पँचकुइयाँ श्मशान-भूमि है।

और जैसे ही अरथी मोड़ पर घूमती है लोगों की भीड़ और कारों की कतार मुझे दिखाई देने लगती है। कुछ स्कूटर भी खड़े हैं। औरतों की भीड़ एक तरफ खड़ी है। उनकी बातों की ऊँची ध्वनियाँ सुनाई पड़ रही हैं। उनके खड़े होने में वही लचक है जो कनॉट प्लेस में दिखाई पड़ती है। सभी के जूड़ों के स्टाइल अलग-अलग हैं। मरदों की भीड़ से सिगरेट का धुआँ उठ-उठकर कुहरे में घुला जा रहा है और बात करती हुई औरतों के लाल-लाल होंठ और सफेद दाँत चमक रहे हैं और उनकी आँखों में एक गरूर है...

अरथी को बाहर बने चबूतरे पर रख दिया गया है। अब खामोशी छा गई है। इधर-उधर बिखरी हुई भीड़ शव के इर्द-गिर्द जमा हो गई है। और कारों के शोफर हाथों में फूलों के गुलदस्ते और मालाएँ लिये अपनी मालकिनों की नजरों का इन्तजार कर रहे हैं।

मेरी नजर वासवानी पर पड़ती है। वह अपनी मिसेज को आँख के इशारे से शव के पास जाने को कह रहा है और वह है कि एक औरत के साथ खड़ी बात कर रही है। सरदार जी और अतुल मवानी भी वहीं खड़े हुए हैं।

शव का मुँह खोल दिया गया है और अब औरतें फूल और मालाएँ उसके इर्द-गिर्द रखती जा रही हैं। शोफर खाली होकर अब कारों के पास खड़े सिगरेट पी रहे हैं।

एक महिला माला रखकर कोट की जेब से रूमाल निकालती है और आँखों पर रखकर नाक सुरसुराने लगती है और पीछे हट आती है।

और अब सभी औरतों ने रूमाल निकाल लिए हैं और उनकी नाकों से आवाजें आ रही हैं।

कुछ आदमियों ने अगरबत्तियाँ जलाकर शव के सिरहाने रख दी हैं। वे निश्चल खड़े हैं।

आवाजों से लग रहा है कि औरतों के दिल को ज्यादा सदमा पहुँचा है।

अतुल मवानी अपने पोर्टफोलियो से कोई कागज निकालकर वासवानी को दिखा रहा है। मेरे खयाल से वह पासपोर्ट का फॉर्म है।

अब शव को भीतर श्मशान-भूमि में ले जाया जा रहा है। भीड़ फाटक के बाहर खड़ी देख रही है। शोफरों ने सिगरेटें या तो पी ली हैं या बुझा दी हैं और वे अपनी-अपनी कारों के पास तैनात हैं।

शव अब भीतर पहुँच चुका है।

मातमपुरसी के लिए आए हुए आदमी और औरतें अब बाहर की तरफ लौट रहे हैं।

कारों के दरवाजे खुलने और बन्द होने की आवाजें आ रही हैं। स्कूटर स्टार्ट हो रहे हैं और कुछ लोग रीडिंग रोड, बस-स्टाप की ओर बढ़ रहे हैं।

कुहरा अभी भी घना है। सड़क से बसें गुजर रही हैं और मिसेज वासवानी कह रही हैं, "प्रमिला ने शाम को बुलाया है, चलोगे न, डियर? कार आ जाएगी। ठीक है न?"

वासवानी स्वीकृति में सिर हिला रहा है।

कारों में जाती हुई औरतें मुस्कराते हुए एक-दूसरे से विदा ले रही हैं और बाई-बाई की कुछ-एक आवाजें आ रही हैं। कारें स्टार्ट होकर जा रही हैं।

अतुल मवानी और सरदार जी भी रीडिंग रोड, बस-स्टाप की ओर बढ़ गए हैं और मैं खड़ा सोच रहा हूँ कि अगर मैं भी तैयार होकर आया होता तो यहीं से सीधा काम पर निकल जाता। लेकिन अब तो साढ़े ग्यारह बज चुके हैं।

चिता में आग लगा दी गई है और चार-पाँच आदमी पेड़ के नीचे पड़ी बेंच पर बैठे हुए हैं। मेरी तरह वे भी यूँ ही चले आए हैं। उन्होंने जरूर छुट्टी ले रखी होगी, नहीं तो वे भी तैयार होकर आते।

मेरी समझ में नहीं आ रहा है कि घर जाकर तैयार होकर दफ्तर जाऊँ या अब एक मौत का बहाना बनाकर आज की छुट्टी ले लूँ—आखिर मौत तो हुई ही है और मैं शव-यात्रा में शामिल भी हुआ हूँ।

राजेन्द्र यादव

राजेन्द्र यादव का जन्म 28 अगस्त, 1929 को आगरा में हुआ। वे हिन्दी के सुपरिचित कहानीकार, उपन्यासकार व आलोचक होने के साथ-साथ हिन्दी के सर्वाधिक लोकप्रिय सम्पादक भी थे। उन्होंने कमलेश्वर और मोहन राकेश के साथ मिलकर 'नयी कहानी' आन्दोलन की शुरुआत की। मुंशी प्रेमचन्द द्वारा सन् 1930 में स्थापित साहित्यिक पत्रिका 'हंस' का पुनर्प्रकाशन उन्होंने प्रेमचन्द की जयन्ती 31 जुलाई, 1986 को प्रारम्भ किया और अपनी मृत्यु तक पूरे 27 वर्ष यह दायित्व निभाया।

उनकी कहानियाँ मुख्यत: मध्यवर्ग पर केन्द्रित हैं। शहरी मध्यवर्गीय जीवन का एकाकीपन, भय, प्रेम, नारी-पुरुष सम्बन्ध, प्राचीन सम्बन्धों की स्मृति, सम्बन्धों की टूटन आदि उनकी कहानियों के प्रमुख आयाम हैं। उनकी कुछ कहानियों में राजनीतिक-सामाजिक विसंगतियों की झलक मिलती है तो कुछ कहानियाँ भारतीय समाज की बहुविध उत्पीड़न सजगता और संवेदनशीलता रेखांकित करती हैं।

प्रकाशित पुस्तकें : 'देवताओं की मूर्तियाँ', 'खेल-खिलौने', 'जहाँ लक्ष्मी कैद है', 'अभिमन्यु की आत्महत्या', 'छोटे-छोटे ताजमहल', 'किनारे से किनारे तक', 'टूटना', 'ढोल और अपने पार', 'चौखटे तोड़ते त्रिकोण', 'वहाँ तक पहुँचने की दौड़', 'अनदेखे अनजाने पुल', 'हासिल और अन्य कहानियाँ', 'श्रेष्ठ कहानियाँ', 'प्रतिनिधि कहानियाँ' (कहानी-संग्रह); 'सारा आकाश', 'उखड़े हुए लोग', 'शह और मात', 'एक इंच मुस्कान' (मन्नू भंडारी के साथ), 'मंत्र-विद्ध और कुलटा' (उपन्यास); 'आवाज तेरी है' (कविता-संग्रह); 'कहानी : स्वरूप और संवेदना', 'प्रेमचन्द की विरासत', 'अठारह उपन्यास', 'काँटे की बात' (बारह खंड)', 'कहानी : अनुभव और अभिव्यक्ति', 'उपन्यास : स्वरूप और संवेदना' (समीक्षा-निबन्ध-विमर्श); 'आदमी की निगाह में औरत', 'वे देवता नहीं हैं', 'एक दुनिया : समानान्तर', 'कथा जगत की बागी मुस्लिम औरतें', 'वक्त है एक ब्रेक का', 'औरत : उत्तरकथा', 'पितृसत्ता के नए रूप', 'पच्चीस बरस : पच्चीस कहानियाँ', 'मुबारक पहला कदम' (सम्पादन); 'औरों के बहाने' (व्यक्ति-चित्र); 'मुड़-मुड़ के देखता हूँ' (आत्मकथा); 'राजेन्द्र यादव रचनावली' (15 खंड)।

निधन : 28 अक्टूबर, 2013

जहाँ लक्ष्मी कैद है

जरा ठहरिए, यह कहानी विष्णु की पत्नी लक्ष्मी के बारे में नहीं, लक्ष्मी नाम की एक ऐसी लड़की के बारे में है जो अपनी कैद से छूटना चाहती है। इन दो नामों में ऐसा भ्रम होना स्वाभाविक है जैसाकि कुछ क्षण के लिए गोविन्द को हो गया था।

एकदम घबराकर जब गोविन्द की आँखें खुलीं तो वह पसीने से तर था और उसका दिल इतने जोर से धड़क रहा था कि उसे लगा, कहीं अचानक उसका धड़कना बन्द न हो जाए। अँधेरे में उसने पाँच-छह बार पलकें झपकाईं, पहली बार तो उसकी समझ में ही न आया कि वह कहाँ है, कैसा है—एकदम दिशा और स्थान का ज्ञान उसे भूल गया। पास के हॉल की घड़ी ने एक का घंटा बजाया तो उसकी समझ में ही न आया कि वह घड़ी कहाँ है, वह स्वयं कहाँ है और घंटा कहाँ बज रहा है। फिर धीरे-धीरे उसे ध्यान आया, उसने जोर से अपने गले का पसीना पोंछा और उसे लगा, उसके दिमाग में फिर वही खट्-खट् गूँज उठी है, जो अभी गूँज रही थी...।

पता नहीं, सपने में या सचमुच ही, अचानक गोविन्द को ऐसा लगा था, जैसे किसी ने किवाड़ पर तीन-चार बार खट्-खट् की हो और बड़े गिड़गिड़ाकर कहा हो—'मुझे निकालो, मुझे निकालो!' और वह आवाज कुछ ऐसे रहस्यमय ढंग से आकर उसकी चेतना को कोंचने लगी कि वह बौखलाकर जाग उठा—सचमुच ही यह किसी की आवाज थी या महज उसका भ्रम?

फिर उसे धीरे-धीरे याद आया कि यह भ्रम ही था और वह लक्ष्मी के बारे में सोचता हुआ ऐसा अभिभूत सोया था कि वह स्वप्न में भी छाई रही। लेकिन वास्तव में यह आवाज कैसी विचित्र थी, कैसी साफ थी!—उसने कई बार सुना था कि अमुक स्त्री या पुरुष के स्वप्न में आकर कोई कहता—'मुझे निकालो, मुझे निकालो!' फिर वह धीरे-धीरे स्थान की बात भी बताने लगता और वहाँ खुदवाने पर कड़ाहे या हाँडी में भरे सोने-चाँदी के सिक्के या माया उसे मिलती और वह देखते-देखते मालामाल हो जाता। कभी-कभी ऐसा भी हुआ कि किसी अनधिकारी आदमी ने उस द्रव्य को निकलवाना चाहा तो उसमें कौड़ियाँ और कोयले निकले या फिर उसके कोढ़ फूट आया या घर में कोई मृत्यु हो गई। कहीं इसी तरह, धरती के नीचे से

उसे कोई लक्ष्मी तो नहीं पुकार रही है? और वह बड़ी देर तक सोचता रहा, उसके दिमाग में फिर लक्ष्मी का किस्सा साकार होने लगा। वह मोहाच्छन्न-सा पड़ा रहा...

दूर कहीं दूसरे घड़ियाल ने फिर वही एक घंटा बजाया।

गोविन्द से अब नहीं रहा गया। रजाई को चारों तरफ से बन्द रखे हुए ही बड़े सँभालकर उसने कुहनी तक हाथ निकाला, लेटे-ही-लेटे अलमारी के खाने से किताब-कॉपियों की बगल से उसने अधजली मोमबत्ती निकाली, वहीं कहीं से खोजकर दियासलाई निकाली और आधा उठकर, ताकि जाड़े में दूसरा हाथ पूरा न निकालना पड़े, उसने दो-तीन बार घिसकर दियासलाई जलाई, मोमबत्ती रौशन की और पिघले मोम की बूँद टपकाकर उसे दवात के ढक्कन के ऊपर जमा दिया। धीरे-धीरे हिलती रोशनी में उसने देख लिया कि किवाड़ पूरे बन्द हैं, और दरवाजे के सामने वाली दीवार में बने, जाली लगे रौशनदान के ऊपर, दूसरी मंजिल से हल्की-हल्की जो रोशनी आती है, वह भी बुझ चुकी है। सब कुछ कितना शान्त हो चुका है! बिजली का स्विच यद्यपि उसके तख्त के ऊपर ही लगा था, लेकिन एक तो जाड़े में रजाई समेत या रजाई छोड़कर खड़े होने का आलस्य, दूसरे लाला रूपाराम का डर, सुबह ही कहेगा—'गोविन्द बाबू, बड़ी देर तक पढ़ाई हो रही है आजकल।' जिसका सीधा अर्थ होगा कि बड़ी बिजली खर्च करते हो।

फिर उसने चुपके से, जैसे कोई उसे देख रहा हो, तकिए के नीचे से रजाई के भीतर-ही-भीतर हाथ बढ़ाकर वह पत्रिका निकाल ली और गर्दन के पास से हाथ निकालकर उसके सैंतालीसवें पन्ने को बीसवीं बार खोलकर बड़ी देर घूरता रहा। एक बजे की पठानकोट एक्सप्रेस जब दहाड़ती हुई गुजर गई तो सहसा उसे होश आया। 47 और 48—जो पन्ने उसके सामने खुले थे, उनमें जगह-जगह नीली स्याही से कुछ पंक्तियों के नीचे लाइनें खींची गई थीं—यही नहीं, उस पन्ने का कोना मोड़कर उन्हीं लाइनों की तरफ विशेष रूप से ध्यान खींचा गया था। अब तक गोविन्द उन या उनके आसपास की लाइनों को बीस बार से अधिक घूर चुका था। उसने शंकित निगाहों से इधर-उधर देखा और फिर एक बार उन पंक्तियों को पढ़ा।

जितनी बार वह उन्हें पढ़ता, उसका दिल एक अनजान आनन्द के बोझ से धड़ककर डूबने लगता और दिमाग उसी तरह भन्ना उठता जैसा उस समय भन्नाया था, जब यह पत्रिका उसे मिली थी। यद्यपि इस बीच उसकी मानसिक दशा कई विकट स्थितियों से गुजर चुकी थी; फिर भी वह बड़ी देर तक काली स्याही से छपे कहानी के अक्षरों को स्थिर निगाहों से घूरता रहा—धीरे-धीरे उसे ऐसा लगा, यह अक्षरों की पंक्ति एक ऐसी खिड़की की जाली है, जिसके पीछे बिखरे बालों वाली एक निरीह लड़की का चेहरा झाँक रहा है। और फिर उसके दिमाग में बचपन की सुनी कहानी साकार होने लगी—शिकार खेलने में साथियों का साथ छूट जाने पर भटकता हुआ एक राजकुमार अपने थके-माँदे घोड़े पर बिलकुल वीराने में, समुद्र

के किनारे बने एक विशाल सुनसान किले के नीचे जा पहुँचा। वहाँ ऊपर खिड़की में उसे एक अत्यन्त सुन्दर राजकुमारी बैठी दिखाई दी, जिसे एक राक्षस ने लाकर वहाँ कैद कर दिया था...छोटे-से-छोटे विवरण के साथ खिड़की में बैठी राजकुमारी की तसवीर गोविन्द की आँखों के आगे स्पष्ट और मूर्त होती गई। और उसे लगा, जैसे वही राजकुमारी उन रेखांकित, छपी लाइनों के पीछे से झाँक रही है। उसके गालों पर आँसुओं की लकीरें सूख गई हैं, उसके होंठ पपड़ा गए हैं...चेहरा मुरझा गया है और रेशमी बाल मकड़ी के जाले-जैसे लगते हैं—जैसे उसके पूरे शरीर से एक आवाज निकलती है—'मुझे छुड़ाओ, मुझे छुड़ाओ!'

गोविन्द के मन में उस अनजान राजकुमारी को छुड़ाने के लिए जैसे रह-रहकर कोई कुरेदने लगा। एक-आध बार तो उसकी बड़ी प्रबल इच्छा हुई कि अपने भीतर रह-रहकर कुछ करने की उत्तेजना को वह अपने तख्त और कोठरी की दीवार के बीच में बची दो फीट चौड़ी गली में घूम-घूमकर दूर कर दे।

तो क्या सचमुच लक्ष्मी ने यह सब उसी के लिए लिखा है? लेकिन उसने तो लक्ष्मी को देखा तक नहीं! अगर अपनी कल्पना में किसी जवान लड़की का चेहरा लाए भी तो वह आखिर कैसी हो?...कुछ और भी बातें थीं कि वह लक्ष्मी के रूप में एक सुन्दर लड़की के चेहरे की कल्पना करते डरता था—उसकी ठीक शक्ल-सूरत और उम्र भी नहीं मालूम उसे...।

गोविन्द यह अच्छी तरह जानता था कि यह सब उसी के लिए लिखा गया है; ये लाइनें खींचकर उसी का ध्यान आकृष्ट किया गया है। फिर भी वह इस अप्रत्याशित बात पर विश्वास नहीं कर पाता था। वह अपने को इस लायक भी नहीं समझता था कि कोई लड़की इस तरह उसे संकेत करेगी। यों शहरों के बारे में उसने बहुत काफी सुन रखा था, लेकिन यह सोचा भी नहीं था कि गाँव से इंटर पास करके शहर आने के एक हफ्ते में ही उसके सामने एक 'सौभाग्यपूर्ण' बात आ जाएगी...।

वह जब-जब इन पंक्तियों को पढ़ता तब-तब उसका सिर इस तरह चकराने लगता, जैसे किसी दसमंजिले मकान से नीचे झाँक रहा हो! जब उसने पहले-पहल ये पंक्तियाँ देखी थीं तो इस तरह उछल पड़ा था, जैसे हाथ में अंगारा आ गया हो!

बात यह हुई कि वह चक्की वाले हॉल में ईंटों के तख्त-जैसे बने चबूतरे पर बड़ी पुरानी काठ की सन्दूकची के ऊपर लम्बा-पतला रजिस्टर खोले दिन-भर का हिसाब मिला रहा था, तभी लाला रूपाराम का सबसे छोटा, नौ-दस साल का लड़का रामस्वरूप उसके पास आ खड़ा हुआ। यह लड़का एक फटे-पुराने-से चैस्टर की, जो साफ ही किसी बड़े भाई के चैस्टर को कटवाकर बनवाया गया होगा, जेबों में दोनों हाथों को ठूँसे पास खड़ा होकर उसे देखने लगा।

गोविन्द जब पहले ही दिन आया था और हिसाब कर रहा था, तभी यह लड़का भी आ खड़ा हुआ था। उस दिन लाला रूपाराम भी थे, इसलिए सिर्फ यह

दिखाने को कि वह उनके सुपुत्र में भी काफी रुचि रखता है, उसने नियमानुसार नाम, उम्र और स्कूल-क्लास इत्यादि पूछे थे; नाम रामस्वरूप, उम्र नौ साल, चुंगी-प्राइमरी स्कूल में चौथे क्लास में पढ़ता था। फिर तो सुबह-शाम गोविन्द उसे चैस्टर की छाया से ही जानने लगा, शक्ल देखने की जरूरत ही नहीं होती थी। चैस्टर के नीचे नेकर पहने होने के कारण उसकी पतली टाँगें खुली रहतीं और वह पाँवों में बड़े-पुराने किरमिच के जूते पहने रहता, जिनकी फटी-निकली जीभों को देखकर उसे हमेशा दुम-कटे कुत्ते की पूँछ का ध्यान हो आता था।

थोड़ी देर उसका लिखना ताकते रहकर लड़के ने चैस्टर के बटनों के कसाव और छाती के बीच में रखी पत्रिका निकालकर उसके सामने रख दी और बोला, "मुंशी जी, लक्ष्मी जीजी ने कहा है, हमें कुछ और पढ़ने को दीजिए।"

"अच्छा, कल देंगे..." मन-ही-मन भन्नाकर उसने कहा।

यहाँ आकर उसे जो 'मुंशी जी' का नया खिताब मिला है, उसे सुनकर उसकी आत्मा खाक हो जाती। 'मुंशी जी' नाम के साथ जो एक कान पर कलम लगाए, गोल-मैली टोपी, पुराना कोट पहने, मुड़े-तुड़े आदमी की तसवीर सामने आती है—उसे बीस-बाईस साल का युवक गोविन्द सँभाल नहीं पाता।

लाला रूपाराम उसी के गाँव के हैं—शायद उसके पिता के साथ दो-तीन जमात पढ़े भी थे। शहर आते ही आत्मनिर्भर होकर पढ़ाई चला सकने के लिए किसी ट्यूशन इत्यादि या छोटे पार्ट-टाइम काम के लिए लाला रूपाराम से भी वह मिला तो उन्होंने अत्यन्त उत्साह से उसके मृत बाप को याद करके कहा—'भैया, तुम तो अपने ही बच्चे हो, जरा हमारी चक्की का हिसाब-किताब घंटे-आध घंटे देख लिया करो और मजे में चक्की के पास जो कोठरी है, उसमें पड़े रहो, अपना पढ़ो। आटे की यहाँ तो कमी है ही नहीं।' और अत्यन्त कृतज्ञता से गद्गद वह उनकी कोठरी में आ गया। पहली रात हिसाब लिखने का ढंग समझाते हुए लाला रूपाराम, मोतियाबिन्द वाले चश्मे के मोटे-मोटे काँचों के पीछे से मोरपंखी के चन्दोवे-सी दीखती आँखों और मोटे होंठों से मुस्कुराते, उसका सम्मान बढ़ाने को 'मुंशी जी' कह बैठे तो वह चौंक पड़ा। लेकिन उसने निश्चय कर लिया कि यहाँ जम जाने के बाद वह विनम्रता से इस शब्द का विरोध करेगा। रामस्वरूप से 'मुंशी जी' नाम सुनकर उसकी भौहें तन गईं, इसीलिए उसने उपेक्षा से वह उत्तर दिया था।

"कल जरूर दीजिएगा।" रामस्वरूप ने फिर अनुरोध किया।

"हाँ, भाई, जरूर देंगे।" उसने दाँत पीसकर कहा; लेकिन चुप ही रहा।

वह अक्सर लक्ष्मी का नाम सुनता था। हालाँकि उसकी कोठरी बिलकुल सड़क की तरफ अलग ही पड़ती थी; लेकिन उसमें पीछे की तरफ जो एक जालीदार छोटा-सा रौशनदान था, वह घर के भीतर नीचे की मंजिल के चौक में खुलता था। लाला रूपाराम का परिवार ऊपर की मंजिल पर रहता था और नीचे सामने

की तरफ पनचक्की थी, पीछे कई तरह की चीजों का स्टोर-रूम था। इस 'लक्ष्मी' नाम के प्रति उसे उत्सुकता और रुचि इसलिए भी बहुत थी कि चाहे कोठरी में हो या बाहर, पनचक्की के हॉल में, हर पाँचवें मिनट पर उसका नाम विभिन्न रूपों में सुनाई देता था—'लक्ष्मी बीबी ने यह कहा है', 'रुपए लक्ष्मी बीबी के पास हैं', 'चाबी लक्ष्मी बीबी को दे देना।' और उसके जवाब में जो एक पतली तीखी-सी अधिकारपूर्ण आवाज सुनाई देती थी, उसे गोविन्द पहचानने लगा था। अनुमान से उसने समझ लिया कि यही लक्ष्मी की आवाज है। लेकिन स्वयं वह कैसी है? उसकी एक झलक-भर देख पाने को उसका दिल कभी-कभी बुरी तरह तड़प-सा उठता। लेकिन पहले कुछ दिनों उसे अपना प्रभाव जमाना था, इसलिए वह आँख उठाकर भी भीतर देखने की कोशिश न करता। मन-ही-मन उसने समझ लिया कि यही लक्ष्मी है, काफी महत्त्वपूर्ण है...दिक्कत यह थी कि भीतर कुछ दिखाई भी तो नहीं देता था। सड़क के किनारे तीन-चार दरवाजे वाले इस चक्की के हॉल के बाद एक आठ-दस फीट लम्बी गली थी और चौक के ऊपर लोहे का जाल पड़ा था, उस पर से ऊपर वाले लोग जब गुजरते थे तो लोहे की झनझनाहट से पहले तो उसका ध्यान हर बार उधर चला जाता था। बच्चे तो कभी-कभी और भी उछल-उछलकर उस पर कूदने लगते थे। यहाँ से जब तक किसी बहाने पूरी गली पार न की जाए, कुछ भी दीखना असम्भव था। चूँकि गुसलखाना और नल इत्यादि उसी चौक में थे, जिनकी वजह से नीचे प्राय: सीलन और गीलापन रहता था, इसलिए सुबह चौक में जाते हुए अत्यन्त सीधे लड़के की तरह निगाहें नीची किए हुए भी वह ऊपर की स्थिति को भाँपने का प्रयत्न करता था। ऊपर सिर उठाकर आँख-भर देख पाने की उसमें हिम्मत न थी। अपनी कोठरी का एकमात्र दरवाजा बन्द करके, तख्त पर चढ़कर मकड़ी के जाले और धूल से भरे जालीदार रौशनदान से झाँककर उसने वहाँ की स्थिति को भी जानने की कोशिश की थी; लेकिन यह कमबख्त जाली कुछ इस ढंग से बनी थी कि उसके 'फोकस' में पूरा सामने वाला छज्जा और एकाध फुट लोहे का जाल भर आया था। वहाँ कई बार उसे लगा, जैसे दो छोटे-छोटे तलुए गुजरे...बहुत कोशिश करने पर टखने दीखे—हाँ, हैं तो किसी लड़की के पैर, क्योंकि साथ में धोती का किनारा भी झलका था... उसने एक गहरी साँस ली और तख्त से उतरते हुए बड़े एक्टराना अन्दाज में छाती पर हाथ मारा और बुदबुदाया—'अरे लक्ष्मी जालिम, एक झलक तो दिखा देती...'

"मुंशी जी, तुम तो देख रहे हो, लिखते क्यों नहीं?" रामस्वरूप ने जब देखा कि गोविन्द धीरे-धीरे होल्डर का पिछला हिस्सा दाँतों में ठोंकता हुआ हिसाब की कॉपी में अपलक कुछ घूर रहा था तो पता नहीं कैसे यह बात उसकी समझ में आ गई कि वह जो कुछ सोच रहा है, उसका सम्बन्ध सामने रखे हिसाब से नहीं है...।

उसने चौंककर लड़के की तरफ देखा...और चोरी पकड़ी जाने पर झेंपकर मुस्कुराया, तभी अचानक एक बात उसके दिमाग में कौंधी—यह लक्ष्मी रामस्वरूप की बहन ही तो है। जरूर उसका चेहरा इससे काफी मिलता-जुलता होगा। इस बार उसने ध्यान से रामस्वरूप का चेहरा देखा कि वह सुन्दर है या नहीं। फिर अपनी बेवकूफी पर मुस्कुराकर एक अँगड़ाई ली। चारों तरफ ढीले हुए कम्बल को फिर से चारों ओर कस लिया और अप्रत्याशित प्यार से बोला, "अच्छा, मुन्ना, कल सुबह दे देंगे।"...उसकी इच्छा हुई कि वह उससे लक्ष्मी के बारे में कुछ बात करे, लेकिन सामने ही चौकीदार और मिस्तरी सलीम काम कर रहे थे...।

असल में आज वह थक भी गया था। अचानक व्यस्त होकर बोला और जल्दी-जल्दी हिसाब करने लगा। दुनिया-भर की सिफारिशों के बाद उसका नाम कॉलेज के नोटिसबोर्ड पर आ गया कि वह ले लिए गए लड़कों में से है। आते समय कुछ किताब और कॉपियाँ भी खरीद लाया था, सो आज वह चाहता था कि जल्दी-से-जल्दी अपनी कोठरी में लेटे और कुछ आगे-पीछे की बातें...दुनिया-भर की बातें सोचता हुआ सो जाए...सोचे, लक्ष्मी कौन है...कैसी है...वह उसके बारे में किससे पूछे?...कोई उसका हमउम्र और विश्वास का आदमी भी तो नहीं है। किसी से पूछे और रूपाराम को पता चल जाए, तो? लेकिन अभी तीसरा ही तो दिन है...मन-ही-मन अपने पास रखी पत्रिकाओं और कहानी की पुस्तकों की गिनती करते हुए वह सोचने लगा कि इस बार उसे कौन-सी देनी है...आगे जाकर जब काफी दिन हो जाएँगे तो वह चुपचाप उसमें एक ऐसा छोटा-सा पत्र रख देगा जो किसी दोस्त के नाम लिखा गया होगा या उसकी भाषा ऐसी होगी कि पकड़ में न आ सके...भूल से चला गया, पकड़े जाने पर वह आसानी से कह सकेगा—उसे तो ध्यान भी नहीं था कि वह पर्चा इसमें रखा है। बीस जवाब हैं। अपनी चालाक बेवकूफी की कल्पना पर वह मुस्कुराने लगा।

जिसके विषय में वह इतना सब सोचता है, वह उसी लक्ष्मी के पास से आई हुई पत्रिका है—उसने इसे अपने कोमल हाथों से छुआ होगा, तकिए के नीचे, सिरहाने भी यह रही होगी...लेटकर पढ़ते हुए, हो सकता है, सोचते-सोचते छाती पर भी रखकर सो गई हो...और उसका तन-मन गुदगुदा उठा। क्या लक्ष्मी उसके विषय में बिलकुल ही न सोचती होगी? हिसाब लिखने की व्यस्तता में भी उसने गर्दन मोड़कर एक हाथ से पत्रिका के पन्ने पलटने शुरू कर दिए और एक कोना मुड़े पन्ने पर अचानक उसका हाथ ठिठक गया—यह किसने मोड़ा है? एक मिनट में हजारों बातें उसके दिमाग में चक्कर लगा गईं। उसने पत्रिका उठाकर हिसाब की कॉपी पर रख ली। मुड़ा पन्ना पूरा खुला था। छपे पन्ने पर जगह-जगह नीली स्याही से निशान देखकर वह चौंक पड़ा। ये किसने लगाए हैं? उसे खूब अच्छी तरह ध्यान है, ये पहले नहीं थे...।

'मैं तुम्हें प्राणों से अधिक प्यार करती हूँ...' उसने एक नीली लाइन के ऊपर पढ़ा...।

"अँय! यह क्या चक्कर है...?" वह एकदम जैसे बौखला उठा। उसने फौरन ही सामने बैठे मिस्तरी सलीम और दिलावरसिंह को देखा, वे अपने में ही व्यस्त थे। उसकी निगाह अपने आप दूसरी लाइन पर फिसल गई।

'मुझे यहाँ से भगा ले चलो...'

"अरे...!"

तीसरी लाइन—'मैं फाँसी लगाकर मर जाऊँगी...।'

और गोविन्द इतना घबरा गया कि उसने फट से पत्रिका बन्द कर दी। शंका से इधर-उधर देखा, किसी ने ताड़ तो नहीं लिया? उसके माथे पर पसीना उभर आया और दिल चक्की के मोटर की तरह चलने लगा। पत्रिका के उन पन्नों के बीच में ही उँगली रखे हुए उसने उसे घुटने के नीचे छिपा लिया। कहीं दूर से रंग-बिरंगी कवर की तस्वीर को देखकर वह कमबख्त चौकीदार ही न माँग बैठे। उन पंक्तियों को एक बार फिर देखने की दुर्निवार इच्छा उसके मन में हो रही थी; लेकिन जैसे हिम्मत न पड़ती थी। क्या सचमुच ये निशान लक्ष्मी ने ही लगाए हैं? कहीं किसी ने मजाक तो नहीं किया? लेकिन मजाक उससे कौन करेगा, क्यों करेगा? ऐसा उसका कोई परिचित भी तो नहीं है यहाँ कि तीन दिन में ही ऐसी हिम्मत कर डाले।

उसने फिर पत्रिका निकालकर पूरी उलट-पुलट डाली। नहीं, निशान वही हैं, बस। वह उन तीनों लाइनों को फिर एक साथ पढ़ गया और उसे ऐसा लगा, जैसे उसके दिमाग में हवाई जहाज भन्ना उठा हो। गोविन्द का दिमाग चकरा रहा था, दिल धड़क रहा था, और जो हिसाब वह लिख रहा था, वह तो जैसे एकदम भूल गया। उसने कलम के पिछले हिस्से से कान के ऊपर खुजलाया, खूब आँखें गड़ाकर जमा और खर्च के खानों को देखने की कोशिश की, लेकिन बस नस-नस में सन-सन करती कोई चीज दौड़े जा रही थी। उसे लगा, उसका दिल फट जाएगा और आतिशबाजी के अनार की तरह दिमाग फूट पड़ेगा...अब वह किससे पूछे? ये सब निशान किसने लगाए हैं? क्या सचमुच लक्ष्मी ने?

इस मधुर सत्य पर विश्वास नहीं होता। मैं चाहे उसे न देख पाया होऊँ, उसने तो जरूर ही मुझे देख लिया होगा। अरे, ये लड़कियाँ बड़ी तेज होती हैं। गोविन्द की इच्छा हुई, अगर उसे इसी क्षण शीशा मिल जाए तो वह लक्ष्मी की आँखों से एक बार अपने को देखे—कैसा लगता है?

लेकिन यह लक्ष्मी कौन है? विधवा, कुमारी, विवाहिता, परित्यक्ता, क्या? कितनी बड़ी है? कैसी है? उसकी नस-नस में एक प्रबल मरोड़-सी उठने लगी कि वह अभी उठे और दौड़कर भीतर के आँगन की सीढ़ियों से धड़ाधड़ चढ़ता हुआ ऊपर जा पहुँचे—लक्ष्मी जहाँ भी, जिस कमरे में बैठी हो, उसके दोनों कन्धे

झकझोरकर पूछे, 'लक्ष्मी, लक्ष्मी, यह सब तुमने लिखा है? तुम नहीं जानतीं लक्ष्मी, मैं कितना अभागा हूँ। मैं कतई इस सौभाग्य के लायक नहीं हूँ।' और सचमुच इस अप्रत्याशित सौभाग्य से गोविन्द का हृदय इस तरह पसीज उठा कि उसकी आँखों में आँसू आ गए। डोरी से लटकते हुए बल्ब को अपलक देखता हुआ वह अपने अतीत और भविष्य की गहराइयों में उतरता चला गया; फिर उसने धीरे से अपनी कोरों में भरे आँसुओं को उँगली पर लेकर इस तरह झटक दिया, जैसे देवता पर चन्दन चढ़ा रहा हो! उसका ढीला पड़ा हाथ अब भी पत्रिका के पन्ने को पकड़े था।

एक बार उसने फिर उन पंक्तियों को देखा—मान लो, लक्ष्मी उसके साथ भाग जाए? कहाँ जाएँगे वे लोग? कैसे रहेंगे? उसकी पढ़ाई का क्या होगा? बाद में पकड़ लिए गए तो?

लेकिन आखिर यह लक्ष्मी है कौन?

लक्ष्मी के बारे में प्रश्नों का एक झुंड उसके दिमाग पर टूट पड़ा, जैसे शिकारी कुत्तों का बाड़ा खोल दिया गया हो या एक के बाद एक सिर पर कोई हथौड़े की चोटें कर रहा हो, बड़ी निर्ममता और क्रूरता से। जैसे छत पर से अचानक गिर पड़ने वाले आदमी के सामने सारी दुनिया एक झटके के साथ, एक क्षण में चक्कर लगा जाती है, उसी तरह उसके सामने सैकड़ों-हजारों चीजें एक साथ चमककर गायब हो गईं।

ईंटों के ऊँचे चौकोर तख्तनुमा चबूतरे पर पुरानी छोटी-सी सन्दूकची के आगे बैठा गोविन्द हिसाब लिख रहा था और अभी हिसाब न मिलने के कारण जो कच्चे पुर्जे इधर-उधर बिखरे थे, वे सब यों ही बिखरे रहे। उसने खुले लेजर-रजिस्टर पर दोनों कुहनियाँ टिका दीं और हथेलियों से आँखें बन्द कर लीं...कनपटी के पास की नसें चटख रही थीं। ऐसा तो कभी देखा-सुना नहीं...सिनेमा, उपन्यासों में भी नहीं देखा-पढ़ा। सचमुच इन निशानों का क्या मतलब है? क्या लक्ष्मी ने ही ये लाइनें खींची हैं? हो सकता है, किसी बच्चे ने ही खींच दी हों...इस सम्भावना से थोड़ा चौंककर गोविन्द ने फिर पन्ना खोला—नहीं, बच्चा क्या सिर्फ इन्हीं लाइनों के नीचे निशान लगाता? और लकीरें इतनी सधी और सीधी हैं कि किसी बच्चे की हो ही नहीं सकतीं। किसी ने उसे व्यर्थ परेशान करने को तो निशान नहीं लगा दिए? हो सकता है, वह लक्ष्मी बहुत चुहलबाज हो और जरा छकाने को उसी ने सब किया हो...!

यद्यपि गोविन्द इस तरह आँखें बन्द किए सोच रहा था; लेकिन उसे मन-ही-मन डर था कि मिस्तरी और दरबान उसे देखकर कुछ समझ न जाएँ। सबसे बड़ा डर उसे लाला रूपाराम का था। अभी रूई-भरी, सकलपारों वाली सिलाई की, मैली-सी पूरी बाँहों की मिरजई पहने और उस पर मैली चीकट, युगों पुरानी अंडी लपेटे, धीरे-धीरे हाँफते हुए बेंत टेकते बड़े कष्ट से सीढ़ियाँ उतरकर वे आएँगे...।

अचानक बेंत की खट्-खट् से चौंककर उसने जो आँखों के आगे से हाथ हटाए तो देखा, सच ही लाला रूपाराम चले आ रहे हैं। अरे, कमबख्त याद करते

ही आ पहुँचा—बैठे हुए देख तो नहीं लिया? उसने झट पत्रिका को घुटने के नीचे और भी सरका लिया और सामने फैले पुर्जों पर आँखें टिकाकर व्यस्त हो उठा। मिस्तरी और चौकीदार की खुसुरफुसुर बन्द हो गई। गली-सी पार करके लाला रूपाराम ने प्रवेश किया।

मोटे-मोटे शीशों के पीछे से उनकी आँखें बड़ी होकर भयंकर दीखती थीं। आँखों और पलकों का रंग मिलकर ऐसा दिखाई देता था, जैसे पीछे मोरपंख के चँदोवे लगे हों! सिर पर रूई-भरा कनटोपा था, उनके कानों को ढकने वाले मोटर के 'मडगार्ड' जैसे कोने अब ऊपर मुड़े थे और पौराणिक राक्षसों के सींगों का दृश्य उपस्थित कर रहे थे। चेहरा उनका झुर्रियों से भरा था और चश्मे का फ्रेम नाक के ऊपर से टूट गया था, उसे उन्होंने डोरा लपेटकर मजबूत कर लिया था। दाँत उनके नकली थे और शायद ढीले भी थे; क्योंकि उन्हें वे हमेशा इस तरह मुँह चला-चलाकर पीछे सरकाए रखते थे, जैसे 'चुइंगम' चबा रहे हों! गोविन्द को उनके इस मुँह चलाने और मुँह से निकलती तरह-तरह की आवाजों से बड़ी उबकाई-सी आती थी और जब वे उससे बात करते तो वह प्रयत्न करके अपना ध्यान उस ओर से हटाए रखता। लाला रूपाराम की गर्दन हमेशा इस तरह हिलती रहती, जैसे खिलौने वाले बुड्ढे की गर्दन का स्प्रिंग ढीला हो गया हो! घुटनों तक की मैली-कुचैली धोती और मिलिटरी के कबाड़िया बाजार से खरीदकर लाए गए मोजों पर बाँधने की पट्टियाँ, जो शायद उन्हें गठिया के दर्द से भी बचाती थीं; बिना फीते के खीसें निपोरते फटे-पुराने बूट—उन्हें देखकर हमेशा गोविन्द को लगता कि इस आदमी का अन्त समय निकट आ गया है।

जब लाला रूपाराम पास आ गए तो उनके सम्मान में चेहरे पर चिकनाई वाली मुस्कान लाकर उनकी ओर देखते हुए स्वागत किया। ईंटों के चबूतरे पर लगभग दो सौ स्याही के दाग और छेद वाली दरी पर, रामस्वरूप के उससे सटकर खड़े होने से, एक मोटी-सी सिकुड़न पड़ गई थी, उसे हाथ से ठीक करके उसने कहा, "लाला जी, यहाँ बैठिए...।"

लाला जी ने हाँफते हुए बिना बोले ही इशारा कर दिया कि नहीं, वे ठीक हैं। और वे टीन की कुर्सी पर ही उसकी ओर मुँह करके बैठ गए और हाँफते रहे। असल में उन्हें साँस की बीमारी थी और वे हमेशा प्यासे कुत्ते की तरह हाँफते रहते थे।

उनके वहाँ आ बैठने से एक बार तो गोविन्द काँप उठा, कहीं कमबख्त को पता तो नहीं चल गया? कुछ पूछने-ताछने न आया हो! हालाँकि लाला रूपाराम इस समय खा-पीकर एक बार चक्कर जरूर लगाते थे, लेकिन उसे विश्वास हो गया कि हो-न-हो, बुड्ढा ताड़ गया है। उसका दिल धसक चला। रूपाराम अभी हाँफ रहे थे। गोविन्द सिर झुकाए ही हिसाब-किताब जोड़ता रहा। आखिर स्थिति सँभालने की दृष्टि से उसने कहा, "लाला जी, आज मेरा नाम आ गया कॉलेज में।"

"अच्छा!" लाला जी ने खाँसी के बीच में ही कहा। वह एक हाथ से डंडे को धरती पर टेके थे, दूसरे हाथ में कलाई तक गोमुखी बँधी थी, जिसके भीतर उँगलियाँ चला-चलाकर वह माला घुमा रहे थे। और उनका वह हाथ टोंटा-सा लग रहा था।

वातावरण का बोझ बढ़ता ही चला जा रहा था कि एक घटना हो गई।

उन्होंने साँस इकट्ठी करके कुछ बोलने को मुँह खोला ही था कि भीतर आँगन का टट्टर (लोहे का जाल) भयंकर रूप से झनझना उठा, जैसे कोई बहुत ही भारी चीज ऊपर से फेंक दी गई हो! और फिर जोर से बजती हुई खनखनाती कलछी जैसी चीज नीचे आ गिरी; उसके पीछे चिमटा, सँड़सी...और फिर तो उसे ऐसा लगा, जैसे कोई बाल्टी, कड़ाही, तवा इत्यादि निकालकर टट्टर पर फेंक रहा है और पानी और छोटी-मोटी चीजें नीचे गिर रही हैं। उसके साथ कुछ ऐसा कोलाहल और कुहराम भीतर सुनाई दिया, जैसे आग लग गई हो!

गोविन्द झटककर सीधा हो गया—कहीं सचमुच आग-नाग तो नहीं लग गई? उसने प्रश्नसूचक दृष्टि से चौंककर लाला की तरफ देखा और वह आश्चर्य से अवाक् रह गया। लाला परेशान जरूर दिखाई देते थे लेकिन कोई भयंकर घटना हो गई है और उन्हें दौड़कर जाना चाहिए, ऐसी कोई बात उनके चेहरे पर नहीं थी। मिस्तरी और चौकीदार, दोनों बड़े दबे व्यंग्य से एक-दूसरे की ओर देखते, मुस्कुराते, लाला की ओर निगाहें फेंक रहे थे। किसी को भी कोई खास चिन्ता नहीं थी। भीतर कोलाहल बढ़ रहा था, चीजें फिंक रही थीं और टट्टर की खड़खड़ाहट-घनघनाहट गूँजती जा रही थी। आखिर यह क्या हो रहा है? उत्तेजना से उसकी पसलियाँ तड़कने को हो आईं। वह लाला से यह पूछने ही वाला था कि यह क्या है, तभी बड़े कष्ट से हाथ की लकड़ी पर सारा जोर देकर वह उठ खड़े हुए...और घिसटते-से जहाँ से आए, उसी गली में चले गए। जाते हुए उलटकर धीरे से उन्होंने किवाड़ बन्द कर दिए। मिस्तरी और चौकीदार ने मुक्त होकर बदन ढीला किया, एक-दूसरे की ओर मुस्कुराकर देखा, खखारा और फिर एक बार खुलकर मुस्कुराए। लाला का पीछा करती गोविन्द की निगाह अब उन लोगों की ओर मुड़ गई। और जब उससे नहीं रहा गया तो वह खड़ा हो गया। मुर्गे के पंखों की तरह कम्बल को बाँहों पर फड़फड़ाकर उसने लपेटा और उस पत्रिका को देखता हुआ चबूतरे से नीचे उतर आया। थोड़ी देर यों ही असमंजस में खड़ा रहा, फिर उस गलियारे के दरवाजे तक गया कि कुछ दिखाई-सुनाई दे। कोलाहल में चार-पाँच आवाजें एक साथ किवाड़ की दरार से घुटी-घुटी सुनाई दीं और उसमें सबसे तेज आवाज वही थी जिसे उसने लक्ष्मी की आवाज समझ रखा था। हे भगवान, क्या हो गया? कोई कहीं से गिर पड़ा, आग लग गई, साँप-बिच्छू ने काट लिया? लेकिन जिस तरह ये लोग बैठे देख रहे थे, उससे तो ऐसा लगता था, जैसे यह कोई खास बात नहीं है। यह कमबख्त

किवाड़ क्यों बन्द कर गया? इस वक्त टट्‌टर इस तरह धमाधम बज रहा था, जैसे उस पर कोई तांडव कर रहा हो! उस ऊँची, चीखती महीन आवाज में वह नारी-कंठ, जिसे वह लक्ष्मी की आवाज समझता था, इतनी तेज और जोर से बोल रहा था कि लाख कोशिश करने पर भी वह कुछ नहीं समझ सका।

"परेशान क्यों हो रहे हो बाबू जी?" चौकीदार की आवाज सुनकर वह एकदम सीधा खड़ा हो गया। मुस्कुराता हुआ वह कह रहा था, "आज चंडी चेत रही है।" उसकी इस बात पर मिस्तरी हँसा।

गोविन्द बुरी तरह झुंझला उठा। कोई इतनी बड़ी बात, घटना हो रही है और ये बदमाश इस तरह मजा लूट रहे हैं! फिर भी वह अत्यन्त चिन्तित और उत्सुक-सा उधर मुड़ा।

इस बड़े कमरे या छोटे हॉल में हर चीज पर आटे का महीन पाउडर छाया हुआ था। एक ओर आटे में नहाई चक्की, काले पत्थर के बने हाथी की तरह चुपचाप खड़ी थी और उसका पिसे आटे को सँभालने वाला गिलाफ हाथी की सूँड़ की तरह लटका था। उसी की सीध में दूसरी दीवार के नीचे मोटर लगी थी, जहाँ से एक चौड़ा पट्‌टा चक्की को चलाता था। इतने हिस्से में सुरक्षा के लिए एक रेलिंग लगा दिया गया था। सामने की दीवार में चिपके लम्बे-चौड़े लाल चौकोर तख्ते पर एक खोपड़ी और दो हड्डियों के क्रॉस के नीचे 'खतरा' और 'डेंजर' लिखे थे। उसके चबूतरे की बगल में ही छत से जाती जंजीर में एक बड़ी लोहे की तराजू, कथकली की मुद्रा में एक बाँह ऊँची किए लटकी थी, क्योंकि दूसरे पलड़े में मन से लेकर छटाँक तक के बाटों का ढेर लगा था। यद्यपि लाला रूपाराम अक्सर चौकीदार को डाँटते थे कि रात में इसे उतारकर रख दिया कर; लेकिन किसी-किसी दिन आधी रात तक चक्की चलती और दुकान-दफ्तर वाले तो सुबह पाँच बजे से ही आने लगते—उस समय बर्फ जैसी ठंडी तराजू को छूना और टाँगना दिलावरसिंह को अधिक पसन्द नहीं था। वह उसे यह कहकर टाल देता कि लड़ाई में सुबह-ही-सुबह काफी ठंडी बन्दूकें लेकर मार्च और परेड कर लिया, अब क्या जिन्दगी-भर ठंडा लोहा ही छूना उसकी किस्मत में बदा है? इसीलिए वह उसे टँगी ही रहने देता। हालाँकि ठीक बीच में होने के कारण वह जब भी दरवाजा खोलने उठता तो खुद ही उससे टकराता-उलझता और रात के एकान्त में फौजी गालियों का स्वागत भाषण करता। पुराना कैलेंडर, एक ओर पिसाई के लिए भरे अन्न या पिसे आटे के बोरे, कनस्तर, पोटलियाँ और ऊपर चढ़कर अन्न डालने का मजबूत-सा स्टूल। इस समय दोनों टाँगें, जिनमें कीलदार फुलबूट डटे हुए थे, धरती पर फैलाए चौकीदार मजे में खाट की पाटी पर झुका बैठा अपना पुराना—पहली लड़ाई के सिपाहीपने की याद—ग्रेटकोट चारों ओर लपेटे शान से बीड़ी धौंक रहा था और धीरे-धीरे सामने बैठे मिस्तरी सलीम से बातें भी करता जा रहा था।

उसके और मिस्तरी के बीच में एक बोरसी जल रही थी; जब भी ध्यान आ जाता तो पास रखे कोयले-लकड़ी कुछ डाल देता और कभी-कभी अत्यन्त निस्पृहता से हाथ या पाँव उस दिशा में बढ़ाकर गर्मी सोखता। सलीम सिर झुकाए गर्म पानी की बाल्टी में ट्यूब डुबा-डुबाकर उनके पंक्चर देखने में व्यस्त था। उसके आसपास दस-बारह काले-लाल ट्यूब, रबर की कतरनें, कैंची, पेंच, प्लास, सोल्यूशन, चमड़े की पेटी और एक ओर टायर लटके दस-बारह साइकिल के पहियों का ढेर था। अपने इस सामान से उसने आधे से ज्यादा कमरा घेर लिया था।

जब गोविन्द उसके पास आया तो वह सिर झुकाए ही हँसता हुआ ट्यूब के पंक्चर को पकड़कर कान में लगी कॉपीइंग पेंसिल को थूक से गीला करते हुए (हालाँकि ट्यूब पानी से भीगा था और सामने पानी-भरी बाल्टी भी रखी थी) निशान लगाता हुआ जवाब दे रहा था, "यह कहा जमादार साहब ने?" फिर एक भौंह को जरा तिरछी करके बोला, "लाला कुछ नामा ढीला करे तो...उसकी लड़की पर जिन का साया है, उसका इलाज तो हम अपने मौलवी बदरुद्दीन साहब से मिनटों में करा दें।"

गोविन्द का माथा ठनका, लाला की किसी लड़की पर क्या कोई देवी आती है? उसे अपने गाँव की एक ब्राह्मणी विधवा, तारा का एकदम ध्यान हो आया। उसे भी जब देवी आती थी तो घर के बर्तन उठा-उठाकर फेंकती थी, उसका सारा बदन ऐंठने लगता था, मुँह से झाग जाने लगते थे, गर्दन मरोड़ खाने लगती थी, आँखें और जीभ बाहर निकलने लगती थीं। कौन लड़की है लाला की? लक्ष्मी तो नहीं? भगवान करे, लक्ष्मी न हो! उसका दिल आशंका से डूबने-सा लगा। उसने सुना, कोलाहल अब लगभग शान्त हो गया था और कहीं दूर से रह-रहकर एक हल्की रोने की आवाज-भर सुनाई देती थी। शायद किसी को दौरा-वौरा ही आ गया है, तभी तो ये लोग निश्चिन्त हैं।

गोविन्द को सुनाकर चौकीदार बोला, "नामा? तुम भी यार मिस्तरी, किसी दिन बेचारे बुड्ढे का हार्टफेल कराओगे। और बेटा, इस 'जिन' का इलाज तुम्हारे मौलवी के पास नहीं है, समझे? वह तो हवा ही दूसरी है। आओ बाबू जी, बैठो।"

चौकीदार ने बैठे-बैठे स्टूल की तरफ इशारा किया। असल में वह गोविन्द को 'बाबू जी' जरूर कहता था; लेकिन उसका विशेष आदर नहीं करता था। एक तो गोविन्द कस्बे से आया था, और उसे शहर में चौकीदारी करते हो चुके थे नकद बीस साल; दूसरे वह फौज में रहा था और कैरो तक घूम आया था—उम्र, अनुभव, तहजीब—सभी में वह अपने को गोविन्द से ज़्यादा ही समझता था। लेकिन गोविन्द को इस समय इस सबका ध्यान नहीं था। उसने स्टूल से टिककर जरा सहारा लेते हुए चिन्तित स्वर में पूछा, "क्यों भई, यह शोरगुल क्या था? क्या हो रहा था?"

मिस्तरी ने सिर उठाकर उसे देखा और चौकीदार की मुस्कुराती नजरों से उसकी आँखें मिलीं। उसने अपनी खिचड़ी मूँछों पर हथेली फेरते हुए कहा, "कुछ नहीं बाबू जी, ऊपर कोई चीज किसी बच्चे ने गिरा दी होगी...।"

मिस्तरी ने कहा, "जमादार साहब, झूठ क्यों बोलते हो? साफ-साफ क्यों नहीं बता देते? अब इनसे क्या छिपा रहेगा?"

"तू खुद क्यों नहीं बता देता?" चौकीदार ने कहा और जेब से बीड़ी का बंडल निकाल लिया, कागज नोचकर आटे की लोई बनाने की तरह उसे ढीला किया, फिर एक बीड़ी निकालकर मिस्तरी की ओर फेंकी। दूसरी को दोनों तरफ से फूँका और जलाने के लिए किसी दहकते कोयले की तलाश में बोरसी में निगाहें घुमाते जरा व्यस्तता से बात जारी रखी, "तुझे क्या मालूम नहीं है?"

इन दोनों की चुहल से गोविन्द की झुँझलाहट बढ़ रही थी। उसे लगा, जरूर ही दाल में काला है, जिसे ये लोग टाल रहे हैं। मिस्तरी जीभ निकाले पंक्चर के स्थान को रेगमाल से घिस रहा था। वह जब भी कोई काम एकाग्रचित्त से करता तो अपनी जीभ को निकालकर ऊपर के होंठ की तरफ मोड़ लेता था। उसकी चाँद के बीच में उभरते गंज को देखकर गोविन्द ने सोचा कि गंजापन तो रईसी की निशानी है; लेकिन यह कमबख्त तो आधी रात में यहाँ पंक्चर जोड़ रहा है। उसने उसी तरह सिर झुकाए ही कहा, "अब मैं बाबू जी को किस्सा बताऊँ या इन ट्यूबों से सिर फोड़ूँ? साले सड़कर हलवा तो हो गए हैं, पर बदलेगा नहीं। मन तो होता है, सबको उठाकर इस अँगीठी में रख दूँ, होगा सुबह सो देखा जाएगा..."

"ये इतने ट्यूब हैं काहे के?" जरा आत्मीयता जताने को गोविन्द ने पूछा, "हालत तो सचमुच इतनी बड़ी खराब हो रही है।"

"आपको नहीं मालूम?" इस बार काम छोड़कर मिस्तरी ने गौर से गोविन्द को देखा, "यह आपके लाला के जो दो दर्जन रिक्शा चलते हैं, उनका कूड़ा है। यह तो होता नहीं कि इतने रिक्शे हैं, रोज टूट-फूट, मरम्मत होती ही रहती है; हमेशा के लिए लगा ले एक मिस्तरी; दिन भर की छुट्टी हुई। सो तो नहीं; ट्यूब-टायर मेरे सिर हैं और बाकी टूट-फूट मिस्तरी अली अहमद ठीक करते हैं।" फिर उनसे यूँ ही पूछा, "आप बाबू जी, नए आए हैं?"

"हाँ, दो-तीन दिन ही तो हुए हैं। मैं यहाँ पढ़ने आया हूँ।" गोविन्द ने कहा। उसके पेट में खलबलाहट मच रही थी, लेकिन वह नए सिरे से पूछने का सूत्र खोज रहा था।

"तभी तो," मिस्तरी बोला, "तभी तो आप यह सब पूछ रहे हैं। रात को इसका हिसाब रखते हैं न? हाँ, थोड़े दिनों में अपने फरजन्द को भी आपसे पढ़वाएगा।" अपने 'फरजन्द' शब्द में जो व्यंग्य उसने दिया था, उससे खुद ही प्रसन्न होकर मुस्कुराते हुए उसने चौकीदार की दी हुई बीड़ी सुलगाई।

"अबे, उन्हें यह सब क्या बताता है? वे तो उसके गाँव से ही आए हैं। उन्हें सब मालूम है," चौकीदार बोला।

"नहीं, सच, मुझे कुछ नहीं मालूम।" गोविन्द ने जरा आश्वासन के स्वर में कहा, "इन लाला के तो पिता ही यहाँ चले आए थे न, सो हम लोगों को कुछ भी नहीं मालूम। बताइए न, क्या बात है?" गोविन्द ने आदरपूर्वक जरा खुशामद के लहजे में पूछा।

शायद उसकी जिज्ञासु व्याकुलता से प्रभावित होकर ही मिस्तरी बोला, "अजी कुछ नहीं, लाला की बड़ी लड़की जो है न, उसे मिरगी का दौरा आता है। कोई कहता है, उसे हिस्टीरिया है, पर हमारा तो कयास है कि बाबू जी, दौरा-वौरा कुछ नहीं, उस पर किसी आसेब का साया है...उस बेचारी को तो कुछ होश नहीं रहता।"

"विधवा है?" जल्दी से बात काटकर गोविन्द धक्-धक् करते दिल से पूछ बैठा—हाय, लक्ष्मी ही न हो!

इस बार पुन: दोनों की निगाहों का आपस में टकराकर मुस्कुराना उससे छिपा न रहा। बीड़ी के लम्बे कश के धुएँ को लीलकर इस बार चौकीदार जबरदस्ती गम्भीर बनकर बोला, "अजी, इसने इसकी शादी ही कहाँ की है?"

"नाम क्या है?" गोविन्द से नहीं रहा गया।

"लक्ष्मी।"

"लक्ष्मी...!" उसके मुँह से निकल गया और जैसे एकदम उसकी सारी शक्ति किसी ने सोख ली हो, जिज्ञासा और उत्तेजना से तना शरीर ढीला पड़ गया।

चौकीदार इस बार अत्यन्त ही रहस्यमय ढंग से हँसा, जैसे कह रहा हो—अच्छा, तुम भी जानते हो?

गोविन्द के मन में स्वाभाविक प्रश्न उठा, उसकी उम्र क्या है?

लेकिन चौकीदार ने पूछा, "तो सचमुच बाबू जी, आप इनके घर के बारे में कुछ भी नहीं जानते?"

"नहीं भाई, मैंने बताया तो, मैं इनके बारे में कुछ भी कतई नहीं जानता।" एक तरह आत्मसमर्पण के भाव से गोविन्द बोला।

"लेकिन लक्ष्मी का किस्सा तो सारे शहर में मशहूर है," चौकीदार बोला, "आप शायद नए आए हैं, यही वजह है।" फिर मिस्तरी की ओर देखकर बोला, "क्यों मिस्तरी साहब, तो बाबू जी को किस्सा बता ही दूँ...?"

"अरे लो, यह भी कोई पूछने की बात है! इसमें छिपाना क्या? यहाँ रहेंगे तो कभी-न-कभी जान ही जाएँगे।"

"अच्छा, तो फिर सुन ही लो यार, तुम भी क्या कहोगे..." चौकीदार ने आनन्द में आकर कहना शुरू किया, "आप शायद जानते हैं, यह हमारा लाला शहर का मशहूर कंजूस और मशहूर रईस है...।"

"लामुहाला जो कंजूस होगा, वो रईस तो होगा ही..." मिस्तरी बोला।

"नहीं मिस्तरी साहब, पूरा किस्सा सुनना हो तो बीच में मत टोको।" चौकीदार इस हस्तक्षेप पर नाराज हो गया।

"अच्छा-अच्छा, सुनाओ।" मिस्तरी बुड्ढों की तरह मुस्कुराया।

"इसकी यह चक्की है न, सहालगों में इस पर हजारों मन पिसता है, वैसे भी दो-ढाई सौ मन तो कम-से-कम पिसता ही है रोज। अफसरों और क्लर्कों को कुछ खिला-पिलाकर लड़ाई के जमाने में इसे मिलिटरी से कुछ ठेके मिल ही जाते थे। आप जानो, मिलिटरी का ठेका तो जिसके पास आया सो बना। आप उन दिनों देखते 'लक्ष्मी फ्लोर मिल' के हल्ले। बोरे यों चुने रखे रहते थे, जैसे मोर्चे के लिए बालू भर-भरकर रख दिए हों! इसमें इसने खूब रुपया पीटा, मिलिटरी के गेहूँ बेच दिए औने-पौने भाव, और रद्दी सस्तेवाले खरीदकर कोटा पूरा किया; उसमें खड़िया मिला दी। पिसाई के उलटे-सीधे पैसे तो इसने मारे ही, ब्लैक, चार-सौ बीसी, चोरी—क्या-क्या इसने नहीं किया! इसके अलावा एक बड़ी साबुन की फैक्टरी और एक काफी बड़ा जूतों का कारखाना भी इसका है। दस-बारह से ज्यादा इसके मकान हैं, जिनका किराया आता है। रुपये सूद पर देता है। शायद गाँव में भी काफी जमीन इसने ले रखी है। एक काम है साले का! इतना तो हमें पता है, बाकी इसकी असली आमदनी तो कोई भी नहीं जानता, कुछ-न-कुछ करता ही रहता है। भगवान ही जाने! रात-दिन किसी-न-किसी तिकड़म में लगा ही रहता है। करोड़ों का असामी है। और सबसे ताज्जुब की बात तो यह है कि सब सिर्फ इसी पच्चीस-छब्बीस साल में जमा की हुई रकम है।"

चौकीदार दिलावरसिंह मिलिटरी में रह आने के कारण खूब बातूनी था और मोर्चे के अपने अफसरों के किस्सों को, अपनी बहादुरी के कारनामों को खूब नमक-मिर्च लगाकर इतनी बार सुना चुका था कि उसे कहानी सुनाने का मुहावरा हो गया था। हर बात के उतार-चढ़ाव के साथ उसकी आँखें और चेहरे की भंगिमाएँ बदलती रहती थीं।

उसकी बातें गौर और रुचि से सुनते हुए भी गोविन्द के मन में एक बात टकराई—लक्ष्मी को दौरे आते हैं। कहीं ऐसा तो नहीं कि उसने जो यह निशान लगाकर भेजे हैं, यह भी दौरों की दशा में ही लगाए हों और उनका कोई विशेष गहरा अर्थ न हो? इस बात से सचमुच उसे बड़ी निराशा हुई, फिर भी उसने ऊपर से आश्चर्य प्रकट करके पूछा, "सिर्फ पच्चीस-छब्बीस साल?"

नई बीड़ी जलाते हुए चौकीदार ने जोर से सिर हिलाया। गोविन्द ने सोचा—'और लक्ष्मी की उम्र क्या होगी?'

"और कंजूसी की तो हद आपने देख ही ली होगी! बुड्ढा हो गया है, साँस का रोग हो रहा है, सारा बदन काँपता है; लेकिन एक पैसे का भी फायदा देखेगा

तो दस मील धूप में हाँफता हुआ पैदल जाएगा। क्या मजाल जो सवारी कर ले! गर्मी आई तो पूरा शरीर नंगा; कमर में धोती—आधी पहने, आधी बदन में लपेटे। जाड़ा हुआ तो यही ड्रेस। बस, इसी में पिछले दस साल से तो मैं देख रहा हूँ। कभी किसी मकान की मरम्मत न कराना, सफेदी-सफाई न कराना और हमेशा यही ध्यान रखना कि कौन कितनी बिजली खर्च कर रहा है, कहाँ बेकार नल या पंखा चल रहा है। लड़का है सो उसे मुफ्त के चुंगी के स्कूल में डाल दिया है, लड़की घर पर बैठा रखी है। एक-एक पैसे के लिए घंटों रिक्शावालों, ट्रकवालों से लड़ना, बहसें करना और चक्की वालों की नाक में दम रखना, उन्हें दिन-रात यह सिखाना कि किस चालाकी से आटा बचाया जा सकता है। बीसियों रुपये का आटा रोज होटलवालों को बिकता है, सो अलग। जिस दिन से चक्की खुली है, घर के लिए तो आटा बाजार से आया ही नहीं। आप विश्वास मानिए, कम-से-कम बारह-पन्द्रह हजार की आमदनी होगी इसकी, लेकिन सूरत देखिए, मक्खियाँ भिनभिनाती रहती हैं। किसी आने-जाने वाले के लिए एक कुर्सी तक नहीं—पान-सुपाड़ी की तो बात ही दूर है! कौन कह देगा कि यह पैसे वाला है? यह उम्र होने को आई, सुबह से शाम तक बस, पैसे के पीछे हाय-हाय! दुनिया के किसी और काम से इसे मतलब ही नहीं है। सभा हो, सोसाइटी हो, हड़ताल हो, छुट्टी हो, कुछ भी हो—लेकिन लाला रूपाराम अपनी ही धुन में मस्त! नौकरों को कम-से-कम देना पड़े, इसलिए खुद ही उनके काम को देखता है। मुझसे तो कुछ इसलिए नहीं कहता कि मुझ पर थोड़ा विश्वास है; दूसरे, मेरी जरूरत सबसे बड़ी है। लेकिन बाकी हर नौकर रोता है इसके नाम को। और मजा यह कि सब जानते हैं कि झक्की है। कोई इसकी बात को ध्यान से सुनता नहीं। बाद में सब इसका नुकसान करते हैं, आसपास के सभी हँसते और गालियाँ देते हैं...”

“बच्चे कितने हैं...?” चौकीदार को इन बेकार की बातों में बहकता देखकर गोविन्द ने सवाल किया।

“उसी बात पर आता हूँ,” चौकीदार इत्मीनान से बोला, “सच बाबू जी, मैं यह देख-देखकर हैरान हूँ कि इस उम्र तक तो इसने यह दौलत जुटाई है, अब इसका यह कमबख्त करेगा क्या? लोग जमा करते हैं कि बैठकर भोगें; लेकिन यह राक्षस तो जमा करने में ही लगा रहता है। इसे जमा करने की ही ऐसी हाय-हाय रही है कि दौलत किसलिए जमा की जाती है, इस बात को यह बेचारा बिलकुल भूल गया है।” फिर बड़े चिन्तित और दार्शनिक मूड में दिलावरसिंह ने आग वाली राख को देखते हुए कहा, “इस उम्र तक तो इसे जोड़ने की ऐसी हवस है, अब इसका यह भोग कब करेगा? सचमुच बाबू जी, जब कभी मैं सोचता हूँ तो बेचारे पर बड़ी दया आती है। देखो, आज की तारीख तक यह बेचारा भाग-दौड़कर, लू-धूप की चिन्ता छोड़कर जमा कर रहा है। एक पाई उसमें से

खा नहीं सकता, जैसे किसी दूसरे का हो! अब मान लीजिए, कल यह मर जाता है, तो यह सब किसके लिए जमा किया गया? बेचारे के साथ कैसी लाचारी है, मरकर-जीकर, नौकर की तरह जमा किए जा रहा है, न खुद खा सकता है, न देख सकता है कि कोई दूसरा छू भी ले—जैसे धन के ऊपर बैठा साँप, खुद उसे खा नहीं सकता, खाने तो खैर देगा ही क्या? उसकी रखवाली करना और जोड़ना..." और लाला रूपाराम के प्रति दया से अभिभूत होकर चौकीदार ने एक गहरी साँस ली। फिर दूसरे ही क्षण दाँत किटकिटाता हुआ बोला, "और कभी-कभी मन होता है, छुरा लेकर साले की छाती पर जा चढ़ूँ, और मुरब्बे के आम की तरह गोदूँ। अपने पेट में जो इसने इतना धन भर रखा है, उसकी एक-एक पाई उगलवा लूँ। चाहे खुद न खाए लेकिन, जिसे अपने बच्चों को भी खिला-पिला नहीं सकता, उस धन का क्या होगा?"

"इसके बच्चे कितने हैं?" इस बार फिर गोविन्द अधीर हो आया।

असल में वह चाहता था कि दार्शनिक उद्गारों को छोड़कर वह जल्दी-से-जल्दी मूल विषय पर आ जाए—लक्ष्मी के विषय में बताए।

वर्णन में बह जाने की अपनी कमजोरी पर चौकीदार मुस्कुराया और बोला, "इसके बच्चे हैं चार; बीवी मर गई, बाकी किसी नातेदार, किसी रिश्तेदार को झाँकने नहीं देता, ऊपर तो कोई नौकर भी नहीं है। बस, एक मरी-मराई-सी बुढ़िया पाल ली है, लोग बड़े भाई की बीवी बताते हैं। बस, वही सारी देखभाल करती है। और तो किसी को मैंने साथ देखा नहीं। खुद के तीन लड़के और एक लड़की...।"

"बड़े दो लड़के तो साथ नहीं रहते..." इस बार मिस्तरी बोला।

"हाँ, वो लोग अलग ही रहते हैं। दिन में एकाध चक्कर लगा जाते हैं। एक जूतों का कारखाना देखता है, दूसरा साबुन की फैक्टरी सँभालता है। इस साले को उन पर भी विश्वास नहीं है। पूरे कागज-पत्तर, हिसाब-किताब अपने पास ही रखता है, नियम से शाम को वहाँ जाता है वसूली करने। लेकिन लड़के भी बड़े तेज हैं, जरा शौकीन तबीयत पाई है। इसके मरते ही देख लेना मिस्तरी, वो इसकी सारी कंजूसी निकाल डालेंगे।" फिर याद करके बोला, "और क्या कहा तुमने? साथ रहने की बात, सो भैया, जब तक अकेले थे, तब तक तो कोई बात ही नहीं थी; लेकिन अब तो उनकी बीवियाँ आ गई हैं न, एकाध बच्चा भी आ गया है घर में, सो उसे दिन भर गोद में लटकाए फिरता है। इसके घर में एक चंडी जो है न, उसके साथ सबका निभाव नहीं हो सकता।"

एकदम गोविन्द के मन में आया—लक्ष्मी। और वह ऊपर से नीचे तक सिहर उठा। "कौन? लक्ष्मी!" उसके मुँह से निकल गया।

"जी हाँ, उसी की बदौलत तो यह सारा खेल है, वही तो इस भंडारे की चाबी है। वह न होती तो यह सब ताम-झाम आता कहाँ से? उसने तो इसके दिन ही पलट

दिए, नहीं तो था क्या इसके पास?" इस बार यह बात चौकीदार ने ऐसे लटके से कही, जैसे सचमुच किसी रहस्य की चाबी दे दी हो!

"कैसे भाई, कैसे?" गोविन्द पूछ बैठा।

उसका दिमाग चकरा गया। यह क्या विरोधाभास है? एक पल को उसके दिमाग में आया—कहीं यह रुपया कमाने के लिए तो लक्ष्मी का उपयोग नहीं करता? राक्षस! चांडाल!

उसकी व्याकुलता पर चौकीदार फिर मुस्कुराया, और बोला, "बाप तो इसका ऐसा रईस था भी नहीं, फिर वह कच्ची गृहस्थी छोड़कर मर गया था। ज्यादा-से-ज्यादा हजार-हजार रुपया दोनों भाइयों के पल्ले पड़ा होगा। शादियाँ दोनों की हो ही चुकी थीं। कुछ कारोबार खोलने के विचार से यह सट्टे में अपने रुपए दूने-चौगुने करने जो पहुँचा तो सारे गँवा आया। बड़े भइया रोचूराम ने एक पनचक्की खोल डाली। पहले तो उसकी भी हालत डाँवाँडोल रही थी; लेकिन सुनते हैं कि जब से उसकी लड़की गौरी पैदा हुई, उसकी हालत सँभलती ही चली गई। वह उसी के यहाँ काम करता था, मियाँ-बीवी वहीं पड़े रहते। ऐसा कुछ उस लड़की का पाँव आया कि लाला रोचूराम सचमुच के लाला हो गए। इन लोगों के बड़े-बूढ़ों का कहना था कि लड़की उनके खानदान में भगवान होती है। अब तो अपना लाला कभी इस ओझा के पास जा, कभी उस पीर के पास जा, कभी इसकी 'मानता', कभी उसका 'संकल्प'—दिन-रात बस यही कि हे भगवान, मेरी लड़की हो! और पता नहीं कैसे, भगवान ने सुन ली और लड़की ही आई। आप विश्वास नहीं करेंगे, फिर तो सचमुच ही रूपाराम के नक्शे बदलने लगे। पता नहीं, गड़ा हुआ मिला या छप्पर फाड़कर मिला—लाला रूपाराम के सितारे फिर गए...। इसे विश्वास होने लगा कि यह सब बेटी की कृपा है और वास्तव में यह कोई देवी है। उसने उसका नाम लक्ष्मी रखा और साहब, कहना पड़ेगा कि लक्ष्मी सचमुच लक्ष्मी ही बनकर आई। थोड़े दिनों में ही 'लक्ष्मी फ्लोर मिल' अलग बन गई। अब तो इसका यह हाल है कि यह मिट्टी भी छू दे तो सोना बन जाए और कंकड़ को उठा ले तो हीरा दीखे। फिर आ गई लड़ाई और इसके पंजे-छक्के हो गए। इसे ठेके मिलने लगे। समझिए, एक के बाद एक मकान खरीदे जाने लगे—सामान लाने-ले जाने वाले ट्रक आए। इधर रोचूराम भी फल रहा था, और दोनों भाई गर्व से कहते थे—'हमारे यहाँ लड़कियाँ लक्ष्मी बनकर ही आती हैं।' लेकिन फिर एक ऐसा वाकया हो गया कि तसवीर की शक्ल बदल गई..." चौकीदार दिलावरसिंह जानता था कि यह उसकी कहानी का क्लाइमैक्स है। इसलिए श्रोताओं की उत्सुकता को झटका देने के लिए उसने उँगलियों में दबी, व्यर्थ जलती बीड़ी को दो-तीन कश लगाकर खत्म किया और बोला :

"गौरी शादी लायक हो गई थी। शायद किसी पड़ोसी लड़के को लेकर कुछ ऐसी-वैसी बातें भी लाला रोचूराम ने सुनीं। लोगों ने उँगलियाँ उठानी शुरू कर दीं तो

उन्होंने गौरी की शादी कर दी। बस, उसकी शादी होना था कि जैसे एकदम सारा खेल उजड़ गया। उसके जाते ही लाला एक बहुत बड़ा मुकदमा हार गया और भगवान की लीला देखिए, उन्हीं दिनों उसकी पनचक्की में आग लग गई। कुछ लोगों का कहना तो यह है किसी घरेलू दुश्मन का काम था। जो भी हो, बड़े हाथी की तरह जो एकबारगी गिरे तो उठना दुश्वार हो गया। लोग रुपये दाब गए और उनका दिवाला निकल गया। दिवाला क्या जी, एक तरह से बिलकुल मटियामेट हो गया। सब कुछ चौपट हो गया और छल्ला-छल्ला तक बिक गया। एक दिन लालाजी की लाश तालाब में फूली हुई मिली। अब तो हमारे लाला रूपाराम को साँप सूँघ गया, उनके कान खड़े हो गए और लक्ष्मी पर पहरा बैठा दिया गया। उसे स्कूल से उठा लिया गया। और वह दिन सो आज का दिन, बेचारी नीचे नहीं उतरी। घर के भीतर न किसी को आने देता है,न जाने देता है। मास्टर रखकर पढ़ाने की बात पहले उठी थी; लेकिन जब सुना कि मास्टर लोग लड़कियों को बहकाकर भगा ले जाते हैं तो वह विचार एकदम छोड़ दिया गया। लक्ष्मी खूब रोई-पीटी; लेकिन इस राक्षस ने उसे भेजा ही नहीं। सुनते हैं, लड़की देखने-दिखाने लायक..."

बात काटकर मिस्तरी बोला, "अरे देखने-दिखाने लायक क्या, हमने खुद देखा है। जिधर से निकल जाती उधर बिजली-सी कौंध जाती। सौ में एक...।"

उसकी बात का विरोध न करके, अर्थात् स्वीकार करके चौकीदार बोला, "स्कूल में भी सुनते हैं, बड़ी तारीफ थी; लेकिन सबकी साले ने रेड़ कर दी। उसे यह विश्वास हो गया कि लड़की सचमुच लक्ष्मी है और जब यह दूसरे की हो जाएगी तो इसका भी एकदम सत्यानाश हो जाएगा। इसी डर से न तो किसी को आने-जाने देता है और न उसकी शादी करता है। उसकी हर बात पर पुलिस के सिपाही की तरह नजर रखता है। उसकी हर बात मानता है। बुरी तरह उसकी इज्जत करता है; उसकी हर जिद पूरी करता है, लेकिन निकलने नहीं देता। लक्ष्मी सोलह की हुई, सत्रह की हुई, अठारह, उन्नीस...साल-पर-साल बीत गए। पहले तो वह सबसे लड़ती थी। बड़ी चिड़चिड़ी और जिद्दी हो गई थी। कभी-कभी सबको गाली देती और मार भी बैठती थी, फिर तो मालूम नहीं क्या हुआ कि घंटों रात-रात भर पड़ी जोर-जोर से रोती रहती, फिर धीरे-धीरे उसे दौरा पड़ने लगा..."

"अब क्या उम्र है?" गोविन्द ने बीच में पूछा।

"उसकी ठीक उम्र तो किसी को भी पता नहीं; लेकिन अन्दाज से पच्चीस-छब्बीस से कम क्या होगी?" घृणा से होंठ टेढ़े करके चौकीदार ने अपनी बात जारी रखी, "दौरा न पड़े तो बेचारी जवान लड़की क्या करे? उधर पिछले पाँच-छह साल से तो यह हाल है कि दौरे में घंटे-दो-घंटे वह बिलकुल पागल हो जाती है। उछलती-कूदती है, बुरी-बुरी गालियाँ देती है, बेमतलब रोती-हँसती है, चीजें उठा-उठाकर इधर-उधर फेंकती है। जो चीज सामने होती है, उसे तोड़-फोड़ देती है।

जो हाथ में आता है, उससे मार-पीट शुरू कर देती है, और सारे कपड़े उतारकर फेंक देती है। बिलकुल नंगी हो जाती है और जाँघें पीट-पीटकर बाप से कहती है, 'ले, तूने मुझे अपने लिए रखा है, मुझे खा, मुझे चबा, मुझे भोग...!' यह पिटता है, गालियाँ खाता है; और सब कुछ करता है, लेकिन पहरे में जरा ढील नहीं होने देता। चुपचाप सिर पर हाथ रखकर बैठा-बैठा सुनता रहता है। क्या जिन्दगी है बेचारे की! बाप है सो उसे भोग नहीं सकता और छोड़ तो सकता ही नहीं। मेरी तो उम्र नहीं रही, वरना कभी मन होता है ले जाऊँ भगाकर, जो होगा सो देखा जाएगा...।" और एक तीखी व्यथा से मुस्कुराता चौकीदार देर तक आग को देखता रहा, फिर धीरे से होंठ चबाकर बोला, "इसकी बोटी-बोटी गर्म लोहे से दागी जाए और फिर टिकठी बाँधकर गोली से उड़ा दिया जाए।"

गोविन्द का भी दिल भारी हो आया था। उसने देखा, बुड्ढे चौकीदार की गीली आँखों में सामने की बोरसी की धुँधली आग की परछाईं झलमला रही है।

आधी रात को अपनी कोठरी में लेटे लक्ष्मी के बारे में सोचते हुए मोमबत्ती की रोशनी में उसकी सारी बातों का एक-एक चित्र गोविन्द की आँखों के आगे साकार हो आया और फिर उसने अन्धकार की प्राचीरों से घिरी, गर्म-गर्म आँसू बहाती मोमबत्ती की धुँधली रोशनी में रेखांकित पंक्तियाँ पढ़ीं :

'मैं तुम्हें प्राणों से अधिक प्यार करती हूँ।'

'मुझे यहाँ से भगा ले चलो...।'

'मैं फाँसी लगाकर मर जाऊँगी...।'

गोविन्द के मन में अपने आप एक सवाल उठा : 'क्या मैं ही पहला आदमी हूँ जो इस पुकार को सुनकर ऐसा व्याकुल हो उठा हूँ या औरों ने भी इस आवाज को सुना है और सुनकर अनसुना कर दिया है? और क्या सचमुच जवान लड़की की आवाज को सुनकर अनसुना किया जा सकता है?'

मोहन राकेश

मोहन राकेश का जन्म जंडीवाली गली, अमृतसर में 8 जनवरी, 1925 ई. को हुआ।

संस्कृत में शास्त्री, अंग्रेजी में बी.ए., संस्कृत और हिन्दी में एम.ए. किया इसके बाद। लाहौर, मुम्बई, शिमला, जालंधर और दिल्ली में अध्यापन, सम्पादन और स्वतंत्र-लेखन करते रहे।

हिन्दी नाटक के क्षेत्र में मोहन राकेश अपने कथ्य, शिल्प, रंग-प्रयोग और नाट्यमान भाषा के कारण विशिष्ट स्थान के अधिकारी हैं। उन्होंने कहानियाँ और उपन्यास भी लिखे हैं। 'नई कहानी' के पुरस्कर्ताओं में उनका नाम विशेष रूप से उल्लेख्य है। उनके उपन्यासों में आधुनिक जीवन का संत्रास गहराई से उभरा है। पर नाटक उनकी अपनी विधा है। प्रसादोत्तर हिन्दी नाटककारों में वे बेजोड़ हैं।

उनकी तीन नाट्य कृतियाँ हैं—'आषाढ़ का एक दिन', 'लहरों के राजहंस' और 'आधे-अधूरे'। इन नाटकों ने हिन्दी-नाट्य परम्परा के गतिरोध को तोड़ा और उसे नई दिशा दी। इनके कारण हिन्दी नाटकों की ख्याति हिन्दी भाषा-भाषी क्षेत्रों की सीमाओं को पार करती अन्य भाषाओं के क्षेत्रों में भी जा पहुँची है।

नाटकों के अलावा उन्होंने कुछ एकांकी भी लिखे हैं, जिनका संग्रह 'अंडे के छिलके, अन्य एकांकी तथा बीज नाटक' में हुआ है। इस संग्रह में चार एकांकी, दो बीज नाटक और एक पार्श्व नाटक 'छतरियाँ' संगृहीत हैं। एकांकियों में 'बहुत बड़ा सवाल' दूसरे एकांकियों से बेहतर है। बीज नाटकों को पूर्ण नाटकों का पूर्वाभ्यास कहा जा सकता है। 'छतरियाँ' अद्भुत प्रयोग है। इसमें पार्श्व से उठनेवाली आवाजों के सामने मंचीय भाषा नगण्य हो जाती है।

प्रमुख रचनाएँ : आखिरी चट्टान तक (यात्रा वृत्तान्त); इंसान के खँडहर, नए बादल, जानवर और जानवर, एक और जिन्दगी, फ़ौलाद का आकाश (कहानी-संग्रह); अँधेरे बन्द कमरे, न आनेवाला कल, अन्तराल (नाटक); आषाढ़ का एक दिन, लहरों के राजहंस, आधे अधूरे (उपन्यास); परिवेश, अनुवाद : मृच्छकटिक, शाकुंतल (नाट्यानुवाद) (निबन्ध); मोहन राकेश रचनावली (13 खंड) में उनकी सम्पूर्ण रचनाएँ संकलित हैं।

पुरस्कार/सम्मान : सर्वश्रेष्ठ नाटक और सर्वश्रेष्ठ नाटककार के लिए संगीत नाटक अकादमी पुरस्कार, नेहरू फेलोशिप, फिल्म वित्त निगम का निदेशकत्व प्राप्त हुआ तथा फिल्म सेंसर बोर्ड के सदस्य भी रहे।

निधन : 3 दिसम्बर, 1972 ई.

मलबे का मालिक

साढ़े सात साल के बाद वे लोग लाहौर से अमृतसर आए थे। हॉकी का मैच देखने का तो बहाना ही था, उन्हें ज़्यादा चाव उन घरों और बाजारों को फिर से देखने का था जो साढ़े सात साल पहले उनके लिए पराए हो गए थे। हर सड़क पर मुसलमानों की कोई-न-कोई टोली घूमती नजर आ जाती थी। उनकी आँखें इस आग्रह के साथ वहाँ की हर चीज को देख रही थीं जैसे वह शहर साधारण शहर न होकर एक अच्छा-खासा आकर्षण-केन्द्र हो।

तंग बाजारों में से गुजरते हुए वे एक-दूसरे को पुरानी चीजों की याद दिला रहे थे...देख—फतहदीना, मिसरी बाजार में अब मिसरी की दुकानें पहले से कितनी कम रह गई हैं! उस नुक्कड़ पर सुक्खी भठियारिन की भट्ठी थी, जहाँ अब वह पानवाला बैठा है।...यह नमक मंडी देख लो, खान साहब! यहाँ की एक-एक लालाइन वह नमकीन होती है कि बस...!

बहुत दिनों के बाद बाज़ारों में तुर्रेदार पगड़ियाँ और लाल तुरकी टोपियाँ नजर आ रही थीं। लाहौर से आए मुसलमानों में काफी संख्या ऐसे लोगों की थी जिन्हें विभाजन के समय मजबूर होकर अमृतसर से जाना पड़ा था। साढ़े सात साल में आए अनिवार्य परिवर्तनों को देखकर कहीं उनकी आँखों में हैरानी भर जाती और कहीं अफसोस घिर आता—वल्लाह! कटरा जयमलसिंह इतना चौड़ा कैसे हो गया? क्या इस तरफ के सब-के-सब मकान जल गए थे?...यहाँ हकीम आसिफ अली की दुकान थी न? अब यहाँ एक मोची ने कब्जा कर रखा है।

और कहीं-कहीं ऐसे भी वाक्य सुनाई दे जाते—वली, यह मस्जिद ज्यों-की-त्यों खड़ी है? इन लोगों ने इसका गुरुद्वारा नहीं बना दिया!

जिस रास्ते से भी पाकिस्तानियों की टोली गुजरती, शहर के लोग उत्सुकतापूर्वक उस तरफ देखते रहते। कुछ लोग अब भी मुसलमानों को आते देखकर आशंकित-से रास्ते से हट जाते, जबकि दूसरे आगे बढ़कर उनसे बगलगीर होने लगते। ज़्यादातर वे आगन्तुकों से ऐसे-ऐसे सवाल पूछते—कि आजकल लाहौर का क्या हाल है? अनारकली में अब पहले जितनी रौनक होती है या नहीं? सुना है, शाहालमीगेट का बाजार पूरा नया बना है? कृष्णनगर में तो कोई खास तब्दीली

नहीं आई? वहाँ का रिश्वतपुरा क्या वाकई रिश्वत के पैसे से बना है?...कहते हैं, पाकिस्तान में अब बुर्का बिलकुल उड़ गया है, यह ठीक है?...इन सवालों में इतनी आत्मीयता झलकती थी कि लगता था, लाहौर एक शहर नहीं, हजारों लोगों का सगा-सम्बन्धी है, जिसके हाल जानने के लिए वे उत्सुक हैं। लाहौर से आए लोग उस दिन शहर-भर के मेहमान थे जिनसे मिलकर और बातें करके लोगों को बहुत खुशी हो रही थी।

बाजार बाँसाँ अमृतसर का एक उजड़ा-सा बाजार है, जहाँ विभाजन से पहले ज़्यादातर निचले तबके के मुसलमान रहते थे। वहाँ ज़्यादातर बाँसों और शहतीरों की ही दुकानें थीं जो सबकी सब एक ही आग में जल गई थीं। बाजार बाँसाँ की वह आग अमृतसर की सबसे भयानक आग थी जिससे कुछ देर के लिए तो सारे शहर के जल जाने का अन्देशा पैदा हो गया था। बाजार बाँसाँ के आसपास के कई मुहल्लों को तो उस आग ने अपनी लपेट में ले ही लिया था। खैर, किसी तरह वह आग काबू में आ गई थी, पर उसमें मुसलमानों के एक-एक घर के साथ हिन्दुओं के भी चार-चार, छह-छह घर जलकर राख हो गए थे। अब साढ़े सात साल में उनमें से कई इमारतें फिर से खड़ी हो गई थीं, मगर जगह-जगह मलबे के ढेर अब भी मौजूद थे। नई इमारतों के बीच-बीच वे मलबे के ढेर एक अजीब वातावरण प्रस्तुत करते थे।

बाजार बाँसाँ में उस दिन भी चहल-पहल नहीं थी क्योंकि उस बाजार के रहनेवाले ज्यादातर लोग तो अपने मकानों के साथ ही शहीद हो गए थे, और जो बचकर चले गए थे, उनमें से शायद किसी में भी लौटकर आने की हिम्मत नहीं रही थी। सिर्फ एक दुबला-पतला बुड्ढा मुसलमान ही उस दिन उस वीरान बाजार में आया और वहाँ की नई और जली हुई इमारतों को देखकर जैसे भूलभुलैयाँ में पड़ गया। बाईं तरफ जानेवाली गली के पास पहुँचकर उसके पैर अन्दर मुड़ने को हुए, मगर फिर वह हिचकिचाकर वहाँ बाहर ही खड़ा रह गया। जैसे उसे विश्वास नहीं हुआ कि यह वही गली है जिसमें वह जाना चाहता है। गली में एक तरफ कुछ बच्चे कीड़ी-कीड़ा खेल रहे थे और कुछ फासले पर दो स्त्रियाँ ऊँची आवाज में चीखती हुईं एक-दूसरी को गालियाँ दे रही थीं।

"सब कुछ बदल गया, मगर बोलियाँ नहीं बदलीं!" बुड्ढे मुसलमान ने धीमे स्वर में अपने से कहा और छड़ी का सहारा लिये खड़ा रहा। उसके घुटने पाजामे से बाहर को निकल रहे थे। घुटनों से थोड़ा ऊपर शेरवानी में तीन-चार पैबन्द लगे थे। गली से एक बच्चा रोता हुआ बाहर आ रहा था। उसने उसे पुचकारा, "इधर आ, बेटे! आ, तुझे चिज्जी देंगे, आ!" और वह अपनी ज़ेब में हाथ डालकर उसे देने के लिए कोई चीज़ ढूँढ़ने लगा। बच्चा एक क्षण के लिए चुप कर गया, लेकिन फिर उसी तरह होंठ बिसूरकर रोने लगा। एक सोलह-सत्रह साल की लड़की गली

के अन्दर से दौड़ती हुई आई और बच्चे को बाँह से पकड़कर गली में ले चली। बच्चा रोने के साथ-साथ अब अपनी बाँह छुड़ाने के लिए मचलने लगा। लड़की ने उसे अपनी बाँहों में उठाकर साथ सटा लिया और उसका मुँह चूमती हुई बोली, "चुप कर, खसम-खाने! रोएगा, तो वह मुसलमान तुझे पकड़कर ले जाएगा! कह रही हूँ, चुप कर!"

बुड्ढे मुसलमान ने बच्चे को देने के लिए जो पैसा निकाला था, वह उसने वापस जेब में रख लिया। सिर से टोपी उतारकर वहाँ थोड़ा खुजलाया और टोपी अपनी बगल में दबा ली। उसका गला खुश्क हो रहा था और घुटने थोड़ा काँप रहे थे। उसने गली के बाहर की एक बन्द दुकान के तख्ते का सहारा ले लिया और टोपी फिर से सिर पर लगा ली। गली के सामने जहाँ पहले ऊँचे-ऊँचे शहतीर रखे रहते थे, वहाँ अब एक तिमंज़िला मकान खड़ा था। सामने बिजली के तार पर दो मोटी-मोटी चीलें बिलकुल जड़-सी बैठी थीं। बिजली के खम्भे के पास थोड़ी धूप थी। वह कई पल धूप में उड़ते ज़र्रों को देखता रहा। फिर उसके मुँह से निकला, "या मालिक!"

एक नवयुवक चाबियों का गुच्छा घुमाता गली की तरफ़ आया। बुड्ढे को वहाँ खड़े देखकर उसने पूछा, "कहिए मियाँ जी, यहाँ किसलिए खड़े हैं?"

बुड्ढे मुसलमान को छाती और बाँहों में हल्की-सी कँपकँपी महसूस हुई। उसने होंठों पर जबान फेरी और नवयुवक को ध्यान से देखते हुए कहा, "बेटे, तेरा नाम मनोरी है न?"

नवयुवक ने चाबियों के गुच्छे को हिलाना बन्द करके अपनी मुट्ठी में ले लिया और कुछ आश्चर्य के साथ पूछा, "आपको मेरा नाम कैसे मालूम है?"

"साढ़े सात साल पहले तू इतना-सा था," कहकर बुड्ढे ने मुस्कुराने की कोशिश की।

"आप आज पाकिस्तान से आए हैं?"

"हाँ! पहले हम इसी गली में रहते थे," बुड्ढे ने कहा। "मेरा लड़का चिरागदीन तुम लोगों का दर्जी था। तकसीम से छह महीने पहले हम लोगों ने यहाँ अपना नया मकान बनवाया था।"

"ओ, गनी मियाँ!" मनोरी ने पहचानकर कहा।

"हाँ, बेटे, मैं तुम लोगों का गनी मियाँ हूँ! चिराग और उसके बीवी-बच्चे तो अब मुझे मिल नहीं सकते, मगर मैंने सोचा कि एक बार मकान की ही सूरत देख लूँ!" बुड्ढे ने टोपी उतारकर सिर पर हाथ फेरा, और अपने आँसुओं को बहने से रोक लिया।

"तुम तो शायद काफी पहले यहाँ से चले गए थे," मनोरी के स्वर में संवेदना भर आई।

"हाँ, बेटे यह मेरी बदबख्ती थी कि मैं अकेला पहले निकलकर चला गया था। यहाँ रहता, तो उसके साथ मैं भी..." कहते हुए उसे एहसास हो आया कि यह बात उसे नहीं कहनी चाहिए। उसने बात को मुँह में रोक लिया पर आँखों में आए आँसुओं को नीचे बह जाने दिया।

"छोड़ो गनी मियाँ, अब उन बातों को सोचने में क्या रखा है?" मनोरी ने गनी की बाँह अपने हाथ में ले ली। "चलो, तुम्हें तुम्हारा घर दिखा दूँ।"

गली में खबर इस तरह फैली थी कि गली के बाहर एक मुसलमान खड़ा है जो रामदासी के लड़के को उठाने जा रहा था...उसकी बहन वक्त पर उसे पकड़ लाई, नहीं तो वह मुसलमान उसे ले गया होता। यह खबर मिलते ही जो स्त्रियाँ गली में पीढ़े बिछाकर बैठी थीं, वे पीढ़े उठाकर घरों के अन्दर चली गईं। गली में खेलते बच्चों को भी उन्होंने पुकार-पुकारकर घरों के अन्दर बुला लिया। मनोरी गनी को लेकर गली में दाखिल हुआ, तो गली में सिर्फ एक फेरीवाला रह गया था, या रक्खा पहलवान जो कुएँ पर उगे पीपल के नीचे बिखरकर सोया था। हाँ, घरों की खिड़कियों में से और किवाड़ों के पीछे से कई चेहरे गली में झाँक रहे थे। मनोरी के साथ गनी को आते देखकर उनमें हल्की चेहमेगोइयाँ शुरू हो गईं। दाढ़ी के सब बाल सफेद हो जाने के बावजूद चिरागदीन के बाप अब्दुल गनी को पहचानने में लोगों को दिक्कत नहीं हुई।

"वह था तुम्हारा मकान," मनोरी ने दूर से एक मलबे की तरफ इशारा किया। गनी पल-भर ठिठककर फटी-फटी आँखों से उस तरफ़ देखता रहा। चिराग और उसके बीवी-बच्चों की मौत को वह काफी पहले स्वीकार कर चुका था। मगर अपने नए मकान को इस शक्ल में देखकर उसे जो झुरझुरी हुई, उसके लिए वह तैयार नहीं था। उसकी जबान पहले से और खुश्क हो गई और घुटने भी ज्यादा काँपने लगे।

"यह मलबा?" उसने अविश्वास के साथ पूछ लिया।

मनोरी ने उसके चेहरे के बदले हुए रंग को देखा। उसकी बाँह को थोड़ा और सहारा देकर जड़-से स्वर में उत्तर दिया, "तुम्हारा मकान उन्हीं दिनों जल गया था।"

गनी छड़ी के सहारे चलता हुआ किसी तरह मलबे के पास पहुँच गया। मलबे में अब मिट्टी-ही-मिट्टी थी जिसमें से जहाँ-तहाँ टूटी और जली हुई ईंटें बाहर झाँक रही थीं। लोहे और लकड़ी का सामान उसमें से कब का निकाला जा चुका था। केवल एक जले हुए दरवाजे का चौखट न जाने कैसे बचा रह गया था। पीछे की तरफ दो जली हुई अलमारियाँ थीं जिनकी कालिख पर अब सफ़ेदी की हल्की-हल्की तह उभर आई थी। उस मलबे को पास से देखकर गनी ने कहा, "यह बाकी रह गया है, यह?" और उसके घुटने जैसे जवाब दे गए और वह वहीं जले हुए चौखट को पकड़कर बैठ गया। क्षण-भर बाद उसका सिर भी चौखट से जा सटा और उसके मुँह से बिलखने की-सी आवाज निकली, "हाय ओए चिरागदीना!"

जले हुए किवाड़ का वह चौखट मलबे में से सिर निकाले साढ़े सात साल खड़ा तो रहा था, पर उसकी लकड़ी बुरी तरह भुरभुरा गई थी। गनी के सिर के छूने से उसके कई रेशे झड़कर आसपास बिखर गए। कुछ रेशे गनी की टोपी और बालों पर आ रहे। उन रेशों के साथ एक केंचुआ भी नीचे गिरा जो गनी के पैर से छह-आठ इंच दूर नाली के साथ-साथ बनी ईंटों की पटरी पर इधर-उधर सरसराने लगा। वह छिपने के लिए सूराख ढूँढ़ता हुआ जरा-सा सिर उठाता, पर कोई जगह न पाकर दो-एक बार सिर पटकने के बाद दूसरी तरफ मुड़ जाता।

खिड़कियों से झाँकनेवाले चेहरों की संख्या अब पहले से कहीं ज्यादा हो गई थी। उनमें चीमेगोइयाँ चल रही थीं कि आज कुछ-न-कुछ जरूर होगा...चिरागदीन का बाप गनी आ गया है, इसलिए साढ़े सात साल पहले की वह सारी घटना आज अपने आप खुल जाएगी। लोगों को लग रहा था जैसे वह मलबा ही गनी को सारी कहानी सुना देगा—कि शाम के वक्त चिराग ऊपर के कमरे में खाना खा रहा था जब रक्खे पहलवान ने उसे नीचे बुलाया—कहा कि वह एक मिनट आकर उसकी बात सुन ले। पहलवान उन दिनों गली का बादशाह था। वहाँ के हिन्दुओं पर ही उसका काफी दबदबा था—चिराग तो खैर मुसलमान था। चिराग हाथ का कौर बीच में ही छोड़कर नीचे उतर आया। उसकी बीवी जुबैदा और दोनों लड़कियाँ, किश्वर और सुलताना, खिड़कियों से नीचे झाँकने लगीं। चिराग ने ड्योढ़ी से बाहर कदम रखा ही था कि पहलवान ने उसे कमीज के कॉलर से पकड़कर अपनी तरफ खींच लिया और गली में गिराकर उसकी छाती पर चढ़ बैठा। चिराग उसका छुरेवाला हाथ पकड़कर चिल्लाया, "रक्खे पहलवान, मुझे मत मार! हाय, कोई मुझे बचाओ!" ऊपर से जुबैदा, किश्वर और सुलताना भी हताश स्वर में चिल्लाईं और चीखती हुईं नीचे ड्योढ़ी की तरफ दौड़ीं। रक्खे के एक शागिर्द ने चिराग की जद्दोजेहद करती बाँहें पकड़ लीं और रक्खा उसकी जाँघों को अपने घुटनों से दबाए हुए बोला, "चीखता क्यों है, भैण के...तुझे मैं पाकिस्तान दे रहा हूँ, ले पाकिस्तान!" और जब तक जुबैदा, किश्वर और सुलताना नीचे पहुँचीं, चिराग को पाकिस्तान मिल चुका था।

आसपास के घरों की खिड़कियाँ तब बन्द हो गई थीं। जो लोग इस दृश्य के साक्षी थे, उन्होंने दरवाजे बन्द करके अपने को इस घटना के उत्तरदायित्व से मुक्त कर लिया था। बन्द किवाड़ों में भी उन्हें देर तक जुबैदा, किश्वर और सुलताना के चीख़ने की आवाजें सुनाई देती रहीं। रक्खे पहलवान और उसके साथियों ने उन्हें भी उसी रात पाकिस्तान दे दिया, मगर दूसरे तबील रास्ते से। उनकी लाशें चिराग के घर में न मिलकर बाद में नहर के पानी में पाई गईं।

दो दिन चिराग के घर की छानबीन होती रही थी। जब उसका सारा सामान लूटा जा चुका, तो न जाने किसने उस घर को आग लगा दी थी। रक्खे पहलवान ने

तब कसम खाई थी कि वह आग लगानेवाले को जिन्दा जमीन में गाड़ देगा क्योंकि उस मकान पर नजर रखकर ही उसने चिराग को मारने का निश्चय किया था। उसने उस मकान को शुद्ध करने के लिए हवन-सामग्री भी ला रखी थी। मगर आग लगानेवाले का तब से आज तक पता नहीं चल सका था। अब साढ़े सात साल से रक्खा उस मलबे को अपनी जायदाद समझता आ रहा था, जहाँ न वह किसी को गाय-भैंस बाँधने देता था और न ही खोमचा लगाने देता था। उस मलबे से बिना उसकी इजाजत के कोई एक ईंट भी नहीं निकाल सकता था।

लोग आशा कर रहे थे कि यह सारी कहानी जरूर किसी-न-किसी तरह गनी तक पहुँच जाएगी...जैसे मलबे को देखकर ही उसे सारी घटना का पता चल जाएगा। और गनी मलबे की मिट्टी को नाखूनों से खोद-खोदकर अपने ऊपर डाल रहा था और दरवाजे के चौखट को बाँह में लिए हुए रो रहा था, "बोल, चिरागदीना, बोल! तू कहाँ चला गया, ओए? ओ किश्वर! ओ सुलताना! हाय, मेरे बच्चे ओएऽऽ! गनी को पीछे क्यों छोड़ दिया, ओएऽऽऽ!"

और भुरभुरे किवाड़ से लकड़ी के रेशे झड़ते जा रहे थे।

पीपल के नीचे सोए रक्खे पहलवान को जाने किसी ने जगा दिया, या वह खुद ही जाग गया। यह जानकर कि पाकिस्तान से अब्दुल गनी आया है और अपने मकान के मलबे पर बैठा है, उसके गले में थोड़ा झाग उठ आया जिससे उसे खाँसी आ गई और उसने कुएँ के फर्श पर थूक दिया। मलबे की तरफ देखकर उसकी छाती से धौंकनी की-सी आवाज निकली और उसका निचला होंठ थोड़ा बाहर को फैल आया।

"गनी अपने मलबे पर बैठा है," उसके शागिर्द लच्छे पहलवान ने उसके पास आकर बैठते हुए कहा।

"मलबा उसका कैसे है? मलबा हमारा है!" पहलवान ने झाग से घरघराई आवाज में कहा।

"मगर वह वहाँ बैठा है," लच्छे ने आँखों में एक रहस्यमय संकेत लाकर कहा।

"बैठा है, बैठा रहे। तू चिलम ला!" रक्खे की टाँगें थोड़ी फैल गईं और उसने अपनी नंगी जाँघों पर हाथ फेर लिया।

"मनोरी ने अगर उसे कुछ बता-वता दिया तो...?" लच्छे ने चिलम भरने के लिए उठते हुए उसी रहस्यपूर्ण ढंग से कहा।

"मनोरी की क्या शामत आई है?"

लच्छा चला गया।

कुएँ पर पीपल की कई पुरानी पत्तियाँ बिखरी थीं। रक्खा उन पत्तियों को उठा-उठाकर अपने हाथों में मसलता रहा। जब लच्छे ने चिलम के नीचे कपड़ा लगाकर चिलम उसके हाथ में दी, तो उसने कश खींचते हुए पूछा, "और तो किसी से गनी की बात नहीं हुई?"

"नहीं।"

"ले," और उसने खाँसते हुए चिलम लच्छे के हाथ में दे दी। मनोरी गनी की बाँह पकड़े मलबे की तरफ से आ रहा था। लच्छा उकड़ूँ होकर चिलम के लम्बे-लम्बे कश खींचने लगा। उसकी आँखें आधा क्षण रक्खे के चेहरे पर टिकतीं और आधा क्षण गनी की तरफ लगी रहतीं।

मनोरी गनी की बाँह थामे उससे एक कदम आगे चल रहा था—जैसे उसकी कोशिश हो कि गनी कुएँ के पास से बिना रक्खे को देखे ही निकल जाए। मगर रक्खा जिस तरह बिखरकर बैठा था, उससे गनी ने उसे दूर से ही देख लिया। कुएँ के पास पहुँचते न पहुँचते उसकी दोनों बाँहें फैल गईं और उसने कहा, "रक्खे पहलवान!"

रक्खे ने गर्दन उठाकर और आँखें जरा छोटी करके उसे देखा। उसके गले में अस्पष्ट-सी घरघराहट हुई, पर वह बोला नहीं।

"रक्खे पहलवान, मुझे पहचाना नहीं?" गनी ने बाँहें नीची करके कहा। "मैं गनी हूँ, अब्दुल गनी, चिरागदीन का बाप!"

पहलवान ने ऊपर से नीचे तक उसका जायजा लिया। अब्दुल गनी की आँखों में उसे देखकर एक चमक-सी आ गई थी। सफेद दाढ़ी के नीचे उसके चेहरे की झुर्रियाँ भी कुछ फैल गई थीं। रक्खे का निचला होंठ फड़का। उसकी छाती से भारी-सा स्वर निकला, "सुना, गनिया!"

गनी की बाँहें फिर फैलने को हुईं, पर पहलवान पर कोई प्रतिक्रिया न देखकर उसी तरह रह गईं। वह पीपल का सहारा लेकर कुएँ की सिल पर बैठ गया।

ऊपर खिड़कियों में चीमेगोइयाँ तेज हो गईं कि अब दोनों आमने-सामने आ गए हैं, तो बात जरूर खुलेगी...फिर हो सकता है दोनों में गाली-गलौज भी हो।... अब रक्खा गनी को हाथ नहीं लगा सकता। अब वे दिन नहीं रहे।...बड़ा मलबे का मालिक बनता था!...असल में मलबा न इसका है, न गनी का। मलबा तो सरकार की मिल्कियत है! मरदूद किसी को वहाँ गाय का खूँटा तक नहीं लगाने देता!... मनोरी भी डरपोक है। इसने गनी को बता क्यों नहीं दिया कि रक्खे ने ही चिराग और उसके बीवी-बच्चों को मारा है!...रक्खा आदमी नहीं साँड़ है! दिन-भर साँड़ की तरह गली में घूमता है!...गनी बेचारा कितना दुबला हो गया है! दाढ़ी के सारे बाल सफेद हो गए हैं!...

गनी ने कुएँ की सिल पर बैठकर कहा, "देख रक्खे पहलवान, क्या से क्या हो गया है! भरा-पूरा घर छोड़कर गया था और आज यहाँ पर मिट्टी देखने आया हूँ! बसे घर की आज यही निशानी रह गई है! तू सच पूछे, तो मेरा यह मिट्टी भी छोड़कर जाने को मन नहीं करता!" और उसकी आँखें फिर छलछला आईं।

पहलवान ने अपनी टाँगें समेट लीं और अँगोछा कुएँ की मुँडेर से उठाकर कन्धे पर डाल लिया। लच्छे ने चिलम उसकी तरफ बढ़ा दी। वह कश खींचने लगा।

"तू बता, रक्खे, यह सब हुआ किस तरह?" गनी किसी तरह अपने आँसू रोककर बोला। "तुम लोग उसके पास थे। सबमें भाई-भाई की-सी मुहब्बत थी। अगर वह चाहता, तो तुममें से किसी के घर में नहीं छिप सकता था? उसमें इतनी-सी समझदारी नहीं थी?"

"ऐसे ही है," रक्खे को स्वयं लगा कि उसकी आवाज में एक अस्वाभाविक-सी गूँज है। उसके होंठ गाढ़े लार से चिपक गए थे। मूँछों के नीचे से पसीना उसके होंठ पर आ रहा था। उसे माथे पर किसी चीज का दबाव महसूस हो रहा था और उसकी रीढ़ की हड्डी सहारा चाह रही थी।

"पाकिस्तान में तुम लोगों के क्या हाल हैं?" उसने पूछा। उसके गले की नसों में एक तनाव आ गया था। उसने अँगोछे से बगलों का पसीना पोंछा और गले का झाग मुँह में खींचकर गली में थूक दिया।

"क्या हाल बताऊँ, रक्खे," गनी दोनों हाथों से छड़ी पर बोझ डालकर झुकता हुआ बोला। "मेरा हाल तो मेरा खुदा ही जानता है। चिराग वहाँ साथ होता, तो और बात थी।...मैंने उसे कितना समझाया था कि मेरे साथ चला चल। पर वह जिद पर अड़ा रहा कि नया मकान छोड़कर नहीं जाऊँगा—यह अपनी गली है, यहाँ कोई खतरा नहीं है। भोले कबूतर ने यह नहीं सोचा के गली में खतरा न हो, पर बाहर से तो खतरा आ सकता है! मकान की रखवाली के लिए चारों ने अपनी जान दे दी!...रक्खे, उसे तेरा भरोसा था। कहता था कि रक्खे के रहते मेरा कोई कुछ नहीं बिगाड़ सकता। मगर जब जान पर बन आई, तो रक्खे के रोके भी न रुकी।"

रक्खे ने सीधा होने की चेष्टा की क्योंकि उसकी रीढ़ की हड्डी बहुत दर्द कर रही थी। अपनी कमर और जाँघों के जोड़ पर उसे सख्त दबाव महसूस हो रहा था। पेट की अँतड़ियों के पास से जैसे कोई चीज उसकी साँस को रोक रही थी। उसका सारा जिस्म पसीने से भीग गया था और उसके तलुओं में चुनचुनाहट हो रही थी। बीच-बीच में नीली फुलझड़ियाँ-सी ऊपर से उतरतीं और तैरती हुईं उसकी आँखों के सामने से निकल जातीं। उसे अपनी जबान और होंठों के बीच एक फासला-सा महसूस हो रहा था। उसने अँगोछे से होंठों के कोनों को साफ किया। साथ ही उसके मुँह से निकला, "हे प्रभु, तू ही है, तू ही है, तू ही है!"

गनी ने देखा कि पहलवान के होंठ सूख रहे हैं और उसकी आँखों के गिर्द दायरे गहरे हो गए हैं। वह उसके कन्धे पर हाथ रखकर बोला, "जो होना था, हो गया रक्खिआ! उसे अब कोई लौटा थोड़े ही सकता है! खुदा नेक की नेकी बनाए रखे और बद की बदी माफ करे! मैंने आकर तुम लोगों को देख लिया, सो समझूँगा कि चिराग को देख लिया। अल्लाह तुम्हें सेहतमन्द रखे!" और वह छड़ी के सहारे उठ खड़ा हुआ। चलते हुए उसने कहा, "अच्छा रक्खे, पहलवान!"

रक्खे के गले से मद्धिम-सी आवाज निकली। अँगोछा लिये हुए उसके दोनों हाथ जुड़ गए। गनी हसरत-भरी नजर से आसपास देखता हुआ धीरे-धीरे गली से बाहर चला गया।

ऊपर खिड़कियों में थोड़ी देर चीमेगोइयाँ चलती रहीं—कि मनोरी ने गली से बाहर निकलकर जरूर गनी को सब कुछ बता दिया होगा कि गनी के सामने रक्खे का तालू कैसे खुश्क हो गया था!...रक्खा अब किस मुँह से लोगों को...मलबे पर गाय बाँधने से रोकेगा? बेचारी जुबैदा! कितनी अच्छी थी वह! रक्खे मरदूद का घर...न घाट, इसे किसी की माँ-बहन का लिहाज था?

थोड़ी देर में स्त्रियाँ घरों से गली में उतर आईं। बच्चे गली में गुल्ली-डंडा खेलने लगे। दो बारह-तेरह साल की लड़कियाँ किसी बात पर एक-दूसरी से गुत्थमगुत्था हो गईं।

रक्खा गहरी शाम तक कुएँ पर बैठा खखारता और चिलम फूँकता रहा। कई लोगों ने वहाँ गुजरते हुए उससे पूछा, "रक्खे शाह, सुना है आज गनी पाकिस्तान से आया था?"

"हाँ, आया था," रक्खे ने हर बार एक ही उत्तर दिया।

"फिर?"

"फिर कुछ नहीं। चला गया।"

रात होने पर रक्खा रोज की तरह गली के बाहर बाईं तरफ की दुकान के तख्ते पर आ बैठा। रोज़ वह रास्ते से गुजरनेवाले परिचित लोगों को आवाज दे-देकर पास बुला लेता था और उन्हें सट्टे के गुर और सेहत के नुस्खे बताता रहता था। मगर उस दिन वह वहाँ बैठा लच्छे को अपनी वैश्नो देवी की उस यात्रा का वर्णन सुनाता रहा जो उसने पन्द्रह साल पहले की थी। लच्छे को भेजकर वह गली में आया, तो मलबे के पास लोकू पंडित की भैंस को देखकर वह आदत के मुताबिक उसे धक्के दे-देकर हटाने लगा, "तत-तत-तत...तत-तत...!"

भैंस को हटाकर वह सुस्ताने के लिए मलबे के चौखट पर बैठ गया। गली उस समय सुनसान थी। कमेटी की बत्ती न होने से वहाँ शाम से ही अँधेरा हो जाता था। मलबे के नीचे नाली का पानी हल्की आवाज़ करता बह रहा था। रात की खामोशी को काटती हुई कई तरह की हल्की-हल्की आवाजें मलबे की मिट्टी में से सुनाई दे रही थीं...च्यु-च्यु-च्यु...चिक्-चिक्-चिक्...किर्र्-रर्-रीरीरीरी-चिर्रर् र् र् र् र्...। एक भटका हुआ कौआ न जाने कहाँ से उड़कर उस चौखट पर आ बैठा। इससे लकड़ी के कई रेशे इधर-उधर छितरा गए। कौए के वहाँ बैठते न बैठते मलबे के एक कोने में लेटा हुआ कुत्ता गुर्राकर उठा और जोर-जोर से भौंकने लगा—वऊ-अऊ-वऊ! कौआ कुछ देर सहमा-सा चौखट पर बैठा रहा, फिर पंख फड़फड़ाता कुएँ के पीपल पर चला गया। कौए के उड़ जाने पर कुत्ता और नीचे उतर आया

और पहलवान की तरफ मुँह करके भौंकने लगा। पहलवान उसे हटाने के लिए भारी आवाज में बोला, "दूर्-दूर्-दूर्...दूरे!" मगर कुत्ता और पास आकर भौंकने लगा—वऊ-अउ-वउ-वउ-वउ-वउ...।

पहलवान ने एक ढेला उठाकर कुत्ते की तरफ फेंका। कुत्ता थोड़ा पीछे हट गया, पर उसका भौंकना बन्द नहीं हुआ। पहलवान कुत्ते को माँ की गाली देकर वहाँ से उठ खड़ा हुआ और धीरे-धीरे जाकर कुएँ की सिल पर लेट गया। उसके वहाँ से हटते ही कुत्ता गली में उतर आया और कुएँ की तरफ मुँह करके भौंकने लगा। काफ़ी देर भौंकने के बाद जब उसे गली में कोई प्राणी चलता-फिरता नजर नहीं आया, तो वह एक बार कान झटककर मलबे पर लोट गया और वहाँ कोने में बैठकर गुर्राने लगा।

कहानी सम्बन्धी कुछ तथ्य

- हिन्दी कहानी का प्रारम्भिक रूप गोकुलनाथ कृत चैरासी वैष्णवन की वार्ता में मिलता है।
- आचार्य रामचन्द्र शुक्ल ने किशोरीलाल गोस्वामी की कहानी इंदुमती (1900) को हिन्दी की पहली कहानी माना है।
- 1900 में ही सुदर्शन में माधव प्रसाद मिश्र की 'मन की चंचलता' कहानी प्रकाशित हुई।
- माधवराव सप्रे की कहानी 'एक टोकरी भर मिट्टी' सन् 1901 में 'छत्तीसगढ़ मित्र' पत्रिका में प्रकाशित हुई और कई आलोचकों ने इसे हिन्दी की पहली कहानी माना है।
- दुलाईवाली कहानी की लेखिका राजेंद्र बाला घोष (बंग महिला/महिमा) को हिन्दी की प्रथम महिला कहानीकार के रूप में स्वीकार किया जाता है।
- आचार्य रामचन्द्र शुक्ल ने 6 कहानियों को हिन्दी की प्रारम्भिक कहानियाँ माना है :

  इंदुमती (किशोरीलाल गोस्वामी) : 1900
  गुलबहार (किशोरीलाल गोस्वामी) :1902
  प्लेग की चुड़ैल (भगवान दास) : 1902
  ग्यारह वर्ष का समय (रामचन्द्र शुक्ल) : 1903
  पंडित और पंडिताइन (गिरजा दत्त वाजपेई) : 1903
  दुलाईवाली (बंग महिला) : 1907
- राजेंद्र यादव ने 'इंदुमती' पर शेक्सपियर के नाटक टेंपेस्ट के छायानुवाद की बात कही और चन्द्रधर शर्मा गुलेरी की कहानी 'उसने कहा था' को हिन्दी की प्रथम मौलिक और कलापूर्ण कहानी माना है।
- 'उसने कहा था' प्रथम विश्वयुद्ध की पृष्ठभूमि पर लिखी गई प्रेम संवेदना की कहानी है। यह कहानी पहली बार 1915 में सरस्वती पत्रिका में प्रकाशित हुई थी और यह फ्लैशबैक यानी पूर्व दीप्ति पद्धति पर लिखी हिन्दी की प्रथम कहानी है।

- चन्द्रधर शर्मा गुलेरी द्वारा रचित हिन्दी की प्रथम कहानी 'सुखमय जीवन' है।
- 1909 में वृंदावन लाल वर्मा ने 'राखी बंद भाई' कहानी लिखकर ऐतिहासिक कहानी परम्परा की शुरुआत की।
- प्रेमचंद का मूल नाम नवाब राय था। उनका पहला कहानी संग्रह 'सोजे वतन' 1907-08 में जमाना प्रेस कानपुर से प्रकाशित हुआ जिसे अंग्रेज सरकार ने ज़ब्त कर लिया था।
- प्रेमचंद की देवनागरी लिपि में लिखी पहली हिन्दी कहानी 'सौत', 1915 में सरस्वती पत्रिका में प्रकाशित हुई।
- प्रेमचंद की लगभग 300 कहानियाँ मानसरोवर नाम से आठ खंडों में प्रकाशित हैं।
- जयशंकर प्रसाद की पहली कहानी 'ग्राम' 1911 में इंदु पत्रिका में प्रकाशित हुई। प्रसाद की लगभग 70 कहानियाँ 5 संकलनों में प्रकाशित है। 'छाया' प्रसाद का प्रथम कहानी-संग्रह है।
- मैथिलीशरण गुप्त ने 'नकली किला' और 'निन्यानवे का फेर' नाम से पद्यबद्ध कहानियाँ लिखी।
- जैनेन्द्र की पहली कहानी 'खेल', 1928 में विशाल भारत में प्रकाशित हुई।
- डॉ. लक्ष्मीनारायण लाल ने जैनेन्द्र को मानव जीवन दर्शन का सबसे बड़ा कहानीकार माना है।
- नामवर सिंह ने शिव प्रसाद सिंह की कहानी 'दादी माँ' को पहली नई कहानी माना है जबकि कुछ आलोचक उषा प्रियम्वदा की कहानी 'वापसी' को हिन्दी की पहली नई कहानी कहते हैं।
- मन्नू भंडारी की कहानी 'यही सच है' पर हिन्दी फिल्म 'रजनीगंधा' बनाई गई।
- फणीश्वरनाथ रेणु की प्रसिद्ध कहानी 'तीसरी कसम उर्फ़ मारे गए गुलफाम' पर भी इसी नाम से फिल्म बनी है।

कहानी आन्दोलन और उनके प्रवर्तक

- *नई कहानी आन्दोलन* की शुरुआत राजेन्द्र यादव, मोहन राकेश और कमलेश्वर से मानी जाती है।
- डॉ. गंगा प्रसाद विमल ने साठोत्तरी कहानी को *समकालीन कहानी* कहा लेकिन बाद में उसे *अकहानी* नाम दिया गया।
- नामवर सिंह ने निर्मल वर्मा को अकहानी आन्दोलन का प्रवर्तक माना है।
- *सचेतन कहानी* की शुरुआत डॉक्टर महीप सिंह द्वारा की गई।

- अमृतराय को *सहज कहानी आन्दोलन* का प्रवर्तक माना जाता है
- कमलेश्वर, *समान्तर कहानी आन्दोलन* के प्रणेता हैं।
- इलाचन्द्र जोशी को हिन्दी में मनोवैज्ञानिक कहानी लेखन परम्परा का प्रवर्तक माना जाता है।

प्रसिद्ध कहानीकार और उनके कहानी-संग्रह/कहानियाँ

लेखक	रचनाएँ
इंशाअल्ला खाँ	रानी केतकी की कहानी (1872)
किशोरीलाल गोस्वामी	इन्दुमती (1900), गुलबहार, चन्द्रिका
माधवराव सप्रे	एक टोकरी भर मिट्टी (1901)
भगवान दास	प्लेग की चुड़ैल (1902)
रामचन्द्र शुक्ल	ग्यारह वर्ष का समय (1903)
गिरिजा दत्त बाजपेई	पति का पवित्र प्रेम, पंडित और पंडितानी (1903)
राधिका रमण प्रसाद	कानों में कंगना (1913), कुसुमांजलि, गांधी टोपी (1938), सावनी समा (1938)
राजेन्द्रबाला घोष (बंग महिला)	चंद्रदेव से मेरी बातें (1904), कुंभ में छोटी बहू (1906), जुलाई वाला (1907), दलिया (1909)
चन्द्रधर शर्मा 'गुलेरी'	सुखमय जीवन (1911), बुद्धू का काँटा, उसने कहा था (1915)
विश्वम्भर नाथ शर्मा कौशिक	रक्षा बंधन (1912), गर्भ मंदिर (1919), चित्रशाला कलोल (1933), प्रेम प्रतिमा, मणि माला
जयशंकर प्रसाद	ग्राम (1911), प्रतिध्वनि (1926), आकाशदीप (1929), आँधी (1931), इन्द्रजाल (1936), खण्डहर की लिपि, पत्थर की पुकार, उस पार का योगी, प्रतिमा, कला, देवदासी, मधुवा, सालवती, देवरथ, पुरस्कार, गुण्डा, विराम-चिन्ह, पाप की पराजय, स्वर्ग के खण्डहर, छोटा जादूगर, दासी, वृत्तभंग इत्यादि।
प्रेमचन्द	सौत (1915), पंचपरमेश्वर (1916), बलिदान (1918), आत्माराम (1920), बूढ़ी काकी

	(1921), विचित्र होलो (1921), गृहदाह (1922), हार की जीत (1922), परीक्षा (1923), आपबीती (1923), उद्धार (1924), सवा सेर गेहूँ (1924), शतरंज के खिलाड़ी (1925), माता का हृदय (1925), कजाकी (1926), सुजान भगत (1927), इस्तीफा (1928), अलग्योझा (1929), पूस की रात (1930), तावान (1931), होली का उपहार (1931), ठाकुर का कुआँ (1932), बेटों वाली विधवा (1932), ईदगाह (1933), नशा (1934), बड़े भाई साहब (1934), कफन (1936), दिल की रानी, सारंगा सदावृक्ष, मैकू, नमक का दरोगा, मोटेराम शास्त्री
सुदर्शन	सुप्रभात (1923), परिवर्तन (1926), सुदर्शन सुधा (1926), तीर्थयात्रा (1927), सुदर्शन सुमन (1933), पनघट (1939), नगीने (1947), झरोखे (1939)
चतुरसेन शास्त्री	दुखवा मैं कासों कहूँ मोरी सजनी, प्रबुद्ध, आम्रपाली, भिक्षुराज, बावर्चिन, वाण-वधू, हल्दीघाटी में, ककड़ी की कीमत
पाण्डेय बेचन शर्मा 'उग्र'	चिनगारियाँ (1923), शैतान मण्डली (1924), इन्द्रधनुष (1927), बलात्कार (1927), चाकलेट (1928), दोजख की आग (1929), निर्लज्जा
जैनेन्द्र	खेल (1928), फाँसी (1929), वातायन (1930), नीलमदेश की राजकन्या (1933), एक रात (1934), दो चिड़ियाँ (1935), पाजेब (1942), जयसन्धि (1949)
यशपाल	पिंजरे की उड़ान (1939), ज्ञानदान (1939), अभिशप्त (1943), तर्क का तूफान (1944), भस्मावृत्त चिंगारी (1946), वो दुनिया (1948), फूलों का कुर्ता (1949), धर्मयुद्ध (1950), उत्तराधिकारी (1951), चित्र का शीर्षक (1951), उत्तमी की माँ (1955), सच बोलने की भूल (1962), खच्चर और आदमी (1965), भूख के तीन दिन (1968)

इलाचन्द्र जोशी	धूपरेखा (1938), दीवाली और होली (1942), रोमांटिक छाया (1943), आहुति (1945), खण्डहर की आत्माएँ (1948), डायरी के नीरस पत्र (1951), कँटीले फूलों के लजीले काँटे (1957)
अज्ञेय	विपथगा (1937), परम्परा (1940), कोठरी की बात (1945), शरणार्थी (1948), जयदोल (1951), अमरबल्लरी (1954), ये तेरे प्रतिरूप (1961)
उपेन्द्रनाथ 'अश्क'	अंकुर, नासूर, डावी, पिंजरा, गोखरू (1933-36), छींटे (1949), सत्तर श्रेष्ठ कहानियाँ (1958), पलंग (1961), आकाशचारी (1966)
भगवती चरण वर्मा	दो बांके 1936, इंस्टॉलमेंट, मुगलों ने सल्तनत बख्श दी, मोर्चाबंदी
विष्णु प्रभाकर	आदि और अंत (1945), रहमान का बेटा (1947), जिंदगी के थपेड़े (1952), धरती अब भी घूम रही है (1970), सांची और कला (1962), पुल टूटने से पहले (1977), मेरा वतन (1980), खिलौने (1981), एक और कुंती (1985), जिंदगी एक रिहर्सल (1986), आसमान के नीचे (1989), कर्फ्यू और आदमी (1994), आखिर क्यों (1998), मैं नारी हूं (2001), ईश्वर का चेहरा (2003)
रांगेय राघव	साम्राज्य का वैभव (1947), समुद्र के फेन (1947), देवदासी (1947), जीवन के दाने (1949), अधूरी मुहूर्त (1949), अंगारे ना बुझे (1951), इंसान पैदा हुआ (1951)
अमृतराय	जीवन के पहलू (1947), तिरंगे कफन (1948), इतिहास
भीष्म साहनी	भाग्यरेखा (1953), पहला पाठ (1957), भटकती राख (1966), पटरियाँ (1973), वाचू (1978), शोभायात्रा (1981), निशाचर (1983), पाली (1989), डायन (1998), चीफ की दावत, अमृतसर आ गया है, ओ हरामजादे, वाङ्‌चू और त्रास

मुक्तिबोध	काठ का सपना (1967), सतह से उठता आदमी (1971)। 'नई जिन्दगी', 'जलना', 'पक्षी और दीमक', 'विपात्र'
भैरव प्रसाद गुप्त	मुहब्बत की राहें (1945), फरिश्ता (1946), बिगड़े हुए दिमाग (1948), इन्सान (1950), सितार के तार (1951), बलिदान की कहानियाँ (1951), मंजिल (1951), महफिल (1958), सपने का अन्त (1961), आँखों का सवाल (1965), मंगली की टिकुली (1982), आप क्या कर रहे हैं (1983)
अमरकान्त	जिन्दगी और जोंक, देश के लोग, मौत का नगर, मित्र मिलन, कुहासा, एक धनी व्यक्ति का बयान (1997), सुख और दुःख का साथ (2002)। 'दोपहर का भोजन', 'डिप्टीकलक्टरी'।
राजेन्द्र यादव	देवताओं की मूर्तियाँ (1952), खेल खिलौने (1954), जहाँ लक्ष्मी कैद है (1957), अभिमन्यु की आत्महत्या (1959), छोटे-छोटे ताजमहल (1962), किनारे-से-किनारे तक (1963), टूटना (1966), अपने पार (1968), ढोल और अन्य कहानियाँ (1972), हासिल तथा अन्य कहानियाँ (2006)
मोहन राकेश	इन्सान के खण्डहर (1950), नए बादल (1957), जानवर और जानवर (1958), एक और जिन्दगी (1961), फौलाद का आकाश (1966)
कमलेश्वर	राजा निरबंसिया (1957), कस्बे का आदमी (1958), खोई हुई दिशाएँ (1963), मांस का दरिया (1966), बयान (1973), आजादी मुबारक (2002)। खोई हुई दिशाएँ, जॉर्ज पंचम की नाक, अपना एकान्त, मानसरोवर के हंस, इतने अच्छे दिन, कितने पाकिस्तान।
धर्मवीर भारती	मुर्दों का गाँव (1946), स्वर्ग और पृथ्वी (1949), चाँद और टूटे हुए लोग (1955), बन्द गली का आखिरी मकान (1969), नई कहानी के दौर में, गुल्कीबन्नो

लक्ष्मीनारायण लाल	सूने आंगन रस बरसे (1960), नए स्वर नयी रेखाएं (1962), एक बूंद जल (1964), एक और कहानी (1964), डाकू आए थे (1974)
कृष्ण बलदेव वैद	बीच का दरवाजा (1963), मेरा दुश्मन (1966), दूसरे किनारे से (1970), लापता (1974), उसका बयान (1974), वह और मैं (1978), लीला और अन्य कहानियाँ (1993), पिता की परछाइयाँ (1997), बदचलन बीबीयों का द्वीप (2000), बोधिसत्व की बीबी (2002)
शैलेश मटियानी	दो दुखों का एक सुख (1961), सुहागिनी तथा अन्य कहानियाँ (1966), हारा हुआ (1970), तीसरा सुख (1972), चील (1976)
मार्कंडेय	पानफूल (1954), पत्थर और परछाइयाँ (1956), महुआ का पेड़ (1957), हंसा जाई अकेला (1957), भूदान (1958), माही (1962), बीच के लोग (1975)
निर्मल वर्मा	परिन्दे (1960), जलती झाड़ी (1965), पिछली गर्मियों में (1968), बीच बहस में (1973), कव्वे और कालापानी (1983), सूखा तथा अन्य कहानियाँ (1995)
फणीश्वरनाथ 'रेणु'	ठुमरी (1959), आदिम रात्रि की महक (1967), अग्निखोर (1973), एक श्रावणी दोपहर की धूप (1984), अच्छे आदमी (1986)। इनकी ख्याति का आधार 'तीसरी कसम उर्फ मारे गए गुलफाम' रही है। 'रसप्रिया', 'ठुमरी', 'अग्निखोर', 'आदिम रात्रि की महक'
शिवप्रसाद सिंह	आर-पार की माला (1955), कर्मनाशा की हार (1958), इन्हें भी इन्तजार हैं (1961), मुरदासराय (1966), अन्धेरा हँसता है (1975), भेड़िये (1977)
गंगा प्रसाद विमल	विध्वंस (1965), शहर में (1966), बीच की दरार (1968), अतीत में कुछ (1972), कोई शुरुआत (1973), खोई हुई थाती (1975)
रवीन्द्र कालिया	नौ साल छोटी पत्नी (1969), काला रजिस्टर (1972), गरीबी हटाओ (1976), चकैया नीम (1979)

रघुवीर सहाय	रास्ता इधर से है (1972), जो आदमी हम बना रहे हैं (1982)
रमेश बक्षी	एक अमूर्त तकलीफ (1968), तलघर (1969), सजा (1970)
शेखर जोशी	दाज्यू (1953), कोसी का घटवार (1957), अप्रतीक्षित (1958), सहयात्री (1959), प्रश्नवाचक आकृतियाँ (1961), समर्पण (1961), मृत्यु (1961), दौड़ (1965), रास्ते (1965), बदबू, साथ के लोग (1967), हलवाहा (1981), मेरा पहाड़ (1989), नौरंगी बीमार है (1990), डांगरी वाले (1994)
ज्ञान रंजन	फेन्स के इधर-उधर (1968), यात्रा (1971), क्षणजीवी (1977), सपना नहीं (1977)। आपकी 'घण्टा', 'बहिर्गमन' और 'अनुभव'
काशीनाथ सिंह	लोग बिस्तरों पर (1968), सुबह का डर (1975), आदमीनामा (1978), नई तारीख (1979), कल की फटेहाल कहानियाँ (1980), सदी का सबसे बड़ा आदमी (1986)
दूधनाथ सिंह	सपाट चेहरे वाला आदमी (1967), सुखान्त (1971), पहला कदम (1976), माई का शोकगीत (1992), नमो अंधकारः (1998), धर्म क्षेत्रे-कुरुक्षेत्रे (2002), निष्कासन (2002)। इनकी 'विजेता', 'कबन्ध', 'रीछ', 'सुखान्त' और 'प्रतिशोध'
गिरिराज किशोर	चार मोती बेआब (1963), नीम के फूल (1964), पेपरवेट (1967), शहर-दर-शहर (1976), हम प्यार कर लें (1980), वल्दरोजी (1989), गाना बड़े गुलाम अली खाँ का (1985), यह देह किसकी है (1990), आन्द्रे की प्रेमिका तथा अन्य कहानियाँ (1995)
हिमांशु जोशी	अंततः (1965), रथ चक्र (1975), मनुष्य चिह्न (1976), जलते हुए डैने (1980), सागर तट का शहर (2005)
रामदरश मिश्र	खाली घर (1969), एक वह (1974), दिनचर्या (1979), सर्पदंश (1982), वसंत का दिन

	(1982), अपने लिए (1992), आज का दिन भी (1996), एक कहानी लगातार (1997), फिर कब आएँगे (1998), विदूषक (2002)
रमेशचन्द्र शाह	जंगल में आग (1979), मुहल्ले का रावण (1982), मानपत्र (1992), थियेटर (1995)
गोविन्द मिश्र	नए-पुराने माँ-बाप (1973), अन्त:पुर (1976), रगड़ खाती आत्माएँ (1978), धाँसू (1978), अपाहिज (1980), खुद के खिलाफ (1981), खाक इतिहास (1984), पगला बाबा (1987), आसमान कितना नीला (1992), हवाबाज (1998), मुझे बाहर निकालो (2004)
महीप सिंह	सुबह के फूल (1932), उजाले के उल्लू (1964), घिराव (1968), कुछ और कितना (1973), कितने सम्बन्ध (1979), दिल्ली कहाँ है (1985)
कामतानाथ	छुट्टियाँ (1977), तीसरी साँस (1977), सब ठीक हो जाएगा (1983), शिकस्त (1992), रिश्ते-नाते (1998)
विवेकी राय	नयी कोयल (1975), गूंगा जहाज (1977), बेटे की बिक्री (1981), कालातीत (1982), चित्रकूट के घाट पर (1988), सर्कस (2005)
संजीव	'अपराध' (पुरस्कृत तथा चर्चित कहानी है), तीस साल का सफरनामा (1981), प्रेतमुक्ति (1991), दुनिया की सबसे हसीन औरत (1993), ब्लैकहोल (1997), खोज (1999), गति का पहला सिद्धान्त (2004), गुफा का आदमी (2006)
शानी	बबूल की छाँव (1958), डाली नहीं फूलती (1959), छोटे घेरे का विद्रोह (1964), शर्त का क्या हुआ (1975), बिरादरी तथा अन्य कहानियाँ (1978), सड़क पार करते हुए (1979)
राकेश वत्स	अतिरिक्त तथा अन्य कहानियाँ (1970), अन्तिम प्रजापति (1975), अभियुक्त (1979), शुरुआत (1980), एक बुद्ध और (1986)

सेवाराम यात्री	दूसरे चेहरे (1980), केवल पिता (1978), अकर्मक क्रिया (1981), टूटता हुआ भय (1986), पीड़ा गनेशिया की (1994), चार मेहराबों वाली दालान (2006)
बदी उज्जमाँ	की अनित्य (1970), पुल टूटते हुए (1973), चौथा ब्राह्मण (1976)
विजय मोहन सिंह	टट्टू सवार (1971), एक बंगला बने न्यारा (1982), शेरपुर (1995), गमे हस्ती का हो किससे (2000)
अब्दुल बिस्मिल्लाह	टूटा हुआ पंख, कितने-कितने सवाल (1984), रैन बसेरा (1989), अतिथि देवो भव (1990), रफ-रफ मेल (2000)
नरेन्द्र कोहली	परिणति (1969), कहानी का अभाव (1977), दृष्टि देश में एकाएक (1979), सम्बन्ध (1980), शटल (1982)
उदय प्रकाश	दरियाई घोड़ा, तिरिछ (1989), और अन्त में प्रार्थना (1994), पाल गोमरा का स्कूटर (1997), पीली छतरी वाली लड़की (2001), दत्तात्रेय का दुःख (2002)
स्वयं प्रकाश	मात्रा और भार (1974), सूरज कब निकलेगा (1980), आएंगे अच्छे भी दिन (1991), आदमी रात का आदमी (1994), अगली किताब, आसमा कैसे-कैसे, अगले जन्म (2002), संधान (2006)
शिवमूर्ति	कसाईबाड़ा (1980), केसर कस्तूरी (1991)
शैलेन्द्र सागर	इस जुनून में (1989), मकान ढह रहा है (1993), माटी (2000), आमीन (2002), प्रतिरोध (2009)
प्रियंवद	एक अपवित्र पेड़ (1995), खरगोश (1999) फाल्गुन की एक उपकथा (2003)
ओमप्रकाश वाल्मीकि	पच्चीस चौका डेढ़ सौ (1993), सलाम (2000), घुसपैठिए (2003) दिनेश पाल जाटव उर्फ दिग्दर्शन, बैल की खाल
मोहनदास नैमिषराय	आवाज़ें (1997), अपना गाँव, क़र्ज़
दयानंद बटोही	सुरंग (1995), कफन खोर
सूरज पाल सिंह चौहान	हैरी कब आएगा (1999), साजिश, छूत कर दिया, अहिल्या, टिल्लू का पोता

श्योराज सिंह बेचैन	अस्थियों के अक्षर, शोध प्रबंध

प्रमुख महिला कहानीकार

सुभद्रा कुमारी चौहान	बिखरे मोती (1932), उन्मादिनी (1934)
शिवरानी देवी	कौमुदी (1937)
चंद्रकिरण सौनरेक्सा	आदमखोर (1945)
शिवानी	लाल हवेली (1965), पुष्पहार (1969), अपराधिनी (1972), रथ्या (1976), स्वयंसिद्धा (1977), रति विलाप (1977), पुष्पहार (1978)
कृष्णा सोबती	मित्रो मरजानी (लम्बी कहानी है। अत: इसे लघु उपन्यास भी कहा जा सकता है), बादलों के घेरे में (1980)
मन्नू भण्डारी	यही सच है (1966), मैं हार गई (1957), एक प्लेट सैलाब (1968), तीन निगाहों की एक तस्वीर (1968), त्रिशंकु (1978)
उषा प्रियम्वदा	'वापसी' (कहानी ख्याति का आधार बनी), जिन्दगी और गुलाब के फूल (1961), फिर वसन्त आया (1961), एक कोई दूसरा (1966), कितना बड़ा झूठ (1972)
उषा किरण खान	विवश विक्रमादित्य, दूब धान, गिली पांक, कासवन, जलधार
ममता कालिया	छुटकारा (1969), सीट नं. (1978), एक अदद औरत (1979), प्रतिदिन (1983), उसका यौवन (1985), बोलने वाली औरत (2000), मुखौटा (2000)
मंजुल भगत	गुलमोहर के गुच्छे (1974), टूटा हुआ इंद्रधनुष (1976), क्या छूट गया (1976), आत्महत्या के पहले (1979) कितना छोटा सफर (1979) बावन पत्ते एक जोकर (1982), लेडीज क्लब (1976), सफेद कौवा (1986), बूँद (1998), अंतिम बयान (2001)
चंद्रकांता	सलाखों के पीछे (1975), गलत लोगों के बीच (1984), पोशनूल की वापसी (1988), दहलीज

	पर न्यास (1989), ओ सोन किसरी (1991), कोठे पर कागा (1993), सूरज उगने तक (1994), काली बर्फ़ (1996), बदलते हालात में (2002), अब्बू ने कहा था (2005)
मृणाल पांडे	दरमियान (1977), शब्दवेधी (1980), एक नीच ट्रेजेडी (1981), एक स्त्री का विदाई गीत (1983)
मृदुला गर्ग	कितनी कैदें (1975), टुकड़ा-टुकड़ा आदमी (1977), डिफोडिल जल रहे हैं (1978), ग्लेशियर से (1980), उर्फ सैम (1986), समागम (1996), मेरे देश की मिट्टी अहा (2001)
चित्रा मुद्गल	जहर ठहरा हुआ (1980), लाक्षागृह (1982), अपनी वापसी (1983), जगदम्बा बाबू गाँव आ रहे हैं (1992), जिनावर (1996), भूख (2001), लपटें (2002), आँवा।
राजी सेठ	अन्धे मोड़ के आगे (1979), तीसरी हथेली (1981), यात्रामुक्त (1987), दूसरे देशकाल में (1992), यह कहानी नहीं (1998), गमे हयात ने मारा (2006)
मैत्रेयी पुष्पा	चिन्हार (1991), ललमनियाँ (1996), गोमा हँसती है (1998)
मेहरुन्निसा परवेज	आदम और हव्वा (1972), टहनियों पर धूप (1977), फाल्गुनी (1978), गलत पुरुष (1978), अन्तिम चढ़ाई (1982), अम्मा (1997), समर (1999), लाल गुलाब (2006)
नासिरा शर्मा	शामी कागज, पत्थर गली (1986), संगसार (1993), इब्नेमरियम (1994), सबीना के चालीस चोर (1997), खुदा की वापसी (1998), इन्सानी नस्ल (2001), दूसरा ताजमहल (2002)
सुशीला टाकभौरे	सिलिया, टूटता वहम (1997)
मधु काकरिया	अंतहीन मरुस्थल (1999), बीते हुए (2004), और अंत में यीशु (2006)

हिन्दी की कुछ प्रसिद्ध कहानियों के पात्र

उसने कहा था	लहना सिंह, सूबेदारनी, सूबेदार हजारा सिंह, बोधा, वजीरा सिंह, कीरत सिंह
पुरस्कार	अरुण, मधुलिका, कौशल नरेश, सेनापति
तीसरी कसम	हीरामन, हीराबाई
लाल पान की बेगम	बिरजू, माँ, चंपिया, जंगी की पतोहू
रसप्रिया	मोहना, मिरदंगिया
चीफ़ की दावत	मिस्टर शामनाथ, बूढ़ी मां, पत्नी
परिन्दे	लतिका, डॉक्टर मुखर्जी, मिस्टर ह्यूबर्ट, गिरीश फादर एलमेंड, मिस वुड
कसाईबाड़ा (शिवमूर्ति)	शनिचरी, प्रधान, दरोगा, लीडर
मलबे का मालिक	गनी, चिरागदीन, किश्वर, सुलताना, रक्खा पहलवान
जिंदगी और जोंक	रजुआ ,शिवनाथ बाबू, शनिचरी देवी
ठाकुर का कुआं	जोखू,जंगी, ठाकुर
नमक का दारोगा	वंशीधर, पंडित अलोपीदीन
पूस की रात	हल्कू, मुन्नी, जवरा
बड़े घर की बेटी	बेनी माधव सिंह, श्रीकंठ, लाल बिहारी, आनंदी
कफ़न	माधव, घीसू
ताई	ताई रामेश्वरी, बाबू रामजीदास और देवर कृष्णदास
आकाशदीप	चम्पा, बुद्धगुप्त और जया
रोज़/गैंग्रीन	मालती, महेश्वर
वापसी	मुख्य पात्र गजाधर बाबू
जहाँ लक्ष्मी कैद है	लक्ष्मी, गोविंद, लाला रूपाराम, चौकीदार दिलावर सिंह, मिस्तरी सलीम

✪✪✪

समयों पर हृदय प्रदेश में प्राण-ऊर्जा भेजें। स्मरण रखिए कि यह हमारे शरीर का सबसे प्राणवन्त क्षेत्र है, यहीं आत्मा का निवास होता है और प्राण ऊर्जा का अधिकतम जमाव यहीं होता है। लगातार ध्यान-अभ्यास करने के उपरान्त आपको विदित होगा कि ऊर्जा का केन्द्रीकरण कहाँ पर है। जब आप इस बिन्दु पर निर्बाध ध्यान लगाओगे तो आपको कुछ कठिनाइयों का सामना करना पड़ सकता है। शुद्धिकरण की प्रक्रिया में आपके अन्दर जमा हुआ तमस आपके मन के ऊपरी सतह पर आ जाएगा। आपको भय लग सकता है, आप पसीने-पसीने हो सकते हैं, कम्पन आदि भी हो सकता है। लगातार साधना-अभ्यास करने से तमस बाहर निकल जाएगा और आपका मन शुद्ध हो सकेगा। तब आप सत्त्व प्रदेश में प्रवेश कर जाएँगे जहाँ परिशुद्धता और प्रकाश होता है। यदि आप शरीर के किसी अंग का उपचार करना चाहते हैं तो पहले उस अंग का संयम करें और इसके बाद हृदय पर ध्यान लगाने का क्रम आगे बढ़ाएँ। उपचार करने की तकनीकों का वर्णन मेरी आगामी पुस्तक 'आध्यात्मिक उपचार' (Spiritual Healing) में देखिए।

मर्म-केन्द्र और सूक्ष्म शरीर : स्नायविक-मांसपेशियों के मिलन अंगों के ह्रास और विकास का अध्ययन करने के लिए मैं सदैव पशुओं की शल्य क्रिया करती हूँ। ये आपरेशन मैं एक ही विधि तथा एक जैसी कुशलता के साथ करती हूँ, लेकिन पशु कभी तो आपरेशन के बाद बहे रक्त के कारण मर जाते हैं, अथवा कुछ घंटों या कुछ दिनों में मर जाते हैं। मैंने सोचा-समझा तो यह माना कि ये पशु ऊर्जा-स्तरों की भिन्नता अथवा प्रतिरोध-शक्ति की कमी के कारण मरे हैं। कुछ वर्षों बाद जब मैंने 'सुश्रुत संहिता'[1] विस्तार से पढ़ी तो मुझे समझ में आया कि मेरे द्वारा ऑपरेशन करने पर पशु ऑपरेशन के बाद या ऑपरेशन के दौरान ही क्यों मर जाते थे। इन ऑपरेशनों में मैं उनके मर्म स्थानों को आघात पहुँचा देती थी। शरीर के ये प्रमुख केन्द्र बहुत ही संवेदनशील होते तथा उन पर चोट अथवा घाव होने की घातक प्रतिक्रिया होती है। सुश्रुत के अनुसार 'मर्म केन्द्र' वे स्थान होते हैं जहाँ मांसपेशियाँ, रक्त शिराएँ, स्नायु, अस्थियाँ और मज्जा सभी एकत्र होते हैं। इन केन्द्रों पर प्राण-ऊर्जा भी अधिक परिमाण में होती है। यदि इन मर्म केन्द्रों पर घाव होता है तो उनकी इन्द्रियों में से किसी न किसी की कार्य-सम्पादन क्षमता नष्ट हो जाती है। उनकी मानसिक हालत भी गिर जाती है और विस्मृति, अवसाद, हताशा तथा गिर पड़ने आदि के लक्षण प्रकट हो जाते हैं।[2]

शरीर में कुल 107 मर्म स्थान होते हैं। इनमें से हाथों-पैरों में से प्रत्येक 11-11, वक्ष एवं उदर में 12, पीठ में 14, गर्दन एवं सिर में 37 मर्म केन्द्र होते हैं।[3] मर्म केन्द्रों

---

1. सुश्रुत ई. पू. की छठी शताब्दी के स्वर्ण युग के महान चिकित्सक एवं शल्य चिकित्सक थे। आयुर्वेद के चरक ऋषि की 'चरक संहिता' तथा शल्य चिकित्सक सुश्रुत की सुश्रुत संहिता उस युग की महान रचनाएँ हैं। लगभग उसी युग में पतंजलि ने भी योगसूत्रों का प्रणयन किया था।
2. सुश्रुत संहिता, शरीर स्थानम् VI, 15
3. वही, VI, 54.

में वायु, अग्नि तथा जल तत्त्वों की प्रधानता होती है। रजस, तमस सत्त्व गुण और आत्मा की ऊर्जा का केन्द्रीकरण होता है। यही कारण है कि इन मर्म-स्थानों पर आघात होने से प्राणी बचता नहीं है।[1]

नोट : *ऊपर वर्णित ऊर्जा हमें सब ओर से आवृत किए रहती है, जिसे कुछ लोग 'प्रभामंडल' कहते हैं। वास्तव में सभी मानव प्राणियों में हम मन के तीनों गुणों को उनके मुख पर झलकता देख सकते हैं, बशर्ते स्वयं हममें सत्त्व गुण की प्रधानता हो। हममें किस समय किस गुण की प्रधानता है, उसी के अनुसार हमारी मुखाकृति दिखती है। कुछ लोगों में उस समय अलग-अलग ऊर्जा विकिरित होती है। जब वे क्रुद्ध हों अथवा ध्यान-साधना के उपरान्त उठे हों। हममें से अधिकांश लोग उस आकारयुक्त अवस्थाओं को समझते तो हैं किन्तु उनका भेद-वर्णन नहीं कर पाते। हम उन अन्तरों को ऋतु-परिधान आदि अन्य बाह्य तत्त्वों के आधार पर घटित हुआ देखते हैं।*

सुश्रुत सभी युगों का एक महान शल्य चिकित्सक था और उन्होंने मर्म स्थानों का अध्ययन शल्य-क्रिया की दृष्टि से किया था। शल्य चिकित्सक को इन मर्म स्थानों का सही-सही ज्ञान होना चाहिए और ऑपरेशन करते समय उन स्थानों का भरपूर ख्याल रखना चाहिए। पाश्चात्य चिकित्सकों द्वारा व्यवस्थित रूप से चीर-फाड़ किए जाने की प्रक्रिया आरम्भ होने से पहले ही भारत में मर्म-स्थानों का ज्ञान विद्यमान था। इस ज्ञान का उपयोग उस समय आत्म रक्षा, युद्ध-विद्या तथा युद्ध काल में किया जाता था।

आज के व्यक्ति के लिए जो विज्ञान तथा औषधि विज्ञान को विशुद्ध भौतिकवादी दृष्टि से देखते हैं, मर्मस्थानों की बात तथा इस ज्ञान का मूल्य समझना कठिन होगा। लेकिन मैं यह स्मरण दिलाना उपयुक्त समझती हूँ कि मर्मस्थान शरीर-रचना से सम्बन्धित विषय हैं और इन मर्मों को परिश्रमपूर्वक कार्य करने पर अनुभव से देखा भी जा सकता है। किन्तु प्राणी-ऊर्जा तथा प्राणवत्ता की अवधारणा के अनुसार इन मर्मस्थानों के आसपास के अवयवों-अंगों की भी पूर्ण सुरक्षा की जानी चाहिए। यह बात उन लोगों की समझ में कठिनाई से आ सकेगी जो वास्तविकता को बहुत ही सीमित अर्थ में देखनेवाले होते हैं। मर्म स्थान सूक्ष्म शरीर के ठीक ऊर्जा केन्द्रों पर नहीं होते वरन् शरीर विज्ञान के अनुसार उनके समीप ही विद्यमान होते हैं। यह स्मरण रखने की बात है कि सूक्ष्म शरीर तथा उसके ऊर्जा केन्द्र कहीं दृश्यमान नहीं होते। इसके अतिरिक्त प्राण-ऊर्जा का कार्य आत्मा की ऊर्जा को शरीर की प्रत्येक कोशिका तक पहुँचाना है। इस प्रकार यह मानना सर्वथा तर्कसंगत है कि यदि मर्म-स्थान शरीर के विशेष सप्राण केन्द्र हैं और उनमें अधिक प्राण ऊर्जा तथा वायु-अग्नि-जल तत्त्व होते हैं तो वे सूक्ष्म ऊर्जा केन्द्रों से अधिक दूरी पर अवस्थित नहीं होंगे। ब्रह्मांडीय तत्त्ववत्ता भिन्न स्तरों पर होती है। यह संघनित रूप है और भौतिक स्तर पर विद्यमान होती है जिसका इन्द्रियानुभव सम्भव होता है। सूक्ष्म स्तर पर विभिन्न रूपों में इनको समझा (अनुभव किया) जा सकता है किन्तु इन्हें देखा नहीं जा सकता और तकनीकी रूप से

---

1. वही, VI, 35

मापन भी नहीं किया जा सकता। एक स्तर वह है, जो उक्त दोनों के बीच का (मध्यवर्ती) स्तर है जो ऐन्द्रिक से सूक्ष्म के बीच गतिशील होता है। दूसरे शब्दों में वह स्तर ऐन्द्रिक स्तर एवं सूक्ष्म का मिश्रण होता है। मैं इसी स्तर पर मर्मस्थानों को रखना चाहूँगी।

मर्मस्थानों को संक्षेप में समझाने का उद्देश्य आपको 'शरीर में रहने' के विभिन्न पक्षों से अवगत करना है। आयुर्वेद योग में इस महत्त्वपूर्ण भाग को बिसारना नहीं है, वरन् हमें इस भाग को पुनः प्राणवन्त बनाकर पुनरुज्जीवित करने का हर सम्भव प्रयास करना चाहिए।

मर्म-स्थानों के सन्दर्भ में मैं एक नए विषय का प्रतिपादन करना चाहूँगी जिस पर जर्मनी में मुझसे प्रश्न पूछे गए हैं और मुझसे मेरी राय जानने की इच्छा जताई गई है। मेरे बहुत योग-विद्यार्थी हैं, जिनमें से एक वर्ग दबाव एवं तनाव के विविध उपचारों के रूप में विभिन्न मर्म-स्थानों पर चित्त को केन्द्रित करने की विधि सिखाता है। मैं इस बात से निश्चित रूप से सहमत हूँ कि चित्त को विशिष्ट मर्म-स्थानों पर केन्द्रित करने से सकारात्मक और लाभप्रद परिणाम प्राप्त होते हैं। इस विषय-विश्लेषण से यह स्पष्ट हो जाता है कि मर्म स्थानों पर प्राण-ऊर्जा इकट्ठी होती है और इस शक्ति से अन्तः सम्बन्धों द्वारा शरीर एक पूर्ण इकाई बनता है और शरीर ब्रह्मांड से सम्बद्ध होता है। और इस प्रकार हमारे अन्दर विद्यमान जीवन-तत्त्व सुखद-सहज अवस्था को प्राप्त करता है। इसलिए रोगोपचार चिकित्सा तथा अपनी शक्तियों को प्राणवन्त बनाने के लिए अपने शरीर के मर्म स्थान पर योग की ध्यान विधि अपनाने की मैं भरपूर हिमायत करती हूँ। पूर्व कथनानुसार, सुश्रुत की मान्यता रही है कि मर्म-स्थानों पर प्रत्यक्ष आघात से इन्द्रियानुभव की क्षमता पर प्रतिकूलतम असर पड़ता है तथा हमारी ऐन्द्रिय शक्ति घटती है। इस दृष्टि से देखें तो मर्मस्थानों की रक्षा करने, उन पर ध्यान लगाने तथा उनकी प्राण-ऊर्जा बढ़ाने से हमारी ऐन्द्रिक क्षमता में वृद्धि होती है। किन्तु इस सिलसिले में यह तथ्य भी अवश्य ध्यान में रखा जाना चाहिए कि मर्म स्थानों पर ध्यान तगाने के परिणाम वही नहीं होंगे जो ऊपर बताए गए प्रमुख सूक्ष्म ऊर्जा केन्द्रों पर ध्यान लगाने से प्राप्त होंगे। शक्ति केन्द्रों पर ध्यान के परिणाम उच्च आध्यात्मिक स्तर के होते हैं। नाभिकेन्द्र तथा हृदय-स्थान पर ध्यान लगाने की जो विधियाँ ऊपर बताई गई हैं, उनसे हमें अपने शरीर तथा हृदय की जाँच-परख तथा भावन करने के कार्य में आध्यात्मिक स्तर पर पहुँच कर सहायता मिलती है। इस पूरी पुस्तक में हमने आध्यात्मिक स्तर की चर्चा ही की है। जब हमारा मन विचार-शून्य हो जाता है तो वह ऐन्द्रिक भौतिक शरीर की अपेक्षा आत्मा के साथ एक रूप होता है। उस स्तर पर पहुँचकर तत्त्व ज्ञान का एक नया ही आयाम हमारे सामने उद्घाटित होता है। मर्म-स्थानों पर ध्यान लगाने से हमें वह सीढ़ी प्राप्त हो जाती है, जिससे हम भौतिक से आध्यात्मिक जगत में प्रवेश करने में सक्षम हो सकें।

अपने अन्तःवासी की आक्रमणों से रक्षा आवश्यक

हम पर बाहरी शक्तियों के आक्रमण सततु रूप से होते रहते हैं और हमें इन आक्रमणों से स्वयं को बचाना चाहिए जिससे हम अपने प्राणवन्त तत्त्वों की अपनी अस्तित्व सत्ता

के विभिन्न स्तरों पर रक्षा कर सकें। पुस्तक के इस भाग में मैंने इन अनेक तत्त्वों का उल्लेख किया है जैसे जीवन में अत्यधिक गतिशीलता, दबाव, तनाव, तामसिक विचार आदि इन नकारात्मक विचारों तथा तनावों से बचने के लिए मैंने बहुत से उपाय बताए हैं। आपको सदैव यह याद रखना चाहिए कि कोई भी बीमारी अथवा शारीरिक कष्ट बस यों ही नहीं आ जाता। धीरे-धीरे, बहुत धीरे से हमारा जीवन्त तत्त्व घायल होता है, आंशिक रूप से मर भी जाता है और बचा-खुचा जीवन तत्त्व समूची अस्तित्व सत्ता को बचाए रखने के लिए संघर्ष करता रहता है। लेकिन यह संघर्ष सम्पूर्ण रूप से नहीं होता, आंशिक ही होता है और अन्त में यह संघर्ष व्यवस्था बनाए रखने में विफल होता है जिससे हम उन उपद्रवों की चपेट में आ जाते हैं। अपना आधा वयस्क जीवन मैंने इन उपद्रवों का उपचार कैसे करें, इसको शोध करने में व्यतीत किया है और अन्त में निष्कर्ष निकाला है कि हमें उपद्रवों को रोकना चाहिए क्योंकि वे आ रहे होते हैं। अधिकांशतः उपद्रवों का उपचार नहीं हो सकता—विशेषतः जब तक वे आंशिक रूप से उपस्थित न हों। अनेक वर्षों पूर्व, मेरे बाएँ घुटने में कुछ समस्याएँ थीं। इसका मुख्य कारण हिमालय के क्षेत्र में अपने आयुर्वेद वनस्पति उद्यान के लिए अति-उत्साहपूर्वक काम करना था; क्योंकि उस उद्यान में, जड़ी-बूटियों तथा वनस्पतियों का रोपण मैं स्वयं ही करना चाहती थी। शहर का निवासी मेरा शरीर इतना सुदृढ़ नहीं था कि काम का इतना सारा बोझ सँभाल पाता और मेरे बाईं टाँग का घुटना परेशानी का कारण बन गया। स्पष्ट है कि कुछ व्यक्तिगत बातें भी इस समस्या में सहायक बनीं। मेरे परिवारजनों तथा मित्रजनों के आग्रह के बाद भी मैं किसी विशेषज्ञ डॉक्टर से इसका इलाज करने यूरोप नहीं गई और घुटने को कुछ तर्कसम्मत उपायों एवं आध्यात्मिक उपचार से ही ठीक होने के लिए छोड़ दिया। लेकिन भारत आने पर मैं दिल्ली के विख्यात आयुर्वेद चिकित्सक से मिलने गई। मेरी समस्या पूछने के बाद त्रिगुणाजी ने कहा, ''शुक्र है तुमने शक्तियों का प्रतिरोध किया और अपने घुटने का ऑपरेशन नहीं कराया क्योंकि ऑपरेशन कराने के बाद शरीर के अवयव कभी भी पूर्ववत नहीं हो पाते, प्राकृतिक अंग की भाँति कार्य नहीं कर पाते।'' यह तो शरीर में बाह्य हस्तक्षेप की बात थी। लेकिन जब कोई आन्तरिक परेशानी अधिक बड़े पैमाने पर आ उपस्थित होती है तो वह अंग या अवयव मूल प्राणवत्ता तथा शक्ति के साथ कार्य नहीं कर पाता है। इसलिए बारम्बार मेरा सभी को यही सन्देश है कि 'अपनी रक्षा करो' इस दिशा में आयुर्वेद योग की सरल विधियाँ आपका पथ आलोकित करेंगी। देश-काल की सीमाओं से पार की योग तथा आयुर्वेदिक पद्धतियाँ रोगों-उपद्रवों से मानवता की रक्षा करेंगी। हमें प्राचीन ऋषि-महर्षियों को इस ज्ञान का उद्घाटन करने के लिए श्रद्धा-सुमन अर्पित करने चाहिए।

ॐ शान्तिः शान्तिः शान्तिः

• • •